"博学而笃志,切问而近思。"
(《论语》)

博晓古今,可立一家之说;
学贯中西,或成经国之才。

复旦博学·复旦博学·复旦博学·复旦博学·复旦博学·复旦博学

内容提要

"现代企业管理"是我国高等院校管理学院、商学院和相关系科的一门核心课程。"企业管理"是现代管理学中一个极为重要内容,与管理学的其他分支一样,随着现代社会经济生活的发展和我国企业实践的创新其内涵也在不断变化之中。本书的第一版使用至今已十余年,这次再版,修改的基点放在了更好地反映企业管理教学的新要求上。

第二版除对第一版的原有内容做了结构上的调整、修改之外,还根据教学中反馈的读者信息,增添了"企业存在的社会和经济目的""企业的道德责任""企业决策的伦理分析""管理创新的新发展"等内容,期望在今后的教学实践中更适应广大师生的需要。

大学管理类教材丛书

现代企业管理

（第二版）

王方华　主　编
周祖城　副主编

复旦大学出版社

第二版前言

进入 21 世纪,企业的经营环境正在发生重大变化,经济全球化的深化、知识经济的发展、互联网技术的进步、企业社会责任的兴起,既给企业做大做强提供了前所未有的机遇,也给企业生存与发展带来了空前的压力。机遇与压力的存在,势必给企业管理提出了更高的要求。企业领导人只有准确把握企业的运作规律,充分运用企业资源,扎实开展战略规划、组织及制度设计、领导与沟通、企业文化建设、变革创新,才能变压力为动力,抓住机遇,在竞争中得到生存和发展,正是在这样的背景下,我们觉得有必要对《现代企业管理》(第一版)进行修订。

在本书第一版中,我们提出了与众不同的思路和结构体系,即紧扣企业这一研究对象,从企业制度、企业组织、企业类型、企业伦理、企业资源、企业沟通、企业运作、企业控制、企业发展、企业竞争、企业创新、企业文化等方面系统地阐述现代企业管理理论与实践。第一版问世后,承蒙读者厚爱,一再重印。这说明我们的探索得到了同行和读者的认可,因此,在第二版中,我们保留了这样的思路。

同时,为了更好地反映中国企业经营环境的变化以及现代企业管理的新要求,我们对第一版的结构与内容做了相应的修改与充实,主要体现在以下三个方面。

第一,在结构上做了局部调整,把企业发展放到企业运作之前,企业沟通、企业控制放到企业竞争之后,使各章之间的关系更加合理。

第二,增加了"现代企业领导"一章。领导是管理学中被广泛接受的四大管理职能之一,在环境变化越来越快,竞争越来越激烈的现在,领导工作的重要性变得越来越突出,是否拥有放眼未来、目光远大、挑战现状、善于革新、营造信任的领导者日益成为企业兴衰成败的关键。

第三,对第一版各章内容进行了认真审核,做了相应的修改和补充。第一章"现代企业制度"增加了"企业存在的社会和经济目的",并用图表的形式对企业制度的演变过程、现代企业制度建设中权利的制衡关系等进行了总结和描述。在第二章"现代企业组织"中,将原来的三节改为五节,增添了现代企业组织组建模式的创新和组织设计要素的创新,强调了技术进步对现代企业的组织形式的促进,以适应不同的管理者对组织理论与知识的需求,并能以此指导企业的实践活动。第四章"现代企业伦理"补充了"企业道德责任"和"企业决策的伦理分析"两节内容,正因为企业有道德责任,才有企业伦理问题,所以企业道德责任是企业伦理提出的前提,企业伦理在管理中的一项重要应用就是在决策时要进行伦理分析,补充企业决策的伦理分析,有利于把企业伦理渗透到实际工作之中去。在第五章"现代企业资源"中,引入了知识管理的概念,在介绍知识管理的理念和方法的同时,将原有的技术管理和信息管理部分内容归入知识管理体系之中,还充实了部分应用实例。在第十一章"现代企业控制"中,补充了控制供需链的企业资源计划(ERP),控制企业流程结构的业务流程重组(BPR)以及控制客户关系的客户关系管理(CRM)等现代企业控制技术。在第十二章"现代企业创新"中,将企业原有的创新体系(制度创新、技术创新、市场创新和管理创新)更改为观念创新、组织创新、技术创新、市场创新和管理创新,增加了管理创新的新发展——蓝海战略。其他章节在内容和文字方面也做了一定的修改。

本书由王方华教授任主编,周祖城教授任副主编,参与修订工作的老师有王毅捷教授、武邦涛教授、徐丽群教授、张兴福副教授、汤石章副教授、李寿德副教授、胡巍副教授、路琳副教授、周斌讲师、王青讲师。

  企业管理涉及面广,内在关系复杂,且企业的内外部条件处在不断变化之中,因此,对企业管理理论与实践的探索需要持之以恒地坚持下去,衷心希望能得到同行和读者一如既往的关心和帮助,并对书中的不足之处提出宝贵的意见。

王方华

2007 年 7 月

前　言

　　管理学是近百年来发展最为迅速，对人类社会的经济活动影响最深的一门科学和艺术。它不仅是人类开启智慧，通向成功之路的钥匙，而且还是挡避市场风险，赢得竞争优势的护身符。管理学发展的历史表明，管理学之所以具有十分诱人的魅力，不仅在于它的逻辑缜密，更在于思维的创新。它是随着现代社会的发展而不断发展的，同时，它又不可能被人类发明的任何一项新技术所替代。正因为如此，众多杰出的管理学家们对"管理"作了十分有益的探讨，写出了一篇又一篇不朽的名著，对于人类社会的发展作出了不可磨灭的贡献，为世人所崇敬。然而，细细读来，尽管他们的目光犀利、思想深邃、论述精辟、涉猎广泛，但是终究都离不开管理学的两个基本问题——管什么和怎么管？

　　本书，也试图围绕这两个基本问题，对管理学在现代企业中的作用作一番探究，希冀成为管理学热带雨林中的一颗小草。为此，本书在写作中尽量体现如下三个特点：

　　第一，力图改变传统的以管理程序为主线，围绕计划、组织、协调、控制、激励等职能进行写作的方式，而是站在现代经济发展的角度，从企业制度、企业构架、企业发展、企业资源、企业文化等方面对现代企业管理作了系统的阐述，以适应转型过程中加强和改进企业管理的客观需要。

　　第二，力图改变传统的以工业企业为主要对象，围绕生产、营销、财务、人事四大管理进行阐述的写作方式，而是站在现代企业发展的角度，更注重于对企业管理内涵的揭示，如管理伦理、管理沟通、管理创新等方面的阐述,以反映现代企业管理更具根本性的内容。

第三,力图改变单纯的引述西方管理名家理论的做法,努力从我国企业管理的实际出发,按照社会主义市场经济的要求,并尽量反映我国优秀企业在创建现代企业制度中的新鲜经验。

因此,本书写作的宗旨是:突出现代企业管理的基本要求;吸纳国内外企业管理发展的新成果;在进行理论阐述的同时,更注重告诉读者,应该怎样去做,以及怎样才能做好。

本书不仅适合于高等院校企业管理专业及经济类各专业大学生、研究生教学的需要,而且适用于各类工商企业管理干部攻读MBA和进修培训的需要,还适合于有志于从事企业管理工作的各方面人士拓宽知识面的需要。

本书由复旦大学企业管理系主任王方华任主编,并拟订写作大纲和对各章提出详细的写作思路。参加写作的有王方华、刘刚、吴媚山、李绪红、邬适融、孙一民、罗殿军、钱平凡、张之皓、朱贞、俞晶萍、钟涛、李峰、陈雪娇、洪祺琦。最后由主编王方华对全书进行总纂和定稿。

本书在编写的过程中,参考了国内外不少书籍与资料,在此,谨向有关作者表示深切的谢意。

由于现代企业管理在我国仍有许多尚待开发与深入研究的内容,本书作为大胆探索和创新的尝试,难免存在不足之处,恳请读者予以批评指正。

作 者

1996年10月　于复旦

目　录

第一章　现代企业制度 …………………………………… 1
　第一节　企业的概念与特征 ………………………………… 1
　第二节　企业的形成与性质 ………………………………… 4
　第三节　企业制度的演变 …………………………………… 12
　第四节　企业制度的创新：建立现代企业制度 …………… 27
第二章　现代企业组织 …………………………………… 46
　第一节　现代企业组织的成因 ……………………………… 46
　第二节　现代企业的组织模式和特征 ……………………… 54
　第三节　现代企业的组织结构和形式 ……………………… 67
　第四节　现代企业组织的关系 ……………………………… 80
　第五节　现代企业组织创新 ………………………………… 83
第三章　现代企业类型 …………………………………… 90
　第一节　农业企业 …………………………………………… 90
　第二节　制造企业 …………………………………………… 99
　第三节　流通企业 …………………………………………… 104
　第四节　金融企业 …………………………………………… 113
　第五节　交通运输企业 ……………………………………… 119
　第六节　邮电通讯企业 ……………………………………… 124
　第七节　建筑安装企业 ……………………………………… 127
　第八节　房地产企业 ………………………………………… 131
第四章　现代企业伦理 …………………………………… 135
　第一节　企业道德责任 ……………………………………… 135
　第二节　企业伦理概述 ……………………………………… 146

第三节　企业伦理准则…………………………………153
　　第四节　管理活动中的伦理关系…………………………162
　　第五节　企业决策的伦理分析……………………………171
第五章　现代企业资源……………………………………………178
　　第一节　现代企业资源概述………………………………178
　　第二节　人力资源…………………………………………179
　　第三节　物力资源…………………………………………186
　　第四节　资金资源…………………………………………192
　　第五节　知识资源…………………………………………202
　　第六节　时间资源…………………………………………223
第六章　现代企业发展……………………………………………232
　　第一节　企业发展的动力和约束…………………………232
　　第二节　企业发展的目标和战略…………………………242
　　第三节　企业发展的机会和风险…………………………253
第七章　现代企业运作……………………………………………266
　　第一节　现代企业运作概述………………………………266
　　第二节　现代企业运作的过程……………………………279
　　第三节　现代企业运作的步骤……………………………283
第八章　现代企业竞争……………………………………………298
　　第一节　企业竞争概述……………………………………299
　　第二节　影响企业竞争的因素分析………………………305
　　第三节　现代企业竞争战略的制定………………………317
　　第四节　企业竞争优势的构建……………………………327
　　第五节　市场营销竞争策略………………………………337
第九章　现代企业领导……………………………………………344
　　第一节　领导概述…………………………………………344
　　第二节　领导者的品质……………………………………349
　　第三节　领导风格…………………………………………354

第四节　二元关系论 …………………………………… 360
第五节　冲突与解决 …………………………………… 374
第六节　激励理论及其应用 …………………………… 379

第十章　现代企业沟通 …………………………………… 396
第一节　企业管理沟通概述 …………………………… 396
第二节　企业内部雇员沟通 …………………………… 406
第三节　企业的非正式组织沟通 ……………………… 419
第四节　企业的外部沟通 ……………………………… 429

第十一章　现代企业控制 ………………………………… 438
第一节　现代企业控制概述 …………………………… 438
第二节　现代企业控制原理 …………………………… 445
第三节　现代企业控制分类 …………………………… 452
第四节　现代企业控制技术 …………………………… 457

第十二章　现代企业创新 ………………………………… 501
第一节　创新的涵义和创新的体系 …………………… 501
第二节　创新机会的来源管理 ………………………… 519
第三节　现代企业的管理创新 ………………………… 525
第四节　现代企业创新主体——企业家 ……………… 543

第十三章　现代企业文化 ………………………………… 557
第一节　现代企业文化概述 …………………………… 557
第二节　现代企业文化的内容与功能 ………………… 563
第三节　现代企业文化的构筑与建设 ………………… 573
第四节　现代企业文化的诊断与重塑 ………………… 589

第一章 现代企业制度

本章提要

我国现阶段企业改革的重要任务之一是建立现代企业制度,然而,对于什么是现代企业制度,现代企业制度的功能与特征是什么,现代企业制度与我国传统的企业制度区别何在,现代企业制度又是怎样产生的,对不少人来说可能并不清楚。为此,本章通过对现代企业制度的介绍,使人们对现代企业制度有一清晰的认识。

本章依次介绍:①企业的概念与特征;②企业的形成与性质;③企业制度的演变;④企业制度的创新,建立现代企业制度。

第一节 企业的概念与特征

一、企业的概念

在我国当代经济研究和经济活动中,见诸报端最多的经济词汇当数"企业"一词,但在我国五花八门、名目繁多的经济类辞书中,关于"企业"的定义也往往不尽相同。

在我国出版的经济词典译著中,由美国麦格劳-希尔(McGraw-Hill)图书公司1973年出版的《现代经济词典》是我国较早翻译(翻译本于1981年由商务印书馆出版)、使用较为广泛的经济辞书。该词典对企业(Establishment)的定义为:

美国普查局使用的一种统计概念,它包括设在一定地点拥有一个或一个以上雇员的工厂、商店或办事机构。企业的人数、地点以及其他资料主要用于市场分析。企业的报表编制在两个重要方面不同于商行的报表编制:第一,企业这个概念包括每一个商店、办事机构或工厂,把它作为一个单独的实体,而商行这个概念却是把同属一个所有者或同一个公司执照的单位合在一起。第二,其他统计资料的分类,在企业也比商行规定窄得多。例如,制造业企业的资本投资仅包括对制造厂的投资,而制造业商行的资本投资却包括这些商行的全部投资,连办公室和批发零售商店方面的投资也包括在内。

该词条对"企业"的解释完全是为适应市场分析需要,从统计角度进行的,并重点针对企业与商行的区别加以划分,提出商行是比企业包容范围更为宽广的概念。但由上海译文出版社1988年12月出版的英国伦敦麦克米伦(MacMillan)出版公司1983年修订版的《现代经济学词典》,却将厂商和企业视为同一词条。该词条的解释是:

在新古典经济学中,把投入变为产出的一种分析方法。因此,厂商被看作主要是完成技术任务的抽象实体。另外,一个成熟厂商的定义要考虑其作为协调手段在厂商内部配置资源的作用。

图 1.1 企业:将投入变为产出

此外,有不少书刊认为,企业(Business)是从事产品生产或提供服务以赚取利润的组织。

在我国,由企业管理出版社1984年出版的《中国企业管理百科全书》中定义"企业"为:企业(Enterprise)是从事生产、流通等经济活动,为满足社会需要并获取盈利,进行自主经营、实行独立经济核算,有法人资格的基本经济单位。

1988年4月13日第七届全国人民代表大会第一次会议通过的《中华人民共和国全民所有制工业企业法》第二条,则规定"全民所有制工业企业(以下简称企业)是依法自主经营、自负盈亏、独立核算的社会主义商品生产和经营单位"。

二、企业的特征

尽管对企业的定义各有不同,但是作为企业应该具有以下主要特征。

1. 企业必须依法设立。所谓依法设立,就是要符合国家法律的规定:一是要符合国家法律法规规定的设立企业的条件;二是要依照国家法律法规规定的程序设立企业。

2. 企业是以营利为目的的生产经营单位。作为一家企业,其生产的产品是用于在市场出售的,而不是自己消费的。所谓以营利为目的,就是企业的一切生产经营活动都是为了赚取利润,这是它与非营利单位的最大差别。

3. 企业应独立核算。所谓独立核算就是要单独计算其成本费用,单独计算盈亏,对经济业务单独作全面反映。

4. 企业是从事生产经营活动的经济单位。一是企业必须从事生产经营活动,不从事生产经营活动的经济单位,不能称作企业。二是企业必须是一个经济单位,即应是一个经济实体。这种经济实体应该具有法人资格。

三、企业存在的社会目的和经济目的

企业是以营利为目的的生产经营单位。因此,获取尽可能多的利润是企业的首要目的。获取利润就是企业存在的经济目的。企业在获取利润的同时,也在实现着一定的社会目的。企业要获取利润,首先必须要生产出社会需要的产品或服务。如果企业要获取比其他企业更多的利润,它必须要向社会提供更多、更好的产品或服务。因此,在正常情况下,企业存在的社会目的和经济目的是一致的。那些靠损害消费者利润而获利的企业,虽然短期能得逞,但从长期来看,获利最多、存在时间最长的企业必定是那些在不断实现社会目的的企业。

第二节 企业的形成与性质

企业为什么会产生?长期以来,企业一直被当作是一种有一定的行为特征,即谋求产出最大化或利润最大化的经济单元。但对于企业为什么具有这样的行为特征,则很少去深究。

对于企业存在的原因,人们普遍接近接受"劳动分工结果"之说。厄舍(Op. cit)教授把这一观点表述为"企业是劳动分工日益复杂的结果……经济分工程度的增长需要一定的一体化力量,没有一体化力量,分工将导致混乱;而且正是因为在分工经济中存在一体化力量,产业形式才富有意义。"对企业的性质,人们则没有想过要更深入地去探讨。这种状况直到1930年代以后,才发生了变化。科斯(R. H. Coase)在1937年,发表了开创性的论文"企业的性质"(The Nature of the Firm),促使人们把最小的分析单位下放到组成企业的个人这一级,深入考察企业这种制度安排的内部结构。在"企业的性质"一文中,科斯第一次提出了"交易费用"的概念,并用其解释企业存在的原因和企业规模(或企业的边界)的限定等问题。然而,这一理论在很长一段时期没有引起人们的注意。直到1970年代以后,经济学家威廉姆森(Vliver Williamson)以一系列系统性的论述大力宣传并发展了这一思想,从而使交易费用的经济学分析与企业理论得到了广泛重视,从此企业"黑箱"被逐步撬开了。

一、交易费用与企业的形成

科斯在"企业的性质"一文中,从与古典经济学家不同的角度提出了为什么会有企业的问题,他认为资源配置有两个假设:"一个假设(为了某些目的作出的)是资源的配置由价格机制决定的;

另一个假设(为了其他一些目的作出的)是资源的配置依赖于作为协调者的企业家。"他写道：

"在企业之外，价格变动指挥生产，它是由一系列市场上的交换交易来协调的。而在企业之内，这种市场交易被取消，复杂的市场结构连同交换交易被企业家这种协调所取代，企业家指挥生产。显然，存在着协调生产的替代方法。然而，假如生产是由价格机制调节的，生产就能在根本不存在任何组织的情况下进行，面对这一事实，我们要问，组织为什么存在？"

科斯对这个问题的回答是："这是因为运用价格机制是有成本的，通过价格机制组织生产，就是发现相对价格的工作，即存在着交易费用(或交易成本)。现在我们假定一个只有一个工人兼老板的织布厂。这位工人兼老板能够利用市场经济的特性，以便宜的价格买到他在生产上需要的棉纱和其他辅助材料，用这些原材料由自己进行加工，从而以低成本提供产品，赚取可观的利润，而不必到别人工厂中去做工，也不必有雇工的麻烦。问题在于，利用价格机制也需要付出费用，比如说要发现价格，进行签署合约的谈判以及监督合约的执行都需要付出费用。"科斯把这种在原材料等商品价格之外的附加费用叫做"交易费用"。当这位工人兼老板发现自己置备棉纱可以将这部分开支节约下来并从中得利的时候，他就会不外购棉纱，而是采购棉花，雇人来生产棉纱供自己织布。因此，当通过一个组织(企业)，让某个权威(企业家)支配生产要素，能够较之市场外购更低的费用实现同样的交易时，企业就产生了。企业的显著标志是，它是价格机制的替代物，它能节约某些市场运行成本。

在"企业的性质"一文中，科斯不仅论述了由于交易费用的存在，出现了用企业的组织协调取代价格协调的趋势，同时也从相反的方向提出了这个问题，既然企业的规模的扩大有使交易费用降低的趋势，那么，为什么企业不会无限制的扩大将所有的生产交由一个大企业去进行？科斯的回答是："即使抛开收益递减问题,在企业内部,组织交易的成本似乎也可能大于在公开市场上完成交易的成本。随着被组织的交易的空间分布,交易的差异性以及相对价格变化可能性的增加,组织成本和失误带来的亏损似乎也会增加。当更多的交易由一个企业家来组织时,交易似乎将倾向于既有不同的种类也有不同的位置,这为企业规模扩大时效率趋于下降提供了一个附加的原因。"所以,企业的规模并不能无限地扩大,当企业的扩大达到这一点,"即在企业内部组织一笔额外交易的成本等于公开市场上完成这笔交易所需的成本,或者等于由另一企业家来组织这笔交易的成本",企业的扩张就达到它的实际停止点,也就是企业的边界。

二、"队生产"概念与企业的形成

继科斯打开企业"黑箱"之后,企业性质问题引起不少经济学者的关注,阿尔钦(A. A. Alchsin)和德姆塞茨(H. Demselz)通过进一步深入研究后,于1972年发表了一篇影响广泛的论文"生产·信息·费用与经济组织",他们提出"队生产"(Team production)概念,并以此来解释企业形成的原因。在该文中,他们认为队生产是这样一种生产：

(1) 使用几种类型的资源;

(2) 其产品不是每一参与合作的资源的分产出之和,由一个追加的因素创造了队组织问题;

(3) 队生产使用的所有资源不属于一个人,例如,当两个人联合将一重物运上卡车时,我们只能观察到他们每天装载的总重量,却无法决定每个人的生产率。

队生产利用队成员间的合作,使所从事的交换与生产比分别加总后的生产具有比较优势的专业化原理来获取收益。在队生产的活动中,很难确定队成员各自对他们联合投入的产出所作出的贡献,即一个队生产向市场提供的产品是整个队的,而不是每个队员的边际产品。队生产实质上是各种投入的一种联合与联合使用,它产生了一个比各个投入分别使用所得出的产出总和更大的产出。

队生产的特点是,队生产至少包括两种投入,其生产函数也不能分解为包括各投入的分生产函数;队生产所获得的一些生产技术大于组成队的各投入分别生产的情况,在队生产的条件下,如果仅观察总产出,就很难确定单个人对他们联合投入的产出所作出的贡献。

队生产使用的条件是通过队生产所获得的产出大于构成队生产的各个分生产之和,加上组织约束队生产成员的成本。

在对"队生产"概念的充分讨论后,他们提出企业的形成存在两个必要条件。

1. 通过队导向的生产可能提高生产率,它所使用的生产技术,在直接衡量合作性投入的边际产品时是有费用的,它使得合作性投入之间通过简单的市场交换更难对偷懒予以限制。

2. 通过观察或确定投入的行为来估计边际生产率是经济的。这两个前提条件的同时存在导致了众所周知的古典资本主义企业的合约组织:

(1) 联合投入的生产;

(2) 有几个投入的所有者;

(3) 有一个团体对所有联合投入的合约是共同的;

(4) 它拥有与任何投入合约进行再谈判的权利,在谈判时可独立于与其他投入所有者的合约;

(5) 它持有残余权利;

(6) 它拥有出售这一集中合约的残余地位的权利。

其中,集中的代理人被称为企业的所有者或雇主,即对所有投入合约是共同的团体,以及享有残余权利的人。每个人都可以从事买卖,雇员可"命令"队的所有者向他支付货币,在同样意义上,雇主也可以指定雇员执行某些行动。雇员可以如雇主所做到的那样中止合约,因此,长期合约不是企业的本质属性。

由上面的介绍可看出,阿尔钦与德姆塞茨的研究并没有回答队生产和企业形成高度相关的原因,但他们认为队生产是企业形成的一个基本条件。

三、产权、合约的本质与企业的形成

科斯提出"交易费用"概念并以此解释企业的性质,这一理论令人耳目一新,在当时的确是一个了不起的建树。但他关于"企业的出现是市场的一种替代"之说并没有被人们完全认同。著名经济学家张五常(Cheung. s)对这一问题进行深入研究后,于1983年在"合约的本质"("The Contractual Nature of the Firm")一文中指出:企业不是市场的替代物。企业的出现并不是用非市场方式替代市场方式组织劳动分工,而是用劳动市场代替中间产品市场。例如,在企业出现之前,钟表制造者为购置零部件,必须进行多次交易。一般说来,有多少个零部件生产者,就得进行多少次交易。显然在这过程中,他会发现价格、谈判等要付出很高的交易费用。为了降低交易费用,企业便应运而生。企业的出现大大减少了交易的次数,节约了交易费用,但这并未消除交易,也没有替代市场。事实上,企业是用雇佣工人,即劳动力的市场代替了中间产品市场。他通过研究合约的本质,来解释企业的性质。

由于"合约"概念与"产权"概念相关连,为了清楚地介绍"合约"的本质,先要简单介绍"产权"概念。

"产权"是产权经济学的一个核心概念。西方学者对产权定义的理解略有不同,科斯认为,产权就是财产所有者"实施一定行为的权利"。但目前为人们普遍接受的产权权威定义是阿尔钦给出的。他说:"产权是一种通过社会强制而实现的,对某种经济物品的多种用途进行选择的权利。"产权要有社会强制才能实现,没有社会强制实现不了。不过比较好理解的产权定义还是菲吕博腾

(E. G. Furubotn)和配杰威齐(S. Pejovich)在"产权与经济理论：近期文献的一个综述"一文中所述的"产权不是指人与物之间的关系，而是指由物的存在及关于它们的使用所引起的人们之间相互认可的行为关系。"也就是说，产权不是指一般的物质实体，而是人与人之间相互关系的一种行为权利。它用来界定人们在经济活动中如何受益、如何受损，以及他们之间如何进行补偿的规则。产权的主要功能是"帮助一个人形成与其他人进行交易时的预期。"

完备的产权是一复数概念，它的基本内容包括所有者对资源的使用权与转让权，以及收入的享用权。它的权能是否完整，主要可以从所有者对它具有的排他性和可转让性来衡量。如果权利所有者对他所拥有的权利有排他的使用权、收入的独享权和自由的转让权，就称他所拥有的产权是完整的；如果某些方面的权能受到限制或禁止，就称为产权的残缺。

作为产权经济学代表人物之一的张五常，在深入研究了市场经济下合约的本质及其与交易费用的关系后，指出合约是一种普遍采用的进行资产转让的形式。人们进行产权的转让，必须通过转让双方签订一定的合约来实现。合约的本质在于，它是一些确定的约束产权转让双方行为的条件。这些约束条件，是在界定的产权关系下，对产权转让过程中人们之间的权力、责任和义务的界定，以及人们之间的相互制约关系的界定。

在现实的资产转让过程中，转让双方总是从自身的利益出发，千方百计地考虑、安排和选择交易费用最低、所获收益最大的合约形式。对企业的性质进行深入分析后，张五常指出，企业的出现之所以能降低交易费用，是因为企业本身也是一种合约形式，一种由产品生产者和企业创造人共同选择的、可以降低交易费用的合约形式。例如，在企业出现之前，生产手表的制造商必须向许许多多生产手表的零部件的小业主（实质上是自己生产的技术工人）购买所需的零部件。这不仅需要了解每个零件的实际价格,而且需要同众多的卖主讨价还价。显然,这是一笔很大的交易费用,对手表的制造商来说极不合算。为了降低交易费用并获得尽可能多的收益,手表的制造商便选择了企业这一合约形式。他愿意同分散的多个手表零件的制造业主签订有关雇佣、租赁或购买生产要素的合约,然后将资产重组,通过集中组织分工和协作生产手表。毫无疑问,生产的集中和有组织的分工不仅大大地提高了劳动生产率,增加了利润,同时也大幅度地降低了交易费用。对于合约的另一方来说,小业主需要考虑,是将资产连同他的劳动力一块转让他人还是继续独立地以生产和出卖手表的零件为生?经比较后他会发现,前者是明智的选择。当他选择了转让资产的合约成为企业的一名雇员以后,不仅他的收益较过去增加了,同时交易费用也减少了。他不必再为生产的一个小小零件去——了解有关原材料的价格,也不必再与其他的卖主讨价还价了。在这里,企业这种合约形式对合约的当事人来说就是一种能够降低交易费用并能使利益最大化的合约形式。

当企业规模扩大到一定程度时,企业主感到由自己直接管理企业,交易费用很高且力不从心。他必须亲自同所有雇佣的工人签订合约。由于生产的产品性质和特点不同,要掌握对每个工人的技术要求及所需工人的数量,尤其是要测定每个工人实际的生产能力和对产品生产的贡献以及确定相对应的工资数额等问题,对于缺少专门管理经验和技术的企业主来说需要花费很高的交易费用。因此,他决定聘任一位专门从事企业管理的专业人士,以加强企业的管理,减少管理企业交易费用。对于一个有经验的管理人士来说,他可以不费时日地测定出每个工人的能力和技术,并可凭经验提出与之相对应的工资数额。同时,他可根据生产的技术要求和设备特点,决定企业真正需要多少以及什么样技术水平的工人,为此企业主选择了将使用生产要素的权利转让给管理专业人士的合约。对于管理专业人士来说,虽然他具有稀缺的管理才能和知识,但由于缺少资本,他的才能不能得以发挥。倘若他去做小买卖,他的才能便会浪费。同时由于他缺少做小买卖的经验,他将不得不付出较高的交易费用,而得到的利益也会微乎其微。于是他也选择了转让自己资产(即管理才能)的合约。

张五常关于企业的合约性质之说,在詹森(M. C. Sensen)和麦克林(W. H. Meekling)关于企业的定义中也得到反映。他们于1976年在《企业理论:管理行为、代理费用和所有者结构》("Theory of the Firm: Managerial Behevior, Ageney Costs and Ownership Structures")一书中,把企业定义为这样一种组织:它和大多数其他组织一样,是一种法律虚构,其职能是为个人之间的一组合约充当连接点,即若干个人之间的一组合约关系的连接点(nexus of contracts),这"一组合约"是在劳动所有者、物质投入和资本投入的提供者、产品的消费者相互之间建立的,这个定义正确地指出了企业是建立在生产要素的提供者和产出品的消费者之间的一组合约之上的,如图 1.2 所示,离开了这些合约关系,就无法理解企业。

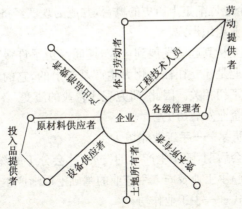

图 1.2　作为合约关系连接点的企业

当然,如果把企业仅仅看作一组合约,它就真正成了空洞的"法律虚构",而诸如"企业的社会责任"、"企业所有者"、"企业的目标函数"等等也就成了一些含糊不清、容易使人误入歧途的说法,甚至会认为企业"之内"的事情和企业"之外"的事情进行区分几乎毫无意义。作为企业定义,这种观点有其片面性,但对企业的合约性质的理解有一定的参考价值。

第三节　企业制度的演变

企业由其初始产生到今天现代企业制度的建立,经历了漫长的历史演变过程。从历史上看,企业的迅速发展发生在资本主义时期(即资本主义生产方式确立以后)。但在此之前的相当长的一段时期,企业已以早期企业的形式,广泛存在于社会经济生活之中。而且在人类经济发展史上,业主企业和合伙企业曾是经济活动的主要经济组织,尤其在16至19世纪前期,这两类企业处于统治地位。但由于公司企业在经济发展中具有其他企业组织形式无法比拟的优越性,因此随着商品经济发展和社会化大生产方式的推进,公司企业逐渐走上历史的舞台,并成为现实经济生活中占主导地位的企业组织形式。

现代企业从其起源发展到今天,期间经历了许多不同发展阶段。现代企业是建立在社会化大生产基础上的,它的发展与资本主义的发展密切相关。因此,研究现代企业的演变,必须研究西方发达国家的企业发展历史。

一、企业的萌芽——手工业作坊

封建社会后期,随着生产力的发展、社会分工的深化,在原有的个体(家庭)手工业及匠人手艺业的基础上逐渐产生了一种新的生产组织形式——手工业作坊。

在城市,手工业作坊主要是以行会手工业的形式出现的。

这种手工业的规模一般都比较小,行会师傅、帮工、学徒一共不过几个人。"行会的规章严格限制一个行会师傅所能雇佣的帮工人数,有计划地阻止了行会师傅变成资本家。同样,行会师傅只能在他本人是师傅的那个手工业中雇佣帮工"。行会师傅有熟练的技术,自己也参加劳动。学徒经过一定期限的学习,成绩合格者可升为帮工。帮工协助行会师傅工作,由行会师傅支付一定的报酬。帮工经过一定年限的工作,考试合格后可出师、自己独立开业、参加行会、成为行会师傅。

在农村,手工作坊是以小工业小地产的联合形式出现的。如英国的毛纺工业掌握在许多老板兼工匠的手中。他们每人有少量的资金,拥有适合家庭使用的手工纺仪杆,生产单线的毛纺车和珍妮纺纱机,这些机械既是生产工具,又是家具的一部分。他们从商人那里买进羊毛,在自己家里得到妻儿的帮助,有时还雇几个帮手,把毛纺成纱或织成布,拿到附近城镇的市场上销售。

保尔·芒图在《18世纪产业革命》一书中描述了这种"老板兼工匠"的特征:"同时,他也是土地的所有者,这个最后的特点具有重要的意义。他的房屋周围有几英亩大的园地。每一制造者都须有一两匹马,以便到城里去购买原料和仪器,把羊毛运至纺工家,把织成的呢绒运至漂洗坊,在制造完工后,把呢绒运到市场去出售……他可以在土地上饲养一些家禽,马可供他运输货物,或者,他骑到临近村庄找纺工;尽管不是农人,但他却部分地靠土地为生。这又是一个促成他的独立性的条件。"

从前面的描述中,我们可以看出,手工业作坊与个人(家庭)手工业及匠人手艺业是有区别的(尽管有时这种区别是相对的、不明显的),区别表现在:

(1) 手工业作坊具有了初步的分工协作;

(2) 手工业作坊生产的目的是为了把产品拿到市场上卖,而非用于个人消费（这点与匠人手工艺者差不多，但手工业作坊的盈利目的已经比较明显了）。

二、商人雇主制——一种短暂的过渡形态

商人雇主制是一种以商业资本为中心的组织形式。最初是由商人为手工业作坊提供原材料，让其加工成产品，商人再收购销售，这样就形成了以商号为中心与许多小手工业作坊结合形成一种松散的生产联合体。手工作坊在生产领域还是独立的，但在流通领域已经被商业资本牢牢控制了。

商人由"包买"产品发展为"包买"劳动力，即家庭手工业者不以出卖产品的形式，而以出卖劳动力的形式去替商人工作，这样就形成了真正意义的商人雇主制。事实上，在这种形式下，如果商人再提供统一的劳动场所，对分工协作进行直接管理的话，这也就过渡到了工场手工业形态，即真正意义上的企业形态。

保尔·芒图在《18世纪产业革命》一书中，对这种形式进行了精辟的描述："从制造过程一开始，呢绒商人（人们有时用商人工场主来称呼他）就参与其事。他买进来未脱脂的羊毛，自行负责找人梳刷、纺织、漂洗和整饰。他拥有原料，因而也拥有各种相继形式上的产品；经手加工产品的那些人，虽然有表面上的独立性，但只不过是些受雇于老板的工人而已。""呢绒商把织机收集到自己家里，并且不像老板兼工匠那样只把几架织机安放在一个作坊里，而是把十架或十二架聚在一起。此外，他继续雇佣一些在家里劳动的工人。这样，通过一些不知不觉的过渡，人们便从那些到呢绒市场购买小制造者所织织物的商人那里走到手工场主这里了，而后者正准备变为下一时期的大工业家。"

三、手工业工场——真正业主企业的出现

随着资本的集中和劳动力的商品化，伴随着大量小手工业者的分化和破产，手工业工场这种新的生产组织形态出现了。对于工场手工业的起源，马克思在《资本论》中进行了详细的考察与精

辟的分析,他在"工场手工业的二重起源"一节中写道:

以分工为基础的协作,……作为资本主义生产过程的特殊形式,在真正的工场手工业时期中占据统治地位。这个时期大约从16世纪中叶到18世纪末叶。

工场手工业是以两种方式产生的。一种方式是:不同种的独立手工业的工人在同一个资本家的指挥下合在一个工场里,产品必须经过这些工人之手才能最后制成。例如,马车过去是很多独立手工业者,如马车匠、马具匠、裁缝、钳工、铜匠、旋工、饰绦匠、玻璃匠、彩画匠、油漆匠、描金匠等劳动的总产品。马车工场手工业把所有这些不同的手工业者联合在一个工场内,他们在那里协力地同时进行劳动。……起初,马车工场手工业是作为独立手工业的结合出现的。以后,马车生产逐渐地分成了各种特殊的操作,其中每一种操作都形成为一个工人的专门职能,全部操作由这些局部工人联合体来完成。同样,织物工场手工业以及一系列其他工场手工业,也是由不同的手工业在同一个资本家的指挥下结合起来而产生的。

但是,工场手工业也以相反的方式产生。许多从事同一个或同一类工作(例如造纸、铸字或制针)的手工业者,同时在同一个工场里为同一个资本家所雇佣。这是最简单形式的协作。每个这样的手工业者(可能带一两个帮工)都制造整个商品,因而顺序地完成制造这一商品所需要的各种操作。他仍然按照原有的手工业方式进行劳动。但是外部情况很快促使人们按照另一种方式来利用集中在同一个场所的工人和他们同时进行的劳动。例如,必须在一定期限内提供大量完成的商品这种情况,就是如此。于是劳动有了分工。各种操作不再由同一个手工业者按照时间的先后顺序完成,而是分离开,孤立起来,在空间上并列在一起。每一种操作分配给一个手工业者,全部操作由协作工人同时进行。这种偶然的分工一再重复,显示出它特有的优越性,并渐渐地固定系统分工。商品从一个要完成许多种操作的独立手工业者的个人产品变成了不断地只完成同一种局部操作的各个手工业者的联合体的社会产品。

可见,工场手工业的生产方式,它由手工业形成的方式,是二重的。一方面,它以不同种的独立手工业的结合为出发点,这些手工业非独立化和片面化到了这种程度,以致他们在同一个商品的生产过程中成为只是互相补充的局部操作。另一方面,工场手工业以同种手工业者的协作为出发点,它把这种个人手工业分成各种不同的特殊操作,使之孤立,并且独立化到这种程度,以致每一种操作成为特殊工人的专门职能。因此,一方面工场手工业在生产过程中引进了分工,或者进一步发展了分工,另一方面它又把过去的手工业结合到一起。但是不管它特殊的出发点如何,它的最终形态总是一样的:一个以人为器官的生产机构。

手工业工场的出现,标志着生产组织形式的飞跃。从此,现代意义的企业便产生了,这就是最初的业主企业。

四、海运贸易——合伙企业的形成

在中世纪的海上贸易中,盛行于意大利、法国南部诸城市的最早合伙方法是股份委托制或合作制。股份委托制与合作制是两方组成的:一为坐商,主要提供资本和意见,在家坐等消息;另一方为行商,押运商品到达目的地,进行具体交易。委托制是坐商提供全部资本,获得利润的 3/4,而行商则获得利润的 1/4。合作制则是坐商提供 3/4 的资本,行商提供 1/4 的资本,所得利润双方平分。如果经商失败,则双方不向对方负任何责任。海上贸易的发展,促使了商业法院、海上法院、银行以及后来的商业行会在意大利的商业城市出现。这种形式的商业服务和信用也得到发展。在意大利诸商业城市中,商人、银行家的企业也大量的出现。其中最为著名的是 15 世纪佛罗伦萨的美利奇家的企业,出现在 1397 年。1420

年时该企业有资本 2.4 万佛罗林,其中 1.6 万属于美利奇家,8 000 佛罗林属于合伙人巴尔迪加。1451 年资本达到 7.2 万佛罗林,其中 5.4 万佛罗林为美利奇家所有,而其余的 1.8 万佛罗林属于合伙者奔奇家。

14 世纪开始了欧洲文艺复兴时期,由意大利始,后来扩展到德、法、荷、英等欧洲国家。由于此时商品经济的发展,资本主义的生产关系也在一些意大利、德意志的商业城市中得到发展。与此同时,在这些城市中出现了同血缘人和亲属共同经营基础上吸收亲属以外的人参加的商业团体。如德意志的拉文斯堡公司就是由康士坦茨和拉文斯堡商人家族联合建立,这些家族在 1380 年或在此之前把他们的中心点移到巴登湖北部这座城市中来。该企业存在了约 150 年之久。该企业是由三个"管理者"领导,有 9 个委员会协助他们工作。后来该企业由 60～70 个伙伴(即负有全权的、参与投资的、并有利润要求的合伙经营者)组成。

合伙企业的形成,除了上述由业主商号发展而来的家族企业外,另一种途径是由两个以上的成员共同出资组成的商业团体。在当时这种超出了血缘纽带的经济组织主要有康孟达和索塞特。

康孟达(Commanda)组织是中世纪初产生于欧洲地中海沿岸的一种海运企业组织,这种组织实际上是一种借贷与合伙关系。在当时,从事海上贸易要冒很大风险,又需较多的资本。资本所有者既想得利,又不愿亲自去冒险,于是产生了康孟达组织。依靠康孟达组织,资本或财物所有者以分享企业利润为条件,将资本或财物预付、委托给船舶所有者、独立的商人或其他人。受托方用集中起来的资本连同自有资本从事经营,经营所得利润根据契约规定分配。资本所有者仅以其预付的资本或财物为限负有限责任,而经营者则对企业债务负无限连带责任。在康孟达组织中,一般每次航行募集一次资本,每次航行结束后,资本退还原主,经营所得利润按契约规定分配。随着商品经济的发展,康孟达这种企业组织形式也开始在其他行业中出现。

索塞特(Societa)组织是中世纪初产生于欧洲地中海沿岸的另一种海运企业组织。为了分散海上贸易风险和集中资本的需要,当时的资本所有者便把资本集中起来,共同创办了海洋贸易企业——索塞特。在索塞特组织中,合伙各方共同经营,企业盈利根据合伙各方的出资比例进行分配,企业经营风险由合伙各方共同承担,每个合伙人都是其他合伙人的代理,并以其全部私人财产对企业的债务负责。企业的存续期限由契约规定,从契约订立时起,到契约期满为止是企业的存续期间。在这期间,合伙人的资本不能随便抽回,一般每次航海结束,进行一次利润分配。契约期满,企业即行解散,合伙各方取回各自的本利。随着商品经济的发展,索塞特组织亦出现于其他行业。

合伙企业当时主要存在于商贸领域,但在中世纪的其他领域也存在着合伙形式。中世纪采矿业,由于生产难度较大,一些小的生产单位难以承担,因而采取了合股经营的方法,即小生产者集中购置一些设备,合伙经营分取利润。如合资失败大家则分摊损失,而且股份还可以转让、继承。如1327年在德意志的库腾贝尔矿区就存在过一些合股采矿公司。14世纪意大利巴底平原上米兰、比萨、佛罗伦萨等城市纺织业十分发达,在纺织业中也出现了合伙经营。14世纪米兰363家"毛纺织"企业中就有96家是合伙经营的。

1492年哥伦布"发现新大陆"和1497年葡萄牙航海家加马(Vasco da Gama)绕过好望角航行到印度,开通了东西之间的航线,使世界商业贸易大为改观,开辟了远洋贸易大发展的新世纪。贸易的发展迫切需要组建一些大型贸易企业。这一时期的合伙企业沿着两个方向发展。

(1)家族企业进一步发展和扩大成比较长期性的组织;

(2) 沿着 15 世纪意大利和德国发行可转让股票的合伙企业方向发展,这类企业在英国和荷兰建立一种普遍的和长期性的企业组织。

英国在 16 世纪 50 年代,首次以合股形式成立海外特许的"莫斯科公司",该企业成立于 1553 年,成立时有股份 240 股,每股 25 英镑,到 1664 年,该企业成员发展到 160 人,有 15 个董事。至 1600 年英国成立了由英女王伊丽莎白一世特许的"东印度贸易公司",简称"东印度公司"。东印度公司是以桑德兰伯爵为首的一批冒险商人合股集资建立的。该企业筹集的第一次航行资本由 101 个股东提供,约 3 万英镑。15 年后,企业贸易站有 20 多个,分布在印度、印度洋的一些岛屿,该企业成立的第二年股东扩大到 218 名,股本近 7 万英镑,并实行定期分配利润,但不退还股本。

1662 年,荷兰东印度公司由国家特许成立,该企业后来被认为是首家永久性股份公司。1670 年,该企业在其投资布告中首次使用了"股份"和"股东"一词。东印度公司由 6 个商会联合组建而成,其资本总额达 650 万基尔特,出资 5 000 基尔特以上的股东召集协议会。下设 8 个分公司,主要股东参加这些分公司,从中选出 60 名董事组成董事会。作为首家永久性股份企业,荷兰东印度公司开始将其股本看作是长期性的。该公司规定,要兑现该公司的股票,只有拿到交易所去公开出售。后来,英国开始仿效荷兰的做法。

由于股票的发行和转让,企业的发展进入了新的历史时期,至 17 世纪中叶,正式的股票交易市场已出现,阿姆斯特丹交易所聚集了一批证券经纪人和代理人。同样,伦敦的证券与股票交易也在 17 世纪 30 年代发展起来。

到 1688 年,英国经历了资产阶级革命。16 至 17 世纪初,股份公司主要存在于海外贸易领域。17 世纪后期、18 世纪初,股份公司开始大量出现在银行、保险、交通运输及公共事业等领域。如1694年资本主义国家最早的国家银行——英格兰银行,就是通过集资而建立的。之后相继在英、法、德、美等国迅速发展以合股公司形式出现的银行。在交通领域,如英国运河系统的修筑、铁路的修建都得益于合股公司的集资功能。

股份公司的形成,合伙企业从短期投资转向长期投资,股票、股票转让交易所的出现,对于合伙企业的发展起了重要的推动作用,然而无限的连带法律责任,使得愿意加入合伙者队伍的人始终是有限的,这严重地制约着合伙企业的继续扩张。

五、没有专利的社会发明——公司制度的诞生

历史在不断提出问题、新挑战的同时,也不断创造出新方法、新手段。为了克服业主制企业和合伙制企业在大规模投资和现代化生产经营方面的局限性,18世纪末至19世纪中期,人们开始了新的企业制度形式的探索。

18世纪末、19世纪中期,在英国及西欧国家开始了现代化进程的产业革命。在此期间,西欧的一些主要国家大都完成了产业革命,走上了自由竞争的资本主义发展道路。这些国家的工业得到了迅速发展,机器大工业生产方式大量涌现,生产的社会化程度得到了极大的提高。与此同时,企业也得到迅速发展。虽然股份公司在法律上仍然被当作合伙企业,但由于它具有可以筹集较多资本、所有者权益易于转让和经营有连续性等优点,深受投资者欢迎。这一时期主要资本主义国家的股份公司如雨后春笋般出现。如英格兰的股份银行由1833年的32家,发展到1841年的115家;法国在1826~1836年的10年间股份两合公司有160家,1855年仅巴黎就成立了327家股份公司。

随着股份公司的不断增加,股份公司在社会经济中的地位和作用不断加强,人们对股份公司不具备法人地位和无限责任制的缺陷认识越来越深刻,这就推动了法律制度向赋予股份公司

以法人地位的方向变化和革新。以英国为例,议会在1834年授权君主向股份公司发放特许证书,使之具有通过政府官员的代理进行诉讼的权利,这就在事实上承认了股份公司的法人地位。1844年英国议会通过了公司法,规定建立公司不必事先获得特许,只要通过简单程序,就可以建立公司。根据这一法律,英国设立了合股公司注册处,要求有25个以上成员并可转移股份的"合伙制企业"可以注册为公司。1844~1856年期间,共有910家这样的股份公司登记注册。但是在这种注册的股份公司中,股东的债务责任仍然不受他出资数量的限制,也就是说仍然要负无限责任。

有限责任原理是由法国首先提出,并且得到法律认可。拿破仑于1808年颁布的第一部资本主义的商法典中,明确规定:股份公司即是有限责任制的公司。但在当时,这种类型公司的建立由于申请登记规则严格,建立极为不易,并未得到广泛推行。

在英国,随着经济的发展,有限责任制的要求日益强烈,于是在19世纪50至60年代,有限责任制成了广泛争论的问题。最后终于在1855年经过激烈的争论后,通过一项有限责任制的议案,英国议会确认了注册公司对债务只负有限的赔偿责任,并于1856年颁布了第一个现代的公司法,即有限责任形式的公司法。这样公司制度的基本框架就确立起来了。对此,美国的巴特勒(N. M. Butle)称赞道:"有限责任公司是近代最伟大的一个发现,甚至连蒸汽机和电的发现都不如有限责任制公司来得重要。"

六、所有权与控制的分离——现代企业制度的确立

有限责任制的最终确立标志着企业进入现代发展阶段,为企业的进一步发展创造了前提条件。公司规模不断扩大,股东越来越多,业务日益复杂化,大股东亲自担任高层经理人员,只有中下层经理人员才由支薪的雇员担任的做法越来越不能适应新的形

势。于是,在大公司中不但中下层经理人员由支薪的雇员担任,连高层经理人员也由支薪的雇员担任的情况变得愈来愈普遍。这些高层经理人员往往不是公司的股东,只是由于自己的经营管理能力而被代表所有者的董事会所聘用。自第一次世界大战以后,大公司的股权分散化发展迅速,股东人数迅速增加,高层管理逐渐转移到雇员的手中,在这方面美国的情况最具代表性。美国经济学家钱德勒在他的名著《看得见的手》中,对美国现代企业制度形成的历史过程作了细致的研究。他指出,现代企业源于19世纪80年代开始的大规模生产和大规模销售的结合。在企业从事多方面的经营活动的情况下,企业的经营管理只能由专业经营人员来负责。于是公司制企业就从旧时的"企业主企业"(Enterpreneurial Enterprise)演化为现代的"经理人员的企业"(Managerial Enterprise)了。

钱德勒认为,美国现代企业制度的成长过程可以从两方面把握:

(1) 企业规模的扩张过程;
(2) 资本所有权与管理的分离过程。

19世纪80年代,美国企业通过横向一体化和纵向一体化(主要是纵向一体化),形成了一大批把大规模生产和大规模销售结合起来的大公司。

企业规模的扩张及与之伴随的技术和管理过程的复杂化导致专职经理人员作用的增强。这个过程在美国法学家伯利(A. Berte)和米恩斯(G. Means)的《现代公司与私有财产》一书中用"所有与控制的分离"来概括。钱德勒则称之为"经理人员资本主义的兴起和企业主资本主义的衰落过程"。在过去的企业主企业或家族企业中,企业主本人与其亲密伙伴或家族成员在企业的高层管理中居支配地位。但是除非这些人本身受过专业训练,否则就很难在高层管理中发挥作用。这就是说,真正决定他们在高层管理中的地位已不再是他们所掌握的股份,而是他们自己的管理能力。这一点导致了家族资本主义的衰落,因为财产股实和收入丰厚并不能保证富豪家族的每一代成员都有胜任高层管理的能力。事实上,"在美国大型工商企业中,曾有两代以上的家庭参与其公司的管理决策的只有少数几个企业。"到1963年,在美国200家最大的非金融公司中,由某一家族或集团控制的只有31家,其中以多数股份实现控制的只有5家。甚至在杜邦公司这样长期被认为杰出的家族企业中,杜邦家族也已不再作出重要的经营决策。总之,钱德勒所说的经理人员企业从19世纪50年代的铁路业中萌生,到20世纪50年代已在美国经济的主要部门中成了工商企业的标准形式。

这样,钱德勒给现代企业制度下了一个被学术界普遍接受的定义:"由一组支薪的高、中层经理人员所管理的多单位企业,可以恰当地被称为现代企业。这种企业在1840年的美国还不存在。到第二次世界大战时,这类公司已在美国经济的许多部门中成为占优势的企业制度。"

至此,企业完成了由其产生之前的生产组织形式——个体(家庭)手工业到现代企业制度确立的演变。人们普遍承认,现代企业的出现是20世纪的大工业和大商业兴盛的组织基础。

表1.1 企业制度的演变

阶 段	大约出现时期	特 点
个体(家庭)手工业	封建社会后期之前	生产目的是为自己(有时也为奴隶主或封建主)提供物品,而不是为了销售和获利
手工业作坊	封建社会后期	生产目的是为了将产品拿到市场上去出售,并且已具备了初步的分工协作

(续表)

阶　　段	大约出现时期	特　　点
商人雇主制	16～18世纪	以商业资本为中心,由商人为手工业作坊提供原材料,让其加工成产品,商人再收购销售,形成以商号为中心与许多小手工业作坊结合形成一种松散的生产联合体
手工业工场	16世纪中叶～18世纪末叶	真正的业主企业,出现了雇佣劳动,工场主是主要的组织者和管理者;建立在分工协作基础上,工人多,分工细;生产规模大,产量较高
合伙企业	14世纪	不具备法人资格,合伙人共同出资、合伙经营、共享收益、共担风险。全体合伙人对合伙企业的债务承担无限连带清偿责任
公　　司	19世纪	具有法人地位,承担有限责任,能够筹集大量资金,高层管理人员由大股东担任
现代企业制度	19世纪中叶	所有权与控制分离,企业由一组支薪的高、中层经理人员所管理

七、中国企业制度演变简介

虽然,现代企业是西方文明的产物,但若论企业制度的前期发展,中国要比欧洲早了近千年。

"中国在两千多年以前已经出现了完整的私有财产制,并且受到国家立法保障。""由于社会分工的优越性,中国早期的生产技术发展特别快。中国的社会职能分工比欧洲早了至少1 000多年。主要的传统生产技术(工业革命前的非机器生产技术)在中国出现的时间也比欧洲早800~1 000年。""由于社会分工及私有财产控制所导致的活跃市场经济,是中国社会两千多年来基本未变的经济体制。"据《中国经济制度史》作者考证,在殷商时期不仅有个别氏族进行专业生产,国内贸易也已经盛行,殷人因而得名,意为善于经商之氏族。表明当时已有业主企业的最原始、最简单形式。到了周代,专业氏族被网罗在政府之下,转化为官营手工业。私营手工业也有,但为数不多。到了战国时期,民营手工业已发展到相当规模,西周末年已有势力雄厚的大商人。到春秋战国时期,出现了生产规模大、使用工人多的大型矿业,如铁矿的开采和冶炼,铜矿的开采和冶炼、铸造工业等。在这种早期的采矿业中采取了合股经营的方式,在以后的封建王朝中,均有存在。但由于中国历朝实行"重农桑,轻商业"的政策,致使中国后来的商品经济的发展受到限制。因此,与商品经济发展密切相关的企业组织难以发展,早期的业主企业、合伙企业无法进一步演变成现代公司组织。直至西欧列强的侵入,方由列强在中国开办公司,从而使公司组织纳入中国经济活动之中。因此,可以认为中国企业的发展是有源无流,公司组织的产生具有外生性和殖民性。

鸦片战争后,外国资本开始大举侵入,在中国建立了第一批现代公司,它们涉及航运业、金融业、近代工矿业、房地产等各行业。如1863年成立于香港的黄浦船坞公司,1857年开设的英国麦加利银行等。

与此同时,清政府内的洋务派和民族工商业者也纷纷创办模仿西方这种公司形式的企业。如1866年由杨家濂创办的天津自来水公司,1889年由钟显溪创办的广州宏远堂机器造纸公司。据统计自1903年至1911年,我国共创办公司360家。

之后,北洋政府时期的国民政府也用官僚资本投资兴建了一批公司,但由于中国处于半封建、半殖民地社会,市场经济的发展受到了极大的限制,同时也不可能建立起公司生存与发展的法律保障制度。因此,旧中国的近代公司受到了制约而发展缓慢。

1949年,新中国成立后,从根本上改变了我国经济发展的环境,为我国公司的发展奠定了基础。1956年,对资本主义工商业的社会主义改造基本完成后,私营公司通过公私合营方式改成了公营公司。国家按行业归口等原则组织了一批工业公司,并通过这些工业公司实行对企业的集中管理。但就其本质来看,这些公司是政府管理企业的一级行政组织,而不是工业企业。因此,这些公司的本质仍是行政性公司。

1960年代,我国工业加强了对工业的集中管理,从而使工业有了高速度发展。在这种背景下,为了更好地开展联合和发挥专业化协作的优势,我国开始在工业、交通等部分行业试办托拉斯。1964年我国率先在中央各部试办了12家全国性工业公司,如烟草公司、汽车工业公司等。之后,地方也相应建立了一批地方性的工业托拉斯组织。这种托拉斯实际上是一种行业性联合公司。"十年动乱"中,试办托拉斯的工作被予以否定,几乎所有的这类公司停办,未被停办的则被改组为行政性公司。

1978年底,我国开始了经济体制改革。进入1980年代,随着改革的不断深化,公司在我国再度兴起。1980年7月国务院颁布《关于推动经济联合的暂行规定》,提出要在自愿的基础上,允许打破行业、地区以及所有制和隶属关系的界限,组织联合体,从而为综合性公司的建立奠定了基础。之后,随着经济体制改革中心向城市的转移,公司也有了迅猛发展,并出现了股份公司、有限公司等公司组织形式。1993年12月,我国通过了第一部《公司法》,在法律上确立了公司地位,这标志着中国已进入企业制度的重建阶段。1993年11月,中共十四届三中全会通过的《中共中央关于建立社会主义市场经济体制若干问题的决定》,指出

"以公有制为主体的现代企业制度是社会主义市场经济体制的基础"。逐步"建立现代化企业制度是发展社会化大生产和市场经济的必然要求,是我国国有企业改革的方向"。至此,中国国有企业踏上了建立"现代企业制度"为目标的,艰巨复杂的企业制度创新新阶段。

第四节 企业制度的创新:建立现代企业制度

一、现代企业制度的内涵

现代企业制度是个内容广泛的概念,我们必须首先了解什么是企业制度,然后在此基础上定义现代企业制度。

所谓企业制度,是指由国家特定法令和条件所规范和约束的,企业内部外部关系的行为准则。企业的组织形式不同,其内外关系的行为准则也就各不相同。因此,对企业制度的分析研究,应该从企业组织形式入手。

所谓现代企业制度,是指在现代市场经济条件下,以规范和完善的法人制度为主体,以有限责任制度为核心,以股份有限公司为重点的产权清晰、权责明确、政企分开、管理科学的一种新型的企业制度。因此,现代企业制度是一个由行为准则各异的、各种企业组织形式构成的体系或网络,其核心就是公司制,即企业法人制。其重点是股份有限公司的形式。

现代企业制度这一概念包含着极其丰富的内容,它并不仅仅指企业组织形式本身,它实际上是指适应现代市场经济体制的企业的产权制度、企业组织制度、企业管理制度、企业领导制度、企业财务会计制度、企业法律制度、政府与企业的关系以及其他各种企业制度外部环境的统称。可见,建立现代企业制度不仅仅是企业组织内部要进行一系列的制度变革,在政企关系、企业制度环境等一系列方面都要进行重大的变革。

二、现代企业制度的特征

建立现代企业制度是发展社会化大生产和市场经济的必然要求,也是企业改革的方向,更是企业制度的一种创新。

(一)产权特征

现代企业制度的典型形式是公司制企业。实行公司制企业最基本的特征是表现在产权上,即在公司制企业中,产权关系明晰,企业财产的所有权属于投资者,企业拥有一切出资者投资形成的全部法人财产权,成为享有民事权利、承担民事责任的法人实体。在公司制企业中,出资者所有权与法人财产权是相分离的,出资者拥有股权,以股东身份依法可以享受权利,但不能对属于自己的部分资产进行直接的支配,只能动用股东权力影响企业的行为。

(二)保值增值特征

现代企业制度的公司制企业,以其全部法人财产依法经营、自负盈亏、照章纳税、对出资者承担资产保值增值的责任。企业依法自主经营就是要以资产保值增值为目标,通过努力使利润达到最大化,自负盈亏,独立地面对瞬息变化的市场,按市场需求组织生产、经营,在激烈的市场竞争中确定自己的目标。可以说,使资产保值增值是任何企业的经营目标。然而,在传统计划经济条件下,国有企业作为国家行政机关的附属物,即使有使资产保值增值的良好愿望,也无能力真正做到,企业只负盈不能负亏。

现代企业制度的公司制企业就必须具备使资产保值增值这个特征,这是现代企业制度的产权关系决定的,也是市场经济对现代企业制度的必然要求。

(三)责任特征

建立现代企业制度,实行公司制,每一位出资者按投入企业的资本享有所有者权益。这种权益表现为三方面:首先是资产受益权,即通过生产经营,在资产增值后,投资者理应获得相应收益;其次是享有重大决策权,出资者有权对公司的重大决策作出应有的反应,利用股东的影响对公司重大问题发表意见;第三,出资者是公司的股东,有权选择合适的管理者,委托其经营与管理公司。如果管理者被证明是不合格的,出资者同样有权通过合适的、规范的方式重新作出选择。

在现代企业制度中,出资者除了享有上述权益外,更重要的一点是对公司承担有限责任。公司破产时,出资者只以投入公司的资本额对公司债务负有限责任。同样,公司也仅以其全部资产对公司的债务承担有限责任。现代企业制度的有限责任是其主要特征之一。

(四)效益特征

在市场经济体制下的现代企业,应该完全按照市场需求组织生产和经营,以提高劳动生产率和经济效益为目的。市场经济的本质特征之一就是竞争。有竞争必然有优胜劣汰,长期亏损,资不抵债,没有效益的企业在市场竞争中依法破产,是市场经济体制效益驱动的必然结果,是市场经济发展和进步的表现。因此,现代企业制度的效益特征是其重要特征之一。

(五)制度特征

现代企业制度是社会化大生产发展到一定阶段的产物,也是市场经济对企业制度的必然要求。现代企业制度发展至今,制度特征主要表现为两个重要方面:

1. 合理、规范的组织制度。包括公司内部领导体制、机构设置、工作效率、关系层次,既要体现符合市场经济体制运行的要求,又要体现规范性,即符合国际惯例。

2. 先进、科学的管理制度。通过管理制度的运作,调节所有者、经营者、员工之间的关系,形成激励和约束相结合的经营机制。当前在我国,现代企业制度的构建,就是力求在公司制企业中,克服我国传统企业组织制度与管理制度存在的弊端,从而提高企业的效率和效益。

三、现代企业制度的主要内容

当前我国国有企业改革的目标明确而又具体地定位在企业制度创新——建立现代企业制度,它反映了发展社会化大生产和市场经济的客观和必然的要求。要使企业真正成为自主经营、自负盈亏、自我约束、自我发展的独立产权主体和市场运行主体,就必须通过法律形式界定国家同企业之间的产权边界,根本改变我国传统国有经济的产权格局,进行有广度、深度、力度的企业制度改革和创新。

（一）现代企业的法人制度

建立现代企业制度,首要内容是完善我国的企业法人制度。企业要进入市场,成为竞争的主体,就必须能够独立地享有民事权利、承担民事责任。为此,包括国家在内的出资者构造了一种经营组织,并使其人格化,具有独立的法律地位,还有自己的名称、住址等,形成企业法人。

在传统的计划经济体制下,国有企业作为国家行政机构的附属物,没有独立的法人地位,国家是唯一的投资主体,也无法形成竞争。在实行商品经济过程中,国家虽然通过立法形式建立了企业法人制度,但那是一种不完整的法人制度。国有企业名义上虽有法人地位,却没有法人所必须具备的特定的法人财产权。在企业内部,难以建立起财产约束机制,只能负盈不负亏,国家对企业仍负有无限的责任。企业还不是真正独立的法人。

建立完整的企业法人制度,应做好以下几个方面的工作:

1. 确定企业法人财产权,使企业不仅做到有人负责,而且有能力负责。只有真正确认企业法人财产权,才能进一步解决企业从有人负责到有能力负责的跨越,实现民事权利能力和行为能力的统一,在市场中形成成千上万个能够自负盈亏的法人实体。

2. 理顺产权关系。实行出资者所有权与企业法人财产权的分离。出资者所有权在一定条件下,表现为出资者拥有股权,即以股东的身份依法享有资产受益、选择管理者、参与企业重大决策以及转让股权等权力。法人财产权表现为企业依法享有法人财产的占有、使用、收益和处分权,以独立的财产对自己的经营活动负责。出资者的所有权与法人财产权经过法律确认,产权关系明晰,均受法律的保护,不可侵犯。

3. 改变国家对国有资产管理方式。建立完善的企业法人制度,确立法人财产权,对国有企业而言,不会改变国家的所有者地位,而是需要改变国家对国有资产管理的方式,即由对国有资产实物形态的管理转变为对价值形态的管理。

4. 建立有限责任制度。完善企业法人制度,理顺产权关系,确定企业法人财产权,才能真正使有限责任制度得以实现。

(二)现代企业的管理制度

科学的企业管理制度是现代企业制度的重要内容。建立现代企业制度,重点是对企业的机构设置、用工制度、工资制度、财务制度、会计制度等进行改革,建立严格的责任制体系。

1. 科学、合理地设置机构。公司的机构设置,一是根据市场经济竞争的需要,按照职责明确、结构合理、设置科学、人员精干、权力与责任对等原则,由公司自主决定。大型企业和集团公司应根据自身的情况,逐步形成投资中心、利润中心、成本中心的管理新格局。

2. 建立现代企业用工制度。建立现代企业用工制度应改变国家直接管理用工的方式,用工主体由国家转向企业。企业依法享有用工自主权、劳动者依法享有择业自主权。劳动合同是确立和调整劳动关系的基本方式。公司与劳动者之间的关系,以双方平等自愿签订劳动合同的契约方式建立,以合同作为保障双方合法权益的依据,彻底打破公司内部干部与工人之间、不同用工形式之间、不同所有制企业之间的职工身份界限。要尽快建立和完善社会保障体系和劳动力市场,真正做到用人单位和劳动者双向选择,合理流动的就业机制,以建立现代企业用工制度为契机,促进劳动制度的改革。

3. 建立现代企业工资制度。现代企业工资制度改革的方向是真正实现完整意义上的企业自主分配,即在现代企业的产权明晰、权责分明、自我约束机制完善、工资总额增长率低于企业经济效益增长率,职工平均工资增长率低于本公司劳动生产率增长的前提下,公司享有充分的工资分配自主权,国家通过立法进行指导和宏观调控,而不再直接干预公司的工资分配。

4. 建立现代企业财务会计制度。建立现代企业制度必须健全和规范企业的财务会计制度,即要健全与市场经济相适应的、与国际接轨的企业财务会计制度。因为规范的、符合国际惯例的财务、会计制度是投资者、经营者、生产者权益的财务体现和保证。要改变按不同所有制、组织形式、经营形式分别确定企业财务会计制度的习惯做法,强化企业财务管理,完善企业审计制度。认真实施《企业财务通则》和《企业会计准则》,是健全和规范现代企业财务会计制度的首要条件,这有利于企业进入市场,尤其是进入国际市场。

(三) 现代企业的组织制度与领导制度

公司制企业在市场经济的几百年发展中,已形成一套完整的组织制度和领导制度。最明显的特色是形成了由所有者、董事会和高级执行人员即高级经理三者组成的一种组织结构,即所谓的公司法人治理结构(Corporate Governance)或称公司治理结构来统治和管理公司。在这种结构中,上述三者之间形成一定的制衡(Check and Balance)关系。公司法人治理结构明确划分相互间的权利、权力、责任、利益,形成相互制约、制衡的关系,以利公司高效、灵活地运作,既保证作为经营专家的高层经理人员放手经营,又不致失去出资者(股东)对经理人员的最终控制。

1. 公司治理结构的组成与功能。公司治理结构由股东大会、董事会和由高层经理人员组成的执行机构三个部分组成。

(1) 股东大会。股东是指持有公司股权的投资者。股东有在册和非在册之分。所谓在册股东,是指在公司股东名册上登记其姓名、地址和其他简况的股东。所谓非在册股东,是指没有在公司股东名册上登记其姓名、地址和其他简况的股东。享有在平时获得定息的优先权和清盘时获得补偿优先权的优先股持有人通常不算在册股东。普通股持有人依法过户后就成为在册股东。

股东可以是自然人,也可以是法人。

普通股持有人依法凭所持股票行使其权利,享受法定的经济利益。股东的权利包括:①对剩余收入的索取权,即确定分红的权利;②在审议董事会关于修改公司章程、出卖部分或全部财产的建议和财务报告时的投票权;③对董事的选举权和在董事玩忽职守、未能尽到受托责任时的起诉权;④对公司经营活动的知情权和监察权。与此同时,股东也要承担缴足股金的责任。

股东是公司的所有者,他们通过股东大会行使自己的审议权和投票权,维护自己的法定权益。

股东大会分为例行年会和特别会议两种。股东大会例行年会,是指公司一年一次必须召开的年度股东大会,一般由董事会组织召开。普通年会的主要内容是:①讨论和批准公司年度报告、资产负债表、损益表和其他会计报表;②修改公司章程;③决定公司的合并或解散;④讨论和通过董事会关于增减公司资本的建议;⑤选举公司董事;⑥讨论和批准董事会提出的股利分配方案。股东大会特别会议,是指在两次年会之间不定期召开的股东会议，一般用于讨论决定公司的重大决策问题。根据各国公司法和传统作法，股东特别会议可以由董事会召开，或者由持有一定数目股权的股东提议召开，或者由法院发布命令召开，法院发布命令既可以根据自己的动议，也可以根据任何一个董事或有表决权的股东的申请。股东特别会议的内容，各国在法律上往往予以明确规定。

召开股东大会的通知必须采取书面形式，并在开会前送到每个在册的有表决权的股东手里。参加股东大会的股东必须达到法定人数才能视为合法，通过的决议才能有效。

(2) 董事会(The Board of Director)。对于拥有众多股东的公司来说，不可能靠所有的股东的经常集会来执掌所有权，他们需要物色少量能够代表自己利益的、有能力的、值得依赖的人员，组成一个小型的机构，将公司的法人财产交给他们托管，这个机构就是董事会，董事会由董事组成。因此，在年度股东大会上，要选举出新一届董事会。有些国家的公司法规定，法人也可以担任公司董事，但必须指定一名有行为能力的自然人作为代表人执行作为董事的职能。

董事会是公司最高决策和领导机构，是公司的法定代表。董事会由股东大会选出，代表全体股东的利益，负责制定或审定公司的战略性决策并检查其执行情况。董事会的主要职责是：①制定公司的经营目标、重大方针和管理原则；②挑选、委托和监督经理人员，并掌握经理人员的报酬与奖惩；③协调公司与股东、管理部门与股东之间的关系；④提出盈利分配方案供股东大会审议。

董事会的权限受到三个方面的限制：①董事会作为公司的法定代表，不得从事与公司业务无关的活动；②董事会不得超出股东授予他们的权限范围行事；③如果董事会的决议和股东大会的决议发生冲突，应以股东大会的决议为准。股东大会有权否决董事会决议以至改选董事会。

对于董事会下面要不要设立执行委员会或其他专门委员会，各国公司法没有硬性规定，由各公司根据需要在公司章程或内部细则中加以规定。一般地，在大公司的董事会下设有执行委员会和其他专门委员会，包括财务、高级执行官员提名和报酬、情报、法律等委员会。这些委员会是董事会的辅助机构，它们的主要任务是给董事会提供各种业务资料和咨询意见。

(3) 执行机构。公司执行机构由高层执行官员(Executive Officers,包括总经理、副总经理等)组成。这些高层执行官员即高层经理人员受聘于董事会，在董事会授权范围内拥有对公司事务的管理权和代理权，负责处理公司的日常经营事务。执行机构的负责人称为首席执行官(Chief Executive Officer,简称为CEO)，通常由总经理担任，有时也由董事长担任。一般地说，首席执行官的主要职责是：①执行董事会的决议；②主持公司的日常业务活动；③经董事会授权，对外签订合同或处理业务；④任免经理人员；⑤定期向董事会报告业务情况，并提交年度报告。

首席执行官领导下的执行班子包括：总经理、副总经理、各部门经理、总会计师、总工程师等。

2. 公司治理结构中的矛盾与委托代理关系。在公司治理结构中，股东及股东大会与董事会之间、董事会与高层执行官员之间存在着性质不同的关系，要完善公司治理结构，就要明确划分股东、董事会、经理人员各自的权力、责任和利益，从而形成三者之间的制衡关系。

从法律原则上说，公司法明确区分了股东大会与董事会之间的信任托管关系(Fiduciary Relationship)和董事会与高层经理人员之间的委托代理关系(Principal-Agent Relationship)。

(1) 股东大会与董事会之间的信任托管关系。在公司治理结构中，董事是股东的受托人(Trustees)，承担受托责任(Fiduciary

Duties)。这种关系是一种信任托管关系。其特点在于：①一旦董事会受托来经营公司，就成为公司的法定代表，股东既然将公司交由董事会托管，就不再去干预公司管理事务，也不能因商业经营原因，例如非故意的经营失误解聘董事，但可以以玩忽职守、未尽到受托责任而起诉董事，或者不再选举他们连任。不过选举不能由单个股东决定，而要取决于股东大会投票的结果；个别股东如对受托经营者的治理绩效不满意，还可以"用脚投票"，即转让股权而离去。②受托经营的董事不同于受雇经理人员，不兼任高层经理人员的董事一般不领取报酬，只领取一定的津贴或称车马费，表明不是雇佣关系，而是信任托管关系。在有限责任公司的情况下，由于股东的人数较少，董事会的成员多半具有股东身份，这意味着大股东直接控制公司；在股份有限公司情况下，董事会主要由经营专家以及社会人士组成。③在法人股东占主导地位的情况下，大法人股东的代表往往派出自己的代表充当被持股公司的董事。这时，公司，特别是所谓"关联公司"的高层经理人员，由于懂得经营和财务、关注自身的可靠性价值，往往成为被持股公司董事的合适人选。

（2）董事会与公司经理人员之间的委托代理关系。董事会以经营管理知识、经验和创利能力为标准，挑选和任命适合于本公司的经理人员。经理人员作为董事会的意定代理人，拥有管理权和代理权，前者是指经理人员对公司内部事务的管理权，后者是指经理人员在诉讼方面及诉讼之外的商业代理权。这种委托代理关系的特点在于：①经理人员作为意定代理人，其权力受到董事会委托范围的限制，包括法定限制和意定限制，如某种营业方向的限制，处置公司财产的限制等。超越权限的决策和被公司章程或董事会定义为重大战略的决策，要报董事会来决定。②公司对经理人员是一种有偿委任的雇用，经理人员有义务和责任依法经营好公司事务，董事会有权依经理人员的经营绩效进行监督,并据此对经理人员做出(或约定)奖励或激励的决定,并可以随时解聘。

(3) 股东、董事会和经理人员之间的相互制衡。公司治理结构的要旨在明确划分股东、董事会和经理人员各自的权力、责任和利益,形成三者之间的制衡关系,最终保证公司制度的有效运行。

首先,股东作为所有者掌握着最终的控制权,他们可以决定董事会人选,并有推选或不推选直至起诉某位董事的权利;但是,一旦授权董事会负责公司后,股东就不能随意干预董事会的决策了。

其次,董事会作为公司的法人代表全权负责公司经营,拥有支配公司法人财产的权利并有任命和指挥经理人员的全权;但是,董事会必须对股东负责。正是由于需要建立股东与董事会之间的制约和平衡关系,现代经济学的研究得出结论,股权的过分分散化、股东失去对董事会的控制,对公司的有效运营是十分不利的。

最后,经理人员受聘于董事会,作为公司的意定代理人统管企业日常经营事务,在董事会授权范围之内,经理人员有权决策,其他人不能随意干涉;但是,经理人员的管理权限和代理权限不能超过董事会决定的授权范围,经理人员经营绩效的优劣也是受到董事会的监督和评判。

3. 监事会的作用。在现代公司里,为适应股东所有权与经营控制权分离的现状,董事会的权力得到了法律上的保证。但是为防止董事会滥用权力并保护公司、

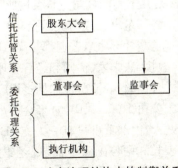

图1.3 法人治理结构中的制衡关系

股东及债权人的权益,各国还立法确认了监事会的监督权力,从而形成公司治理结构中的股东大会、董事会、监事会以及执行机构相互制衡的关系。监事会对股东大会负责,由股东大会选举产生。

四、不同国家法人治理结构的比较

世界上不同国家的公司制度都不一样,其法人治理结构也不尽相同,但就其代表性来说,主要有美国、德国和日本三种模式。

(一) 美国公司的法人治理结构

美国公司的法人治理结构由股东大会、董事会及执行委员会组成。股东大会是公司的最高权力机构,公司的重大决策须经股东大会作出决议。股东大会选举产生的董事会代表全体股东的利益,在股东大会闭会期间,行使股东大会的权力。公司不设监事会,但在董事会里设有一个高级主管委员会,负责执行日常的监督事务。根据美国有关规定:负责监督业务的成员,只能由来自企业外的董事组成,不符合这一规定的公司不准上市。

美国公司的董事会,一般都由内部董事与外部董事组成。外部董事是美国董事会的一个重要特色。不同公司的董事会中,内、外董事并无固定比例,外部董事所占比例有越来越大的趋势。表1.2是几家美国公司董事会构成情况。

外部董事已成为美国公司董事会正常运作所必不可少的因素。这些外部董事普遍都是高级财务专家、高级工程师、知名科学家、教授、法学家、律师和经营管理专家,有不少担任着或曾担任过某大公司的总经理,他们见多识广,是公司的"廉价顾问"。《财富》美国公司1 000强中,董事会的平均规模为11人,其中独立董事有9人,内部董事只有2人。GE公司董事会有16名成员,除了董事长和两位副董事长是企业内部人士外,其他13名成员全是公司外部人士,甚至还包括其他公司的董事长。Dell、IBM等大公司的董事会中也都只有一名内部董事。而这为数不多的内部董事,还往往是由职业经理人充当(资料来源:王蕾、赵昕,"从美国公司董事会人员构成看声誉机制",《商业时代》,2006年第1期)。外部董事制度,使公司得到各个方面专家的帮助,提高总经理的责任感,并使他们有机会向外部董事请教一些无法与下属人员讨论的难题。

表1.2 六家美国公司董事会构成 (单位:人)

公司名称	内部董事	外部董事	总计
休利特—帕卡德公司(HP)	9	11	20
巴勒斯公司(BURROUSHS)	4	8	12
斯佩里—蓝德公司(SPERRY RAND)	3	8	11
美国无线电公司(RCA)	5	9	14
普莱姆计算机公司(PRIME COMP.)	2	6	8
仙童公司(FAIRCHILD)	2	7	9

资料来源:王乐梅等编《外国公司的组织与管理》第427页,电子工业出版社,1984版。

董事会设董事长一人和副董事长若干人,由董事会任命一位总经理(总裁)负责日常的经营和管理。曾一度有不少公司把董事长和总经理的职务集中在一个人身上,而董事会内又有相当数量的公司经理,这往往造成董事会与经营管理部门在职能和作用上相互混淆,使董事会感到有被公司高级管理班子架空之虞。近年来,普遍采用两权分离,董事长一经选出就不再担任经理职务,而成为董事会的最高负责人,对内部董事(除总经理外)也要求尽可能解除原有的具体经营职责,动用自己对公司的丰富知识和深刻了解为董事会服务。

美国公司的股东大会、董事会对经营者的制约监督力较强,股东大会为批准企业的人事任免和重大决策,开会时间长达2~3小时是常有的事,股东大会具有较强的决策功能。

美国股份制企业的法人治理结构中,三者权力结构较为平衡,运行机制的透明度也较大。

(二)德国法人治理结构

德国公司的法人治理结构由股东大会、监事会和理事会组成。股东大会为企业最高决策机构,其权限是选举监事会中股东代表,临时罢免监事,以及形成重大决策的决议。

监事会是公司常设的权力监督、咨询和决策机构,由股东代表和工人代表各占一半组成。股东代表由股东大会选举,工人代表由全体工人选举,其权限是选聘理事会成员、监督理事会的经营业务,向理事会提供咨询等。监事会设主席和至少一名副主席。

法律禁止企业的监事兼任理事会成员(为防止权力过于集中),禁止被控股企业向控股企业派出监事(为防止权力倒置,损害投资者的利益),禁止两家企业相互派出理事会成员兼任对方监事(只能单向派出)。

理事会是公司日常经营活动的机构,负责整个公司的经营。理事会对外实行"集体代表制",但在具体业务活动中,可授权个别理事单独代表企业。对内实行集体领导,决策时基本上遵循"一致通过"原则,而非"少数服从多数"。理事会内各理事地位平等,理事长无权否定多数理事意见。不少企业甚至不设理事长,仅有发言人。如雇员达5万人的德意志银行有12名理事,其中2名为"发言人"。

德国企业的所有权归股东大会;决策权分别归股东大会、监事会和理事会,但以股东大会为主;监督权归监事会;经营权归理事会。三个领导机构分别主管所有权、监督权和经营权,形成分工明确、严格,权力配置均衡的法人治理结构。既利于各自发挥作用,又可以相互制约,对企业的发展意义十分重大。

表 1.3 日本股票市场中股票持有者比例的变化(%)

	年度	金融机构	事业法人等	个人	外国人
股票数	1995	19.5	13.2	53.7	1.8
	60	23.1	17.8	46.3	1.4
	65	23.4	18.4	44.8	1.8
	70	30.9	23.1	39.9	3.7
	75	34.5	26.3	33.5	2.6
	80	38.8	26.0	29.2	4.0
	85	42.2	24.1	25.2	5.7
	89	46.0	24.8	22.6	3.9
	90	45.2	25.2	13.1	4.2
市场价格	1970	29.5	23.9	37.7	4.9
	75	33.3	27.0	32.1	3.6
	89	43.5	29.5	20.5	4.2
	90	43.0	30.1	20.4	4.7

注:金融机构中包括投资信托,外国人中包括法人和个人
资料来源:日本证券交易所协议会的《股票分布状况的调查结果》
转引自:〔日〕三桥规宏等编《东洋奇迹》(中文版)第 529 页,经济出版社,1993 年版。

(三)日本公司的法人治理结构

日本公司的法人治理结构,由股东大会、董事会和监事会三层构成,分别负责对企业的决策、经营和监督职责。

股东大会根据法律规定是公司最高决策机构,有选举和罢免董事、监事和作出公司重大决策的权力。但由于日本公司的股东是以法人股东为主(由表 1.3 中可看出法人股东所占比例的变化),且法人股东之间又是一种交叉持股的关系,很少干预对方的经营活动,使日本的股东大会形成虚设。董事会成员名单由董事长、总经理(社长)等人拟定,在股东大会上的选举只不过是形式而已。据日本商事法务研究会调查,90%以上的大、中型公司的股东

大会会议不超过30分钟,20分钟就收场者最多。日本企业的股东大会只是一个橡皮图章。

董事会由股东大会选出的董事组成,对企业经营负全部责任。日本企业董事会中绝大部分成员都来自企业内部。据对日本100家企业董事会成员来源构成的调查,企业内部董事占78.3%,而余下的董事中,主要是控股参股企业派出的监事,因技术、管理和公共关系等原因而聘用外部董事的企业极为鲜见。

与董事会制度相适应,日本企业于1952年设立了有日本特色的、全面经营型的中枢机构——常务会,在企业经营管理中发挥重大作用。常务会由总经理(社长)、副总经理、专务理事和常务理事组成。常务会为董事会制定决策,同时又辅助总经理执行决策,成为公司中最高决策执行机构。常务会成员大多由董事兼任,这就导致了公司的许多问题不在董事会讨论,而放在常务会上研究,公司董事会的许多职能被转到了常务会。

日本公司的董事会名义上也有权任免、领导和监督总经理,但由于许多公司的董事长由总经理兼任,而公司的内部董事大多由总经理提名,因此,董事会在一般情况下总是支持总经理,并为之出谋划策。董事会对总经理几乎不构成任何约束,日本企业的经营者在企业中几乎有着至高无上的权力。

监事会由股东大会选任。日本商法规定,监事在本公司和所有子公司不得兼职,并对公司的损失负连带责任,但其实际作用是十分有限的。实际上对日本企业经营者构成最有力监督与约束的是主银行。主银行是公司的持股大户,又是主要的贷款者或贷款银团的组织者,因此,主银行不能不关心公司的经营状况,而且处于银行的位置上监督企业经营是很便利的。在公司经营状况良好时,主银行"只作为平静的商业伙伴而存在,它们的权力只有在公司绩效恶化的情况下才是可见的"(青木昌彦语)。主银行对日本公司的经营者构成了无形的,但却是强有力的监督与约束。

日本公司的法人治理结构名义上是由股东大会、董事会、监事会组成,但实际上是以经营者的巨大权力和主银行的有力监督为特征。

(四)美、德、日公司的法人治理结构比较

由上面的美、德、日三国公司法人治理结构的介绍中可看出,美、德的法人治理结构中,决策权、监督权、经营权分别归股东大会、董事会(监事会)、执行委员会(理事会),分工明确、严格、权力配置均衡,既能充分发挥经营者的经营管理才干,又能构成对经营者一定的监督与约束力量。

美、德公司法人治理结构的一个重要特点是重视董事会(监事会)的独立性。德国的法律明文规定监事会成员不能兼任理事会成员(为防止权力过于集中),并且不允许企业间监事会成员与理事会成员相互交叉,强调监事会与理事会的职责分明。美国企业虽然曾一度出现董事会与执行委员会相互融合的做法,但他们很快意识到这样容易造成董事会与执行委员会在职能和作用上的相互混淆,不利于董事会的独立性。因此越来越多的公司一方面让进入董事会的董事(除总经理)尽可能地解除原有的具体经营职责,全力为董事会服务,如董事长多数不由总经理兼任,而是全日工作的专职董事长;另一方面减小内部董事的比例,有的公司内部董事只由一名总经理加一二名常务副总,以便留出更多的名额来增加较多的外部董事,使董事会不会受制于执行委员会而能独立地工作。

美、德公司法人治理结构的另一个特点是重视监督事务,德国干脆不设董事会而设监事会。监事会首要的职责就是对企业的监督,并且监事会成员由股东代表与工人代表各半组成,构成来自资本所有与来自劳动力所有的双重监督。美国企业虽然不设监事会,但在其董事会设有高级主管委员会,专司监督之职;并且要求负责监督业务的成员,只能由来自企业外的董事组成。从这一要求可看出其监事会成员的地位不在总经理之下,执行监督业务不会受到来自总经理的行政干预,确保监事会能公正独立地执行监督业务。事实上,在"经营者革命"的今天,高层经理的权力要比法律上规定的权力大得多,董事会的主要职能也已经从经营决策机构转变为只起战略决策和监督作用。

日本公司的法人治理结构中,股东大会是橡皮图章,董事会被常务会架空,董事长由总经理兼任,董事会主要由内部董事组成,且这些内部董事都是总经理提名任命,他们总是支持总经理,为其出谋划策,可以说日本公司的股东大会与董事会都是虚设,经营者有至高无上的权力。

虽然商法也规定,必须有独立于公司之外的监事,且监事要对公司的损失负连带责任,但这种监督是十分有限的;然而这并不意味着日本公司的经营者真的就没有约束力。事实上,日本公司经营者受到来自所有者(大股东)——主银行的严格的监督与约束,只是这种监督方式不像美、德公司那种公开化的,但这种在暗中的监督,与美、德公司的监督力量相比,有过之而无不及。公司运行在正常情况下,他们只作为"平静的商业伙伴"而存在,但一旦"公司利润开始下降,主银行由于所处的特殊地位,能够在相当早的阶段通过营业往来账户、短期信贷、与公司最高管理层商业伙伴的长期个人交往等途径取得信息,察觉出问题。"(青木昌彦语)这种监督力量使得经营者不仅不敢偏离企业目标,而且工作不能松懈。主银行往来账户如同晴雨表一样准确地反映出公司经营情况,构成对经营者严密的监督与约束。

本章小结

企业就其业主制和合伙制而言,古已有之,有几千年的历史;但公司制企业则产生于16、17世纪之交,迄今只有四百多年的历史;而现代企业制度是在公司制度上,在市场经济环境中经过近百年的反复改进而逐步发展形成的一种成熟的企业制度,各国现代企业制度既有共同的规范,又因各国市场经济模式的不同而具有自己的特点。

我国国有企业建立现代企业制度改革,是在公有制经济基础上进行的,这就决定了我们只能借鉴国际上已经形成的现代企业的一般规范,同时结合我国的社会环境、文化传统等因素而进行更大的制度创新,从而建立有真正中国特色的现代企业制度。

复习思考题

1. 什么是企业?其基本特征是什么?
2. 企业是怎么形成的?谈谈自己的看法。
3. 什么是现代企业制度?试对其主要内容作简单描述。
4. 现代企业制度与传统企业制度的区别何在?
5. 什么是公司法人治理结构?试作不同法人治理模式的简单比较。
6. 我国国有企业建立现代企业制度的现状如何?作一些实地调查,了解存在哪些问题。

第二章 现代企业组织

本章提要

现代企业组织是指能适应现代管理要求,符合现代企业制度的工业组织。为了适应不同的管理要求和企业外部社会条件的变化,现代企业组织有多种模式和许多不同类型的内部组织结构,并且随着现代管理方法、现代组织设计理论和现代管理技术的发展,现代企业组织也在不断地发展和创新。

本章主要研究现代企业组织的形成原因和组织变革的促进因素,企业内部合作体系以及企业构架的图谱,一些主要的模式及其特征,现代企业组织的建构形式和适应范围,现代企业组织之间的关系和现代企业组织创新的思路和方法。

第一节 现代企业组织的成因

人类社会的经济活动一直是通过各种各样的组织形式来进行的。之所以经济活动必然伴随着一定的组织形式,是因为经济活动是社会性的活动,没有一个社会能够让该社会中的成员可以仅凭一己之力就能持久地、随意地从所在的自然地理环境中获取各种物质资料,因而任何一个社会的生产职能都是以人与人之间相互合作的方式完成的。同时,人类社会的经验事实表明,只要社会存在,社会的经济活动就存在。承担经济活动的单位称之为经济组织,完成经济活动的方式与途径就是经济活动的组织形式。经济组织与其他组织的重大差异在于组织的特定目标或者使命不同。

在人类的经济活动中,我们观察到,哪怕是从事规模经济活动的组织也不一定就是今天我们意义上的"企业"。有时候一种规模经济活动是由军事组织来承担的,有时候军事组织也从事规模经济活动,例如中国古代社会中的戍边部队,同时承担着边疆的经济建设,或开垦荒地自给自足,或经管驿站保障供给。与军事组织有关的规模经济活动曾经是一些大国在幅员广大的版图内得以存在的重要保证。从古埃及奴隶王朝的再分配到封建社会以封建庄园的形式组织的经济活动表明,农业社会并不是不存在我们今天意义上的制造活动(例如铸造货币,挖掘煤炭,晒盐炼铁),也并不是不存在组织;另一方面,今天的工业化国家仍然存在着耕作作业和手工作业,例如美国是全世界主要的柑橘供应国,意大利为全世界提供在家庭作坊中用手工制造出来的鞋子。

表面看起来都是为了经济活动而产生的经济组织,为什么到了工业社会,把经济活动的单位称为企业了呢? 现代企业组织为什么能够存在? 现代企业组织为什么逐渐变成了主导性的组织社会生产的方式?

一、现代企业组织形式演变的历史因素

众所周知,在农耕社会中,占支配地位的生产活动是在由家庭承担的小块土地上进行的农业生产,其中虽不是没有冶炼业、采矿业等工业活动,但它们在农业社会生产中的作用主要是为更新农具服务,希望通过农业生产的发展来刺激工业的专业化水平的可能性并不突出。另一方面,在农耕社会中,社会扩展生产规模所采取的主要方式就是增加家庭人口以及想方设法增加可以耕作的土地。各家庭扩展生产规模所依赖的是本家庭所能提供的资源,其中最主要的资源就是人力,但是,单个家庭本身所能提供的人力资源毕竟有限,在家庭人口的基础上展开生产的专业化就受到严重

限制;在历史上较早的时期,人们生活所在的自然地理环境中还有许多荒地可供开垦,因此,社会的生产力水平随着可耕地与人口数量的增加得到逐步提高。恰恰由于农业生产的扩展依赖于家庭人口和可以耕作土地的增加,生产的专业化在其中的作用就显得微不足道,这就使得工业的专业化水平也无法提高。此外,由于农民生产所得的一个基本用途是家庭消费、缴纳国家赋税和土地租金,社会消费需求的扩张严重受限。可以说,工业的专业化水平既没有得到刺激,也无法得到提高,加上社会消费需求的扩张受到限制,这些因素严重削弱了生产的扩展。

人们也许希望,在这样一个社会中,应该会出现一些大的土地所有者,这些人或许能够采用一种有利于推动专业化的农业经营方式,但这种希望变为现实的机会微不足道:

(1) 在这个社会中,土地所有者的土地最后实行诸子平析制,即由他的所有儿子共同继承土地的所有权;

(2) 由于可开垦荒地面积的总量有限,扩展生产的最根本资源不可能无限制地增长。由于农业生产无法实现可持续的扩张,社会生产在经历一定时期的增长之后,最终不得不限于停滞。

这种停滞是农业社会动荡的开始也是农业社会得以终结的重要原因。因为,尽管增加可耕地面积的前景不容乐观,但是以增加家庭人力资源为基础扩展生产的模式仍然推动各个家庭不断地增加人口,于是人口相对于生产工具在不断地贬值,整个社会对生产工具的需求也随之萎缩,想通过改良工具以促进生产的动机受到严重削弱,工业的发展还是无从获得适当的刺激。另一方面,由于人力成本较低,在生产中增加人力使用的动机反而得到了加强,这一加强直接推动了人口的增加。但在可耕地增加的潜力已经或近乎于穷尽的情况下,人口的增加不但不是可用生产资源的增加,反而是对原有的土地所有制保障机制日益增长的威胁,因为农业社会的权力体系本身无法对其土地所有制基础上的保障机制进行该机制能够容忍的调整,以便使不断新出生的人有机会获得他们赖以为生的土地。最终,不断增长的人口对于土地的紧迫要求只能通过战争或大规模自然灾害来缓解。

因此,正如本章一开始就提及的,农耕社会并不是不存在我们今天意义上的工业活动,例如铸造货币,挖掘煤炭,晒盐炼铁,也并不是不存在组织,而是农耕社会组织经济活动的途径与方式与现代工业社会大相径庭。

农业社会限制了工业活动的事实表明,即使在那个时代有规模经济活动,但现代意义上的企业模式不可能出现,刻画现代企业组织模式的组织结构也就无从谈起。

但是,人类追求经济增长的动机一刻也不曾消失。比较晚近的时候,在人类历史上出现了其自身可以持续扩张的社会生产职能,其典型代表就是与工业革命相伴而出现的大机器工业生产,大机器生产就是我们今天意义上"工业"的含义,工业生产的组织形式就是"现代企业"的重要特征。企业与以往的经济组织的重大差异在于,企业依赖的制度与以往的农业社会中的经济组织依赖的制度截然不同,企业对人、财、物的营运与以往的农耕社会中的军事组织或者封建庄园组织的经济活动的营运也就截然不同。所以,就企业组织而言,企业一词并不特别指制造行业,企业组织既可以指钢铁行业,也可以指旅游行业,"企业组织"一词就是与农业相对应的制造型生产组织类别的总称。

现代企业组织的重要特征是,企业不断扩张活跃成长的基础是不断深化生产分工和不断开发与采用先进技术。因此,不断深化生产与分工的能力和不断开发与采用先进技术的能力就成了企业的本质。当然,有权力通过一个企业组织支配生产要素的权威被称之为企业家,或者管理者。

二、现代企业组织构架不断完善的因素

我们或许会产生这样的疑惑:既然工业生产本身具有扩张性,

那么把人合在一块进行大机器生产就是了,为什么一个企业要给员工提供这样或者那样的工作条件?为什么一个企业要给员工提供这样或者那样的福利?为什么一个企业必须强调企业文化、企业人力资源的开发呢?下面的分析或许能解释其中的缘由。

经济组织的形式发生变化的本质原因是,在普遍短缺又存在竞争的条件下,比较有效的经济组织形式在其他条件相同的条件下将由效率高的组织形式取代效率低的组织形式。当市场存在(即竞争存在),在交易成本与国家权利(产权是通过社会强制实现的)的共同作用下,企业组织将大大降低交易成本;在一定的限度内,若能在企业规模扩大的情形下很好地协调企业组织,组织协调就能取代外部市场的价格协调。

应当看到,尽管大机器工业生产能够实现其可持续扩张,这一扩张的实现需要一定的社会条件,譬如并非出自于血缘关系的人与人之间的合作得以顺利实现的合约制度,譬如有利于完全竞争的市场结构等等;另外,社会的公正程度也决定了合作的深度,譬如通过社会强制而实现的产权保护制度具有某种一贯性就会有利于社会财富的积累。

对合作的社会条件的深刻认识,对合作模式的深入挖掘恰恰揭示了形成各种企业组织的内因。

但是,这些条件和模式在大机器工业生产出现的早期并不充分具备。早期的现代工业生产基于生产资料的私有制,推动企业主不断深化生产分工和不断开发与采用先进技术的动机是利润最大化与保持企业在竞争中的优势地位。与此形成对比的是,工人阶级的收入水平不但与企业主相去悬殊,而且在应付最起码的消费之后所余无几。这一事实的一个后果是,工人阶级窘困的生活境遇具有承继效应,也就是说,除去极少数人之外,工人阶级的后代像他们的上一代一样生活在窘困之中。然而,这个后果对于大机器工业生产自身的可持续扩张是极其不利的。

1. 大机器工业生产实现的一个条件是存在强劲的有效需求,然而工人阶级的收入状况却使得巨大的潜在需求无法转化为现实。

2. 不断深化生产分工和不断开发与采用先进技术要求社会拥有大批掌握高层次科学知识与技能的人才,而产生这类人才的一个具有决定性的前提是社会的教育职能具有长足发展,但是,由于工人阶级的收入状况,他们无法为自己或子女支付接受教育的费用,这使得这类人才的来源受到严重限制。

3. 任何生产职能的实施都需要稳定的社会秩序作为其前提条件,在生产职能的可持续发展可以实现的情况下,威胁社会秩序稳定的根本原因是,社会的所有权保障制度使得处于不利境地的社会成员的境遇一点儿也得不到改善,或者改善得极其缓慢,在社会已经积聚大量财富的情况下,这一点对社会秩序稳定所造成的威胁更加严重,因为在这种情况下,社会的所有权保障制度本身成为人们,尤其是占社会总人口相当大比例的处于不利境地的社会成员日益增长的不满的焦点,这种不满就会破坏制度的连续性与一贯性。

4. 当一个社会面临其他社会的侵略威胁或经济竞争优势的威胁时,对付这类威胁的最有效手段莫过于建立人才培育的长效机制,如果社会本来可以拥有的人才在总量上大打折扣,就会严重削弱本社会的经济竞争力以及捍卫自身政治独立的实力。

部分地由于受到工人阶级的不断斗争的巨大压力,部分地由于看到工人阶级窘困的生活境遇对于大机器工业生产的可持续扩张的严重不利影响,在大机器工业生产发展史上较为晚近的时期(或可称为后工业化时期),各资本主义国家采取措施改善工人阶级的生活境遇,这些措施包括,赋予工人以选举权和成立工会的权利,建立国民义务教育体制以及实行福利国家制度,实现社会公正,以保证社会的可持续发展。从保证大机器工业生产的可持续

扩张的观点看,所有这些措施有三大作用:

(1) 最大限度地扩大社会的人才来源,使得以技术创新与生产组织形式的创新为基础的生产的扩张,以及保持国家政治独立和经济竞争力有了人才资源上的保证;

(2) 通过建立由国家资助的义务教育体系,以制度化的形式帮助社会地位较低的社会成员凭借自己的聪明才智与勤奋努力取得较为优越的社会地位;

(3) 通过社会保障体系以及最低工资保障制度帮助那些社会地位较低,又没有机会以刚刚提到的方式取得优越社会地位的社会成员,使他们的生活不致陷于窘境;从而在社会有能力实现普遍富裕的情况下,消除对社会稳定的最大威胁。

这一重大进展除了能促进社会可持续发展的良性循环的形成之外,企业的外部社会合作条件的优化使得企业组织本身的基业常青成为可能,使得企业组织真正计算交易成本有了可能。企业真正开始考虑组织架构因素对企业的基业常青能贡献些什么。表 2.1 指出了现代企业组织渐渐形成的一些主要特征。

表 2.1　现代企业的主要特征

1	集结各种社会资源以达到期望的经济目标
2	有效率地生产商品和服务
3	实现以计算机等信息技术为基础的制造技术现代化
4	为所有者、顾客、企业员工创造价值
5	以创新适应不断变化的外部环境
6	以创新迎接全球化、多样化的挑战
7	以承担社会责任的方式影响外部环境
8	通过协调、沟通、激励等管理方式解决组织冲突
9	开放的系统、动态的结构、持续的改进是组织结构设计的原则

对企业家或者管理者而言,个人的商业运筹能力只有在稳定的、连续的企业营运中才能够换取报酬。因此,构造出使得企业组织基业常青的组织模式与组织结构有了强有力的动机。渐渐地,这些个人的商业素质成了生产发展的一个有力的推动因素,因而变成不可或缺的社会资源。

企业成了现代社会中各种关系的连结点。另外,作为资本在全球流动的结果,国际分工与贸易体系已经形成,好的企业组织构架是在这一体系中保持优势地位的必然选择。现代企业组织也就逐渐变成了主导性的组织社会生产的方式。

考虑到上述事实,可以得到的一个结论是:一个企业的内部合作体系及其脉络就是企业组织构架形成的原因,也是企业构架的图谱,合作体系中的生产职能与权益保障职能,是维持该企业各成员的正常生活与生产的根本手段。

三、技术进步促进现代企业组织形式的变化

从经济的视角来看,推动现代企业组织形成的关键因素还包括技术进步。现代企业组织的形成既离不开一定的制度环境,也离不开一定的技术条件,技术进步最初的激励因素是企业间的竞争。

许多重要技术的开发都有两个显著特征:

(1) 需要巨额投入,但回报极不确定,因而风险巨大;
(2) 需要聚集来自各种专业的大批人才的合作。

这些特征表明非企业组织无力承担这些技术的开发。事实上,现代企业比过去对资本和劳动力的依赖更加倚重技术进步。技术进步既促进了现代企业组织的形成,又是促使现代企业组织形式变化的重要因素。因为任何组织都有一个反映组织主要目标的技术核心,技术核心还包括代表组织所采用技术的转换过程。在当今变化着的环境中,组织都设法使自己变得具有更大的灵活性。对新技术的采用就影响到了组织结构,例如新近在欧美出现

的现代企业的战略联盟模式。作为一种全新的企业组织模式,它具有极大的组织灵活性。这种新型的组织模式一般由一些独立公司包括制造商、供应商,有时甚至是往日的竞争对手临时组成,它们聚散迅速,如果有机会来临,一个公司马上会联合其他公司聚兵会战,一旦各自需求得到了满足,则联合组织立即解除,每个公司马上各奔前程,如果又有别的机会,这家公司又将会同相关公司再次聚兵会战。依赖于利用彼此的技术优势,企业联盟组织可以使生产出来的产品迅速达到世界一流水平。

第二节 现代企业的组织模式和特征

现代企业组织是以现代企业制度为基础的企业,它是在国家公司法的规定下组建的,因此其组织模式取决于公司法规定的几种形式。譬如大陆法系国家的公司法将公司分成五种类型:无限责任公司,有限责任公司,两合公司,股份有限公司和股份两合公司。我国公司法规定的公司类型和英美法系类似,即有限责任公司和股份有限公司。

一、单体型企业组织模式

单体型企业组织是指单一企业法人的企业。根据我国公司法规定,单体型企业组织就是指有限责任公司和股份有限公司两种模式。

(一)有限责任公司

按照条例,有限责任公司规定,股东对公司承担的责任以其出资额的多少为限,公司则以其全部资产对公司的债务承担责任。它的组建必须满足以下五个条件。

1. 股东必须符合法定人数。我国公司法规定股东法定人数为2人以上50人以下。我国台湾省《公司法》规定股东人数为2人以上20人以下。日本《公司法》规定公司股东的总人数不应超过50人,但因发生了继承或遗赠而使股东人数发生变更时,总人数的多少则不在此规定之列。

2. 股东出资必须达到法定资本的最低限额。公司法根据各行各业的经营特点,规定了不同业务企业的最低注册资本限额。我国公司法规定,以生产经营为主要业务的公司,其最低注册资本限额是人民币50万元;以商品批发为主要业务的公司,其最低注册资本限额是人民币50万元;以商业零售为主要业务的公司,其最低注册资本限额是人民币30万元;以科技开发、咨询、服务为主要业务的公司,其最低注册资本限额是人民币30万元。日本《公司法》对注册资本的最低限额是,注册资本不得少于10万日元。

3. 股东必须共同制定公司章程。组建有限责任公司必须制订公司章程,并以此作为公司进行组织,公司从事经济活动的准则。该章程应当对所有股东都具有约束力。

4. 有限责任公司必须有统一的对外名称和建立符合有限责任公司要求的组织机构。有限责任公司必须用自己的名称作为识别标志,以区别于其他公司。在工商管理部门登记注册的公司名称受法律保护,在规定的范围内享有名称专用权。值得注意的是,在给公司起的名称中必须包含"有限责任公司"字样。设立有限责任公司还必须建立符合有限责任公司要求的组织机构,如股东大会,董事会,监事会以及由经理领导的经营管理机构。

5. 有限责任公司必须有固定的生产经营场所和必要的生产经营条件。生产经营场所是指企业进行生产经营的地点、建筑设施等;设立的有限责任公司必须有固定的生产经营场所是指,公司对经营场所拥有所有权或者在租用场所从事经营活动时对该场所拥有一年及一年以上期限的租赁协议。所设立的有限责任公司必须具备必要的生产经营条件,例如拥有从事生产经营的主要设备和设施,拥有与其生产经营规模和业务相匹配的从业人员等。

(二) 国有独资公司

国有独资公司是指国家授权投资的机构或者国家授权的部门单独投资设立的有限责任公司。我国只存在国家授权投资的机构或国家授权的部门单独投资设立有限责任公司这样一种独资公司，其他人或其他国家机关部门都不能投资设立有限责任公司形式的独资公司。

独资公司也称一人公司，即公司只有一名股东。国有独资公司是有限责任公司形式的独资公司，因此它既具有有限责任公司的特点，又具有独资公司的特点。国有独资公司以其公司的全部资产为限对公司的债务承担责任，这与我国现在有些国有企业事实上负无限责任有很大区别。国有独资公司由于只有一名股东，即国家授权的投资机构或部门，所以其公司章程或者由国家授权投资的机构或国家授权的部门按公司法制定，或者由董事会制定，报国家授权投资的机构或国家授权的部门批准。事实上，由于国有独资公司只有一名股东，因此公司不设股东会，股东会的部分权力由国家股东授权的董事会行使，但关于公司的合并、分立、解散，或者增减资本和发行公司债券方面的业务，必须由国家授权投资的机构或国家授权的部门决定。

(三) 股份有限公司

股份有限公司，是指全部注册资本由等额股份构成并通过发行股票来筹集公司资本，股东以其所持股份为限对公司承担责任，公司以其全部资产对公司的债务承担有限责任的企业。股份有限公司与有限责任公司比较有这样一个特点，公司的全部资本分成等额股份，股东是通过认购股份的方法来交纳出资额的。

1. 发起人必须符合法定人数。根据我国《公司法》规定，法定发起人的人数为5人及以上，而且其中须有过半数的发起人在中国境内有住所。当然，国有企业改建为股份有限公司的，发起人可以少于5人。日本《公司法》规定，设立股份有限公司发起人必须包含7人及以上。

2. 发起人认缴和社会公开募集的股本必须达到法定资本最低限额。在我国,法定资本最低限额为人民币1 000万元。发起人可以用货币出资认缴股份,也可以用实物、工业产权、非专业技术、土地使用权作价出资,折合成股份,但发起人以工业产权、非专利技术作价出资的金额不得超过股份有限公司注册资本的百分之二十。

3. 股份有限公司的股份发行、筹办等事项必须符合法律规定,包括履行必要的审批程序,法律规定应具备的文件均已具备且符合法定要求等。在我国,如果发起人向社会公开募集股份时,必须向国务院证券管理部门递交募股申请,并报送下列主要文件:①批准设立公司的文件;②公司章程;③经营估算书;④发起人姓名或者名称,发起人认股的股份数,出资种类及验资证明;⑤招股说明书;⑥代收股款银行的名称及地址;⑦承销机构名称及有关的协议。

4. 发起人要制订公司章程,并且必须经创立大会通过。章程应具备法定必备事项,相关的事项在我国公司法中都有明确规定。

5. 必须具有公司名称,建立符合股份有限公司要求的组织机构。任何股份有限公司的名称中都必须含有"股份有限公司"的字样。股份有限公司要求的组织机构有股东大会、董事会、监事会、公司的管理机构等。

6. 必须有固定的生产经营场所和必要的生产经营条件。这一点与有限责任公司必须具备的相应条件一样。

股份有限公司设立的方法有两种。一种是发起设立,它是指由发起人认购公司应发行的全部股份而设立的公司;另一种是募集设立,它是指由发起人认购公司应发行股份的一部分,其余部分向社会公开募集而设立的公司。

二、联合体型企业组织模式

现代企业的联合体型企业组织是指两个及以上的独立法人企

业的联合。联合体型企业组织的联结方法主要可分为契约型联结方法和资产纽带型联结方法。值得关注的一个差异是,联合体型企业组织和由总公司、分公司联合的组织有本质的不同,总公司和分公司虽然可以分别注册经营,但本质上它们仍是同一个实体,同一个法人企业。联合体型企业的产生和发展是市场竞争和市场垄断的产物,许多中小企业为了规避竞争风险,需要联合,许多大的企业为了垄断市场,也会在某一个时期共同走到一起。

(一)契约型联合体型企业组织的特征

契约型联合体型企业组织是指,为了某一共同目标,或某一时间内的共同利益,通过契约,合同等联结形式而相互联合并组建起来的联合体型企业组织。

1. 联合企业组织中的各企业仍保持独立法人资格,整个联合企业组织的管理和协调通过契约和合同进行。这是一种松散型的联合。

2. 联合企业组织中的各企业无论大小原则上都是平等的,没有哪一企业可以绝对地支配另一企业,各自都为自己的目标进行生产经营,只是在某些方面共同行动。

3. 联合企业组织中的企业要脱离联合体是很容易的,在满足契约与合同的条件下,没有其他很硬的约束。不像母子公司的联合,母公司控制着子公司的股权,子公司根本无法脱离母公司的控制。

(二)契约型联合体型企业组织的组建模式

契约型联合企业组织根据契约内容不同而相应有一些模式,如卡特尔(Catel),辛迪加(Syndicate),连锁特许经营企业,联营企业,战略联盟公司等。

1. 卡特尔组织。它是一种销售协定联合组织,这里的销售包括了划分销售市场,确定商品产量或规定商品售价等较广泛的含义。参加卡特尔组织的企业在生产上、商业上和法律上都是独立的。该联合组织的管理由卡特尔内部企业共同选出的委员会负责,主要监督协议条款的执行情况。这种组织主要在19世纪末20世纪初的欧美国家产生和发展起来的,由于该组织具有很强的垄断性,属于一种销售垄断组织,后来普遍受到了这些国家的反垄断法的限制。

2. 辛迪加组织。它是企业间通过签订统一销售商品和采购原材料的协定而组成的联合组织。它的管理也是由联合体内选出的委员会负责。这种组织在19世纪末20世纪初的德国、俄国等欧美国家发展很快。由于该联合组织实行统一经营,加入的企业丧失了商业上独立性,因而比卡特尔组织更稳定,更具垄断性。

3. 连锁特许经营企业。这种企业联合组织在商业企业和服务业中较多,它是由享有声誉的大的饮食公司或服务公司同一些独立的小快餐店或服务公司签订合同,授予它们经营其特色商品和服务项目的特许权,从而组成庞大的特许经营的连锁企业。参加这种联合组织的企业经营同一标准商品,使用同一标识,采用同一经营管理模式。这种联合组织的管理主要由提供特许经营权的大企业负责,它主要监督特许经营合同的执行情况,也就是在同一标准商品的经营,同一标识使用,同一经营管理模式等方面是否符合连锁企业组织的要求。如肯德基连锁企业,麦克唐纳连锁企业都属于这类联合组织。

4. 联营企业。它是由在技术上,品牌上,产品上享声誉的大企业联合一些中小企业组成的联合体型企业组织。这种联合体有这样一些特点,参加联营的企业各自都是独立生产销售,但它们生产相同或相配套的产品,销售相同的品牌。联营企业在管理上是松散的,主要由提供技术,品牌和产品的龙头大企业负责协调,如可口可乐公司向世界各地的联营企业提供饮料浓缩液,而这些联营企业通过灌装,并打上可口可乐公司的产品品牌把饮料销售出去。

5. 战略联盟公司。这是一种新近在欧美等发达国家出现的企业联合组织。它是指一大批为了完成某一特定任务,利用电子手段在短时间内迅速建立起合作关系而构成的网络式联盟组织。它的特点是利用电子、信息技术打破联合公司间的时空阻隔;这种联合组织属临时性组织,分合迅速,目的在于利用变化多端的种种市场机会,联合企业组织内部,所有公司各自发挥自己的竞争优势,共同开发一种或几种产品并迅速推向市场。

战略联盟公司的概念,首先由美国 DEC 公司总裁简·霍普兰德和管理学泰斗罗杰·内格尔提出,后来越来越多的实业界人士接受了这个概念。美国、日本、欧洲等发达国家的一些大公司已经或正在利用这一概念来发展自己,有些公司已取得了成功,获得了利益。如美国科宁公司1993年收入的13%来源于战略联盟公司;由于苹果电脑公司把与其他企业结成战略伙伴关系作为长期的战略,因此1992年其员工人均创收43.71万美元,是国际商用机器公司的两倍还多;就《狮子王》这部动画片来说,企业间的协同行动产生了高达2亿美元的盈余,这还不算其正常的门票收入和发行录像带的收益。美国 MCI 公司总裁丹尼尔·阿克逊说:"由于我们充分利用了其他100家联盟公司的智力、技术和资源的优势,使得 MCI 公司每年可节约3亿至5亿美元的研究费用。"科宁公司董事长豪顿也说:"战略联盟对未来的发展是至关重要的,科学技术发展得那么快,没有一家公司能够单独把什么事情都干好。"战略联盟作为一种全新的联合企业组织模式,它具有以下主要特征。

(1) 组织灵活。这种新型的组织模式一般由一些独立公司包括制造商、供应商,有时甚至是往日的竞争对手临时组成,它们聚散迅速灵活,如果有具体机会来临,一个公司马上会联合其他公司聚兵会战,一旦各自需求得到了满足,则联合组织立即解除,每个公司马上各奔前程,如果又有别的机会,这家公司又将会同另外一些公司再次聚兵会战。这种组织一般也没有专门的领导机构,相互合作通过计算机网络。

(2) 技术先进。对于这类公司的发展,技术将起关键作用。雷海大学亚科卡研究所经理罗杰·纳杰尔预言说,未来世界中,技术将使战略联盟公司的创建"像联结不同厂家制造的家用音响和视频系统的组合部件一样简单便捷。"组成该类联盟组织的公司,借助信息网络彼此联系,共同工作。依赖于利用彼此的技术优势,企业联盟组织可以使产品迅速达到世界一流水平。

(3) 发挥优势。联盟组织的每个公司都将自己的"核心优势"贡献出来,所以可能创建一个"一切都是最优秀"的机构。每项工作,每个环节都可能是世界一流的,而这正是单体公司难以做到的。

(4) 彼此信任。这类组织要取得成功,成员公司之间彼此依赖是必不可少的,也就要求它们必须相互信任。它们将负有"一种共同的使命",即每个伙伴公司的命运都将依赖于另一个。

战略联盟公司这一企业联合组织由于借助于高新技术、信息网络,形成了一种力量强劲、运作灵活、优势互补、效益最佳的组合,因此具有比其他联合组织更大的优势,它大大降低了组织的开支,提高了工作效率,扩大了服务项目,缩短了产品进入市场的时间,进而为各个公司提供了发展的力量和广阔天地。但是,战略联盟公司也还存在一些问题,如它可能造成公司产权情报和技术的泄密或丧失,可能会造成公司对某些操作控制权的丧失,以及公司职员关系淡漠等。当然这些存在的问题可以在这种联合组织的发展中不断地加以解决。

(三) 资产纽带型联合体型企业组织的特征和组建模式

资产纽带型联合体企业组织,是指联合体中的成员企业之间的连接纽带是资产,亦即一个企业持有或控制另一个企业的股份。

这种联合体组织的典型模式是企业集团。企业集团是当今世界最有影响的企业联合组织,它们对各国乃至整个世界的经济都起着举足轻重的作用。

1. 托拉斯(Trust)。它是由许多生产同类商品的企业或产品之间有密切关系的企业合并组成,是从控制原材料供应和加工直至产品生产和销售的联合,它具有这样一些特点:托拉斯组织已集中了生产,销售和财务权;参加托拉斯的企业不仅在商业上,而且在生产上、法律上已完全丧失其业务独立性;企业的所有权和经营权已经分离;原企业主成为公司股东,按其股份取得红利。

托拉斯的形成有两种形式,一种是以金融控制为基础的托拉斯,也就是控股公司,另一种是企业完全合并形成的托拉斯,也就是通过大鱼吃小鱼形成的托拉斯。值得注意的是,托拉斯这种联合企业组织实质上已是一种特大型企业,它是一种统一生产经营的经济实体,被合并的企业已经成了托拉斯即特大企业的一部分,它完全丧失了独立性,即使要退出,也只能以出售自己的股权的方式退出。

托拉斯的产生和发展主要在1920年代前后,美国是托拉斯组织发展较快的国家之一,被称为"托拉斯之国",产生了很多著名的托拉斯,如美孚石油公司(1922年)、伯利恒钢铁公司(1919年),国民钢铁公司(1926年),克莱斯勒汽车公司(1925年),波音公司(1916年)等。托拉斯是一种垄断性很强的垄断组织,今日美国,在"反托拉斯法"的限制下,托拉斯组织的发展受到了阻碍,然而仍有很多这样的企业存留了下来,并在以后的发展中通过控股、持股的方法又控制了一些子公司,从而组成了更有影响的大型企业集团。

2. 企业集团(Business Group)。企业集团是企业联合组织中最稳定的一种模式,也是企业联合模式发展到现在最成熟的模式。

企业集团的形成主要是集团中核心企业大力发展和不断进取的结果,参加企业集团的成员很多是被动地被集团中核心企业吸收进来的。这里所谓吸收,实质是核心企业对其他企业的控股、持股,但要注意,虽然这些被控制的公司称为核心企业的子公司,但它们彼此在法律上是独立的,都是企业法人。

企业集团作为各国最有影响,最稳定的联合企业模式,我们如何给其下定义呢?

企业集团是由两个或以上企业以资产为纽带形成的有层次的企业联合组织,其中成员企业都是企业法人,但企业集团本身不是法人。企业集团一般分为四个层次:

(1) 核心层,通常它由一个或几个大的企业构成,如商业银行,综合商社,大的工业企业等,它们对集团中其他成员企业都有控股和持股行为;

(2) 紧密层,它由核心层的控股子公司构成;

(3) 半紧密层,它由紧密层的子公司或核心层的控股公司构成;

(4) 松散层主要是由与企业集团成员有一定联系(如持股关系,协作关系等)的企业组成。

企业集团在各国的发展是不平衡的,因此,在不同的国家或地区所组成的企业集团有自己的特色。德国的企业集团称为康采恩,虽然康采恩成员都是企业法人,但康采恩有一个最高管理机构,在重大决策上它有权支配集团中的成员企业。意大利的企业集团中有国家控股的模式,企业集团的核心层是国家的控股公司,它用一定的国有资本控制了大量的私有资本。日本的企业集团有三种模式,一是由旧财阀留下的企业形成的企业集团,二是由新兴的商业银行为核心组成的企业集团,三是由工业大企业为核心构成的企业集团。我国企业集团的名称是从日本引进的,企业集团在社会主义市场经济体制下迅速发展起来,很多企业集团是由国有企业联合组建的,因此这些企业集团很有中国特色。我国的企业集团是先有企业集团的名称、内涵,然后按照它们去组建,从而组成符合企业集团内涵的企业联合组织,不像国外企业集团是先有核心企业,然后核心企业通过兼并、购并而形成企业联合组织,并符合企业集团的内涵。

各国的企业集团除了有各自的个性外,还有它们的共性。企业集团具有以下共同的特征:

(1) 联合性。企业集团是众多独立法人企业的联合组织,是以核心企业为核心,紧密层企业为骨干,带动半紧密层和松散层企业共同参加的一种特殊的联合组织。

(2) 系统性。企业集团是一个开放的系统,内部成员企业是系统的单元,他们属于不同行业,如工业、商业、农业、高科技产业等,形成了较完善的内部系统功能。在集团外部,成员企业和外部企业仍有协作,销售等方面的联系。

(3) 资产纽带。企业集团虽然是法人企业的联合组织,成员企业彼此都是独立的经济实体,他们可能属于不同的行业,不同的所有制,不同的地域,不同的上级主管部门,但是他们都有资产上的联系,即他们的联结纽带是资产。

(4) 向心性。企业集团一定有一个核心层,它一般由一个或几个大企业组成。从核心层企业的性质看,有以银行等金融企业构成的核心层,有以控股公司构成的核心层,也有以大的工业企业或商业企业构成的核心层等。企业集团的管理通常是通过核心层企业的董事会进行的,核心层企业由于对成员企业有控股权或持股权,因此对它们也就有控制权和影响力,可以支配和影响它们,要求它们的经营符合企业集团的整体战略。

(5) 功能多样化。企业集团内部一般都有多种职能性部门和企业研究开发部门,或科研单位,它们不仅为企业集团成员提供新技术、新发明,而且有时也向集团外出售成果。集团内的销售、贸易部门或企业,如商社、外贸公司等,负责把企业集团内的产品在集团内部销售,也负责把它们销售出去,同时还负责把集团外的原材料采购进来。集团内的金融部门或企业,如商业银行、财务公司,它们能够帮助集团成员企业筹资,解决它们的资金困难。此外,还有服务、信息、培训等其他一些集团内的职能性部门或企业。因此,企业集团比别的企业组织有更大的综合优势。

(6) 资源配置的最优化。企业集团的成员企业尽管在生产要素、资源配置上有相对的独立性,然而在核心企业的领导、影响下,企业集团为了整体战略,能够很好地做到生产要素和资源配置的最优化。

(7) 经营的多角化。企业集团这种新型的企业联合组织模式其形成的动因就是为了抵御日益增加的市场风险,提高竞争能力,获得更多的市场营销机会。为此,企业集团在形成过程中,有意识地吸收多种行业的企业。因此从现有的企业集团看,几乎都是多元化经营的。如日本的三菱集团,其成员可以分成十多个不同的产业部门,其中有食品、纤维、造纸、化学、石油、玻璃、钢铁、有色金属、机械、电气、机器制造、运输机械、精密仪器、商业、证券、不动产、海运、空运、仓储、银行、保险等,用三菱集团自己的话来讲是"从方便面到导弹几乎无所不包"。

(8) 规模的大型化。企业集团无论是经营规模还是资本金额都是非常巨大的,规模大型化其实也是企业集团形成的动因,因为只有大船才能抗大浪。如日本某一企业集团其资本金就达到一国全部产业资本金的3‰左右。我国的企业集团规模也因为国家要求其达到一定规模,因而变得越来越大。

3. 跨国公司。跨国公司是指控制着一大群在不同国家的公司的总公司。他们能够使用一个共同的人才和物力资源,具有共同的战略目标。

跨国公司的母公司所在国称为母公司的来源国或称母国,子公司所在国称为东道国。母公司是在母国政府登记的法人母体，子公司受母公司控制和领导，其大部分股权或全部股权被母公司所控制，并服从于母公司的全球战略，跨国公司的经营活动有相当大部分是在母公司同子公司之间进行，包括内部贸易、技术转让、代为销售等方面。

跨国公司模式在当今世界经济中是一种主要的生产经营的组织，可以说当今世界经济就是以跨国公司为主体进行生产和经营的经济活动。跨国公司的生产大约占世界总产出的 1/5，跨国公司贸易额大约占世界贸易额的 1/2，跨国公司控制着发达国家 70% 的国际技术转让，80% 的工艺研究。近年来，跨国公司的年增长率一直保持在 10% 以上，几乎是世界产出增长率的 2 倍，跨国公司几乎遍及世界各地，世界经济的各个领域，并以惊人的速度发展。

跨国公司的类型和形式多种多样。若从经营项目分类，可把跨国公司分成资源型、制造型和服务型。资源型跨国公司是指直接投资于资源国以取得本国所短缺的各种资源和原材料的公司，制造型跨国公司是指主要从事加工制造业的公司，而服务型跨国公司是指提供技术、管理、决策等服务的公司。若从企业结构分类，跨国公司可分成水平型、垂直型和混合型。水平型是指跨国公司内部，母公司和子公司之间没有很多专业上的分工，基本上生产同类产品，经营同类业务，垂直型是指跨国公司内部，母公司和子公司制造不同产品，经营不同业务，但他们的生产过程是相互联系和衔接的；混合型是指跨国公司内部，母公司和子公司制造不同的产品，经营不同的行业，它们经营的产品和行业之间没有有机的联系，也互不衔接。此外，跨国公司还针对各国的法律、民族特点，根据自己的战略要求，组成了各种形式的跨国公司。

但是尽管跨国公司类型、组建形式多种多样，但是它们都有一些共同的特征。

(1) 跨国公司不仅在国内,而且在国外设有一定数量的子公司。

(2) 跨国公司控制或者持有国外子公司的大部分股权,并使其为跨国公司的战略服务。

(3) 跨国公司在国外的子公司是独立的经济实体,在当地开展经营活动。

(4) 跨国公司的许多经营活动是在公司体系内进行的,内外配合,综合运筹,以取得最佳的经济效益为目的。

第三节 现代企业的组织结构和形式

现代企业组织结构包括相互有联系又有区别的法律上的结构和管理上的结构。法律上的结构是指出资人和公司的法律关系和股权关系,母公司和子公司的法律关系和股权关系等,而管理结构是指为了更好地管理企业,提高企业效益而构造的企业内部的组织结构。我们这里主要讨论现代企业组织管理上的组织结构。

管理上的组织结构指一个企业组织内各构成要素以及它们之间的相互关系,即组织的框架体系。它涉及部门的组成,基本岗位设置,权责关系,业务流程,管理流程,企业的内部协调。因此组织结构直接影响企业的"所作所为"。"三个和尚没水喝","三个臭皮匠,胜过诸葛亮","一盘散沙"和"窝里斗"就可能是组织设计效果的体现。

管理上的组织结构包含这样一些要素:组织结构决定组织中的正式报告关系,组织结构确定部门的组合方式,组织结构包含跨部门沟通、协作、整合的制度设计。这些要素规定了组织的结构框架,决定了组织的相互作用。

从管理角度而言,现代企业组织内部的结构设计主要有这样一些组合方式:职能组合,事业部组合,矩阵结构,或者建立在这些方式的基础上的混合结构。职能组合是将相似的职能或工作过程,或提供相似知识和技能的员工组合在一起,比如将所有的市场营销人员集结成市场营销部门;事业部组合是按照所生产的产品将人们组合在一起,比如生产饼干所需要的所有的人员,包括营销、制造、检验人员都被组合在同一个经理的领导之下;矩阵结构是指一个组织内部同时采用两种结构组合方式,例如产品和职能,或产品和地区。

对企业组织结构的了解可以借助于组织图示。

一、单体企业的组织结构和形式

(一)单体企业的组织结构

1. 有限责任公司的组织结构。有限责任公司的管理组织结构是由股东会、董事会、监事会、总经理及隶属总经理下的各种职能组织机构和分部机构等构成。当有限责任公司股东人数比较少或规模比较小时,公司可以不设董事会和监事会,而就设一名执行董事和一至两名监事,此时这名执行董事就是企业的法人代表。

2. 股份有限公司的组织结构。股份有限公司的管理组织结构由股东大会、董事会、监事会、总经理及隶属总经理下的各种职能组织机构和分部等构成。

股东大会是公司的最高决策和权力机构,它由全体股东组成。公司的重大决策和一切重要人事任免,诸如董事的任免,公司章程的修改,公司的合并、分立和解散,公司增资、发行新股票及分配方案等只有经过股东大会通过才有效。但是,股东大会不是一个执行机构,对内不能执行业务,不能直接干预公司的经营决策和具体经营,对外它不能代表公司,它只能通过股东大会的投票表决程序来选举和罢免董事,通过董事会间接地参与企业的经营管理。

董事会是由股东大会选举的董事组成的机构,它是股东大会闭会期间行使职权的一个常设机构,是股份有限公司的常设权力机构。它领导着管理、经营决策机构,由5至19名单数董事组成。董事会设董事长一人,他是公司的法人代表,可以代表公司进行内外活动。在我国,董事会的其他成员未经授权不得以公司名义进行活动。

监事会由股东代表和适当比例的公司职工代表组成,其成员在3人以上。监事会是股东大会领导下的常设监察机构,执行监督职能。监事会与董事会并立,独立行使对董事会、总经理、高级职员及整个公司管理的监督权。

总经理是董事会任命的,负责公司日常经营业务的管理,是公司业务活动的主管,它对董事会负责,对公司的业务活动效率及结果负责。总经理通过组建必要的职能机构,招聘管理人员,形成一个以总经理为中心的组织、管理、领导体系,实施对公司的有效管理,实现董事会确定的经营目标。

3. 国有独资公司的组织结构。国有独资公司不设股东会,它由国家授权投资的机构或者国家授权的部门,授权公司董事会行使股东会的部分职权,决策公司的重大事项,而股东会职权中的公司合并、分立、解散、增减资本和发行公司债券则由国家授权投资的机构或者国家授权的部门决定。并且由它们负责对公司的国有资产的监管。

国有独资公司的组织结构由国家授权投资机构或授权的部门、董事会和总经理及总经理聘任的职能机构和分部组成。国家授权投资机构或者国家授权的部门是公司的最高权力机构和监督机构,但它不直接参与企业的经营活动和一些重大的决策活动,它通过委派的董事及由他们组成的董事会来间接地影响公司的活动。公司的日常经营业务活动由董事会任命的总经理负责。

(二) 单体企业组织的形式

1. 有限责任公司的组织形式。有限责任公司的组织形式有"参谋—产品制"和职能制。

(1)"参谋—产品制"适合规模大,产品多的公司,它的结构图如图 2.1。

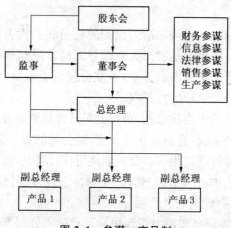

图 2.1　参谋—产品制

(2)职能制。一般规模小,产品少的公司采用此形式,如图 2.2 所示。

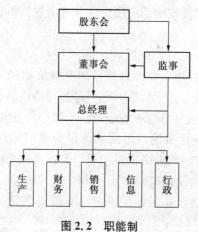

图 2.2　职能制

2. 股份有限公司的组织形式。股份有限公司的组织形式根据其规模大小主要有事业部制和职能制。

事业部制。这是适合规模很大的股份公司。事业部制是指在公司内部按产品类别划分成一个个类似分公司的事业单位,实行相对独立核算。各事业部下属若干工厂、派出机构,形成以产品试制到生产、销售、收支等统一经营的事业体。公司的各职能部门一般除财务部门外,不要求与事业部的职能组织上下对口,垂直领导,而是事业部职能部门上对事业部主管负责,事业部主管只对总经理负责。如图2.3。

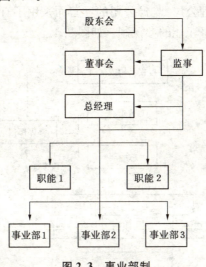

图 2.3 事业部制

事业部制它有一些优点,如:

(1) 强调了产品和技术的专业发展,在公司产品多样化的前提下,保持专业性生产经营的灵活性。

(2) 较好地做到了分权管理中的权、责、利的一致。因为事业部是以生产为主导的,利润中心的责任可以自然地建立起来。

但是事业部制也有一些缺点,如:

(1) 增加了一定的管理层次,职能管理人员较浪费。

(2) 事业部容易从本位利益出发,只重视局部利益而忽视整体利益,而且事业部之间缺乏一定的合作精神。

3. 国有独资公司的组织形式。国有独资公司的组织一般采用参谋直线职能制形式。由于国有独资公司是由国家授权投资机构或授权的部门代表国家行使国有资产的投资经营权,然而这些部门或机构本身并不直接参与公司的生产经营,而只是通过委派董事和董事会及董事会聘请的总经理间接地参与公司管理,因此为了更好地管理公司,监督公司的经营而采用了有效率的直线职能制和能起监督职能的参谋制。如图2.4。

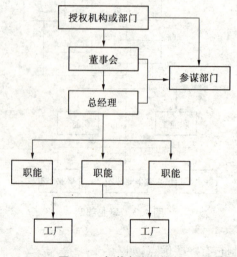

图2.4 参谋直线职能制

参谋—直线职能制的优点:

(1) 由于强调业务机构的专业化,可以提高管理效率。由于直线领导,有利于公司的集中控制。

(2) 由于参谋机构的帮助,有助于解决因为公司过分集权而带来的风险问题。

但是这种体制也有缺点:

不利于进行多元化经营。因为要求各职能部门的经理具备许多不同行业的专业知识是困难的。

二、契约型联合企业组织的结构和形式

1. 契约型联合体企业组织的结构相对比较简单,即最高协调管理机构层及各成员企业层,而最高协调管理层通常只负责对协议条款的执行情况的监督和协调,除此而外,不再对成员企业有其他任何管理职能。

2. 契约型联合体企业组织形式。

(1) 卡特尔和辛迪加的管理委员会制。卡特尔和辛迪加等一些在某一方面或某几方面通过协议联合起来的联合体企业组织通常采用管理委员会制。如图2.5。

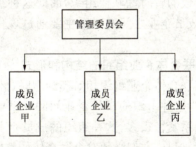

图2.5 管理委员会制

(2) 特许连锁经营企业组织形式。特许连锁经营企业的联合组织一般有一个中心企业,它拥有著名产品、商标、服务标志等,其他成员企业通过协议获得使用这些东西的权利。中心企业除了授权成员企业经营著名产品、商标、服务标志等并进行管理外,一般它自己也生产经营,因此这种组织形式常如图2.6。

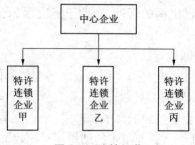

图 2.6　连锁经营

（3）联营企业组织形式。联营企业组织形式同特许连锁经营企业组织形式类似，它也是由一个中心企业来管理联营企业，但这种管理主要是按协议在某几方面的协调，如联营企业是协作型企业，中心企业只负责把握零部件的质量关，并同时负有包购这些零部件的义务。

（4）战略联盟公司的组织形式。战略联盟公司是通过电子、信息技术临时组成的暂时性联盟组织，因此这种组织形式是虚设的，战略联盟的成员企业之间的联系主要通过现代通讯技术等高新技术。

三、资产纽带型联合体企业组织的结构和形式

资产纽带型联合体企业组织相对契约型联合体企业组织的结构要复杂些，因为这种组织的成员企业间的联系要比契约型联合体成员企业的联系紧密得多，这种组织的成员企业虽然可以进行独立的生产经营，但是，它们必须符合联合体的整体战略目标。

1. 托拉斯组织结构。托拉斯组织是一种大型联合企业，它在合并过程中，使一些成员企业丧失了法人地位而成了托拉斯组织的一部分，因此托拉斯组织或者是一个大型的股份公司或者是一个企业集团。托拉斯组织的结构也就是股份公司的结构或企业集团的结构。

2. 企业集团的组织结构和形式。目前，企业集团的结构形式

有以下几种代表类型:

(1) 日本六大企业集团,三菱集团、三井集团、住友集团、芙蓉集团、三和集团、第一劝银集团,它们的最高权力机构是经理会。经理会由企业集团成员企业的经理或董事长组成,企业集团的重大决策由经理会决定,如成员企业的最高管理者的任免、重大的投资决策等。

(2) 德国企业集团也称康采恩,它们的最高权力机构是企业集团的董事会,董事会成员由集团成员企业的董事长组成,俗称"大董事会",在董事会下设有一系列职能性的委员会,如财务、法律、生产、信息、销售等专业委员会,它们负责专门化的领导。成员企业虽然是独立法人企业,但是它们的独立性不是很强,要受企业集团董事会的全面领导。韩国企业集团和德国的企业集团也有类似的情况,即企业集团之上有一个领导管理机构,它本身不直接经营,主要针对重大问题进行决策,它有一些服务性的职能部门,如人力资源管理,信息管理等部门。

(3) 我国的企业集团组织结构和形式。我国的企业集团的结构有自己的特点,一般我国的企业集团的核心层是集团公司,它是一个独立的经济实体,它本身可能是国有独资公司或股份有限公司或有限责任公司,它作为母公司既要负责本公司的生产经营,又要通过控股、持股对成员企业进行控制、管理,也就是说我国企业集团的最高管理机构管理由核心企业公司兼管。

四、跨国公司的组织结构和形式

跨国公司通常是国内外都设有子公司的母公司,它和所有子公司、孙公司等构成了企业集团。跨国公司的母公司在母国是一个现代大型企业,因此它的组织结构也是由股东大会、董事会、总裁及隶属其下的各主管部门。而在对国外子公司或分公司的管理控制上的不同又形成了几种不同的形式。

1. 国际部结构形式。国际部形式是指跨国公司对国外的所有子公司和分公司归口国际部统一管理和控制,如图2.7所示。

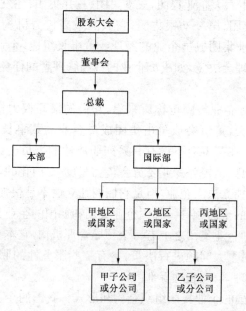

图 2.7 国际部结构形式

国际部结构的优点是:

(1) 可以协调国外各子公司,避免它们之间的竞争。

(2) 由国际部统一筹措资金可以减少利息负担。

(3) 当子公司之间内部交易时,可以使用转移价格来降低公司的税收负担,提高公司的利益。

国际部结构的缺点是:

(1) 国际部与所依靠的产品、技术、销售等部门常常会发生目标冲突。

(2) 如果国外子公司或分公司数目增多,行业范围扩大,国际部将难以适应繁杂的国际业务,以及一些行业方面的专业业务。

2. 全球性职能结构形式。全球性职能结构就是跨国公司按职能划分的全球性组织结构。在这种组织结构下,母公司确定全球性目标和策略,由母公司的各职能部门分别负责本职能的国内外一切事务,如图 2.8。

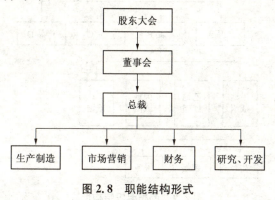

图 2.8 职能结构形式

全球性职能结构的优点是这种按专业划分的方法,有利于在全球竞争中形成优势,能以精简的部门和较小的人员实施对整个组织的全球控制。这种结构的缺点是容易造成各职能部门的沟通和协调的困难,也难以适应多元化经营和子公司或分公司在全球扩大化的要求。

3. 全球性产品组织结构形式。全球性产品组织结构是按产品设置管理部门,负责协调产品在全球范围内的生产和销售。每个产品部对其本身产品的全球计划、管理和控制负主要责任,其产品计划要经公司总部批准,如图 2.9。

全球性产品组织结构的优点是公司按产品的专业化要求进行组织构造,这将有利于各产品部门把主要精力集中在产品技术和产品市场上,有利于全球产品策略的实施,有利于缩小国内业务和国外业务的差别。其缺点是这种组织构造使整个公司机构过于庞大,任何地区内的不同产品部的活动难以沟通、协调、控制，不利于充分利用公司的资源。

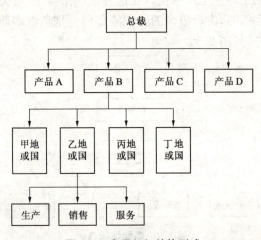

图 2.9　产品组织结构形式

4. 全球性地区结构。全球性地区结构是将整个公司业务分成若干地区，各个地区部门负责协调本地区各种产品的生产经营活动和各种职能机制。母公司总部负责确定全球战略和控制全球机构，如图 2.10。

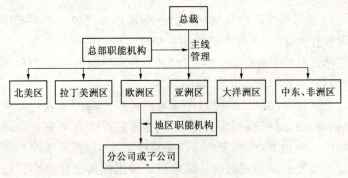

图 2.10　全球性地区结构

全球性地区结构的优点是公司可以从职能和产品两个方面对不同国家和地区的环境作最优配置,可以加强各区、各国分公司和子公司的工作积极性,保持总公司、地区、各国分公司和子公司的有效沟通。

而全球性地区结构的缺点是各地区分公司和子公司只重视本地区的业绩和市场,忽略总公司的总体全球战略目标和利益;难以进行地区间的技术协作和技术转让,由于各地区往往重复设置产品和职能的专门人才,造成同类人才的重叠。

5. 全球性混合式组织结构形式。当公司规模很大,涉及的行业很多,跨越的地区很广,而采用前面单一组织结构形式将很难适应公司的全球性的广泛经营,于是为了避免单一组织结构的缺陷而构造全球性混合式组织结构形式,如图 2.11 所示。

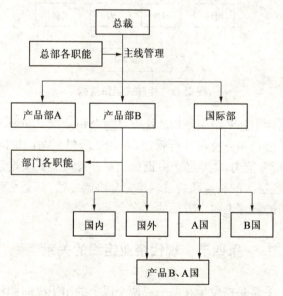

图 2.11 混合式组织结构

6. 全球性矩阵式组织结构形式。如果将上面结构形式中的国际部再按地区划分就构成了矩阵式组织结构形式。如图2.12。

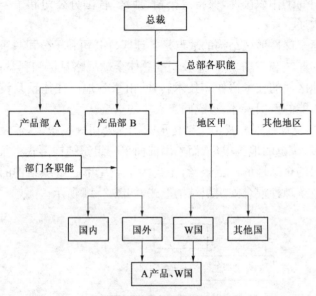

图 2.12 矩阵式组织结构

全球性矩阵式组织结构的优点是总公司从产品和地区两维的角度对子公司和分公司进行管理,有利于应付复杂的国际业务环境,增加应变能力,能从各个方面做出迅速反应。其缺点是组织结构复杂,各层次的利益和关系较难完全协调一致,甚至在对子公司或分公司的管理上两个方面的部门会发生冲突。

第四节 现代企业组织的关系

组织关系是指发生在两个或两个以上的组织之间的相对持久的资源交换、流动、联系。在严峻的国际竞争、技术变革、体制转型的环境中,任何公司难以独行。企业组织中存在的相互作用促使企业不断产生新的关系类型。这些相互作用和相互关系影响到企业的整个系统。根据企业组织的模式与结构,企业组织主要具有这样一些关系:

一、总公司和分公司的关系

总公司和分公司是一个经济实体,分公司是总公司的一部分。总公司是法人企业,分公司不是法人企业,尽管分公司可以在工商部门登记办理营业执照,对外进行营业,但涉及法律问题必须由总公司的法人代表出面。总公司和分公司是上下级的直接领导关系,分公司在总公司的直接领导下进行一切经营活动。

二、母公司和子公司的关系

母公司和子公司的关系主要是股权关系。从法律的角度来看,母公司和子公司是两个分别独立的经济实体,都是企业法人。母公司和子公司不存在直接的上下级关系,母公司不能直接领导子公司的经营活动,在对外的一切活动上彼此都是独立的。然而母公司对子公司有着控股的关系,是子公司的大股东,因此母公司可以通过股东大会以及它的常设机构董事会来对子公司进行控制,间接领导子公司的经营,决定子公司的一切重大决策,并且可以间接地决定子公司的总经理人选。母公司由于对子公司事实上拥有较多的支配权,因此一些母公司在进行组织构造时常常有专门的部门对子公司进行管理,如事业部制结构的公司就是将不同的子公司归在相应的事业部下面。

什么样的情况下两个公司称为母子公司呢?通常A公司拥有B公司50%以上的股份,就称A公司是B的母公司,B公司是A的子公司。但是各国对母公司成立的要求不尽相同,一般可归纳为四种:

(1) A公司控制B公司一半以上股份;
(2) A公司拥有相对控制B公司多数表决权的股份;

(3) A公司能实际控制B公司的董事会;

(4) B公司是A公司所拥有的子公司控制的子公司,此时也称B公司是A的孙公司。

三、跨国公司与国外子公司和分公司的关系

跨国公司母公司与国外子公司在法律上是相互独立的企业法人,母公司在母国遵守母国的法律法规,而子公司在东道国遵守东道国的法律法规,子公司是具有东道国国籍的公司。在股权上,母公司拥有子公司达到控股程度的股份,因此对其有控制权,有间接指挥其经营的管理权。

跨国公司的国外分公司是母公司的一部分,是母公司由于业务需要而在国外设立的分支机构,尽管它在东道国注册经营,但由于它只是母公司的附属机构,相对东道国来说只是外国公司的一部分,因此它不具有东道国的国籍。分公司的对外一切活动都是在总部的直接领导下进行,总部对其有直接的指挥权。

四、契约型联合体企业组织与成员企业的关系

契约型联合体企业组织只是一个协议性联合组织,就组织本身来讲,它并不是企业法人,不是一个独立的经济实体,它只是一个协调性组织,一个监督协议条款执行的组织,它除了对成员企业在某些条款执行情况进行监督外,没有任何指挥权,因此成员企业和契约型联合体企业组织的关系是相当松散的。

五、企业集团和成员企业的关系

企业集团是一种结构相当稳定的企业联合组织形式,但是从法律上讲,企业集团本身并不是企业法人,也不是独立的经济实体。然而由于企业集团四个层次的独特结构又使成员企业与企业集团有着紧密的联系。企业集团的核心层是企业集团的中坚,其他成员企业的关系实质就是核心层企业和成员企业的关系。核心层企业是企业集团的母公司,紧密层企业是母公司的子公司,它跟企业集团的关系非常紧密,是企业集团的忠实成员。半紧密层企

业是母公司的关联公司。关联公司是指被其他公司持有一定比例的股份,但未达到被控制界限的公司,关于关联公司的持股比例各国有不同的规定,比如日本规定 A 公司拥有 B 公司 20％以上50％以下的股份,B 公司就是 A 公司的关联公司。由于核心企业对关联企业持有一定比例的股份,因此对其人事、财务、经营等都有一定的影响,故关联企业和企业集团的关系也较紧密。相对而言,母公司的关系企业、协作企业,它们是企业集团的松散层,它们和企业集团的关系比较松散。

由于企业集团的核心层企业对其成员企业有着控股和持股等因素,所以企业集团可以通过母公司对其他成员企业进行间接指挥或影响它们的活动,而有的企业集团设立领导机构的话,更可以通过这一机构对成员企业的重大决策进行决定,领导成员企业实现企业集团的总体战略目标和利益。

第五节　现代企业组织创新

管理实践随着整个社会的变化而变化,现代企业组织的组建模式也相应地发生着变化。在成熟的市场经济中,大企业的执行官无一不是战略家,他们关注市场,关注技术变革,他们殚精竭虑地思索企业的核心竞争力,寻求着企业发展的突破。虽然好的战略对企业的发展至关重要,但是企业竞争力和竞争优势的核心不仅仅依赖于特定的组织资源或能力,因为这些通常可以购买或被其他公司模仿,组织竞争的优势来源于组织内部的运行机制,即企业执行的程度是难以被模仿的,战略的执行和落地需要组织能力的支撑。

现代企业组织的创新表现在两个方面:一是企业组织模式创新,二是企业内部组织体制建构的创新。管理者的组织工作也侧重于对组织内整体的结构与流程进行设计。

一、现代企业组织的组建模式创新

企业组织本身的创新,从历史的角度看,是历史发展的必然,从资产权和经营权合一的企业组织形式到资产权和经营权分离的现代企业组织的发展,从作坊、单一工厂形式的企业组织到现代的联合企业组织形式的发展都说明,历史一直在选择新的、适合时代潮流的新的企业组织形式。

每一个企业虽然在组建之时都会构建组织形式,但组织形式演变的历史表明,组织过程本身是对组织的一种思考和思维方式。在很大程度上,今天企业的外部环境,譬如全球一体化带来的竞争、多元化、企业社会责任等问题,技术的快速发展,知识和信息转变成为组织最重要的资源,企业员工不断增强的对有意义的工作的探寻,对个人在企业内的职业发展机会的期望等,要求组织做出应对,对企业组织创新的要求是:

(1) 要有利于企业的经营,有利于企业的管理。

(2) 要能够增强企业的生产经营能力,提高抗风险的能力,提高企业竞争能力。

(3) 要能够提高企业员工的工作热情,发挥企业的最大潜能,发挥自身优势。

(4) 企业要有完善的经营机制,管理机制和约束机制。

表 2.2 罗列了组织创新前后新旧模式的比较。

表 2.2 组织的旧模型和新模型的特征

旧 模 型	新 模 型
职位/工作是组织的基本单位	团队是基本单位
与环境的关系由专门的职能处理	与环境结成紧密的网络
信息纵向流动	信息横向和纵向流动
决策向下传递	决策被授权到信息所在地

(续表)

旧 模 型	新 模 型
高耸(管理层次多)	扁平(管理层次少)
强调结构	强调过程
强调规则和标准程序	强调结果和产出
职业路径是向上的、线性的	职业路径是灵活的
标准化的评价和奖励系统	适宜的评价和奖励系统
对行为强烈期望的单一强势文化	观点和行为的多样化
聚焦个体	聚焦团队
按地缘政治来定义环境	从全球性的视角定义环境
从种族中心强调公司利益	从全球性强调公司利益

表2.3罗列了组织创新的相关要求。

表2.3 未来企业组织构架设计的特征与要求

企业的挑战 企业的特征	个人技能开发	组织管理	环境管理
全球性	跨文化沟通	企业跨边界整合	地区反应
网络性	团队工作	团队结构	联盟、合作、竞争
灵活性	多项任务	劳动力要求增多	学习型组织
多样性	倾听	冲突增多	利益相关者增多
扁平性	谈判	职业稳定性	层级边界

二、现代企业内部组织体系的创新

企业内部组织体系的创新目的就是更好地适应企业外部环境和内部环境的变化。企业的外部环境包括了宏观环境和产业环境。从宏观环境看,政治与法律因素、技术因素、经济因素、文化因素、国际政治与经济等因素的变化都会促使企业组织内部体系的创新。从产业环境看,比如竞争者的产品价值的变化,顾客需求的变化,供货商货源价格的变化等等因素变化也都将促使企业内部组织体系的创新。

企业内部组织的创新一般应从三个方面进行:一是组织结构创新,二是组织管理技术的创新,三是人才使用的创新。卓越的组织设计特征包括:

1. 组织结构创新。企业内部组织结构的创新就是对企业内部组织结构的全部和一部分进行变革,从而得到一种新的内部组织结构。那么,组织结构创新应该追寻怎样的路径呢?

(1) 从组织结构中的部门着手,它涉及分权程度的变革,管理跨度的变革,协作方式的变革,工作设计的变革以及工作进度的变革。

(2) 从整个组织规划着手,它涉及到组织体系的变革。

(3) 从控制指挥系统着手进行创新。

2. 组织管理技术创新。管理技术创新就是对管理中使用的技术进行变革。如电话的产生,电子计算机的问世,信息技术的发展等都导致了管理技术的创新。

3. 人才的开发与使用的创新。企业内部组织,人才是关键因素,因为组织的运作是靠人去完成的。

4. 平衡绩效的财务和非财务指标完善。

5. 授权员工以增进创新。

三、现代企业组织设计要素创新

1. 以网络为平台的电子商务,知识管理,信息管理是组织系统设计者优先考虑的创新要素。信息化世界成了管理者们关注组织兴衰的驱动因素。

以知识经济为特征的新经济在电子商务等新的经济活动形式的配合下,出现了这样一些新规则:

（1）注重集结，组织通过网络将其上层至下层人员全面地、扁平化地连接起来，这不仅意味着网络技术在组织中的广泛使用，也意味着找到了一种能充分挖掘组织中每一个人的智慧的组织形式；

（2）随着市场从有形到无形的转移，距离和地域的限制变得愈来愈不重要，供给与需求双方之间的中间环节减少了；

（3）机会先于效率，网络经济为组织开启了以往无法想象的机会，在一个强调定制和创新的年代，组织将更注重于机会的出现，整个组织形式会随"机会"而"舞动"。

2. 企业的伦理和社会责任越来越引起组织设计者的关注。不仅仅是大公司，各种规模的公司纷纷引入伦理准则，提出了鼓励伦理行为的政策和组织保障措施，有些公司成立了与此相关的职能部门。

3. 适应多样化的开放系统。组织必须与环境互相作用才能生存，组织结构不仅不能设计成封闭的，还必须符合变革要求以适应环境的快速变化。

4. 结构变量的变化。包括专业化，职权层级，组织规模，组织文化，人员比例，职业化程度等因素。

5. 高层管理者为组织的发展方向制定的战略指向等行为对组织结构的形式有一定的影响。战略营运单位（Strategic business Unit）就是对高层管理者做出的战略指向的一种组织形式上的响应。战略营运单位代表一种单独的业务或相关业务的组合，独立经营和制定自己的战略。

6. 员工指向对组织结构的形式的影响。企业目标给组织的参与者提供了一种方向感。目标有助于激励员工，尤其当员工参与目标的制定时更是如此。目标管理（MBO）就带来了组织形式的变动。目标管理体系由下级和他们的上级一起确定具体的绩效目标，定期地对实现目标的进展情况进行检查，报酬的分配是否与实现目标的进展情况相符。

7. 组织与组织之间的冲突与合作关系,即组织的"生态环境系统"影响组织的结构。

四、现代企业组织设计新方案

1. 动态网络模型。当今企业有一个明显的趋势,就是企业将自己限定在少数几项做得非常出色的业务上,而将其他工作交由外部的专业公司去做,这就形成了网络型组织结构。网络型结构将市场协调方式引入到组织中,以此取代了传统的纵向层级结构。而快速的电子数据传送使这样一种新的组织形式成为可能,采用这一结构的一个优势是,组织可以在全世界范围内利用外部资源。

2. 学习型组织。学习型组织中的"学习"是指通过实践和思考来改变自己的思想、行为模式和能力,它具有两层含义,获取知识为目的的学习和促使心灵根本转变为目的的学习。学习型组织的构想来自于佛瑞斯特教授于1965年发表的著名论文《一种新型的公司设计》,论文应用系统动力学的基本原理,将未来企业建构成由从属关系转向伙伴关系,员工和组织都不断学习、不断调整自身的经济创新性组织。

3. 平衡计分卡。组织可以设计一种将行政控制、市场控制和部门控制结合起来的形式,即平衡计分卡,通过财务维度、顾客维度、流程维度和员工维度综合评价企业的绩效,综合运用财务绩效报告来衡量市场对组织的满足情况。平衡计分卡是一个富有弹性的动态工具,完全可以随机应变,根据企业战略而变,辩证地看待局部与全局、眼前与长远、后退与前进之间的关系。

本章小结

现代企业组织有单体型的模式和相应的结构,也有联合体型的模式和相应的结构,各种模式和结构又有不同的特点和要求。

通过对现代企业组织模式和结构的研究,将有助于我们建立符合现代管理要求的现代企业。不同类型的现代企业组织,它们的组织关系是有差异的,通过对现代企业组织关系的研究,将有助于我们搞清楚企业之间的资源交换、要素流动以及彼此之间真正的联系。此外,本章对影响现代企业组织的因素研究,将有助于我们进行现代企业组织的模式与结构的创新。

复习思考题

1. 什么是现代企业组织?
2. 有限责任公司和股份有限公司的区别是什么?
3. 组建有限责任公司的要求是什么?
4. 组建股份有限公司的要求是什么?
5. 国有独资公司有哪些特点?
6. 卡特尔和辛迪加是一种什么样的联合企业组织?
7. 什么是战略联盟公司?
8. 什么是企业集团?它有哪些基本特征?
9. 单体企业组织结构的形式有哪些?它们各有什么特点?
10. 总公司和分公司的关系是什么,母公司和子公司的关系是什么?
11. 为什么要进行企业内部组织结构创新?
12. 企业内部组织结构创新的思路是什么?

第三章 现代企业类型

本章提要

现代市场经济不仅造就了现代化的社会经济活动,同时也造就了现代化的社会生活,企业无疑在市场经济中扮演了最主要的角色。从目前我国的实际情况看,这一角色是由国有经济和民营经济共同担任的,除这两种典型经济外,还存在着国有与民营相互渗透和"嫁接"的混合经济型企业以及合作、合资、独资、私有企业等。企业作为市场经济的主体,其外延与内涵不断扩大和丰富。本章在根据企业满足社会生产和生活的特点的划分基础上就企业经营的内容、特点和作用等方面对包括农业企业、制造企业、流通企业、金融企业、建筑安装企业、房地产企业、交通运输企业和邮电通讯企业在内的各类现代企业作一分类概述。

现代生产力的发展水平,决定了企业社会经济活动的基本单位。社会经济生活的状况,即生产、交换、分配、消费的状况,在很大程度上取决于企业的生产经营状况。国民经济的发展速度,不仅取决于企业的数量和规模,更重要的是取决于每个企业的素质。

第一节 农业企业

现代农业企业是指在一定地点集合包括劳动、土地、资金、设备等生产要素在内的,进行专业分工协作,独立经营、自负盈亏,从事农、林、牧、副、渔等农业生产经营活动的企业,它主要以动植物和微生物作为劳动对象,以土地为基本生产资料,利用机械化、现代化的生产工具通过人工培育和饲养动、植物,获取满足人们需要的产品。它包括种植(含林业、中草药)、养殖、加工、流通、间接与农业相关的企业(如农资)、农业中介、农业信息和农业科技等企业。

一、农业企业的分类

农业企业包括种植企业(粮食、棉花等生产企业),林业企业(林木、橡胶等生产企业),畜牧企业(畜禽饲养企业),副业企业和渔业企业(水产品养殖企业)等。

1. 种植企业,指栽培农作物以取得产品的生产组织。主要包括粮食作物、经济作物、饲料作物、绿肥作物以及蔬菜、花卉等园艺作物的生产。

2. 林业企业,指培育、保护和利用森林资源的生产企业。一般包括造林、营林和对成熟林的采伐和利用。造林和营林是以土地为基本生产资料,通过林木的生活机能摄取、蓄积和转化太阳能,得到各种用途不同的成熟林;采伐和利用则是通过采伐、运输、加工或其他利用方式,将成熟林转化为木材和其他多种林产品。

3. 畜牧企业,是指利用动物的生活机能,通过人工饲料、繁殖以取得畜产品的生产企业。主要包括牛、马、猪、羊、鸡、鸭等家畜家禽的饲养企业,有时也包括鹿、麝、貂、水獭等野生动物的饲养企业。

4. 渔业企业,亦称水产企业,一般指采集捕捞与人工养殖、增殖水产经济动植物的生产组织。按照渔业生产的特性,大体可分为养殖企业、捕捞企业;按作业水域可分为淡水渔业企业和海洋渔业企业等。

5. 副业企业,是指种植企业、林业企业、畜牧企业和渔业企业以外的其他生产组织。

除了以上的按照所处行业划分,农业企业还有许多其他分类

方法。比如,按企业制度的不同类型划分,农业企业可以划分为三种基本形态:

(1) 个人业主制企业、合伙制企业和公司制企业。业主制企业是最早、也是最简单的企业,只有一个产权所有者,一般规模也比较小,结构简单,业主既是所有者又是经营者。

(2) 合伙制企业在业主制企业的基础上有所改进,有利于增大企业的规模,但合伙人始终要负无限责任。

(3) 公司制企业是现代企业制度的典型形式,有较为完善的治理结构,有利于企业的长期发展,能适应市场经济的要求。

按农业企业生产要素的密集程度划分,可分为劳动密集型农业企业、资金密集型农业企业和技术密集型农业企业。我国目前的农业企业以劳动密集型为主,这也说明了我国农业和农业企业发展相对比较落后的现状。但随着我国农业产业化的不断发展,资金密集型和技术密集型农业企业将越来越多。按生产经营范围划分,农业企业可以分为专业性农业企业和综合性农业企业。按地域空间划分有地区型农业企业和跨地区型农业企业。

二、农业企业的特点

农业企业的基本经济特征是经济的再生产过程同自然的再生产过程交织在一起,因此农业生产受自然条件影响大,生产周期长,生产时间与劳动时间有极大差异,具有强烈的季节性和地区性。具体表现在以下三个方面的特殊性:

1. 生产周期长。农业生产周期是指与生物的生长周期紧密相联的生产过程的时间,在种植业中一般是从平整土地开始到获得产品所经过的全部时间,在畜牧业中一般是指从饲养幼畜开始到获得畜产品的时间。由于农业生产的对象——植物和动物自身的特性以及受自然环境的影响较大,农业企业的生产周期一般比制造企业生产周期长。现代农业企业广泛采用先进的科学技术和生产工具,改进生产管理,对于缩短农业生产周期,提高农业劳动生产率、土地生产率和资金利用率有着重要影响。

2. 加工种类多。农产品加工是指对农业生产各企业所提供的各种产品通过生物的、物理的或化学的方法所进行的生产活动。加工过程及所采用的工艺方法随产品种类和消费要求不同而有所差异。按其范围划分,有狭义和广义之分,前者主要包括粮食加工、饲料加工、榨油、酿造、制糖、烤烟等种植业产品的加工,后者还包括果品、蔬菜、畜产品、水产品等的加工。农产品加工是农产品由生产领域进入消费领域的一个重要环节。

3. 贮藏作用大。农产品贮藏是指利用物质技术设备,将农产品存放一定时期的生产活动,贮藏方式因贮藏对象和贮藏目的而异。农产品生产的季节性与其消费的常年均衡性以及农产品生产的地域性、分散性和不稳定性决定了农产品贮藏的必要性。这是农产品集中、运输的必要环节,是提高农产品质量和价值的必要途径,也是实现农产品正常流通和稳定市场的必要条件。贮藏的根本目的是保持和提高农产品质量,保证使用价值的延迟实现。

三、现代农业企业的特点

农业起源于新石器时代,经历了原始农业、传统农业和现代农业三个发展阶段。现代农业企业是指广泛应用现代科学技术,以及现代工业提高生产效率和科学管理的方法,实行社会化大生产的新型企业,是农业企业发展的最新阶段,其基本特征是把农业生产建立在现代科学基础之上。

1. 生产技术科学化。农业生产技术由一般只能适应自然或只能在一定程度上对自然施加影响,到依靠揭示生物及其环境因素的客观规律性的农业科学技术来自觉指导农业生产,从而达到既能有效地利用自然,取得较多的农副产品,又能有效地改造自然环境,保持农业的生态平衡。

2. 生产工具机械化。由以人力、畜力为动力的手工工具过渡到以石油、电力为动力的机械化工具,是现代农业生产的特征之二。

3. 生产组织社会化。随着社会分工的发展和协作范围的扩大,农业由自给、半自给的自然经济过渡到高度专业化、商品化的生产,农业生产过程同加工和销售以及生产资料的制造和供应紧密结合,产生了农工商一体化。

现代农业企业的产生和发展,极大地提高了农业劳动生产率、土地生产率和农产品商品率,使农业生产达到了一个新的历史水平,农业企业的发展形态有向立体农业企业、大农业企业和外向型农业企业发展的趋势。

(一) 立体农业企业

相对于平面型、结构单一的农业企业而言,在单位面积上利用动植物和微生物的特征和对外界条件的不同要求,通过种植业、养殖业和加工业的有机结合,建立多个物种共栖、资源多级利用的农业生态系统。一般有如下特点:

1. 垂直空间的多层配置。根据不同物种的特性进行合理排布和巧妙搭配,在空中、地面(水面)、地下(水下)形成错落有致的若干层次。

2. 自然资源的深度利用。包括气候、土地、水源和生物资源的充分利用,副产品、有机废物和生物能的循环利用以及对主产品的多级、深度加工。

3. 技术形态的多元复合。在单位空间内,种植、饲养、培育等多种技术互相交织;在单位时间内,种养、加工、贮运等技术交替出现。立体农业企业能有效地多项目、多层次地利用各种自然资源,从而取得较多的物质生产量和经济效益,同时还有利于生态平衡,使农业生产处于良性循环之中,因此,已成为世界各国寻求农业企业发展的主要形式。

(二) 大农业企业

大农业企业是指经营规模较大的农业企业组成的农业体系,

如现代农场、农工商联合企业等。其特点是生产规模较大,社会化程度较高,采用先进的生产技术,具有较高的商品率和劳动生产率。如现代农场有以下一些形式:

(1) 以生产小麦、稻谷、大豆等为主的谷物农场。

(2) 以生产棉花、甘蔗、甜菜等为主的经济作物农场。

(3) 以饲养畜、禽为主的养畜(禽)场。

(4) 以良种繁育为主的良种繁育场等等。

各类现代农场为了充分利用自身的自然资源和经济资源,进一步发展农业生产力,在发展方向上近年来已经向专业化与综合化相结合的方向发展。

(三) 外向型农业企业

这是以国际市场为导向,以出口换汇,促进本国农业乃至整个国民经济发展为目标的专业化、社会化的农业生产经营体系,它根据国际市场的需要组织农业生产和农副产品加工。外向型农业企业的实质是外贸农业企业,它不仅要创汇,而且应当有利于产生良好的经济效益,可分为资源型、半加工型和加工型三种。发展外向型农业企业,对于提高农业自身发展能力,加快实现农业现代化具有重要意义。

四、农业企业的职能

农业是人类赖以生存的衣食之本,是一切社会生产活动的首要条件,农业企业当然也成为了国民经济的基础,是国民经济其他企业得以存在并进一步发展的基础,也是各种社会经济活动赖以进行和发展的前提。在我国,农业企业具有特殊的意义:农业生产的稳定与否决定了国民经济发展的稳定与否,农业企业的发展水平,在很大程度上决定着制造企业和整个国民经济的发展规模和速度,在提高全国人民的物质生活水平方面起着举足轻重的作用。同一些发达国家相比,我国的农业劳动生产率比较低,这影响了制造企业和其他各项建设事业的发展,妨碍了人民生活的改善。因此提高农业企业的管理水平,加快农业企业的发展,是当前和今后相当长时期内我国经济发展的重要任务。

1. 农业企业是农村商品生产的主体,也是农业经济的主体。其生产经营活动构成了人民生存和发展的基础。

2. 农业是国民经济的基础,而农业企业则是这个基础的核心。如果农业企业生产落后,就会使这个基础不牢固,从而造成整个国民经济结构不良。

3. 农业企业是产品分配的中介,国家通过农业企业实现产品的总分配和再分配,也是实现三者利益协调发展的对分配进行宏观调控的重要环节。

4. 农业企业是物质产品的生产者,也是社会产品的消费者。企业的生产与消费推动着整个社会供求和经济的发展。

5. 农业企业既承担国家和社会的责任,又承担着提高企业劳动者物质文化水平的责任,同时还要使企业不断扩大再生产,不断发展扩大。

五、农业企业的标准化

当前,传统的农业生产方式正在向农业生产集约化、专业化和科学化的新阶段转变。农业企业,特别是农业龙头企业通过基地＋农户的模式组织分散农户进行农业生产,在我国农业发展中起到越来越重要的作用。

(一)农业企业标准化的特点

农业企业标准化,无论从标准化的目标,标准化的模式,还是标准化要素的复杂性和标准体系涵盖的内容和范围等方面,都与工业企业标准化存在巨大的差异。具体表现在:

1. 农业企业标准化的核心目标是提高产品质量安全水平。农业企业的绝大多数的最终产品是与人们的饮食直接相关的实物类产品,如加工食品或鲜活农产品,因此,其产品的卫生性、安全性便成为消费群体最为关注的问题。这就决定了农业企业标准化的核心目标必然要落实在产品质量上,这里所指的质量不仅仅是"好"与"坏",而首先是"卫生"与"安全"的问题。这是农业企业标准化与工业企业标准化主要的区别之一。

2. 农业企业倾向于纵向一体化的标准化模式。我国农户数目众多,规模小而分散,这决定了农业企业必然会与原料的生产者——农民建立较为特殊的联系。农业企业与农户的联系既是紧密的,因为所需原料离不开农户的供给;又是松散的,因为农户并不是农业企业的一员,两者仅有由短期合同所固定的暂时契约关系。这种松散的联系并不十分有利于农业企业长期、稳定的生产。与工业企业相比,目前我国农业企业的产品实现过程整体上处于一种"弱集成"和"粗放集成"的局面。企业为了更好地实施内部管理与控制,倾向于对产品链全过程实施管理的模式,这种倾向性在直接连接消费市场与农户的农业企业中表现最为明显。农业企业本身的特点决定了企业应加强对原料供应、产品加工制造、分销和销售全过程的控制,使企业能够实现产、供、销的自给自足,减少外来因素的影响,在市场竞争中掌握主动。

3. 农业企业标准体系是一个复杂的开放性体系。农业企业生产经营活动的特点决定了其企业标准体系是一个复杂的系统。

(1) 农业企业生产的季节性和分散性。农业企业一般是以农产品、畜产品或水产品为主要原料,由于生物自身生长周期和季节性的影响,造成农业企业生产的季节性和周期性,这直接影响到其管理机构的组成和设置,即生产功能影响农业企业结构,从而进一步影响农业企业的绩效,并造成了企业的现金流也具有明显的季节性和非均衡性。

(2) 农业企业供应商的特殊性和弱组织性。农业企业的供应商构成的特殊性,使得产品实现过程主流理论中关于供应商选择、优化、集成供应以及供应商关系管理等理论和方法,移植到农业企业时面临重大的适用障碍。因此需要通过制定良好农业操作规范、实施标准化的生产等等系列方法,对供应商加以改造和整合,才能保证这些独立的供应商提供企业需要的稳定的农产品原料。

(3)农业企业产品实现过程各子系统的异构性。农业企业产品实现过程横跨三大产业,各节点在产业环境、战略起点、通信模式、部门化导向、组织文化、技术能力、信息传递、物流系统等诸多层面所涉及的标准、格式、规则、原则和方法上存在着广泛的不一致性。即使农业企业产品实现过程子系统能局部有效或最优,但协调与集成为一体化结构时也是困难重重。

4. 流通和运输环节的标准化是农业企业标准化的重要内容。农产品生产与消费在时空上的不一致性以及生产与消费的高度分散性,使物流成为农产品供给的关键要素。由于农业原料及其加工制品一般为生物类产品,具有供应季节性、性状不稳定性及易腐败等特性,其自身有一定的保质期和新鲜度,随着时间的推移,生物产品会逐渐腐败变质,原料的新鲜度直接影响到农业企业的产品质量。

从用户的角度看,对农产品有食用、营养、安全、卫生、感官、理化等要求,从而决定了农业企业产品实现过程对物流管理能力和物流技术因素的高度依赖。反过来看,物流能力又制约了客户价值实现的程度。因此,农业企业必然要对原料有新鲜度和时效性的要求,这就要求企业标准化过程中应当非常重视对原料、半成品和成品的贮运、安全控制和检测等的标准化。

在农业企业的产品实现过程中,时间因素具有重要作用,即不仅包含一般意义上的及时生产、缩短周期,而且包括抑制农产品有机体自然生长、呼吸、光合作用、熟化、腐化的速度,以使其具有更大的经济价值。同时,农业企业的产品实现过程在时间方面又受到诸多局限:

(1)农业生产和运营的长周期与农产品加工、流通的短周期反差巨大,在一定的经济技术条件下,农业初级生产周期的压缩潜力有限。

(2) 农业生产和决策时间在整体上刚性很强,调整的余地不大。

(3) 制造业常用的管理系统的简化和整合、技术上的偏差控制、自动化等方法在农业生产环节运用很困难。

5. 农业企业标准体系的实施对农业企业的改造是多层次的。农业企业标准化对农业企业的改造主要是在企业组织和产品生产两个层面。

(1) 标准化对农业企业组织的改造。标准化可以有效地规范农业企业内部的组织、交流渠道和方式,这有助于管理信息迅速和有效率地传播。从产品实现过程的角度来看,由于不同的生产阶段,其资源特点、生产技能、开发技能等都有所不同,所以保持组织间的相互快速连接、资源共享,就必须建立农业企业的标准化体系,这有助于更好、更快地完成企业的目标,并保证各组织部门优势的最大发挥。

(2) 标准化对农产品生产的改造。从产品生产上看,农业企业标准化有助于实现农产品的系列化、通用化和组合化。从农业企业产品实现过程管理的角度看,农业企业的标准化客观上提供了农业企业产品实现过程优化以及高层次、高精度发展的基础要件,有助于重新设计农业生产过程(包括育种),使农业开发及基本建设与农业企业的发展同步化。

第二节 制 造 企 业

随着工业革命的完成和现代企业的发展,制造企业通常被认为是以机器或机器体系作为劳动手段,采掘自然物质资源和对工业品及农产品原料进行加工的企业。

一、制造企业的分类

(一) 传统分类

一般地说,制造企业被分为冶金企业、电力企业、燃料企业、化学企业、机械企业、建筑材料企业、食品企业、纺织缝纫企业及皮革企业、造纸及文教用品企业和其他生产企业。影响制造企业结构的因素有：

1. 生产力发展水平，特别是科学技术发展水平对制造企业结构的影响很大。有许多新兴制造企业，就是随着现代科学技术的发展而出现的。现代化的科学技术，创造了新的劳动工具、新的工艺过程、新的材料、新的能源，这些都对制造企业结构发生重大影响，如在有机合成基础上建立起现代化工企业，在微电子基础上建立起现代电子计算机技术、自动化技术的企业等。由于新型原材料的出现，将有越来越多的合成材料来代替钢材、木材和农业原料等传统使用的原材料，这都会影响制造企业结构的变化。当今世界科学技术正处在突飞猛进的发展时代，它的特征是电子计算机、遗传工程、光导纤维、激光、海洋开发等新技术广泛地被利用，这种新的科学技术的应用必然会导致生产高度发展，从而使制造企业结构发生较大的变化。

2. 社会需求结构的变化对制造企业结构有很大影响。生产性需求包括的面很广，其中农业的需求对制造企业结构的影响很大。农业是制造企业产品的重要市场，现代农业需要制造企业提供更多的农业机械、运输机械、化肥农药等，这就必然促进这类企业的发展。又如在国民经济中金属材料单位消耗的降低，或者采用新型合成材料代替金属材料，就有可能使冶金企业的发展速度相对减慢。其次，非生产性的社会需求也是多方面的，如文教、卫生、体育等各个方面的需求，人民生活方面的需求等等。随着经济的发展，人民收入的增加，生活水平的不断提高，高档的衣着、耐用消费品的需要就会不断上升，吃的比重会下降，但是经过制造加工的食品比重就会上升，生产家用电器、日用电子、化纤等制造企业将会迅速地发展，消费结构的变化必然会引起制造企业结构的变化。

3. 对外贸易状况对制造企业结构的影响。在社会化大生产的条件下,进出口贸易对任何国家都是不可缺少的。正确执行对外开放政策,充分利用先进科学技术和管理方法,加强进出口贸易,对加速我国经济发展,改善制造企业结构具有重要的意义。进出口贸易的数量及其构成的状况,必将影响国内的生产,影响制造企业的结构。

(二) 基于业务流程的分类

根据企业的核心能力和相对优势在增值流程(增值环节)的分布情况,可以用来判断和分析制造企业流程管理在以下方面的差异:流程管理的组成、内容、边界和范围;流程管理的层次和复杂程度;流程管理的目标、难点和关键;需选择和适用的软件及技术等。显然,增值流程的分布不同,与之相适应的制造企业流程管理模式及其内容也各有不同。下面将从企业自身的资源能力状况的供给和外在客观环境的需求这两个维度来对制造企业进行分类,并分析其的主要特征。

1. 研发型。从供给角度看,制造企业的技术研发具有优势和竞争力;从需求角度看,企业所在行业属于技术密集型,保持技术的领先是行业成功的关键因素。

2. 生产型。从供给角度看,生产型企业具备生产制造的环节优势和快速响应订单的能力;从需求来理解,企业产品具有规模经济的要求,成熟的生产技术和过程工艺是关键因素。

3. 渠道型。从供给角度看,企业具备渠道和服务网络优势、大规模(或全球)采购的优势、管理供应商能力;从需求角度看则意味着面对复杂多样且不断变化的顾客需求和服务要求,客观上需要密切的客户关系,需要贴近的服务和沟通了解,才能谋取竞争优势。

4. 研发—生产型。从供给角度看,企业具备研发和转化生产一体化的优势和效率;从需求的立场来看,就意味着产品的技术或工艺必须采取必要的保密以防止泄漏,或者核心或先进技术的转化、转让及外部交易对企业来说是非经济的。

5. 哑铃型。从供给方面来分析,哑铃型企业具有贴近市场、了解顾客需求变化的优势和潜力,但在生产环节不具备优势或者通过外部交易实现联合供给不存在制约;从需求方面来分析,表明企业面临着创造或引导顾客需求的要求和机遇,并要求对多样化个性化的顾客需求做出快速响应,或者意味着在企业所提供的产品和服务中服务的构成比例较高等。

6. 渠道—生产型。从供给方面分析,这种类型的制造企业在研发上不具备显著优势,但在制造环节和客户服务体系上发达而有效;从需求方面来分析,说明企业提供的是普通产品,产品的研发或创新的要求不高或不多,而且企业的生产与市场的距离很短,天然具有紧密的联系。

7. 一体化型。从供给方面分析,一体化企业属于全能型,公司的产品和业务范围广泛,呈现多元化和相关性,已具备规模化和集团化经营的实力;从需求方面来理解,这种类型企业的产品或技术的关联程度较高,供需(链)联系复杂且紧密,存在一体化经营以实现整体效率提高的客观要求,外部交易的非经济性显著。

二、现代制造企业的特点

制造企业是在手工业作坊基础上发展起来的。随着社会生产力的发展,在生产中使用机器,产生了大机器工业企业,进而又发展到现代制造企业。

1. 大规模地采用机器或机器体系进行生产,并且系统地将科学技术应用于生产。以机器或机器体系代替了手工操作,一方面减轻和节约工人劳动,提高生产率;另一方面使企业生产具有高度的组织性、科学性和技术性。在现代企业中,无论是设计产品、制定工艺规程、选择操作方法、组织生产过程,都必须系统地运用科学技术知识;特别是计算机集成制造系统(CIMS)和人工智能的开发与运用,使制造企业的生产逐步向自动化过渡,用自动控制、自动调整装置来代替人操作机器。在这种自动化的生产条件下,人只是简单地照管和监督机器的正常运转。

2. 劳动分工更加精细,协作关系更加复杂、严密,同类产品、或同类工艺、或同类零部件日益由分散生产趋于集中生产。在现代制造企业中,整个生产过程分成许多不同的工艺阶段,划分为许多零部件的专门加工过程(如机械加工阶段划分为轴类加工、齿轮加工、箱体加工等);每个工艺阶段和专门加工过程又细分为许多工序,采用不同的机器设备,有不同工种的工人从事生产。

3. 生产过程具有高度的比例性和连续性。现代化生产要求各生产环节、各工序的生产能力保持适当的比例,要求各生产环节、各工序之间在时间上相互衔接,具有连续性。随着机械化和自动化程序的日益提高以及流水生产线、自动生产线等先进生产组织形式和看板技术、JIT 技术等先进生产管理方法的广泛采用,生产过程的比例性和连续性的要求越来越高。

4. 生产社会化程度高,有广泛、密切的外部联系。由于科学技术的进步和生产社会化的发展,现代制造企业生产在各种不同的分工方式基础上建立起许多专业化的工厂,分别担任各种初级产品、中间产品和最终产品的生产,专业化企业间的联系和协作也愈益广泛和密切。一个企业进行生产所需要的工具、设备、原材料,以及多种元器件、零部件,要由许多企业提供;同时,每个企业也要用自己生产的产品或劳务,为其他企业服务。生产社会化的发展还使制造企业与农业、交通运输业、流通业以及国民经济的其他部门的许多经济单位,发生着千丝万缕的联系。

5. 制造企业管理的职能因素及生产的组成部分(技术、工艺、原材料和生产组织)不断完善和不断提高,新兴的制造企业不断产生,使得制造企业的社会化水平不断提高。因此,制造企业管理的内容不断变化,趋于复杂。制造企业管理吸收了现代社会科学、自然科学和技术科学的新成果,运用企业改造、学习型组织、系统工程、运筹学、电子计算机等科学技术手段,形成了一整套现代化的管理方法。

6. 现代制造企业采取的是集约化生产方式。这是指依靠科学技术进步和采用先进的管理方法,提高生产力各要素的素质,改善生产力的组织,不断开发新的生产能力的过程。制造企业生产集约化相对于粗放式经营而言,主要靠质的变化,即通过设备的技术性能和效率的提高,工作人员的技术操作水平的提高,产品质量的改善以及更多的具有新性能和良好使用效果的新产品的不断开发创造来实现的。

三、制造企业的职能

制造企业的主导地位表现在:几乎经济生活中的每个深刻的变化都是与制造企业的发展紧密地联系在一起的。制造企业是最基本的物质生产部门,为国民经济各行各业生产各种技术装备,提供生产所需的原材料、燃料、动力及其他制造产品,为国民经济的技术改造和提高劳动生产率创造日益雄厚的物质技术基础,还提供大量日用消费品,直接满足人民的物质和文化生活需要。所以,制造企业的管理常常被人们视为企业管理的最基础的方面,许多管理学的研究都是据此展开的。

第三节 流 通 企 业

流通企业是指专门从事商品流通(买卖)的独立核算企业。在此所讨论的商品流通企业也就是狭义的流通企业,就是除去金融企业和服务企业之外的流通企业,即专门从事商品和劳务流通的商业贸易企业,主要包括:供销合作社、粮食、外贸、物资供销、图书发行等企业以及超市、连锁商店、各大中小超市、各种专业的销售代理商等等。

一、流通企业的分类

我国的商品流通企业组织机构存在着多种形式。我国以前在计划经济体制下，将生活资料和生产资料分开。生活资料和生产资料在生产和消费方面虽有各自的特点，因而组织流通的企业也会有所不同，但从市场经济的角度看，它们都是商品，没有本质的区别。还有以国界划分成内销企业与外贸企业。但随着我国对外开放的不断深化和国际国内政治经济形式的变化，尤其是加入WTO和商务部的成立，国内外市场逐渐接轨，流通企业内外贸分割的局面被打破，国内商品流通企业可以直接经营对外贸易业务，直接进入国际商品市场开展贸易活动。按照内销和外贸进行分类意义不大，因此本节按照经营的商品种类进行介绍。

1. 综合性流通企业，指经营品种及商品花色、规格、式样较为齐全的零售企业。除具有典型意义上的百货商店外，还包括超级市场、连锁商店和邮购商店。其主要特点有：

(1) 经营对象繁多。既经营满足生理需要的物质商品，还经营一些满足精神需求的商品，在某种程度上可视为若干个专业商店的集合。

(2) 规模较大。综合商店以经营商品繁杂为其基本特色，其店堂规模、库房面积和经营范围较大，资金比较雄厚，职工人数较多，因而成交额较大，业务往来关系呈多维状。

(3) 经营设备比较先进。综合商店规模大，营业厅设计、柜台摆布和上货通道的规划一般比较合理，这为综合商店运用先进的经营设备提供了条件，如应用计算机网络进行计款、收款、决策和管理，用机器包装商品，用小型运输车送货等。由于其具有以上特点，综合商店得到了较快的发展，但因其经营商品繁多，同类商品高、中、低档俱全，难以形成经营特色。

2. 专业商店，是指经营某一种商品或经营某一种商品为主并兼营其连带性商品或经营某一类商品的零售商店。商品经济发展促进人们对商品使用价值越来越重视,要对同类商品进行比较之后才做出购买决策,为消费者提供充分选择余地的专业商店的产生则适应了这一消费趋向,其基本特征是:

(1) 经营商品单一。有经营某一种商品的专业商店,如经营鞋、帽、钟表等专业商店;也有以经营某种商品为主兼营其连带商品的专业商店,如灯具专业商店,以主营各种照明电灯为其基本经营对象,兼营灯泡、电线、接线板、灯罩等等。

(2) 规模比较小。专业商店因其经营品种少,经营规模比综合商店小,其店堂面积和库房面积一般也比较小,但其具体商品的经营规模往往大于综合商店。

(3) 经营商品一般都有比较鲜明的特色。不仅在供应商品的品种、规格、花色等方面十分齐备,而且能满足特定消费对象的特定消费需求。

3. 服务企业是指具有一定设备或工具,为社会生产和生活提供劳务服务的企业。目前我国服务企业包括各类生产性服务企业如经济咨询、科学技术服务、包装和广告企业等,生活性服务企业如饮食、理发、沐浴、照相、旅游和修理企业等。

二、流通企业的产生

由于人生时间和精力有限,个人不可能精通所有劳动技能。个人所学技能种数越多,他对每种技能的掌握程度越低;相反,个人所学技能种数越少,他对每种技能的掌握程度越高。个人所学技能种数(专业化程度)与他对技能掌握的程度成反比,而劳动技能的不可耗竭性和使用技能时巨大的规模经济,共同促进了个人的专业化选择。专业化提高劳动生产率(专业化利益)是分工产生的经济基础;但为了满足固有的多样化的消费需要,从事专业化生产的个人就必须互通有无,进行交易和交换,支付交易成本。这种两难冲突主要体现于以下两个方面。

1. 分工和专业化导致个人对交易的依赖。在分工经济中,生产不再直接服务于个人消费,而是为了和他人交换不同的产品,个人消费品也不再自给自足,而是大多数来自于市场交换。交换成功与否直接影响到个人专业化生产的利益能否最终实现。表面上独立的生产和消费活动的相互外部性(或依赖性)使得个人福利不仅取决于自己的选择,而且还取决于他人的选择。从宏观上看,经济个体之间的交易依赖性随着社会分工和专业化水平的提高而提高;从微观上看,个人对交易的依赖程度取决于其所选择的专业化水平,越是专业化的生产者对交易的依赖性越强,反之则越低。"边干边学"和"不干则忘"是同一事物的两个方面:如果专业化程度不高,个人可以在交易困难时选择退出,重返自给自足;但如果专业化程度很高了,个人即便在交易条件不好时也难以退出,因为"不干则忘"已使得个人只持有一技之长,对其他业务变得非常生疏,退出交易而重返自给自足(从事多种劳动)势必大大降低劳动生产率和福利水平。

2. 分工和专业化直接导致产生交易成本。

(1) 分工越细,专业化程度越深,为了维持一定的生活水平所需的交易次数就越多。一方面是专业化程度越深(生产更少种类的产品),个人自给产品越少,交易次数必然增加;另一方面是专业化生产提高劳动生产率的同时也扩大了生产规模,总产出增加了,这些产出的价值(专业化利益)必须通过交易来最终实现,而每一笔交易量又必然受到单个消费者的消费需要和消费能力的限制,因此增加了交易次数。交易次数的增加显然是交易成本的一个重要因素。

(2) 分工和专业化的发展不仅要求更多的交易次数,而且要求交易范围的扩大。

(3) 人类社会的自然进步和个人消费需要的自然升级也使得人们的多样化需要越来越明显。一个专业化的粮食生产者不只是期望将他多余的粮食全部去交换衣服,而是倾向于去交换多种多样的产品(如汽车、手机、教育、理发、葡萄酒、艺术品等等)。这种多样化需要的自然升级显然扩大了交易范围和交易次数,从而增加了交易成本。

三、流通企业的经营方式

现代流通企业的基本经营方式可以大致概括为以下内容。

(一) 批发

批发是一种经营大宗商品贸易的经营方式,是在商品流通中,批发企业向生产单位或其他境内外商业单位购进大宗商品,然后供应给零售单位或生产用户的一种流通经营方式。批发分生产资料批发和生活消费品批发领域,前者将生产资料从生产领域过渡到流通领域,然后又使它回到生产领域;后者则使商品从生产领域进入到流通领域并继续停留在流通领域。因此,批发是流通起点和中间环节,它并没有使商品最终进入消费领域。

(二) 零售

零售是将商品直接销售给消费者的一种经营方式,它使商品由流通领域进入到消费领域。零售通常是非生产性的商品流通,它主要有两种形式:专门从事转卖活动的零售,即从批发企业购进商品,然后卖给消费者,这属于纯粹的零售商业企业;还有一种是带有生产和服务性的零售,即向消费者直接销售本企业自己加工和制作的饮食品并使消费者即时消费的饮食业。随着我国农村家庭承包责任制改革的完成和城镇手工业的发展,一些小型生产资料和农业生产资料的零售也大量出现,使我国的零售经营已不是仅仅限于非生产性的商品流通业务。零售企业大致包括以下几类:

1. 百货商店,指经营日用产品的综合商店,一般在城镇的主要商业地段和居民集中区。经营范围广,商品类别多,花色品种齐全,且大、中型者居多。商店内设立商品部或商品专柜,实行专业经营,具有专业商店和综合商店的长处,便于顾客挑选,能够满足消费者的多方面购买要求。现代百货商店向大型百货商厦发展，兼购物、娱乐、休闲于一体。

2. 自选商店，或称自选商场，国外叫超级市场，是指实行敞开式售货，顾客自我服务的零售商店。这是近几年从西方引进的一种商业组织形式，在国外已成为销售大众化商品的主要商业组织形式，它主要经营各种食品、日用品以及服装、鞋帽等等。

3. 连锁商店，指采取同一经营政策，采用同一商号在经营管理上受总店指挥和控制的若干中小零售商店，类型有超市连锁、便民连锁、精品专卖连锁、大型综合商店连锁、快餐连锁、零配件连锁等，不论何种类型的连锁，其核心在"连"，关键在"管"。连锁企业的经营管理有如下特征：统一进货（联购分销）、统一核算、统一标价、统一标识（店标与服饰）、统一营业时间、统一经营品类、统一售货方式。连锁企业的各个零售点规模不大，但通过联合、统一行动，以经营方式灵活多变、价格低廉、服务周到等措施，增强了它同大型零售商业的竞争力。市场经济的高度发展使得市场占有率成为企业生存和发展的关键，迫使企业开展联合，谋求集中后的规模经营。每个连锁店的经营规模往往不大，但其整体经营规模相当可观。

4. 杂货商店，有日用杂货和副食杂货两类，一般分散于居民区之中。前者是以经营日用商品为主的零售商店，一般经营规模不大，从日用百货、文具纸张、烟酒食品到针线钮扣，综合经营、品类较多，品种简单，主要是居民日常生活必需的、挑选性不大的普通商品；后者以经营副食品为主，规模不大，综合经营群众生活必需品，如油盐酱醋、禽蛋肉鱼、蔬菜水果、副食杂品以及烟酒食品等。

5. 邮购商店，主要是通过邮寄形式进行商品购销活动的商店，这种商店是根据顾客节省时间、快速得到需要商品的要求而产生的。其经营方式是通过邮局给客户寄送印刷精美的商品图册样本和订货单,在报刊上刊登附有订货单的广告,在广播电视等视听传播媒介宣传商品并公布商店地址、电话等方式将商品信息传递给顾客,顾客则通过信函、电话、电报或亲临商店订货,邮购商店按顾客订货的要求将商品打成包裹利用邮局邮寄到顾客手中。邮购交易方式改变了买卖双方的面对面成交方式,把交易场所从商店转移到广大的顾客家庭。

6. 租赁商店,指专门经营设备用品出租业务的流通企业。租赁业务在西方很发达,我国的租赁业务(特别是计算机租赁)近年来有一定的发展,但专门的租赁商店很少,一般是在商业、服务企业中兼做租赁业务,租赁商品的范围小至精密仪器,大至成套机械或大型设备。

7. 日夜商店,即昼夜营业的零售商店,一般设在交通要道、车站、码头等处,主要经营食品、副食品以及日常生活必需品等,有的还兼办如代办邮票、代办公用电话等社会服务工作。

(三) 代购、代销

代购和代销是商品流通中的一种代理经营方式,是流通企业经营商品的购销业务。代购是流通企业受生产或其他商业等单位的委托,为其代办或代理的购买商品的业务,流通企业向委托方收取一定的代办或代理手续费。代销是流通企业代其他单位(主要是生产企业)销售产品,并向它收取一定的代销手续费。

(四) 自销、展销及调拨

自销是企业将自己生产的商品通过各种方式向顾客销售的一种经营方式,由于现代流通企业并不排斥生产经营业务,而且以经营公共饮食业和居民服务业为主的流通企业也不可避免地要自己生产和销售一些商品,这就使自销成为流通领域中的一种企业经营方式。作为生产企业来讲,自销是将生产、流通与消费直接联系的方式,从理论上也应纳入流通领域的经营方式之中。展销是由流通企业组织生产和商业企业,以产品展销的方式向社会宣传它们的商品并向顾客推销商品的一种经营方式。流通企业作为组织者向参加展销的单位收取展销费用。调拨是指商品在企业之间依照分配计划进行调配、拨给的一种经营方式。在现代流通企业的经营过程中,商业总公司常采用这种经营方式同分公司和连锁店进行业务活动。

(五)服务企业的经营方式

服务企业既属于流通企业,又具有一定的生产性,它不生产物质形态的商品,而是运用智力、体力、知识和技能并以直接和具体的劳务活动来满足生产和居民生活消费的需要。服务企业的经营方式大致可以分为三类:

1. 咨询。咨询是企业利用自身智力优势,向社会提供经济、技术、管理决策、策划、解答、代理、信息等有偿服务的一种经营方式。咨询服务是企业应委托人的要求,对法律、科技、经济、医疗保健、智力开发、生活服务等问题,提供意见和办法的服务活动。

2. 生产性服务。生产性服务是企业运用自己的技术设备和设施、智力、知识和技能等方面的优势,将自己生产的劳务产品提供给生产者,以满足生产者经营的需要。如情报服务、计算机服务、通信服务等。

3. 生活性服务。又称之为居民服务。是指企业运用一定的场地设备设施等条件,运用自己的智力、体力、知识与技能生产出劳务产品,出售给居民以供其生活消费的经营方式。如旅馆、沐浴、照相、理发等等。

(六)其他类型流通企业的经营方式

租赁、修理、代理等经营方式很难被概括在商业和服务业之中,但它们却属于流通领域的经营活动,因此经营租赁、修理、代理业务的企业也应属于流通企业。

1. 租赁是指出租人将属于自己所有的财产交给承租人使用,承租人向出租人交付一定租金的行为。由于该行为使财产的使用权发生了暂时性的有偿转让,因此属于流通领域中的经营方式。当租赁期满后,承租人既可退回财物,亦可以双方均可接受的价格购为己有或继续交纳租金租用。

2. 代理是一种法律行为,即代理人根据被代理者的意见,以被代理人的名义,在授权范围内,被代理人直接产生权利义务后果的法律行为或其他有法律意义的行为。代理活动是有偿进行的,代理人进行代理活动所产生的权利与义务(劳动成果)、法律效果直接归属于被代理人。因此代理可以看作是准服务领域的经营方式。

3. 修理属于第三产业,理应是流通领域的经营方式,它是对生产和生活用品进行养护、拆洗、修理、更换等活动。由于修理并没有创造新的商品而只是将流通过的旧商品恢复其使用价值,所以可以把修理企业的产品当做劳务对待,亦属于准服务性的经营方式。

四、流通企业的职能

现代流通企业呈现出以一业为主、多角化经营的发展趋势。现代市场经济取代传统计划经济之后必然使流通企业的发展趋势发生历史性的变化。当市场发育成熟、生产社会化得到充分发展的阶段,流通领域与生产领域的距离过大和联系不紧密的缺陷不可避免地以经济危机的方式表现出来,尤其是当自由竞争发展到垄断阶段之后,市场的资源配置功能更受到了进一步的破坏。商品市场和金融市场必须同生产领域建立更紧密和直接的联系,才能推动社会化的进一步发展,所以当现代市场经济形成以及国家(制度)、市场和企业这三种资源配置方式共同发挥作用的条件下,流通企业的发展趋势便不再是远离生产领域,而是靠近生产领域,并重新与生产领域形成为一种产供销一体化新型社会化企业的趋势。

例如,中国五矿集团是我国的一家以国际贸易为主业,集流通、金融、科研、生产为一体的综合性、多功能、实业化和国际化现代流通企业。该集团目前拥有紧密层企业84家,半紧密层企业52家,松散型企业154家,在海外的30个国家中设全资、合资企业和代表处70家。五矿集团以自营、委托代理、来料加工、易货、补偿贸易、期货、招标、投标等多种方式,在内外贸易流通领域中从事广泛的经营;另外还深入到钢铁、五金制品、非金属矿产、建材、复合材料、电子、计算机、化工、汽车、轻工、森林、渔业等生产领域;并涉足金融、租赁、保险、房地产以及风险投资、工程设计、科研开发等更广泛的方面。由此可见,现代市场经济与现代化的社会经济生活所塑造的现代流通企业已不再是拘泥于旧式社会分工和行业局限的流通企业,而是以流通领域为基点,全方位拓展和多角化经营的现代公司,是充满现代化活力与特征的社会经济组织。

第四节　金　融　企　业

金融企业是指专门经营货币和信用业务的企业,它所经营的各种金融业务范围包括:吸收存款,发放贷款,发行有价证券,从事保险、投资、信托业务,发行信用流通工具,办理货币支付、转账结算、国内外汇兑,经营黄金、白银、外汇交易,提供咨询服务及其他金融服务等。

一、金融企业的分类

金融企业的类型很多,其中最主要的是银行。在历史上,商业银行的建立先于其他各种金融机构。但是,随着金融市场的扩大和复杂化,随着信用关系扩及到企业活动的新领域,以及广大居民被吸引到金融活动的范围之内,在金融体系中不断涌现出一些新的金融机构。非银行金融机构种类很多,一般主要有:

1. 信用合作社,一种由个人集资联合组成,以互助为主要宗旨的合作金融组织。

2. 信托公司(或称信托投资公司),一种以代人理财为主要经营内容,以受托人身份经营信用委托业务的金融企业,有的则兼营投资。

3. 证券公司,一种专门从事各种有价证券经营及相关业务的金融企业。

4. 保险公司,一种经营保险业务的金融机构。

5. 财务公司(或称商人银行),即在规定范围内接受部分银行业务的金融机构。

6. 金融投资公司,这是一种经营投资和长期信贷业务的信用机构。

7. 租赁公司,一种以实物方式进行融资的金融企业。

这些金融机构虽然与商业银行均可以以"金融企业"的定义概括,但其区别也是十分明显的:

(1) 非银行金融机构的业务一般趋于单一化,大多专门从事一个领域的业务,业务范围要远远地小于商业银行。

(2) 非银行金融机构,不能接受支票存款,不能办理转账结算,因此没有创造和消灭货币的功能,也没有信用创造的功能。这一点是非银行金融机构与商业银行最显著、最重要的区别,也正是因为这种区别,国家对商业银行的管理要比对非银行金融机构的管理严得多。

二、金融企业的特点

专业银行是专门从事某一方面信用业务的银行,其主要业务多为重点扶持某一个行业或部门加快发展,如进出口银行主要是为了扶植对外贸易的发展,农业银行是为了加强对农业的开发等等。专业银行多为政府出资兴办,或为国家收购,所以都以政府的经济政策为依据,是国家和政府管理和发展经济的重要工具,因此一般不以盈利为主要目标。而商业银行是"百货公司式的银行",其业务种类繁多,完全以盈利为目的。

1. 商业银行经营的对象和内容特殊。商业银行经营的是具有社会的一般等价物职能和作用的货币,它不是一般的工商企业所提供的看得见摸得着的具有直接使用价值的商品。商业银行经营的内容是包括货币的收付、借贷及各种与货币运动有关的或者与之相联系的金融服务,虽然它提供的也是一种服务,但与一般的服务业中的服务又有本质上的区别,即所有的服务都与货币直接相关。

2. 商业银行对整个社会经济的影响和受整个社会经济的影响特殊。因为商业银行经营的是作为一般等价物的货币,它不像一般的商品和劳务经过消费就不复存在,退出流通领域,而是一方面中央银行可以以适当的方式从金融市场或商业银行手中收回这些货币,另一方面,在中央银行不收回之前,一般情况下会处于不断的流通中。因此商业银行对整个社会经济的影响要远远大于任何一个企业。也正因为如此,商业银行受整个社会经济的影响也较任何一个具体企业更为明显、更为灵敏。

3. 商业银行的责任特殊。一般的工商企业只以盈利为唯一目标,只对股东负责,只对使用自己产品的客户的安全负责,其责任很明确。但商业银行不同,虽然它也以盈利为唯一目标,但除对股东和客户负责以外,还必须对整个社会负责。

4. 国家对商业银行的管理特殊。正是鉴于商业银行对整个国民经济的影响的特殊性,国家对商业银行的管理要比对一般的工商企业要严格得多。除了对商业银行像一般工商企业一样要求依法经营,照章纳税以外,还要通过中央银行对其日常经营活动进行紧密的监督和调节。

三、金融企业的经营要求

现代市场经济对银行提出了更高的要求,具体概括为以下两方面:

1. 要求银行自我发展,充分发挥其固有的职能,服务于整个市场经济。银行自我发展,就是银行要自主经营、自负盈亏、自担风险、自求平衡、自我约束,从而达到自身的不断发展壮大。银行服务于整个市场经济,一方面为各类经济主体提供尽可能的多种类、高质量、低价格、高效率服务,促进资金的流动,加速资金的周转,提高资金的效益。

2. 为保持经济宏观上的稳定和协调发展做出贡献。市场经济对银行的这两重要求是相辅相成、互为前提的,银行自我发展是银行服务于市场经济的条件和基础,而服务于市场经济则是其自我发展的前提。专业银行是我国金融体系的主体,主要包括中国工商银行、中国农业银行、中国银行和中国建设银行。目前我国的商业银行无论是在资金实力上还是在人员、机构上,都无法与庞大的国家专业银行相抗衡,更无法取代国家专业银行在我国金融体系中的主体地位。按计划模式组建的国家专业银行,游离于市场之外,没有明确的产权关系,既缺乏以盈利为目的、追求自身收益最大化的企业经营动机,又缺乏自主性、自立性、开放性、平等性、竞争性等企业基本属性,因此在现行体制下的国家专业银行不是真正的企业,不能成为自主经营、自负盈亏、自我发展、自我约束的法人实体和市场竞争的主体。

我国专业银行的改革方向是实行专业银行的商业化,将专业银行彻底改造成规范的商业银行,构建一个以商业银行为主体的金融体系。根据世界金融业发展的一般规律,以及西方发达国家成功的经验,当今各国一般都是以商业银行作为金融体系的重要环节和骨干力量运行的。尽管目前西方各国的金融企业正朝着自由化、多元化、证券化、电子化、国际化方向发展,商业银行与其他银行和非银行金融机构之间的差别正在逐步缩小,各种金融机构的地位虽然有所变化,但是,商业银行在金融体系中的主体地位始终没有发生什么根本性的动摇。

我国要建立社会主义市场经济的新体制,使银行走向市场,成为真正的银行,既能自我发展,又能有效地服务于市场经济,就同样必须建立以商业银行为主体的金融体系。这是社会主义市场经济对金融体系改革的必然选择,是市场经济规律的客观要求。又因为我国现行专业银行的庞大规模使其在我国金融体系中占有着无法动摇的主体地位,因而不能靠大力发展现行商业银行或另行建立更多更大的商业银行,以替代现行专业银行的主体地位。所以,要建立以商业银行为主体的金融体系,必须实行专业银行的商业化,将现行专业银行改造成为规范的商业银行。

四、金融企业的职能

随着市场经济的不断发展,经济货币化的程度不断加深,货币作为"第一推动力"和"持续推动力"的渗透作用也越来越强,以货币为经营对象的金融企业已不再是"会计"和"出纳",其作用已大大加强,成了国民经济的"神经中枢"和"万能的调节者"。

1. 充当信用中介,这是商业银行最重要的职能。把社会各方面的闲置货币资金汇集起来用于对各类企业的贷款,把各阶层居民的货币收入和货币储蓄集中起来提供给企业使用。这些零星的小额的货币资金,如果不是借助于金融企业的活动是难以转变为企业经营资金的。金融企业的信用中介职能,可以消除资金供应者与资金需求者双方互不了解,在地区上的隔离,在资金供求数量和贷放期限上的不一致等障碍,促进信用的发展。

2. 商业银行除了作为信用中介,融通货币资本以外,还执行着支付中介的职能——通过存款这账户上的转移,代理客户支付。在存款的基础上,为客户兑付现款等,从而成为工商企业、团体和个人的货币保管者、出纳者和支付代理人。以商业银行为中心,形成了经济过程中无始无终的支付链条和债权、债务关系。

3. 商业银行在信用中介职能和支付中介职能的基础上,产生了信用创造职能。商业银行是能吸收各种存款的银行,利用其所吸收的存款发放贷款,在支票流通和转账结算的基础上,贷款又转化为存款,在这种存款不提取现金或者不完全提取现金的情况下,就增加了商业银行的资金来源,最后在整个银行体系,通过货币乘数的作用,形成数倍于原始存款的派生存款。从信用中介职能来看,商业银行与专业银行及非银行金融机构并无本质上的区别,其实质都是金融中介,都是将社会闲置资金和储蓄引导到生产投资用途上来。但从信用创造的职能来看,其区别是显而易见的。长期以来,商业银行可以通过自己的信贷活动,创造和收缩活期存款,而活期存款是构成货币供应量的主要部分,因此,商业银行就可以把自己的负债作为货币来流通,具备了信用创造的功能。一般认为,能否创造货币是商业银行与非银行金融机构的本质区别。

4. 现代化的社会生活,从多方面给商业银行提出了金融服务的要求。随着经济的发展,工商企业的业务经营环境日益复杂化,银行间的业务竞争也日益加剧。银行由于联系面广,信息比较灵通,特别是计算机在银行业务中的广泛应用,使其具备了为客户提供信息服务的条件。咨询服务、对企业"决策支持"等服务应运而生。工商企业生产和流通专业化的发展,又要求把许多原来属于企业本身的货币业务转交给银行代为办理,如发放工资,代理支付其他费用等;个人消费也由原来的单纯钱物交换,发展为转账结算。在强烈的业务竞争压力下,各商业银行也不断地开拓业务领域,借以建立与客户的广泛联系。通过金融服务业务的发展,进一步促进资产负债业务的扩大,并把资产负债业务与金融服务结合起来,开拓新的业务领域,这已成为商业银行的重要职能。

商业银行与一般的工商企业有着特殊的关系。一般工商企业的经营是商业银行经营的基础,因为只有一般工商企业在经营过程中游离出来暂时闲置的资金时,商业银行才能增加存款的来源;只有一般的工商企业在经营过程中,顺利完成了周转,实现了货币的价值增值,商业银行才能收回贷款,才能得到附加的利息,也才有自己的利润。同时一般的工商企业也必须依靠商业银行,办理存款,以使自己暂时闲置的资金增值;办理贷款,以获得需要的扩大再生产或维持简单再生产的追加资本;办理结算,以便利采购和销售等等。

第五节 交通运输企业

交通运输企业是指利用运输工具专门从事运输生产或直接为运输生产服务的企业,以各种运输工具如汽车、火车、轮船、飞机、管道等实现货物或旅客位置的移动。运输是联系生产与消费、城市与乡村的纽带,是实现社会再生产和改善人民生活的必要条件。

一、交通运输企业的分类

交通运输企业按运输方式可分为:

1. 铁路运输,指以机车或装有动力设备的车辆为牵引动力,以客车或货车为运载工具,沿着轨道运送货物或旅客的一种运输方式。它是一种全天候的陆地运输方式,具有运输能力大、速度快、通用性强、受气候条件影响小、成本较低、能耗较省、环境污染小等优点。在我国,铁路是运输系统的骨干,对国民经济的发展、国土和资源的开发利用以及对国防的巩固具有重大的意义。铁路运输的缺点是投资大、建设周期长、钢材耗用量大,若运量过小则运输成本增高。与其他运输方式相比,机动灵活性不如汽车,运输速度不如飞机,经济性和节能不如水运。

2. 公路运输,指用汽车在公路上运送旅客和货物的一种运输方式,一般由国家、集体或私人经营。公路运输具有投资少、见效快、机动灵活、使用方便、运送速度快等优点,能深入到工矿企业,可实现门到门的直达运输。

3. 水路运输,指在海洋、江河、湖泊等水域,以船舶、排筏等作为交通工具来运送旅客或货物的一种运输方式,可细分为远洋运输企业、沿海运输企业和内河运输企业。它具有运载能力大、劳动生产率高、运输成本低,能耗少、投资省、不占地等特点。但是,水路运输速度慢、环节多、受自然条件影响较大、机动灵活性也较差。

4. 航空运输,指使用飞机运送旅客、货物的一种运输方式。它具有快速和机动的特点,不受地理条件的限制,对远距离的国际旅客运输可进行直达运送,不需换乘。所以旅客运输在航空运输中占主导地位。但由于载重量小、能耗大、成本较高,所以货物运输所占比重较小。按经营形式分班期运输、包机运输和专机运输三种。航空运输噪声大,机场必须远离市区,因而其效率和经济性往往因市内接送所需的运输而下降。

5. 管道运输,指以管道输送流体的一种货物运输方式。1950年代以来,随着工业的大发展,特别是石油工业的迅速发展,促进了管道建设和管道运输的发展。按所输送的物品不同,可分为原油管道、成品油管道、天然气管道和固体料浆管道。管道运输的优点是:

(1) 具有运量大、能耗少、成本低、沿途无噪声、漏失污染少、受气候条件影响较小、可连续输送。

(2) 密封性能好,既可减少挥发损耗,又较其他运输方式安全。

(3) 便于管理,易于远程监控。

(4) 维修量少、劳动生产率高,最适合定点、量大单向的流体货物运输。

其缺点是没有其他运输方式灵活,乘运的货物比较单一,货源减少时不能改变路线。

二、交通运输企业的特点

交通运输企业有其自身的营运特点,表现在:

1. 交通运输企业的生产经营成果表现为一种效用,即运输对象的空间位移。其产品是无形的,表现为一种价值增值或延伸,不改变运输对象的原有特性和使用价值。

2. 交通运输企业资产构成的特殊性。交通运输业在资产的构成中,固定资产所占比重很大,交通运输工具又在固定资产中占很大比重,约占80％左右。

3. 运输生产是一个生产与销售同过程进行的活动,它靠提供劳务来满足社会需要,企业的站、队设置,营运路线的开辟,班期安排,运力增减以及其他生产活动,都要从适应货物和旅客的流量、流网和流时以及如何方便货主、旅客的需要出发。运输企业不生产有形产品,不能储存,不能转让,生产的过程同时就是消费的过程。要提高效益就要充分消费,提高满座率和载运率,避免回程空载。

4. 运输企业是一个特殊的物质生产部门,它的发展速度和规模,包括运力的多少、装备的水平、运量的构成、站点的设置等,都取决于经济生产的发展速度、人民生活的改善状况及其对运输的要求。因此,大型企业较多,投资大,建设周期长,并且较大的运输企业都是国有企业。同时,只有在资本积累到一定程度,信用制度比较发达的时候,才可能投资兴建像铁路、航空等类大型的运输企业。

5. 运输企业既不创造新的实物形态,又不创造新的使用价值,若在生产过程中不注意安全质量,就会破坏原有的实物形态,降低原来的使用价值,甚至会造成人身伤亡。运输安全是运输企业质量的内涵,确保旅客和货物的安全是运输质量的直接组成部分。

6. 运输企业人员分散,点多面广,除港口、车站装卸地固定外,作业区域范围较广,生产场地变动频繁,生产人员流动性大,作息时间长短不一,而且受气候等自然条件多方面的影响,这些特点要求在运输企业机构组织上有高度集中的统一领导,科学的规章制度,快速准确的信息以及机动灵活的调度指挥系统。

7. 资金运动的特殊性形成了一个特殊的资金占用形态即在

途资金,固定资产比重大,流动资金占用少。因此,企业除了要注意资金的合理使用外,特别要注意加速营收解缴,保证营业收入,这直接关系到企业经济效益。

三、交通运输企业的营运方式

交通运输的营运方式,可分为人员运输和货物运输,这里主要讨论货物运输。货物运输的营运方式有以下几种。

1. 整车运输,一次托运大批货物,又分长途、短途、计时包车及特种货物运输。

2. 零担运输,在承运、理货、仓储、运输和交付过程中比整车运输的工作量要大得多。由于其重量小、批量多、到站分散、种类繁多、性质复杂、包装不一,往往需要几批甚至几十批的货才能配成一车运送。

3. 成组运输,利用特制的容器或索具,将以往只适用于人力装卸的小型包装改为贮入一定的容器内的运输形式,如集装箱运输、容器运输、捆装运输等。成组运输的优点是:

(1) 由于容器具有较强的保护作用,能保证货物不受碰损,大大减少货损货差,提高货物运送质量。

(2) 由于容器采用机械装卸,可以大大缩短装卸时间,提高车辆的时间利用。

(3) 由于容器可以多次重复使用,能节约小件包装的材料费用,降低生产成本。

从长期趋向看,成组运输势在必行,企业要积极创造条件,为普遍开展成组运输打下基础。集装箱运输,是指将货物装入规格化、标准化的箱子内,采用现代化运输手段进行的运输。集装箱是一种运输设备,具有足够的强度,可长期反复使用;适用于一种或多种运输方式运送,途中转运时箱内货物不需换装;具有快速装卸和搬运装置,便于从一种运输方式转移到另一种运输方式。

目前世界集装箱发展趋势是大型化、标准化、轻量化,我国的集装箱运输始于1955年,最近几年发展较快,使用的集装箱主要有总重1吨、2吨、5吨、20吨、30吨五种,采用集装箱运输,可以缩短装卸时间,加速货物和车、船的周转,简化或节约货物包装,减少货损货差,便于实行门到门运输(即在发货人仓库或车间开始装箱装车,直接送到受货人仓库或车间卸车、卸箱),提高劳动生产率。

4. 联合运输,指货物只要经过始发站一次托运,即可经过公路、水路、铁路等两种以上交通运输工具的运送而到达目的地的运输方式。开展联合运输,可以联合各种运输工具,进行有节奏的协调运输,这是社会化大生产的客观需要。联合运输对于加快物资周转,方便货主,节约运力和能源,提高运输效率和社会经济效益,有十分重要的作用。因此,这是今后运输发展的一个重要方面。我国联合运输形式大致可分为两大类:一类是组织各种运输方式间的联运,如公路铁路联运、公路水路联运、铁路水路联运、水陆空联运、海江河联运等;另一类是运输协作,如组织产、供、销之间的运输大协作,组织铁路专用线共用,组织车、船对口配载等。联合运输在经营方式上,由于各运输企业之间的核算与托运物资单位之间的财务关系不同,有的是公路、铁路、水路、银行四家联合办公,采取一次托运、分票结算,起点站受托,中转站换装,到站交付,全程负责的公、铁、水路联运,也有的是以联合服务的形式,接货上门,送货到家,代储代运,代办中转的合同运输。

四、交通运输企业的职能

交通运输企业是一种特殊的物质生产部门,在国民经济中处于先行地位,与农业、制造企业生产建设相比,必须先行一步,超前安排,才能保证同国民经济的发展相适应。其功能有:它可以扩大原料供应范围和产品销售市场,使资源得到充分利用;加速商品周转,使产品及时迅速到达消费者手中;有利于调节物资分配和生产力的布局,可以减少库存物资和在途物资积压,减少流动资金占用量;方便群众生活,促进旅游业的发展等。

五、传统交通运输企业与现代交通运输企业的区别

现代交通运输企业是传统交通运输业转型的目标。与传统交通运输企业"功能单一、服务低质量、服务被动"的特点相比,现代交通运输优势显著。现代交通运输企业不是运输、保管等功能活动的简单相加,而是通过功能之间的彼此内在联系,为达到整体活动最优的目标基于功能有机整合而形成的一个系统;它实行现代化企业管理制度,通过运用先进的设施、利用计算机技术信息管理手段,为用户企业提供反应快速化、标准统一化、内容多元化的物流服务。

随着我国经济的快速发展,现代物流在我国受到了前所未有的关注:一方面,政府部门致力于物流发展环境的不断完善;另一方面,中国企业日益注重"第三利润源"的挖掘,对社会化物流的需求迅速增加。现代物流在面临巨大市场发展空间的同时,对传统交通运输业构成了严重的威胁。为更好地适应未来国民经济对交通运输的要求,传统交通运输企业必须尽快实现战略升级,向现代交通运输企业转型已成为其发展的必然趋势。

第六节 邮电通讯企业

邮电通讯企业指通过邮政和电信,传递信息、办理通信业务的企业。我国邮电通讯企业以国有化为基础,应用现代通信技术从事信息传递生产,在努力实现信息传递的社会效益的同时,能以自己的收入抵偿自身支出,并取得合理盈利的一个相对独立的生产经营组织。

一、邮电通讯企业的分类

按现行管理体制,各省(自治区、直辖市)的邮电管理局(或电信管理局、邮局)以及省属的市、县邮电分设局、合设局、微波总站、线路总站、邮车总站等都属于邮电企业。邮电通讯企业为社会提供具有不同信息传递方式和用途的业务类别。整个邮电通信,从大范围可划分成邮政、电信两大专业。

1. 邮政业务是一种利用运输工具实现原件转移的生产,因此它不仅可以传递信息原件,而且可以传递其他实物原件,包括:

(1) 函件,有信函、明信片、印刷品、盲人读物等;

(2) 包件,有包裹和快递小包;

(3) 邮政汇兑,分普通汇兑和电报汇兑两种;

(4) 报刊发行,包括报刊订阅和报刊零售。

2. 电信业务属于一种信息复制性生产,它是利用声光电变换传输原理将信息内容用复制方式实现传递,主要方式有:

(1) 长途电话,分国内和国际长途电话两种,按不同的服务对象和业务性质,国内长途电话又可分为代号、直拨、特种、首长、紧急调度等8类;

(2) 电报,分国内和国际电报两种,国内电报又分为防空、天气、特种等8类;

(3) 传真,分相片、真迹、文件、报纸传真4类;

(4) 市内电话,包括普通电话、电话副机及附件、同线电话等12种业务;

(5) 农村电话,包括普通电话、电话副机、同线电话等12种业务;

(6) 数据通信,用电信通信设备传输和处理数据信息的业务等。

二、邮电通讯企业的特征

邮电通讯生产,不同于一般企业生产的特殊点,主要表现在四个方面:

1. 劳动对象(信息)是由消费者提供,通信生产过程的作用只是为了改变其空间位置,而决不能改变其内容。

2. 邮电产品不具有"实物"形态,只表现为一种空间场所变更过程。

3. 多数信息的传递过程要由两个及两个以上企业共同参加才能实现。

4. 邮电产品的消费过程与生产过程是不可分割的,它的生产过程也就是用户的消费过程。

三、邮电通讯企业的营运

由于这四个方面特征的存在,对邮电通讯产品质量以及对生产组织管理上,都带来了一系列的特殊要求。

1. 邮电服务水平是衡量一个国家邮电通讯事业发达程度的重要指标,在邮电统计制度中具体规定,反映邮电服务水平的指标主要有:

(1) 邮电局、所点的分布密度;

(2) 平均每一营业点的业务种类、范围和营业时间长度;

(3) 邮路总长度,各类邮路(如火车、汽车、航空、船舶及其他)占邮路总长度之比;

(4) 邮件投递深度及投递频次;

(5) 各类业务的传递时限规定;

(6) 电路水平、通信设备装备水平及农村邮电水平;

(7) 按人口平均计算的邮电业务使用量及电话普及率。

2. 邮电通信质量。根据邮电通信生产的特点,用以反映通信产品效用的是信息在传递过程中所达到的迅速、准确和安全程度。标志邮电服务质量状况的是用户使用邮电的方便程度,围绕"迅速、准确、安全、方便"基本要求,结合通信生产能力及各类专业传递特点而制定的一整套通信质量标准和指标,是衡量、考核邮电通信质量的具体内容。

3. 邮电技术装备,包括:

(1) 邮运、邮政投递主要使用自行车、汽车、摩托车、铁路邮政车厢、船舶和飞机等交通运输工具;

（2）邮政内部处理采用手工处理、包裹分拣机、自动盖戳机、汇票稽核、报纸自动分发流水线等；

（3）邮政营业，装备有邮票和报纸自动出售机、包裹收寄机、取包机等；

（4）长途电话，一般企业以明线载波为传输设备；

（5）市内电话，大多已安装并使用程序控制电话自动交换机；

（6）电报，大城市装备有电子自动转报机和中文译码机；

（7）BP机和移动电话的出现，更方便了交换信息的需要。

随着社会生产力水平的不断提高，邮电企业也将实现现代化。现代化邮政要广泛实行机械化、自动化和电子化；现代化电信要建成以同轴电缆、微波、卫星和光缆等大容量通信干线为主，采用自动交换的通信网，从而传输各种现代电信业务。

4. 邮电社会经济效益。社会使用邮电通信而为社会带来的经济效益，因通信使用面广，故作用的表现也是多方面的。例如，通过信息的及时传递，能起到及时交流科学技术情报资料、降低经费开支的作用等等，从而为社会节约了时间，带来了经济效益。一般来说，通信所形成的社会效益远大于其自身效益，故发展和运用通信手段，日益为社会所重视。

第七节 建筑安装企业

建筑安装企业指从事建筑与土木工程、线路管道设备安装工程、装修工程等新建、改建或提供建筑劳务的企业。具体来说建筑安装企业所从事的主要活动有：铁路、公路、隧道、桥梁、堤坝、电站、码头、机场、体育场、房屋（厂房、剧院、旅馆、医院、商店、学校、住宅等）等土木工程的建筑，电力、通讯线路、石油、燃气、供水排水、供热等管道系统的各类机械设备的安置，对建筑物内外装修和装饰的设计、安装。建筑安装企业通常包括建筑公司、建筑安装公司、机械化施工公司、工程公司以及其他专业性建设公司等。

一、建筑安装企业的分类

1. 建筑安装企业按施工的对象,可分为:

(1) 一般性建筑公司,承担一般土建工程的施工;

(2) 专业性公司,承包专门的施工任务,如土石方公司、机械施工公司、工业设备安装公司、管道公司、基础公司等;

(3) 综合性建筑安装公司,能承担一般土建工程和某些专业性工程的施工任务。

2. 按企业经营方式,可划分为:

(1) 按承包方式施工的企业,与业主(建筑单位)签订的承包合同施工,通过上级分配任务或通过竞争性投标;

(2) 进行商品化建筑生产的企业,自筹资金,根据城市规划要求,按照小区统一设计,建筑小区建筑群,然后将其出售或出租,如目前有的地方创设的专营房地产的综合开发公司。

3. 按企业资质条件的不同,分为:施工总承包、专业承包和劳务分包三个序列。

企业资质是指企业的建设业绩、人员素质、管理水平、资金数量和技术装备等。

获得施工总承包资质的企业,可以对工程实行施工总承包或者对主体工程实行施工承包。承担施工总承包的企业可以对所承接的工程全部自行施工,也可以将非主体工程或者劳务作业分包给具有相应专业承包资质或者劳务分包资质的其他建筑业企业。

获得专业承包资质的企业,可以承接施工总承包企业分包的专业工程或者建设单位按照规定发包的专业工程。专业承包企业可以对所承接的工程全部自行施工,也可以将劳务作业分包给具有相应劳务分包资质的劳务分包企业。

获得劳务分包资质的企业,可以承接施工总承包企业或者专业承包企业分包的劳务作业。

施工总承包资质、专业承包资质、劳务分包资质序列按照工程性和技术特点分别划分为若干资质类别。各资质类别按照规定的条件划分为若干等级。建筑业企业资质等级标准由国务院建设行政主管部门会同国务院有关部门制定。

二、建筑安装企业的特点

同制造企业生产相比,建筑安装企业的产品,特别是建筑产品,有几个重要的特点:固定一地,不便移动;复杂多样,彼此各异;体形庞大,整体难分;经久耐用,使用期长。这些特点直接影响建筑安装企业的生产和管理,主要表现在:

1. 生产的流动性。表现在建筑安装企业的人员和机具,甚至整个企业机构,要随着施工对象坐落位置的变化而迁移流动,转移区域或地点;在一项工程的施工过程中,施工人员和机具要随施工部位的转移,不断地变换操作场所。

2. 生产的单件性。由于建筑物或构筑物的功能要求不同,所处的自然条件和社会经济条件各异,每个工程各有特殊的设计施工条件,工料供应、施工方法、工程进度和现场布置都要因时、因地制宜,分别对待,相应地编出各不相同的施工组织设计,并且单独编制工程预算,以确定造价并进行成本核算。

3. 建筑生产周期长,较大的工程工期常用年计算,施工储备期也长,施工中要长期占用大量的人力、物力和资金,因而加速工程进度和资金周转,提高效率、降低成本,成为管理的重要任务。

4. 露天和高空作业多,受自然条件的影响很大,质量和安全管理工作特别突出。

5. 建筑生产的均衡性差,机械化、自动化水平较低。这是由建筑产品本身的特点引起的。建筑生产需要多工种配合作业,工程量也不均衡,因此难以实现均衡生产。建筑安装的机械化、自动化发展缓慢,至今还保留着大量的手工作业,劳动强度大,劳动条件艰苦。

6. 建筑生产涉及面广,社会协作关系复杂。建筑生产需要同建设单位、勘察设计单位、专业化施工单位以及材料、运输、市政设施、公用事业、劳动、环保和银行等部门的单位的协作配合,具有广泛的社会综合性。因此建筑安装企业需要重视这种协作关系。

7. 建筑安装企业一般都是通过与建筑单位签订专门的建设合同,按照建设单位提供的设计图纸、施工说明和相应的概算或预算造价进行承包施工。

8. 基层组织人员变动大。由于产品多样、生产流动、任务不稳定、环境多变等原因,引起了直接管理生产经营活动的企业基层组织和人员随着工程对象的规模、地理分布等的不同而适时变化和调整的现象。在建设施工过程中,不同季节、不同工程,对于职工的需求量波动很大,工种的配合比例也会有比较大的差异。因此,建筑安装企业内部的组织结构比较适合采取项目管理制。

9. 在资金占用方面,由于建筑产品生产周期长,占用资金多,所支付的贷款利息也大,在计量和支付方面有特定的要求。

10. 在劳动用工方面,由于建筑施工生产的流动性很强、均衡性较差,建筑企业不宜保持庞大的固定工队伍,只宜拥有精干的经营管理人员、工程技术人员和适量的技术骨干,在工程需要时,再雇用合同工和临时工。

11. 建筑产品价值的确定有其特殊的计价方法,需要因工程而异地个别编制其预算文件,作为投标报价的基础或结算的依据。

三、建筑安装企业的职能

建筑安装企业的产品是各种工厂、矿井、港口、铁路、桥梁、管线、道路、住宅以及公用建筑等建筑物、构筑物和设施,形成各种生产性和非生产性的固定资产,是国民经济各部门和人民生活的重要物质基础。社会经济的发展和人民物质文化生活水平的提高,在很大程度上取决于建筑安装企业所提供的产品数量和质量。

第八节 房地产企业

房地产企业是指从事房地产综合开发、经营或中介服务等活动的国有企业、集体企业、个体企业以及其他经济组织。

一、房地产企业的分类

房地产企业根据其主要经营内容和经营方式,可划分为:房地产开发企业、房地产经租企业、物业管理企业以及房地产中介服务机构。

1. 房地产开发企业是按照城市规划,对土地、房屋进行综合开发的,依法自主经营、自负盈亏、自我发展、自我约束的经济实体;是独立享有民事权利和承担民事义务的企业法人。房地产开发企业又可以划分为:房地产开发专营企业(通称专营公司)、兼营房地产开发经营业务的企业以及从事单项房地产开发经营的企业。房地产开发企业的主要业务范围:

(1) 土地的开发与建设。房地产开发企业对有偿取得使用权的土地进行开发后,可采取有偿转让的方式转让给其他企业使用;也可以在开发好的土地上,自行组织兴建商品住宅和其他设施,然后出售;还可以进行土地租赁活动等。

(2) 房屋的开发与经营。房屋的开发是房地产开发企业的主要经营业务之一,企业在开发好的土地上继续兴建房屋,开发完成后有偿出售。按照房屋的用途划分,房屋可分为商品房、出租房、周转房、安置房、代建房等。

(3) 配套设施的开发建设。配套设施的开发建设是指根据城市建设总体规划开发建设的配套设施项目,包括:开发小区内营业性公共配套设施,如商店、银行、邮局等;开发小区内非营业性配套设施,如幼儿园、中小学、医院等;开发项目外为居民服务的给排水、供电、供气的增压增容、交通道路等;开发小区内公共配套设施,如居委会、自行车棚等。房地产开发企业在进行这一开发项目时,应按照城市建设总体规划,制定有关开发区的具体规划。

(4) 代建工程的开发。代建工程是指房地产开发企业接受当地人民政府或其他单位的委托,代为开发的工程。它包括房屋建设工程、道路敷设工程、供热供水管道工程及其他市政公用设施等。

2. 房地产经租企业是以出租房屋为其主要经营业务,依法自主经营、自负盈亏、自我发展、自我约束的经济实体;是独立享有民事权利和承担民事义务的企业法人。目前,有的房地产经租企业经审核批准后,也兼营房地产开发和房屋出售等项业务。

3. 物业管理企业也叫物业管理公司,其业务范围非常广泛,既包括房地产售后的维修保养,楼宇设施设备的维修与管理、住宅小区的清洁绿化与治安保卫,也包括搬家服务、房屋的装修装饰、商业服务以及电话服务等。

(1) 物业管理企业在物业管理中的权利主要有:①根据有关法律法规,结合实际情况,制定小区管理办法;②依照物业管理合同和管理办法对住宅小区实施管理;③依照物业管理合同和有关规定收取管理费用;④有权制止违反规章制度的行为;⑤有权要求业主委员会协助管理;⑥有权选聘专营公司(如清洁公司、保安公司等)承担专项管理业务;⑦可以实行多种经营,以其收益补充小区管理经费。

(2) 物业管理企业在物业管理中的义务主要有:①履行物业管理合同,依法经营;②接受业主委员会和全体业主的监督;③重大的管理措施应当提交业主委员会审议,并经业主委员会认可;④接受房地产行政主管部门、有关行政主管部门及住宅小区所在地人民政府的监督指导。

目前,我国的房地产物业管理尚处于幼稚阶段,物业管理企业亦为数不多,因此,在这方面还需借鉴和参考国外的成功经验。

4. 房地产中介服务企业也是房地产投资、开发与经营活动的重要参与者,主要包括三类:房地产咨询机构、房地产评估机构和房地产经纪机构。房地产咨询机构的主要职能是,通过收集、处理及传播房地产方面的信息,为政府制定房地产方面的法律和政策及编制城市规划,提供各种参考数据;同时,也为其他各类房地产企业的投资开发活动提供相应的指导或服务。房地产经纪机构所充当的是居间人的角色——为房地产交易提供洽谈协议、交流信息、展示行情等服务业务,其主要作用就是为房地产交易双方牵线搭桥,提供服务、促成交易。房地产价格评估机构是指从事房地产价格评估业务的组织。有关条文规定,国家实行房地产价格评估人员资格认证制度,也就是说,在房地产价格评估机构中承担具体评估工作的评估人员,必须获得国家的资格认证。在国外,房地产中介服务企业是房地产投资、开发与交易活动中必不可少的参与人;而在我国,这类企业只是这几年才破土而出,尚属新生事物,因而还需要通过制订有关的法律和法规来加以规范。

本章小结

本章主要从现代企业经营的内容、特点、方式的角度,逐一分析介绍了农业企业、制造企业、流通企业、金融企业、建筑安装企业、房地产企业、交通运输企业和邮电通讯企业等企业类型的概况。其中重点分析了制造企业、流通企业、金融企业以及交通运输企业,而对每一类企业的研究也各有所侧重。这些企业大致涵盖了我国市场经济中大大小小、林林总总的公司、工厂、商店等经济实体,通过本章的学习,对现代企业的构成、特点、作用有了初步的认识;在此基础上,企业管理的内容、方式和手段也因企业性质的不同而有不同重点和特点,这对于灵活运用本书以后章节的知识有着指导性的作用。

复习思考题

1. 制造企业是在手工作坊基础上发展起来的,其生产的范围随着生产力水平的提高而扩大,试分析影响制造企业构成的主要因素是什么?为什么?
2. 你认为现代流通企业发展的重点在何处?请分析原因。
3. 请问我国专业银行与商业银行有什么不同?其改革方向是什么?
4. 请问集装箱运输有何优点?并分析其在我国发展的前景。
5. 邮电通讯企业的现代化首先是邮电技术装备的现代化,具体表现在哪些方面?
6. 试分析我国的物业管理企业和房地产中介服务机构的发展前景?并思考如何使之规范化。

第四章 现代企业伦理

本 章 提 要

企业不仅要遵守法律,还要履行道德责任。现代企业伦理研究所涉及的各种道德现象,是现代社会伦理在现代企业管理活动中的反映。在现实的企业经营活动中,管理者应以企业伦理的人道原则、民主原则、公正原则和效率原则作为行为的指导,自觉形成正确的行为习惯和高尚的管理者品格。企业伦理同时还规范了企业员工各方面的行为,包括如何正确处理企业内部上下级之间的关系,平级之间的关系,企业中个人与企业之间的关系,以及企业与社区之间的关系。企业的几乎所有决策,不仅会给企业本身带来利益或者损失,而且还会对利益相关者产生正面或负面的影响,因此,都需要进行伦理评价。

第一节 企业道德责任

有人认为,企业的责任就是守法条件下的利润最大化,也有人认为,企业不仅应守法还要遵守一定的道德规范,即企业要履行道德责任。本节将从企业的影响力、市场机制的缺陷、法律的局限性、道德调节的独特作用四个方面来回答企业为什么要履行道德责任的问题。

一、企业的影响力

讲究企业伦理,是企业的责任。为什么企业有讲究伦理的责任呢？这是由其影响力决定的。凯思·戴维斯认为企业社会责任源于企业的社会权力，有权力就应承担相应的责任，他把此称为"责任的铁律"，"从长远看，谁不能以社会认为是负责的态度行使权力谁就将失去权力。"[①]那么，企业享有什么社会权力、能施加什么社会影响呢？

企业对人类、对社会能产生巨大的影响。我们可以把企业影响力划分成四个层次：宏观层次，即企业组织的总和；中观层次，即一个行业或为了达到某种效果而联合采取行动的一群企业；微观层次，即单个的企业；个人层次，即企业成员，尤其是企业经营者。

企业的影响力不仅仅是经济的，而且还涉及社会的、文化的、技术的、环境的、政治的方面。就宏观层次看，企业组织对人类的生活质量起着举足轻重的作用。人类的生存离不开衣、食、住、行四件事。正是因为有了现代企业，才使人类在衣、食、住、行方面有了质的飞跃。至于说娱乐（电影、电视、录像、VCD、DVD）、通讯（电话、传真、移动电话）更不必说。虽然现代人所享受的物质文明离不开科学技术进步，但科学只有通过企业的生产才能真正施惠于人类。一种发明，如果没有企业的大规模生产，充其量只能是少数达官贵人的宠物，而与老百姓无缘。企业是人们的主要工作场所，如果企业不景气，导致失业率上升，不仅会直接影响居民的生活水平，而且事关国家是否稳定。企业是一国环境质量的主要决定因素。保护、美化人类的生存空间，企业责无旁贷。

企业行为对于社会有两层次的影响，而在每一层次上，企业行为的影响都会引起社会的变化。在浅层次上，企业影响力不管是大还是小，都是可见的即期社会变化的直接原因。企业的扩展、吸收劳动力、聘用或者解聘某个人，以及引导市场、推出新产品、搬迁

---

① Keith Davis and William C. Frederick, *Business and Society: Management, Public Policy, Ethics*, 5th ed. (New York: McGraw-Hill, 1984), p. 34.

工厂等都会产生一定的社会变化。

在深层次上,企业是通过一个行业持续累积的增长来改变社会的。在这一层次上,企业影响力造成了许多间接的、不可见的、不可知的影响。在这一层次上,企业影响力的行使并不是有计划的,因而也是更不可控的和不可见的,但却是更为重要的。

在两种水平上,企业可行使六个方面的影响力。

1. 经济影响力是企业通过对资源特别是财产的控制,来影响事件、活动和人们的能力,是一种获得资源并把它们转化成产品和服务的能力。

2. 文化影响力是影响文化价值观、社会结构,比如家庭、风俗、生活方式以及个人习惯等的能力。比如,企业的广告,从浅层次上会为企业带来较好的产品形象。而在深层次上,广告不断积累的影响就通过有选择的鼓励和强化价值观改变了社会,例如,强调实用性而不是美观,提倡消费而不是储蓄,强调个性而不是盲从,或者强调个人的外表而不是内在的修养。

3. 对于个人的影响力是企业直接对于内部环境中的员工、经理以及股东的作用,也包括对于消费者和居民的作用。从表面上看,公司可能决定有关的个人在什么地方工作,以及影响人们的购买习惯。从深层次上看,工业化决定了人们的日常生活状况。

4. 技术影响力是在技术发展过程中,对技术的发展方向、发展速度、特征等的影响能力。1914 年,亨利·福特采用了装配生产线技术,从浅层次上看,这使得汽车运输技术进入大众消费市场。但是,在更深的层次上看,随着汽车在美国社会中占据稳固的地位,它导致了更为深远的、不可控的、始料未及的后果。比如,年轻人因此可以做远途旅行,远离家中父母的监视,从而改变了恋爱和婚姻发展的常规。

5. 环境影响力是一个公司的行为对自然的影响能力。从浅层次上,一家钢铁厂也许会污染大气;而在更深的层次上,从 17 世纪以来,为获得生产动力,燃烧了大量木材、煤炭以及石油,已经改变了地球大气的化学构成。

6. 政治影响力是影响政府决策的能力。从浅层次上,公司会施恩于候选人,并向立法者和管理当局游说。在更深的层次上,市场经济要求管理者拥有更多的财产使用的自由,而自由市场的扩大将有利于削弱政府的专制①。

前美国最高法院法官路易斯·布赖德斯(Louis Brandeis)早在1912年就指出:"在现代企业中,展示人类最精致、最多样的智力和道德品质的机会是如此之多,仅仅把赚钱视为目的是不合理的。既不能仅仅把权力或规模的增大视为值得仰慕的志向,也不能把企业经营视为游戏,因为企业行为与人类的幸福与痛苦密不可分。"②

既然企业拥有如此巨大的影响力,它们理当对社会负责,为创造更美好的社会尽责尽力。

二、市场机制的缺陷

亚当·斯密(Adam Smith)在《国富论》中提出了"看不见的手"的原理。该原理宣称,当每个人在追求他自私自利的目标时,他好像被一只看不见的手引导着去实现公共的最好的福利。

亚当·斯密不是不考虑伦理问题,"公共的最好的福利"就是一个伦理目标。只不过,他认为实现这一伦理目标无需借助伦理的手段,有"看不见的手"——市场机制就足够了。因而,问题不在于要不要伦理目标,而在于市场机制是不是真的就足够了?

---

① 〔美〕乔治·斯蒂纳,约翰·斯蒂纳著,《企业、政府与社会》,张志强,王春香译,华夏出版社,2002年第57~58页。

② Thomas M. Mulligan, "The Moral Mission of Business." in Tom L. Beauchamp and Norman E. Bowie(ed.), *Ethical Theory and Business*, 4th ed. (Englewood Cliffs, NJ: Prentice-Hall, 1993), pp. 65-75.

现在看来,市场的缺陷是存在的,它不足以引导人们去实现公共的最好的福利。

(一) 不完全竞争

亚当·斯密本人也认识到,只有当"完全竞争"的平衡和抑制作用存在时,他所声称的市场机制的优点才能完全实现。

完全竞争有四个特征:

1. 价格既定。市场上有大量的买主和卖主,任意一个消费者或生产者的单独行动都不能对市场价格施加可以看得见的影响,而且无论是买者还是卖者都没有可能采取任何联合行动,是市场供求双方的总量决定了市场的价格。

2. 产品同质。所有生产者提供的都是同质的、无差异的产品,从而对消费者而言,根本不在乎是哪家生产的产品。

3. 要素自由地流动。投入要素在各行业之间、企业之间完全自由地流动,新企业进入市场,老企业退出市场,都不会遇到障碍。

4. 信息充分。所有的消费者和生产者都具有充分的市场信息和商品知识,都有条件作出合理的消费选择和生产决策,因而就不会有任何消费者会受欺骗而高于市场价格进行购买,也不会有任何生产者会低于市场价格进行销售。

上述四个条件在现实中几乎都不存在。受完全竞争驱动的经济导致投入和产出达到一种有效率的配置。一种有效率的经济处于其生产可能性边缘上。但是,一旦出现不完全竞争,社会就可能向其生产可能性边缘的内部移动。例如,垄断企业为了取得超额利润,竭力抬高价格和限制产量,就会出现上述情况。当卖主很少时,保证价格由成本决定的平衡和抑制作用就很不充分。诺贝尔经济学奖获得者保罗·A·萨缪尔森(Paul A. Samuelson)对此作了明确的回答:"按照经济学者对于这一名词(指完全竞争)的理解,竞争在目前肯定是不完全的。我们甚至不能肯定——随着生产和技术的基本性质驱使企业不断扩大——竞争是变得更完全了,还是更不完全了。"①

（二）存在外部效果

外部效果和不完全竞争被保罗·A·萨缪尔森看作是"两个最重要的市场失灵的情况"。他指出:"当经济活动溢出市场以外的时候,看不见的手还可能引导经济误入歧途。以空气污染为例,当一家工厂喷出的烟雾损害当地居民的健康和财产,而该企业又不为此支付任何费用的时候,就出现溢出或者外部效果的现象。"②外部效果包含积极的效果（如企业的科学研究、知识、技能培训间接地提高了科学技术水平和人员的素质,施惠于社会和他人）和消极的效果,这里说的是消极的外部效果。

消极的外部效果种类很多:工作条件差导致员工死亡、受伤或患病而过早地丧失工作能力。假冒伪劣或不安全的产品使顾客、用户花钱买损失、痛苦。空气污染使人体的肺部、视力、皮肤受损,农作物减产;污染不加治理,企业把成本转嫁给了邻居和社会。

（三）价格信号失真

自由市场模型认为,企业的职责是从要素市场购得资源（投入）,然后高效率地把它们转换成产出,并在产品市场出售。市场价格可以引导企业成功地履行这一职责。一个成功的企业是:从最愿意提供资源的人那里获得资源（这样可以最便宜地获得资源）,转换成人们最愿意消费的产品或服务（这样可以以最高的价格出售）。由此,在利润最大化的同时,个人偏好的满足也达到最大化。

由于工人、投资者、供应者、顾客已经把道德偏好连同其他偏

---

① 〔美〕保罗·A·萨缪尔森,威廉·D·诺德豪斯著,《经济学》高鸿业等译,12.中国发展出版社,1992年,第77页。

② 同上书,第77～78页。

好一道反映在市场价格里了,所以,企业在作决策时不必考虑伦理问题。企业的全部责任是忠实地响应由市场价格反映出来的个人偏好。

托马斯·M·莫里根认为,这种看法存在两个错误:

1. 自由市场模型把人的偏好视为"已知的",它通过价格表达出来,通过交换得到满足。这种对偏好的理解过于简单化。并非每个人都带着确定的、现成的偏好进入市场。顾客、工人、供应者、投资者对什么是好的工作、什么是好的产品、什么是好的生活可能并没有确定的、清楚的想法。对大多数人来说,市场可能只是检验其初始需要的试验场,他们指望企业能定义和创造需要。美国质量管理权威 W·爱德华·戴明(W. Edwards Deming)曾经说过:"新产品、新服务不是通过询问消费者,而是凭借生产者的知识、想象力、革新、冒险、不断尝试而获得的。"[1]企业有责任创造出比市场能事先提出的更具体、更明了、更真实的东西。也就是说,企业不能仅仅追随偏好,满足于把偏好转换成现实,还应该创造偏好,引导偏好。

2. 自由市场模型把市场价格不仅仅看作是衡量经济价值的可靠尺度,而且是衡量道德价值的可靠尺度。这种看法是错误的。即使我们假定价格有时的确能够反映个人的偏好,但它仍然无法说明什么是有道德价值的偏好。[2]事实上,不良的偏好会形成不良的市场,黄色书刊、录像、封建迷信物品、毒品、劣质品(如一些修理铺就愿意用劣质零配件,一则进价低,二则使用期短,很快又要修)并非没有需求,且利润丰厚,可是对社会有好处吗? 显然,市场价

---

[1] W. Edwards Deming, *Out of the Crisis* (Cambridge, MA: Massachusetts Institute of Technology, 1986), p. 182.

[2] Thomas M. Mulligan, "The Moral Mission of Business," in Tom L. Beauchamp and Norman E. Bowie(ed.), *Ethical Theory and Business*, 4th ed. (Englewood Cliffs, NJ: Prentice-Hall, 1993), pp. 65-75.

格反映的经济价值与使社会更美好的道德价值并没有必然的联系。因此,市场信息不能代替经营者的道德思考和努力。

曼纽·维拉斯奎认为,假设生产购买者需要的东西就是在生产社会所有成员需要的东西的假设是错误的。事实上,社会中很大一部分人(穷人及其他处于不利条件的人)的需要没有得到满足,因为他们不能充分地参与市场。[①]

就我国的情况看,直到1992年才正式提出进行社会主义市场经济建设。由于市场本身尚在发育之中,远没有成熟,法制又不够健全。市场经济的自主性、趋利性、竞争性、平等性在荡涤原有的、不适应时代需要的价值观,培育真正的企业,发展我国的经济、社会作出重大贡献的同时,也暴露出不少问题:自主性强化了"自我利益"和本位主义倾向,甚至出现利己主义和极端个人主义;趋利性诱发和助长了"一切向钱看"的拜金主义倾向,一些企业、经营者为了追逐利益,可以不择手段,甚至以身试法,铤而走险;竞争性使一些企业不是刻意提高自身的竞争能力,而是一心想着毁掉对手,于是,出现了倾销、窃取商业秘密、挖墙脚、诋毁对手的信誉等行为,甚至尔虞我诈、以邻为壑、恃强凌弱、欺行霸市;平等性中体现的等价交换原则被一些人无限扩大,使社会的各个领域出现某种程度的功利化、实惠化和金钱化现象,滋生权钱交易,出卖国格、人格等消极腐败行为。

指出这些问题只是想说明市场机制存在着潜在的缺陷,当市场机制本身不够成熟,法律、伦理又没有跟上的时候,这种缺陷会变得很严重。

三、法律的局限性

有人会说,我们承认市场机制有缺陷,所以才要求用法律来规

[①] Manuel Velasquez, *Business Ethics: Concepts and Cases* (New York: Prentice-Hall, 1982), p.18.

范,有了法律就够了。诚然,法律作为通过国家机器强制执行的社会的价值观和准则,是调节人类行为的强有力工具。而且,遵守法律达到了"最起码的行为规范"。尤其是,在有法不依、执法不严的状况还相当程度上存在时,能遵守法律已值得肯定。

然而,值得肯定不等于说遵守法律已无懈可击,不等于说法律可以等同于企业伦理规范,不等于说仅仅遵守法律的企业可以成为其他企业效仿的榜样。为什么这么说?是因为法律有局限,无法承担起规范人类行为的全部职责。其局限性主要表现在:

1. 法律所要规范的行为有限。法律是人们所必须共同遵守的最起码的行为规范,它只能对触犯了"最起码的行为规范"的行为予以追究,对一般不道德行为并不追究。

2. 法律只能惩恶,不能劝善。法律只规定什么是不应该的、禁止的,而没有指明什么是应该的、鼓励的。是不是说除了"不应该的"都是"应该的"、"鼓励的"呢?不是。我们可以把行为划分为三类:

(1) 不应该的、禁止的行为;

(2) 既不禁止、也不鼓励的行为;

(3) 应该的、鼓励的行为。

3. 立法滞后。法律反映的是昨天的道德准则,不一定符合今天和明天的社会期望。法律的起草是数年磨一剑,而社会是在不断发展变化的,因此,难免会出现法律滞后于现实的情形。常常是在某些不道德行为频繁出现,社会危害严重时才制定法律来加以约束。

4. 法律有漏洞。例如,原来的商标法仅仅规定申请在先原则,一些人利用这一漏洞,抢注商标。再例如,《中华人民共和国消费者权益保护法》没有对消费者作出明确界定,出现了知假买假索赔的行为在一些地方受到了法律的保护,在另一些地方则没有得到保护的现象。

5. 实施上有难度。由于多方面的原因,即使有了法律,在实施上也会遇到困难。法律、法规数目繁多、专业性强,普通人并不很清楚有关法律、法规,这就很难使他们拿起法律武器保护自己,打击违法行为。而完全靠执法机关,限于人力、财力、物力,不大可能对所有违法行为都予以追究。这就使得一些不道德经营企业有机可乘。有时,消费者买了假冒伪劣产品,明知根据《消费者权益保护法》可以加倍赔偿,可在获赔前得去检验、去交涉,如果买的不是大宗商品,会因为划不来而作罢。企业为了讨回欠款而诉诸法律,结果虽然打赢了官司,但打官司的花费却大于追回的货款的案例也并不少见。

四、道德调节的特点

道德调节具有以下特点:

1. 非强制性。伦理依靠社会舆论、传统习惯和内心信念而起作用,体现了自觉性和内在性。"社会舆论之所以对个人是一种强大的约束力,其原因是通过普遍存在于社会成员内心的一种特殊心理机制——荣辱心而起作用的。荣辱心根源于人的社会性,任何人都不能离开社会而生存,每个正常的人都需要人群,需要交往,需要他人的赞誉和尊重。因此,凡是有人群的地方,任何人都会有这种精神需要,都要程度不同地受社会舆论的支配和制约。除了荣辱心外,良心和义务则是使社会舆论这种外部控制力量实现其作用的个人自我控制的道德心理机制。"[①]

可是,企业组织并没有感情、良心,社会舆论怎样对其起作用呢?首先,企业组织没有感情、良心,企业成员有。在社会舆论谴责企业不道德行为时,企业成员在内心深处会产生羞愧、内疚与遗憾。其次,社会舆论会左右企业的声誉,而声誉与企业的生存发展息息相关。

---

① 魏英敏,《新伦理学教程》,北京大学出版社,1993年,第253页。

2. 普遍性。在伦理规范面前，除了不受一定的意识支配的行为者（如精神病患者和婴儿）外，没有不需要受其指导、调节和约束、游离于伦理规范之外的特殊公民。也没有某些行为需要受其规范、约束，某些行为可以不受其规范、约束。它面向整个社会的人，对任何人都一视同仁，作同等要求。

法律虽说也对所有人都一视同仁，可真正规范、约束的只是违法的那部分人。对违法者，法律有惩罚措施，而对不违法的人，法律没有任何表示。而道德除了对违法者（一般地说，违法者往往也是严重违背道德者，但也有例外，即违法是符合道德的）予以谴责外，对虽不违法但仍属不道德的行为也予以批评、谴责，而对道德的行为，尤其是高尚的行为则予以褒奖、鼓励。

3. 扬善性。道德既指出什么是恶的、不应该的，又指出什么是善的、应该的。《论语·为政》说："道之以政，齐之以刑，民免而无耻；道之以德，齐之以礼，有耻且格。"

企业伦理鼓励企业从为社会作出贡献，使社会更美好的角度寻求企业存在的意义，从而激发企业不断创新、进步。企业伦理鼓励员工勤奋工作，诚实守信，员工之间团结、友爱、互助。企业伦理鼓励企业与利益相关者互相尊重，互利互惠，公平，诚信。

4. 便易性。道德规范出于人们社会生活的日积月累、约定俗成，不必通过行政命令或法定程序来制定或修改。道德制裁也不要求官方批准。因为每个人都有道德意识，能够评价周围人的行为和他自己的行为。

伦理与法律在内容上相互渗透。伦理是不成文的法律，法律是最低程度的伦理。伦理规范往往是法律制定修改废止的依据。许多法律起初只是一种伦理规范，随着问题的严重性和公众呼声的提高，一些伦理规范上升到了法律，而另一些法律则因违反伦理规范而被修改甚至废止。

道德与法律在作用上相互补充。道德可以引导人们尊重和信守法律,而法律可以作为维护道德的威慑力量。道德可以用来防范尚未发生的违法行为,而法律可以用来制止已经发生的违法和严重不道德行为。

企业道德不是要替代法律和市场机制,道德、法律、市场机制是规范企业经营行为的三个必不可少的手段。

第二节 企业伦理概述

一、企业伦理的涵义和内容

企业经营与伦理的结合,是由道德因素在现代社会生活中越来越多地渗透到企业经营活动的各个领域,并且作用不断扩大这一事实来决定的。各类经营活动中能从道德上进行评价的现象领域扩大了,有道德依据的经营的作用和关系扩大了。人们现实道德觉悟的增强以及对精神满足的追求更为强烈。当今的许多经营问题,都从不同角度上反映着实际的道德关系问题,都同人们的良心、责任、义务、使命感和人生理想密切相关。

企业伦理是企业在经营活动中,处理与利益相关者关系的原则与规范。

企业伦理应包括以下主要内容:

1. 确立国家、企业和劳动者个人的相互关系。

2. 现代企业是独立、自主、自负盈亏的生产经营者,企业和企业管理者应承担和履行哪些社会义务和道德责任。

3. 在市场经济条件下,现代企业如何完善企业的道德权利和道德义务相统一的内在机制。

4. 在企业之间(包括同国外企业)的经济往来和相互协调中,怎样运用道德原则和法律手段,促使企业遵守经济合同,发展企业之间的横向经济联系,形成开放性的市场体系和四通八达的经济网络。

5. 现在,允许企业之间兼并,对那些长期亏损而又无法改变面貌的企业允许其破产,在这种竞争的经济环境中,如何体现人道精神和维护道德准则。

6. 在企业与消费者的关系上,如何正确认识和处理企业利益和消费者利益的矛盾;企业在实现企业生产的根本目的时(即不断满足人民群众日益增长的物质文化需要),怎样克服本位主义和职业利己主义,应该用哪些道德规范加以约束。

7. 在具有不同产权所有关系的现代企业中,怎样实行民主管理,保证劳动者的主人翁地位;评价企业家行为的道德标准是什么;如何培养企业家的道德责任感和独立自主的道德选择能力。

8. 企业文化的地位和发展的途径,职工道德素质的培养和提高,如何实现职工的个人价值和发挥他们的道德潜能。

9. 企业如何建立具有本企业特色的企业精神,企业家怎样发挥企业精神在生产经营活动中的核心作用等等。

企业伦理不是从一般意义上研究企业行为的道德准则,而是综合运用伦理原则,协调企业同国家,企业与企业之间,企业与劳动者个人之间的各种关系。

企业伦理与法律法规也有密切的关系。现代企业的各项经济活动中,必然要确立一些行为准则,以便正确处理各种关系。这些行为准则,有属于法律和法规范畴的,但更多是反映着企业的道德要求。由于商品经济是一种契约性经济,因而企业道德规范(比如,要遵守经济合同,就应当讲信誉、讲诚实),在内容上常常与法律有密切关系,并直接受法律规范约束。现实生活中,经济纠纷、经济诉讼逐渐增多,若仅仅用道德手段来约束和处理是很不够的,它需要不断增强和完善法律手段,充分发挥法律作用。

二、企业伦理与职业道德的异同

1. 企业伦理与职业道德的共性表现在:

(1) 它们的产生和发展取决于社会分工的出现和职业交往的

演进,是商品经济发展的产物。

(2) 它们的道德内容均取决于行业的特殊环境和活动形式。

(3) 它们都可以调节企业管理者、职工间的各种人际关系,都要提出一些具体的道德规范要求。

2. 企业伦理的个性特征主要表现在:

(1) 它既是统一的伦理学知识体系中的分支学科,又普遍适用于所有从事生产经营的社会经济组织和个人。

(2) 它既要研究企业道德的本质,又要研究企业经济活动中的道德意识、道德规范和道德实质,而不仅仅是一般的职业规范要求。

(3) 企业伦理的原则对于各类企业都具有普遍的指导意义,然而具体到某个企业,它又具备鲜明的个性特征,比如,不同的企业就有不同的企业精神,不同的企业家则就有不同的个性和道德风貌。

在伦理学中研究的一般职业道德,并不研究某一种具体的职业道德,它只研究职业道德的某些共同属性,概括地指出各种职业道德的共性,当然,也指出它们各自的个性和特点。然而,它绝对不去深入地研究某一个具体的职业道德,去探索它们的起源、发展和变化的规律,以及每一种职业道德的具体内容。深入而细致地研究每一种具体的职业道德是职业伦理学的任务。例如:具体地研究教师道德是教育伦理学的任务;具体地研究企业经营中的道德现象,提出企业道德的原则、规范,探讨企业道德建设的规律等问题,则是企业伦理学的主要任务。

三、企业伦理与管理的关系

(一) 管理是交融伦理的管理

管理是一种生产力,是通过合理的方法和手段,使系统内诸要素达到最佳状态,从而使系统发挥最大的功能。对于一个组织来说,管理的要素有管理者、被管理对象、管理手段。在管理对象中,虽然包括人、财、物、信息、技术的使用,但是一切管理手段,对任何财、物、信息、技术的使用,最终取决于现实的活动着的人,即该系统最大功能的取得根本地取决于人。正是从这个意义上来说,管理本质上是对人的管理。所以研究管理,就不得不研究人们之间的相互关系,不得不研究人们行为的机制,而伦理、道德正是其中的一个重要方面。

1. 管理原则总是与一定的社会伦理相一致的。近代以来,西方社会的管理活动得到迅速发展,企业管理理论、管理原则亦有长足进步。西方管理理论与原则对人的认识在短短的近百年内经历了"经济人"、"社会人"、"自我实现的人"、"复杂人"等过程,而这个过程正是与自西方文艺复兴以来,社会伦理对人的认识不断进步相吻合的,正是与西方人文主义所要求的实现人的自由、平等、博爱的伦理精神相一致的。几百年前盛行的童工制、血汗制管理方式,在今天已为社会伦理所不允许,并进一步上升为法律所明确禁止。任何一种管理制度、管理规则、规范,如果失去其现实的伦理基础,与现实的伦理规范相对立,那么这种管理制度总是不能长久的。即使是那些被普遍证明是先进的管理制度、管理规则和规范,在一个特定的时空范围内与社会伦理不一致,这些先进的管理制度、管理规则和规范也将是收效甚微的,除非它们或者改造现存的社会伦理,或者改造自身,或者两者兼而有之,达到管理规则、规范与社会规则、规范的交融与一致。

2. 企业管理活动中所倡导的道德品德,与一定的社会伦理所要求人们具有的道德品德是一致的。现代管理理论对管理者及企业普通员工的个人素质提出了许多要求,这些要求中有关个人道德品德的内容总是与社会伦理相一致的。现代企业管理对领导者的品德魅力与影响力的要求,正是管理与伦理交融的一个证明。

3. 企业管理者总是运用建立在激励基础上的道德调控手段调节人们的行为,达到一定的管理目的。如何通过合理的激励手段调动各部门、各阶层的员工充分发挥其工作的积极性和创造性已是现代企业管理者面临的一个最具有挑战性的问题。企业内道德规范作用于员工收益分配标准、晋升奖励标准和企业文化荣辱观的确立,并对企业内员工生产协作经营行为产生多方面的激励调节作用。善于运用伦理协调手段进行企业经营管理的企业往往其整体的经济效益和利润回报有长期稳定的发展。

企业管理是交融伦理的管理,就是说在企业管理中包含伦理因素,管理与伦理有着内在的一致性、相关性。但是,现在也有人提出管理的非伦理化。如果说人们要求管理的非伦理化,是力图防止以伦理的效用代替企业管理自身,那是可取的。因为伦理的效用仅在管理中起一部分作用,且伦理的效用必须与管理中的其他因素相配合方可奏效。但是,若提出这种观点,仅仅是为了否认、排斥伦理在企业管理活动中的作用,那是不科学的。事实上,确实有这么一种观念,认为伦理是务虚的,管理是务实的,两者风马牛不相及,他们认为如果硬要让伦理在企业管理中发挥作用,那么难免菩萨心肠,优柔寡断,与管理的系统目标相悖这种观点至少是一种误解。正如前面已指出的,管理与伦理具有与生俱来的联系。伦理的确有务虚的成分,但研究人们的品质与情操,端正人们的价值目标,恰恰又可以改变组织的结构、功能,务虚正是为了务实。何况伦理对人们相互关系的研究与改善。更是直接对组织结构与功能的优化。伦理自身就是一种管理。

(二)企业伦理的道德规范作用

善与恶,既是评价人们行为的一种表述,又是评价的尺度。企业伦理正是通过其对企业经营行为和管理者行为的善恶评价判断,起到对企业管理者的经营行为产生道德规范的作用。

1. 规范管理者的行为。道德作为一种社会意识,归根到底人们总是"自觉地或不自觉地从他们进行生产和交换的经济关系中,吸取自己的道德观念"(《马克思恩格斯选集》,第3卷,第133页)。

企业伦理的基本原则对管理者的日常管理行为和重大决策的价值取向都起到约束作用。即所谓"千夫所指,虽金石犹可销也"。同时,企业伦理的道德规范为各级管理人员确立了行为准则,告诫管理者应该做什么,不该做什么,对于企业管理者的自身品行的价值取向具有认识上的指示作用。在一个崇尚民主管理的企业管理伦理舆论指导下,专断独行的管理者就会感到自身的行为与他人的期望,与同行的评价格格不入,进而对自身的行为进行"反省"。此外,通过对一些管理者行为的褒贬,企业管理伦理的道德规范起到了向其他管理者示范的效应。

作为企业管理活动评价尺度的"善",应当是融组织目标、组织规范、社会规范为一体的评价坐标系。在社会主义现阶段,把有利于生产力发展,有利于组织进一步发展,有利于建设高度社会主义物质文明、精神文明,有利于建设高度社会主义民主,有利于改革开放,有利于民族进步、人民幸福,有利于综合国力的提高作为道德价值标准的基本原则,是符合历史发展要求,具有现实性的内容。

值得提出的是,企业伦理对管理者行为调控的现实性,一方面取决于人们是否愿意成为评价主体。即广大的企业成员,企业外的广大消费者,社会监督者是否愿意颂扬企业管理者的正确行为,指责其不良的行为,从而加强伦理的行为调节作用。在一个价值评判标准剧烈变化或者民主权利不受充分保护的环境里,广大公众不愿充当评价主体的现象是可能发生的。另一方面,企业伦理对管理者行为的调控的现实性有赖于被评价者自身的状况。若被评价者价值取向非常明确,意志力非常强时,企业伦理规范调节作用同样也可能是十分微弱的。

2. 评价管理者行为的标准。企业道德规范可以用以评价和衡量管理者行为的善恶。这种评价标准,可判断管理者是否称职,是否具有从事管理工作所应有的道德品质。

企业道德规范的这种功能,主要是通过管理者的内心信念和社会舆论而得以实现的。当管理者真正信奉企业道德规范时,他才能自觉地按照企业道德规范来选择自己的行为,也才能自觉而公正地以此为标准来评价自己的这种行为。

当管理者无视自己的职业道德规范,不遵守企业道德规范,违法乱纪,胡作非为,社会舆论就会出来干涉,以企业道德规范为标准,对他的错误行为进行批评、谴责,直到他改正自己的错误或受到一定的组织处理为止。当然,社会舆论的作用并不仅仅是批评性的,它还具有表扬性的一面,即赞扬、宣传管理者的正确行为,以鼓励、支持管理者继续自己的这种正确行为。

3. 培养管理者具备一定的职业道德品质和良好的行为习惯。任何企业单位,都要树立艰苦奋斗,肃贪倡廉的风气。随着改革的深入和社会主义市场经济的发展,企业的权力相对扩大,管理者手中掌管着人、财、物和产、供、销的权力,防止腐败现象和违法乱纪问题显得更重要了。因此,要加强企业道德的教育,使各级企业管理人员都要懂得企业道德的要求,认识企业伦理在管理过程中的重要性,陶冶管理者的情感,使他们对管理过程中的高尚行为产生喜爱、欣赏的情绪,对管理中的不良行为产生厌恶和鄙弃的情绪,并进行批评和抵制,以锻炼管理者的道德意志。

管理者的道德意志,是以管理者个人对企业道德原则和规范的认识程度为基础的,是促进管理者产生道德行为的"杠杆",只有经过这个环节,才能使管理者形成坚定的道德信念,对企业道德规范在管理过程中的作用和意义深信不疑,对它具有坚定不移的信仰。正是这种坚定不移的道德信念,促使管理者在管理过程中能够依据企业道德规范,正确地选择自己的行为,避免错误的行为。管理者的正确行为几经反复,就会固定下来,形成管理者持久的职业道德品质,并进而形成更为高级的管理者的职业道德习惯。

管理者一旦形成稳固的职业道德习惯和职业道德品质,他对管理过程中的人际道德关系的认识就会深刻得多,全面得多,他对自己行为的选择,就有了很大的自由,就能正确处理管理中的人际道德关系,正确处理个人和企业的关系,高度重视道德因素在管理中的作用,就能对企业进行有效的管理,使各项工作能够有条不紊地进行,从而达到提高生产率的目的。

第三节 企业伦理准则

企业伦理准则,是贯彻企业全部经营活动中的基本准则,它不仅应当成为组织活动的基本伦理准则,而且应当成为衡量组织成员道德行为与品质的基本道德标准。企业伦理的基本准则是人道原则、民主原则、公正原则、效率原则。

一、人道原则

(一) 提出人道原则的主要依据

1. 管理本质上是对人的管理。人不是机器,人具有意志、情感、理性。人们相互间尽管有着千姿百态的差别,但作为人而言,相互间是平等的。管理活动中这种人格的平等决定了人道原则的地位。

2. 一切管理的根本目的,都是为了人类自身的利益,而非人的异化。管理的这一最终目的注定了如果管理不是为了人们异己的东西的话,它贯彻的必然是人道的原则。管理者与被管理者通过自身的活动,相互协调,最终为了改善自身的生活环境与生活方式。

3. 一切组织的活力源泉是现实活动的人,只有充分调动人的积极性,才能达到组织的最佳状态,物质利益刺激固然有一定的作用,但这种作用毕竟是有限的。调动人的积极性,最根本的莫过于组织成员间的相互平等、关心、爱护、尊重,使全体组织成员成为组织的真正主人。这正是人道原则的基本内容。

人道原则是当代管理的必然趋势。就西方国家所经历的管理演变过程来看,管理活动经历了非人道向人道转化的过程。早在近百年前,一批管理学家已将视野转向人,研究调动被管理者内在积极性的方法。"参与制"、"感情投资"、"民主管理"等已成为一些卓有成效的大企业取得成功的公开秘密。当代大凡有思想有远见的管理者,总是将管理者与被管理者的尖锐对立视为大忌,总是重视职工的多方面的现实利益。人道原则的长期缺乏,是我国管理落后的基本原因之一。要使我们的管理现代化,政治民主化,没有人道精神是不可想象的。人道原则的提出,至少可以给我们对经营活动中的伦理关系的处理提出一个可行的出发点。

(二) 人道原则的基本内涵

企业伦理人道原则的基本内涵,包括以下几个相互关联方面的规定。

1. 肯定人的价值和尊严,将实现人的价值视为一切经营活动的最高目的。人道原则认为,人是宇宙间的最高价值,人是世界的主体或者说人具有主体性,世间的一切活动都是为了人的利益。人类具有自身共同的价值尺度:人的解放。人们的一切经营实践,无论是调整人与自然界的关系还是调整人与人的关系,都是为了人自身的生存和发展,为了人类的利益。人道原则据此还进一步认为,衡量一个社会、制度、管理、文化的优劣、进步与否的根本尺度是对人类及其利益的肯定程度。在现代企业中,关于企业利润至上与顾客利益至上的矛盾的处理,就反映出各个企业对人道原则的不同认识。随着人类文明历史的推进,当代企业管理者日益认识到关注整个社会和人类利益的重要性。"绿色营销"、"环保先行"、"教育捐助"、"爱心工程"等企业经营活动概念的产生就反映出现代企业对于人的价值的肯定。

2. 肯定人们相互间的人格平等,将管理视为是全体组织成员的共同的事。人道原则认为,虽然人们有着先天和后天的差别,但每个人都具有人格上的平等。这种平等、自由,决定了管理是一个开放的系统,它不仅仅是少数管理者的事,也是广大被管理者的事。一切组织成员都是管理的主人,人人都有参与管理的权利。

3. 肯定人的现实幸福的合理性,强调一切经营活动必须为广大群众谋福利。人道原则对人的现实幸福的肯定,既包括对现实的感性欲望的肯定,也包括对理性生活的肯定;既包括对整体幸福的肯定,也包括对个人幸福的肯定。人道原则要求全面满足人的多层次的生活需求,使人的生活丰富多彩,充实高尚。管理者必须要采取一切可能的办法,关心劳动者的生活、学习、工作、劳动,并改善他们各方面的条件,特别是对在艰苦环境下或有害健康条件下工作的劳动者,更要从各方面关心和保护他们的健康。一切对于劳动者的痛苦漠不关心、麻木不仁的行为都是缺乏最起码的人道主义精神的表现。这种情况,在一部分管理者身上还时有所见。现代企业中的员工休假制度、弹性工作制度等,均是运用人道原则于人力资源管理的新尝试。

4. 实行人道主义原则要求在尊重人,关心人的同时,严格企业的组织纪律,同违反企业规章制度和组织纪律的现象作斗争。讲人道主义决不是搞一团和气,你好、我好、大家都好,不讲原则、不讲纪律、不讲集中。对企业中各种违纪现象的批评和斗争,是为了更好地实现尊重人和关心人的工作环境。如果放任自流,尊重人和关心人的风气就难以形成。为此,要建立和健全企业的各项规章制度,有效地遏制一切不良倾向。

二、民主原则

(一) 提出民主原则的主要依据

1. 民主原则是人道原则的必然要求。人们相互间都有平等地参加社会组织生活的权利,这就是民主。民主能保证企业的一切经营管理活动的最终目的是企业内外的人的利益,企业和整个社会的未来不是由人类的异己存在物决定的。在民主原则下,企业内的员工有权利对某些既有管理方式、管理规则提出异议,甚至可以要求改变企业管理中与多数员工发展相矛盾的组织结构环节。比如:要求组织结构设计有更多的分权倾向,设立股东、员工监督委员会等。民主原则下的企业管理,不是那种超越任何监督,不受任何约束的至高无上的权力机构的发号施令。相互监督,彼此制约,正是民主原则在管理中的突出体现。在民主原则下,同样可以存在人们相互间利益的差别、甚至矛盾和冲突,这种差别、矛盾、冲突依靠协商、讨论的方式解决,这种方式正是人们平等地进行自我管理的最好的人道原则的实践。人道原则必然要求民主原则,民主原则是人道原则的具体化。

2. 民主原则是企业组织结构具有灵活性、应变性、创新性的前提。民主原则所要求与实现的,是通过相互监督制衡,达到最佳人员在最佳时期的最佳表现。在瞬息万变的市场竞争的条件下,企业的成功离不开每个员工积极收集市场信息,根据管理权限,对各种变化作出相应的反应,以保持企业长久不衰的更新、适应能力。这就要求,企业的组织结构设计与管理者管理风格上,给予员工一定的自主决定权力。民主原则体现了每个现实活动着的人都是生产经营活动的主人、主体,这就从根本上保证了企业成员的积极性、创造性与智慧的充分发挥。现实生活已表明,经济刺激虽可暂时地获得人们的某种积极性、创造性与智慧,但这种刺激的作用是相当有限的。只有主人翁的生活感受及其态度,才是挖掘永恒的创造力的源泉。

3. 民主是社会进步、科技发展对企业管理提出的必然要求。就管理心理的角度而言,人们的需要是复杂的、多层次的、递进的,在人们基本满足了温饱之后,会逐步要求达到人的全面发展。相互间的平等、主人翁地位等正是这种深层次的追求。

(二)民主原则的主要内容

民主,依对其不同的观察面,可以有不同的内涵揭示,就企业伦理角度而言,民主原则的主要内涵如下:

1. 人格平等,发挥员工的主体作用。对人的尊重和关心,表现在充分发挥劳动者的主人翁作用,也就是在管理过程中,要充分发挥他们的主观能动性、发挥他们的聪明才智,让他们人尽其才,才尽其用。换句话说,管理的任务在于创造一个良好的环境,使劳动者得以发挥自己的潜能,展示自己的才能,使劳动者感受到,自己不只是被动的管理的客体,而是充满活力的主体的人。

2. 权力的相互监督与制约。任何权力都是权利与责任的统一,任何权力都应当受到监督与制约。不受监督与制约的权力是腐败的温床。在一切可能之处,尽可能让员工直接参与决策,直接参加管理。

3. 行为的程序化与公开化。按既定的为大多数组织成员所认可的程序从事管理活动,这自身就是对特权与滥用权力的限制。

4. 管理者应当平易近人,从谏如流,磊落宽容,包容兼蓄。独断专横,盛气凌人为民主原则所不容。

(三)民主式管理与强制式管理

在任何情况下,如果民主式管理和良好的工作表现同时存在的话,那通常是因为管理者信赖属下的能力,并因而容许其有某种程度的决定权。近年来,西方管理者认为,强制性管理并不是绝对不好,民主式管理也不是绝对好;目前的趋势是因人、事、时、地,以及个案的不同,而把两种方式加以调整运用。同时,也应该将主管在管理能力上的高低、对属下执行决策的需求度、强制执行后可能引起的问题,以及完成决策的重要性等,作为采取正确管理方式的考虑因素。基于这个观点,那么在某些情况下,增强集权式管理应是正确的。而民主代表了管理者最基本的人道取向,应在一切可能的条件下普遍存在。

三、公正原则

(一)提出公正原则的主要依据

1. 公正是人类自身利益、自身存在与进步的要求,既然如此,也就理所当然地成为了企业管理的基本价值目标之一。"公正"又是调动绝大多数人积极性的极为重要的因素,因而,它又是一切组织活力的激发剂,成为实现企业管理目标的基本条件。

2. 公正原则是当代中国社会生活管理实践的迫切要求。改革,既冲击了旧的公正观,又给新的公正观的诞生提供现实可能。改革,是社会生活体制、制度的大变化,是人们相互关系的再调整,是权力与利益的再分配,因而,改革将公正问题推到了人们所关注的一系列重大问题的前列。改革以来,打破了大锅饭、铁饭碗的旧体制,不同程度地引进了竞争机制,管理活动的透明度开始增加。

(二) 公正原则的主要内涵

1. 在企业内部管理中,公正原则主要是用来解决报酬分配、机会分配的合理性、公平性问题以及对职工产生积极性的影响问题。

(1) 公正原则要求机会均等。机会均等包含:①一切机会面向全体成员,或者说要做到机会的透明度与公开性;②每个成员都有平等选择机会的权力。任何人不能剥夺其他人的这种权力。在企业内部人才选拔和提升的过程,公平竞争是机会均等的主要表现形式。因而管理者,应该事先公布明确的评述标准,即竞争规则,使每一个参与者都能在拥有公正感保证的状态下,调动各方面的积极性,参与竞争,从而也推动企业经营取得相应的进步。

(2) 当管理者进行利益分配时,人们总是要将自己所作的贡献和所得的报酬,与一个和自己条件相等的人的贡献与报酬进行比较,如果这两者之间的比值相等,双方就都有公平感。也就是说,职工对报酬的满足程度是一个社会比较过程。一个人对自己的工作报酬是否满意,不仅受到报酬的绝对值的影响,而且也受到报酬的相对值的影响(个人与别人的横向比较,以及与个人的历史收入作纵向比较)。人需要保持分配上的公平感,只有产生公平感才会感到心情舒畅,努力工作。

2. 公正原则要求企业在对外经营活动中互惠互利。这主要指：

（1）构成一切交易的双方都应当充分尊重对方的权利与利益。

（2）双方的权利与利益是平等的，除非是出于自愿，否则双方之间出现利益转让应当是对等的，一方承担了一定的义务，同时就享有一定的权利，义务与权利是不可分割的；对社会不幸者的帮助是互利的特例。随着市场经济的发展，企业的经营行为将日益市场规范化、法制化。

（3）企业在处理与顾客和其他企业的关系时，一方面获取了正当经营应得的合理利润，另一方面也应该严格承担履行合同和保证产品质量等企业应尽的义务。这些是企业伦理的公正原则对企业经营行为的要求。

（三）公平的标准问题

有关公平的标准，还存在不同的观点。有的认为应以贡献率为标准，即分配上的公正性是以人们的贡献与所获报酬相当为基础。另一种观点认为应以需要率为标准，即判断公正性是以是否按人们的需要付酬这一标准来评价。还有一种观点认为，应以平均律为标准，即公正性是以"大家得到的一样多"这个标准来评价。平均主义除了某些极为特殊情况外，大都是不利于社会绝大多数人的利益，不利于调动社会绝大多数人的积极性的，因而，一般来说，平均主义是不公正的表现。

四、效率原则

（一）提出效率原则的主要依据

1. 企业经营活动的根本目的决定了效率原则的存在。现代企业的一切经营活动是以取得经济效益的最大化为其经营目标的。这就要企业在生产过程中注重节约生产成本，提高劳动生产率，在市场开拓的过程中，注重及时到位，在财务管理的过程中，充分利用资金的时间价值,取得投资回报的最大化。"时间就是金钱,效率就是生命",现代企业管理者必须是企业劳动生产率和经营效益的有力推动者,以实现企业生存与发展的最根本目标。

2. 效率原则又是构成当代企业管理不同于以往企业管理的显著特征之一。建立在现代大工业基础上的企业管理,就其文化内容而言,总是将与经济发展相联系的效率作为重要方面,尤其是在自动化、信息化、空间的全球化的今天,效率成了组织活动至关重要的因素。这与以手工业为基础的经营管理的局限性、随意性、拖拉性形成了鲜明的对比。

3. 效率原则是我国现代化建设所必需的。我国企业管理现状的落后,突出表现之一就是低效率。机构重叠、职责不清、官僚衙门气甚浓、拖拉推诿、长官意志、行政命令、既不守约也不守时甚为普遍;浪费甚多,一方面是产品积压,另一方面是毫无节制地盲目生产;一方面是劳动力紧张,另一方面是劳动力的普遍闲置。

(二)效率原则的主要内涵

1. 讲求效益。主要包括:

(1) 务实,不尚空谈,脚踏实地,一切以事实为依据;

(2) 优化,一切生产要素的最佳组合,以便组织机能的充分发挥;

(3) 注重结果,一般情况下,以活动的结果作为衡量组织的主要依据,即以工作绩效,经济效益作为主要考核指标。

2. 讲求速率。主要包括:

(1) 时间观念,守时,在较短时间内办较多的事,一切任务下达与完成都伴随着明确的时间表,在企业内部逐渐形成严格的时间管理制度;

(2) 速度观念,作风严谨迅速,不拖拉推诿。

3. 在企业内部形成目标管理体系,对各项任务、职责均明确,并以此作为业绩考核的标准。这主要包括:

(1) 一切产品和服务的市场定位都建立在科学的市场研究的基础上;

(2) 对积压、滞后的产品和服务应坚决尽早停止,以避免更大的经济损失。

4. 讲求近期效益与长期效益的统一。近期效益往往为人们自觉重视,但长期效益则易为人们所忽视。因而,实践中往往易出现短期行为。新产品开发,设备更新等与企业长期发展的潜力密切相关的投资往往会因收效慢而被管理者所忽视。另外,也会出现借口长远利益而忽视当下利益的情形,这种离开当下效益而高谈效益的做法应极慎重。效率应当建立在当下利益与长远利益的统一上。

5. 讲求近期目标与手段的统一。手段是为实现目的而采取的措施,或称为策略。企业管理既是一个不断决策的过程,又是一个目标和手段变换、协调的过程。在企业管理中,经营手段具有两个特征:

(1) 效用特征,即经营手段必须能使企业的战略目标,经营目标实现。由于企业内的目标设定有其层次性,所以在考察经营手段的有效性时,应以其是否能促进最高层次企业目标的实现为衡量标准。

(2) 道德价值特征,即手段本身所包含的善恶性质应与企业目标的善恶性质相一致。目的并不能证明手段是否正确。不择手段追求效率,以牺牲社会其他人利益的做法是与现代企业伦理相违背的。正因为如此,那些以企业利益为名,弄虚作假,坑害顾客,破坏环境的做法都应受到社会道德的否定,甚至是法律的制裁。

(三) 效率原则与人道、公平、民主原则

无论在国内还是在国外,都有一种将效率原则当作管理的至上原则的倾向。我们以为,效率原则不是至上的,相反,它应当从属于人道原则、民主原则、公正原则。

1. 人道原则与民主原则决定经营活动的基本方向,它对于公正和效率都具有导向意义,公正原则可以看作是人道原则与民主原则的具体展开,人道原则、民主原则连同公正原则同为管理的本质的、灵魂的方面,基本是关于管理中人的关系的处理原则,而效率原则则是就组织管理的功能方面而言,基本是关于管理的功能的现象形态的原则,所以,效率与人道、民主、公正原则,不在同一个层次上,它从属于人道、民主、公正原则。

2. 人道主义潮流所表现出的普遍倾向是,若在公正与效率、人道与效率、民主与效率发生价值选择冲突时,宁愿采取人道、民主、公正。

3. 效率至上在实践中就有可能牺牲人道、民主与公正原则。近年来,我们的管理开始注重效率了,这自然是件好事,但是,同时亦带来了一些令人担忧的问题,如短期行为泛滥、血汗制抬头、资源浪费、产品伪劣等,这些现象或多或少与片面强调效率有关。现代企业伦理要求管理者一方面应当建立起一个高效率的经济营运实体,另一方面又应当防止效率对人道、民主、公正的损害。

第四节 管理活动中的伦理关系

道德情感、意志是人们社会活动的微观心理机制,它们通过人们的行动表现于外,构成现实的人伦关系。

企业伦理所涉及的不是一般的人伦关系,而是在企业经营活动中所结成的特有的人伦关系。

经营活动中的伦理关系,依考察的角度不同,从纵向看,有上下级的伦理关系,个人与组织的伦理关系,组织同国家的伦理关系;从横向看,又有组织成员间的伦理关系,以及组织与组织之间的伦理关系。其中,个人与组织、组织与国家的伦理关系属于个人与集体,局部与全部的伦理关系。群体成员间以及组织之间的伦理关系,完全属于一种平等、协作关系,它需要的是互相尊重、互相关心、宽容、协商、友善等精神,它基本属于普通的人与人的伦理关系或放大了的人与人之间的伦理关系。

一、企业内上下级之间的伦理关系

任何一种管理模型都存在着组织的等级结构为代表的垂直方向的专业化分工。其处于领导、指挥、管理者地位的一级称为上级;而相对处于被领导、受指挥、被管理者地位的一级就称为下级。上下级构成了管理结构中的相对两极。

(一) 上下级关系的基本特征

1. 上级和下级是角色共生体。上级和下级这两种角色都具有一定的人员和事务的责任覆盖面,两种角色共生于一个系统中,相辅相成完成着企业的工作目标。上级与下级是一个角色共生体,还包括了这两种角色往往共生于同一个人身上。一个承担一定的管理责任、具有一定管理覆盖面的人,必须意识到自己的双重角色,意识到自己既是一个从事相对宏观管理的被管理者,又是一个从事相对微观管理的管理者。

从管理活动中的下级角度出发,有两种责任角色,两种管理关系和两种人际关系。所谓两种责任角色,一种责任角色是主要负责人,如一个部门的正职负责人;另一个责任角色是次要负责人,如一个部门的副职负责人。所谓两种管理关系,是指下级与上级发生的两种工作指示执行关系:指挥与被指挥关系和指导与被指导关系。指挥与被指挥关系要求下级对上级的指示绝对服从,令行禁止;而指导与被指导关系则要求下级对上级的工作指示,充分尊重,努力执行。两种人际状态,即人际和谐状态和人际冲突状态。对于管理活动中上下级角色的处理,要求既能实现预定的良好的管理效果,同时又必须遵循企业管理道德。

2. 上级与下级是一个利益共同体。上下级之间的利益共同体表现为以下三个方面。

（1）两者的组织目标是一致的。上级与下级的工作性质、工作责任尽管不相同，但其总的工作目标是一致的，都是为了企业目标的实现。管理者的目标一般更接近于企业的总体目标，而被管理者的目标则更注重于对总目标的分解，以及本部门的任务。两者在根本上是统一的。

（2）两者的个人切身利益是休戚相关的。上级与下级作为普通的社会成员，除了关心企业目标之外，都还有各自关心的切身利益，如：经济待遇和社会地位等，这是一定社会历史条件下的大众追求目标和大众行为模式。在工作中，上下级就会互相关心对方的工作进度，两者的切身利益水涨船高，相辅相成。

（3）两者荣辱与共，一个部下工作失职，其上级往往引咎辞职；而一个部下获得成功，取得荣誉，其上级也会被誉为领导有方。反之，若是上级犯了过错，其下属所有的部下往往会觉得人矮三分。这说明，人们除了物质利益的需求以外，还有尊重荣誉的需要，这是需要上下级双方共同努力创造的。

3. 上级和下级是冲突共协体。管理者与被管理者必须同舟共济，同时又有各自的职责、权利的归属。两者就是在冲突矛盾的解决协调过程中完成各自的使命和任务。而解决与协调的过程又必须遵守道德准则。

一般认为，管理活动中，上下级之间经常出现而必须协调的冲突主要有七种：

（1）上级为保全总体利益而牺牲下级的局部利益时，与下级发生的冲突；

（2）一方为了获得对方在工作上的支持，努力去取得对方的好感而产生的感情投资的冲突；

（3）下级独当一面与上级误认为目无领导的冲突；

（4）多个上级和多个下级构成的复杂关系的冲突；

（5）成功和荣誉在上下级之间分配时产生的冲突；

(6) 对方成功可能导致己方受挫时的成功促抑冲突；

(7) 下级认为上级赏罚不明,有偏心产生的冲突。

(二) 上下级关系的管理道德要求

1. 下级对上级关系中应遵循的管理道德要求。

(1) 重视与上级领导者保持和发展和谐友好的关系,但是必须以搞好工作为出发点。如果动机是为了实现个人功利目的,是极不足取的、错误的。

(2) 尊重上级但是必须有效影响上级,对上级的负责不仅仅是工作任务的完成,还包括对上级缺点、失误的提醒和纠正。

(3) 既要立足本部门充分争取上级提供更多的支持,同时又要纵观全局,尽量理解上级的困难,必要时应当有风格牺牲本部门利益,换取全局总体上的成功。

(4) 敢于负责任,积极取得上级的指导和理解。而不应该事事请示报告,把困难交给上级,出了问题,自己超然在外。

(5) 在上级之间存在和出现矛盾冲突时,应当遵循管理规则而不是感情用事。管理规则是直接上级的指令应优先于间接上级的指导规则。

2. 上级对下级关系中应遵循的管理道德要求。

(1) 在下级面前,应当以身作则,严于律己,使制定的管理规章制度对自己和下级同样有效。

(2) 诚恳、平等地对待下级管理者,密切联系部属,不以权势压人,虚心听取下级的批评意见。

(3) 决策既要及时果断,还要尽量提高决策的民主化和透明度,提高决策的科学性。

(4) 正确处理功誉分配,重视部属在成绩取得过程中的作用。

(5) 以高尚的动机对部属感情投资,以健康的方式对部属行为激励。

(6) 正确处理成功促抑问题,将部属的成功和发展视作一种领导成就。

二、企业内平级间的伦理关系

企业内的平级关系包括管理者之间的关系和工人(基层员工)之间的关系。

(一)平级之间的基本关系

所谓管理者之间的关系,是指同一个管理层次中各成员之间的相互关系,这种关系产生的原因是多方面的,其中,起决定性作用的是该组织所采用的管理体制。

1. 管理成员在同一个管理层中,具有共同的目标。共同的目标是鼓舞管理者团结一致的力量源泉,管理者之间在共同的目标下,责任相同,义务无异,共同的目标也是制定决策的最后的标准。

2. 平级的每一个管理者,对一些基本的问题应该具有一致的意见。由于分工不同,拥有的信息量的不同,管理者的知识结构和工作经验的不同等原因,意见不一致的情形是经常的和正常的。不同的意见的讨论往往会产生与事实相符的观点,从而成为某管理层统一的、最理想的意见。即使个别管理者意见不一致,也不能在行动上表现出对这一已被采纳的观点的任何动摇。

3. 同一管理层中的第一把手或者"非正式组织"的领导者对于该管理层中其他成员的工作有着举足轻重的作用。第一把手或者"头儿",是管理层的工作乃至心理核心。善于为其他管理者创造互相信任、充满信心的气氛,是第一把手应该具备的特别重要的素质。他不仅要使其他管理者的工作协调一致,而且决定着其他管理者的工作效果。

管理者之间的关系,决不是各自素质的简单总和,而是以管理者之间的动作是否协调和协调程度来衡量其优势的。在现代化大生产条件下,管理者之间的关系应该是一种协调的关系。这种协调关系以担负共同的责任为核心,能使管理层发挥出整体的最大工作效率。

工人(基层员工)之间的关系是在他们日常分工,协作的共同劳动中逐渐形成的。他们为实现企业的分解目标而努力工作。他们的辛勤劳动是企业实现总体目标的基本保证。在日常的工作中,员工们的根本利益是一致的,其切身利益也是紧密相联的,其相互关系中最突出的特征是相互的协作。因此,在企业管理中,良好的人际关系是工人之间团结协作的基础,它有利于增强工人的主人翁责任感,有利于调动工人的积极性和创造性,也有利于各项管理工作效率的提高。

(二)平级之间关系的道德要求

1. 平级管理者之间关系的道德要求。由于管理者处于同一个管理层次中,虽然每个管理者的职位有所不同,个性各有差异,但是,他们所承担的责任是共同的,所要达到的目标是一致的,因此,平级成员间关系的道德要求,就必须围绕"共同的责任和共同的目标"来提出。

具体而言:应该重视工作质量,注重发挥领导班子的集体精神。每一个人都应该正面处理彼此间的分歧而不是暗中勾心斗角;每一位成员应该对重大问题不轻易改变其立场,但同时又不能无端反对别人;当别人的立场和观点确实可取时,就应该放弃自己的立场,热诚地予以支持;每一位成员对于他人的不同意见的提出,应该认为是正常的,这是由于个人的经验和见解的不同而产生的。因此,理解、合作是管理者之间关系协调过程中所应持的道德准则。

管理者之间的关系,应该形成这样的特点:每一个成员都精力充沛又富有献身精神;每一个人都能独立负责地承担任务,融会在一起则是一曲彼此呼应的美好的和声;生气勃勃的良性竞争是为了更好地实现共同的目标;每一位成员相互信任,每一个人的成功都被视为是大家的成功,无论谁出差错,都不会遭到冷嘲热讽,而是热情的帮助,从而形成一个坚强的整体,使管理工作不断达到更高的境界。

2. 工人(基层员工)之间关系的道德要求。企业伦理主张用互相尊重原则和利益协调原则来处理工人之间的人际关系,反对把自身的生产经验和技术本领视为傲视同行和看不起青年工人的资本,也反对只强调个人利益而不顾及企业的集体利益和国家的整体利益。

三、管理者与企业之间的伦理关系

(一)管理者与企业之间的关系

1. 个人与企业相互依存,密切相关。企业管理者的职能就是在一定的工作范围内通过计划、组织、领导、控制等活动,保证工作的顺利进行,不断发展和振兴所在的企业。任何企业都是通过管理者的辛勤工作才得以筹集、诞生、发展和壮大起来的。可见,没有管理者,企业便无法存在和发展;当然离开了企业也就谈不上管理者。

虽然,企业内不可能不存在个人利益与企业整体利益相互冲突的时刻,但是,应当指出的是,一个组织内如果不存在整体与局部的矛盾,不存在个人与集体决策的不同看法,仅仅存在的是毫无差别的执行,那么这个组织自身也就缺少自我修正、自我发展的健全机制。每一次组织内部整体与局部、整体和个人利益的矛盾冲突及其解决,都应是企业整体利益的一次维护和发展。

2. 个人的素质影响和制约着企业的发展。所谓素质,除了个人的生理素质以外,还包括道德品行、气质、知识、才能等。通常说的管理者的素质,就包括品德、才、识、体诸多方面应具备的条件。一个人的素质综合反映在日常的工作中,并强烈地影响着工作的质量。由于管理者在企业中处于主导地位,所以他们的素质如何,不仅直接关系到管理工作的成效大小,而且影响和制约着企业的发展。

一般来说,管理者的素质好,在客观条件有利时,他能出色地完成任务,取得良好的社会效益和经济效益;在客观条件不利时,他可以减轻或者部分消除不利因素的影响,甚至能以自己的才干,捕捉有利的客观条件去扭转被动落后的局势。

然而,有些管理者不为企业全局和长远利益着想,而是追求眼前利益,靠吃老本、拼设备、拼财力、拼消耗等手段求得现时的高利润和表面的繁荣,这种短期行为的结果是导致企业缺乏后劲,削弱或丧失竞争活力和发展能力。

3. 企业的客观环境铸造企业内的个人。企业集体对其各阶层员工成长的熔铸作用和影响力,主要是通过它长期形成的优良传统和风气实现的。人们通过对许多优秀企业进行考察和研究,发现它们一般都有自己独特的传统和风气。这种风气并非哪个人主观意志的体现,而是集体中所有成员日积月累长期精心培植起来的。管理者用他们的聪明才智和辛勤劳动创造丰硕业绩,塑造了自己美好的企业集体;而优秀的企业集体反过来又陶冶和铸造着自己的管理者,使大批优秀管理人才脱颖而出,从而造成一种良性循环。优秀企业所具有的这种良好氛围和影响力是一种十分珍贵的财富。

(二)处理管理者与企业关系的道德要求

1. 坚持原则,遵纪守法。管理者既是企业发展的设计师,又是企业前进的带路人。在新旧交替的改革开放年代,管理者既要坚定不移地坚持改革开放,又要始终一贯地坚持四项基本原则。企业中的个人必须正确处理国家、集体和个人三者之间的关系,克服小团体主义;克服"反正不是为自己谋私利,而是为'大伙儿'谋利益"的错误认识。

2. 尽职尽责,联系群众。管理者要想实现成功的管理,首先必须做到身先士卒,以身作则,尽职尽责搞好自己的本职工作,发扬民主、联系群众,是管理者与企业关系的道德要求中一个十分重要的方面。管理者应该善于探测职工的各种正当欲望和需要,深入了解他们在工作和生活上的困难,想方设法解决他们的实际问题,真心实意地关心爱护自己的职工。

3. 清正廉洁,克己奉公。廉洁有两个基本含义,一是指个人道德感情上的廉耻心,二是指个人道德行为上的廉洁行为,在社会主义初级阶段,在改革开放的形势下,制止权钱交易,是建立社会主义经济新秩序的基本要求之一。

4. 开拓进取,勇于创新。改革和创新是时代的要求,也是创业的需要。任何企业都是在不断的创新推进中才得以生存和发展的。管理者要锻炼和发展创造力,必须首先克服影响创造力的障碍,即畏惧心理、自卑意识、陈旧观念、官僚主义和懒惰陋习。

四、企业与社区之间的伦理关系

(一)企业与社区关系的基本特征

管理者与社区的关系就是管理者与所在社区的地方政府、社会团体及居民等发生的关系。企业和社区的关系主要表现为:企业与政府部门的关系、企业与科研单位的关系、企业与市场系统的关系等等。企业与政府部门的关系,实质是争取政府的关心和支持。企业与科研单位的关系,主要表现在合作研究、联合攻关、人员和生产科技信息的交流上。

1. 企业的生产经营活动依赖于周围的各种社会服务。例如:道路交通、水电供应、治安保卫、消防部门等。企业生产所需要的生产要素与生产出来的产品及企业职工的上下班要靠社区的公共交通服务。企业还需要社区提供一定的市场,企业生产需要的燃料、原材料等要由市场获得。企业生产的产品要在市场上销售,企业生产和发展开发新产品要根据市场需求决定。竞争日趋激烈的形势下,企业还需要社区提供大量、迅速、可靠的信息,并以此来预测产品的发展趋势。

2. 企业的职工及家属的日常生活依赖于周围的商店、学校、图书馆、公园等社会公用设施和社会公共事业部门。社区能为管理者与企业职工提供充足的物质生活资料和文化、娱乐的精神生活资料;社区还能为企业提供一个友善的社会环境,使得企业生产经营的基本情况为社区公众所熟悉、支持、理解和尊重。

3. 企业员工来源于社会,而且往往就是周围的社区居民,企业生产的决定因素是人,一个企业要生产第一流的名牌产品,就得有第一流的生产技术人员,企业职工文化素质的高低直接影响着企业的生产和发展,科技文化水平和道德素养较高的社区能为企业提供大量的高质量的劳动者来源和科技支持。

4. 企业必须遵守政策和法律。政策和法律等因素是企业生存和发展的制约条件,常常构成企业经营决策的指导思想和原则。企业作为一个法人,必须理解国家的政策、法律、方针、规定,服从地方政府的领导,尊重地方政府及其办事机构,和他们建立良好的关系。

第五节 企业决策的伦理分析

决策的伦理分析的提出有其内在的逻辑。企业的所有决策,大到建新厂、开发新产品、开拓新市场等战略决策,小到选择促销方案、制定用工政策、处理消费者投诉等日常决策,不仅会给企业本身带来利益或者损失,而且还会对利益相关者产生正面或负面的影响。因此,决策是否可行,不仅取决于企业自身能否得到利益,技术上是否行得通,而且还取决于能否得到利益相关者的支持。如果决策损害了利益相关者的利益,而且这种损害是违背伦理的,利益相关者能支持吗? 如果利益相关者不支持甚至反对,决策的可行性就要受影响,甚至可以使决策完全不可行。

正因为如此,几乎所有西方学者都把伦理决策作为企业伦理与管理结合中的主要问题来对待。奥托·A·布兰默(Ott A. Bremer)指出:"伦理学模型和理论在管理决策分析中的应用,使得企业伦理与管理者教育发生了联系。"①弗雷德里克·B·伯德(Frederick B. Bird)和杰弗里·甘兹(Jeffrey Gandz)认为,"企业伦理学是关于制定和实施涉及道德判断的决策的。"②可见,企业伦理的切入,对管理的最直接影响便是把伦理分析引入决策过程中。

劳拉·L·纳什(Laura L. Nash)列举了衡量企业决策伦理性的12个问题③,可供管理者在决策时考虑。

1. 你已经准确地定义决策问题了吗?对决策问题必须有清晰的理解,掌握的事实越多、越准确,处理时就越少感情用事。

2. 如果你站在他人的立场上,会怎样定义问题?从可能会对决策是否道德提出质疑或最有可能受决策不利影响的人的角度审视一下决策问题,问问自己,在定义问题时是否做到了客观,而不带偏见。

3. 问题是怎样产生的?考察问题的形成过程,搞清问题的实质,而不是停留在问题的表面现象上。这样做有利于正确认识问题,并理解他人的看法。

4. 作为一个个人和公司成员,你忠诚于谁、忠诚于什么?每个管理者都会遇到忠诚冲突,如自己的良心与履行公司职责之间的冲突,还有同事要你参与违反公司政策的事情等,因此,管理者必须问问自己,更忠诚于谁以及什么。

5. 你作该决策的意图是什么(即想达到什么目的)?思考一下,我究竟为什么要这样做,如果得不到满意的回答,就不要选择

---

① Otto A. Bremer, et al., "Ethics and Values in Management Thought," in *Business Environment and Business Ethics*, ed. Karen Paul (Cambridge, MA: Ballinger, 1987), p. 79.

② Frederick B. Bird and Jeffrey Gandz, *Good Management: Business Ethics in Actions* (Scarborough, Ontario: Prentice-Hall Canada Inc., 1991), p. 1.

③ Laura L. Nash, "Ethics without the Sermon," *Harvard Business Review*, November-December 1981, pp. 79-80.

该方案。

6. 你的决策意图与可能的结果相符合吗？有时候，尽管意图是好的，但结果可能是有害的，故思考一下可能的结果也很重要。

7. 你的决策会损害谁的利益？即使产品有正当的用途，但如果使用不当或落入一些人手中，会对消费者造成伤害，管理者就得重新考虑是否生产和销售该产品。

8. 你能在作决策前与受决策影响的各方讨论该决策问题吗？例如，你要关闭某个工厂，是否能在事先与受此影响的工人和社区讨论这一问题，以评估决策的后果。

9. 你认为从长远来看该决策将与现在看上去那样有成效吗？你能坚持你的承诺吗？你能预见可能会改变你的想法的条件吗？今天的好决策到明天会是一个失误吗？

10. 你能毫无顾虑地与你的上司、高层管理者、董事、家庭，以及整个社会谈论你的决策或行动吗？你是否会感到不安？例如，你作的决策在电视上作了报道，你会感觉如何？你会乐意接受采访谈论这一决策吗？

11. 如果理解正确，人们会对你的行为产生什么样的看法呢？误解了又会怎样？这一问题涉及真诚和他人对行为的看法。有时象征性的行为受到的怀疑多于好感。

12. 在什么样的条件下，你会允许对你的立场有例外（即稍稍改变你的立场）？举例说，你发现一个员工挪用了1 000元，随后归还了，公司员工手册对挪用公款有严格规定，一经查实，立即开除，假如这笔钱是用于支付紧急医疗费用，你会怎么办？如果是用于赌博呢？这名员工已经在公司里工作12年而不是18个月，你的决定会有什么不同呢？

肯尼斯·布来查德（Kenneth Blanchard）和诺曼·V·皮尔（Norman V. Peale）在《道德管理的力量》一书中提出了三个伦理核查项目，它们是：

（1）这合法吗？即行为会违反法律和公司的方针吗？

（2）长、短期利益平衡吗？即决策是否兼顾了短期利益和长远利益？

（3）自我感觉如何？我的行为是否将使我感到骄傲？假如我的决定曝光给公众（如在报上登出来），我会感觉很好吗？假如我的亲人知道了，我会感觉很好吗？[①]

这三个伦理核查项目最大的优点是简单实用，无需掌握在不少人看来比较抽象的伦理原则，便可作出大致符合伦理的决策。从表面上看，这三个项目好像没有直接谈到伦理，但实际上都与伦理有关。

伦理是不成文的法律，法律是最低程度的伦理。一般而言，伦理与法律是一致的，即不合法的也往往是不道德的，当然也有例外。

违反伦理的行为，有时在短期看是有利可图的，但从长远看，则往往得不偿失，因而具有长远利益的行为不大可能是不道德的行为。

依靠自我感觉来核查的假设是，决策者实际上是知道伦理规范的，他们有时做出违反伦理的举动，是环境压力或利益诱惑所致。"自我感觉如何"就是要唤醒决策者本身具有的伦理意识。

不少企业采用的正是这套核查项目。例如，得克萨斯仪器公司（Texas Instruments）在发给每个雇员的卡片上印上以下七句话：该行为合法吗？它与公司价值观一致吗？如果做了你会感到不舒服吗？报纸会怎么报道它？如果你知道它不对，就不要做。如果你拿不准，请提出来。在得到答案前不要放弃提问[②]。

---

① Kenneth Blanchard and Norman Vincent Peale, *The Power of Ethical Management* (New York: Fawcett Crest, 1988), p. 20.

② Archie B. Carroll and Ann K. Buchholtz, *Business & Society: Ethics and Stakeholder Management*, 4th ed. (Cincinnati, Ohio: South-Western College Publishing, 2000), 158.

然而,这三个核查项目作为完整的伦理评价是难以胜任的。其局限性主要在于:第一,任何一个核查项目都是有漏洞的。法律往往是滞后于现实的,尤其在我国,改革尚在进行之中,社会主义市场经济也远没有成熟,所制定的法律有这样那样的缺陷是不足为奇的。仅仅遵守字面上的法律不足以避免不道德的决策。虽然不道德行为最终会损害企业利益,但有时这一过程很长,可能需要几年、十几年,甚至几十年才能反映出来。那么,多长的利益才算是长远利益呢?对于大多数管理者来说,三五年后的利益算是长远利益了,显然,这样的长远利益不能保证没有不道德行为在起作用。仅凭周围人的看法、自我感觉也不具说服力。

因此,对于较为复杂的问题,可以运用功利主义原则、权利原则、正义原则、关怀原则、美德原则对企业决策进行伦理评价。

1. 功利主义原则根据行为结果评判行为道德与否,简单地说,就是"最大多数人的最大利益"。功利主义原则的好处在于促使人们思考整体利益,而不只是关心个体利益。其缺陷在于它忽视了行为本身,而且总体利益最大的方案未必都符合权利原则、正义原则。功利主义原则在企业决策方案评价中的应用便是,该方案能给我们自己及利益相关者带来最大的好处吗?

2. 权利原则认为,不能因为总效用大而藐视人的权利,只有当有更重要的权利需要保护时才可以不顾某种次要的处于冲突中的权利。问题是,人有哪些权利?哪些及谁的权利应优先得到保护?如果只是说人的法定权利,这个问题不难回答,因为法律有规定。但谈到道德权利,就不是很好回答了。康德的"绝对命令"被认为能较好地回答这个问题:

第一,不论做什么,应该做到使你的意志所遵循的准则,永远同时能够成为一条普遍的立法原理;

第二,在任何时候都应该把人看作是目的,永远不能只看作手段。

第二条命令含意很清楚,无需解释。第一条命令可以通俗地转化成:在同类情形中我或我们愿意别人也作出这样的决策对待我或我们吗?

3. 正义原则通常包括:分配公正,即公正地分配社会利益和负担;惩罚公正,即有不公正行为的人得到应有的惩罚;补偿公正,即对由于受到不公正对待而遭受损失的人予以应得的补偿。根据正义原则,决策者在方案评价时需要自问的是,如果我或我们处在该决策所涉及的任何一个利益相关者的位置,我或我们还会认为该决策是公正的吗?

4. 关怀原则强调,每个人都生活在关系中,我们应该保护和发展可贵的人际关系。每个人都应该特别关心跟我们有直接关系的人的需要、价值观、欲望和福利,尤其要关心那些易受伤害的、仰仗我们关怀的人。因而,这里的问题是,该方案是否体现了对那些跟我们有直接关系、并对我们有所依靠的人的关怀?

5. 美德原则或美德论与上述理论不同,它要回答的是"我应该成为什么样的人",而不像功利主义原则、权利原则、正义原则及注意原则回答的是"我应该怎么做"。但实际上,美德论也可以引申出指导行为的准则:当道德主体在实施某项行为的过程中,实践、展现和弘扬了某种美德,则该行为是道德的;如果道德主体在实施某项行为的过程中,实践、展现和发展了某种邪恶,则该行为是不道德的。故决策者需要思考的问题是,该方案的实施是否实践、展现和弘扬了某种美德?或是否实践、展现和发展了某种邪恶?

这些原则各有短长,若能根据具体情况灵活应用,应能为决策方案是否合乎伦理作出比较满意的评价。

本章小结

企业在现代社会中有巨大的影响力,而由于市场机制和法律存在局限性,不足以规范企业的影响力,还需要有道德的约束,即要求企业履行道德责任。企业伦理是在企业经营全过程中,均把伦理原则和伦理观念渗透、糅和在组织、指挥、协调、控制等环节之中形成的企业特有的道德和价值观念。企业管理者运用此道德评价标准判断企业中的道德关系,丰富和发展企业文化和企业精神。企业员工,特别是管理者,应充分理解企业伦理的人道、民主、公正、效率原则,并将它们灵活运用于企业内外的各种伦理关系的处理活动中。在决策过程中可运用伦理核查项目进行伦理评价,对于较为复杂的企业决策问题,可以运用功利主义原则、权利原则、正义原则、关怀原则、美德原则进行伦理评价。

复习思考题

1. 企业为什么应该履行道德责任?
2. 试述现代企业伦理的涵义和主要内容?
3. 企业伦理如何发挥其规范作用?
4. 如何正确理解公平与效率、目标与手段这两对管理实践中的常见矛盾?
5. 人道、民主、公正、效率原则的相互关系怎样?请举例说明。
6. 如何正确处理企业中的上下级关系?
7. 如何正确处理企业与社区之间的伦理关系?
8. 如何进行决策的伦理分析?

第五章 现代企业资源

本章提要

现代企业资源是指一切直接或间接地为企业经济活动所需要并构成生产要素的,具有一定开发利用选择性的资源,现代企业中最为重要的资源包括人力、资金、物力、知识和时间。

人是企业的主体,人力资源是企业的第一资源,人力资源的开发、管理涉及到选人、育人、用人、留人四大环节。

资金是企业用于生产经营活动的资产的货币表现。企业的资金运动包括资金的筹集、运用、分配三个相互联系的过程。

物力资源是企业生产和经营发展的物质基础,一般可将物力资源分为物资和设备两大类,分别进行管理。

知识是现代企业的生存之本、竞争力之源。知识管理的概念超越了传统的信息资源管理,还包括知识创造、知识分享与知识应用为链条的知识收集、整合、转换以及开发等一系列活动。

时间是企业赢得机会,谋求发展的客观基础。企业管理者的时间管理及企业经营时间的管理是时间资源管理的两大重要内容。

第一节 现代企业资源概述

现代经济社会的一切管理,几乎都可以归结为资源的合理配置问题。企业管理,实质就是通过有效地配置企业拥有的各种资源,实现最大化的企业经营目标。

企业资源,不同于一般意义上的资源,它必须具备以下一些特征:

1. 必须是为生产和经营所需的资源,也就是说,它首先要对经济生活有用。

2. 必须是稀缺的资源,也就是它的社会需求量与存在量有差距,并非取之不竭。不稀缺的东西,也就不存在配置问题。

3. 它的用途必须是可以选择的,有用且稀缺的东西,如果只有一种用途,无法选择,那也不属于企业管理的范畴,因此,我们可以说,企业资源是指一切直接或间接地为企业经济活动所需要并构成生产要素的、稀缺的,具有一定开发利用选择性的资源。

人们对企业资源的认识迄今并不一致。从最初的三分说(劳动力、资金、土地)、四分说(劳动力、资金、土地、管理)这些以农业经济为导向的资源分类,到以后大工业生产的五分说(人力、资金、原材料、机器设备、产销方法或技术)、六分说(人力、资金、原材料、机器设备、技术、时间),企业资源的内涵被不断地扩大。随着科学、管理水平的不断发展和提高,现代企业管理的内容日益复杂和丰富,因此,管理对象的资源也越来越丰富多样。

我们认为的现代企业的资源应包括:人力、资金、物力、知识和时间。这是因为:人是企业的主体,是企业财富的创造者;物是企业生产经营活动的物质基础;资金是企业用于生产经营活动的资产的货币表现;知识是企业的生存之本和发展之源;时间是企业赢得机会、谋求发展的客观基础。

我们只有了解了各种资源的构成、特性、作用以及在各种资源管理中应注意的问题,才能真正发挥出各项资源的效能,使现代企业管理向更科学、更高效的方向发展。

第二节 人力资源

一个企业的成功,有的因为领导者的足智多谋,有的是因为技术独步天下,有的是因为开拓了新的市场,也有的因为质量上乘,或者是服务水平高超,所有这些原因都和"人"有密切的联系。在一个企业中,人力资源是最主要的资源,只有有效地开发人力资源,合理、科学地管理人力资源,这个企业才能蓬勃发展,蒸蒸日上。

一、什么是人力资源

广义地说,智力正常的人都是人力资源。

狭义的定义有许多种:

1. 人力资源是指一个国家或地区有劳动能力的人的总和。
2. 人力资源是指具有智力或体力劳动能力的人的总和。
3. 人力资源是指一切具有为社会创造物质文化财富、为社会提供劳务和服务的人。

本书中,出于对现代企业管理探索的需要,人力资源主要指企业组织内外具有劳动能力的人的总和。

二、人力资源开发与管理的意义

在目前市场竞争异常激烈的情况下,人力资源开发与管理的优势,直接关系到企业的成败已成共识,任何一家成功企业都是十分重视人力资源开发与管理的。因为人力资源开发与管理最重要的意义是使现代企业能适应当前企业环境的变化。这些变化有来自企业外界的环境变化,如:社会价值观念的变化、科学技术的飞速发展,社会分工的变化等。也有企业内部环境的变化,如:企业内部分工的细化等。而企业其他资源的获取、调控和运用也无不要依靠人力资源——这一企业最根本的资源。

三、人力资源计划

一个组织要提高效益,要维持生存与发展,就要有一支合格而具有竞争性的员工队伍,而这样一支队伍的建设和培养又决不是一朝一夕的事。因此,要保证企业组织战略目标的实现,就必须对组织的现今和未来各种人力资源的需求进行科学的预测和规划。

(一) 什么是人力资源计划

人力资源计划就是一个国家或组织科学地预测,分析自己在环境变化中的人力资源供给和需求状况,制定必要的政策和措施以确保获得满足自身的时间和岗位需要的各种人才。

(二) 人力资源计划的目的

1. 有利于组织(企业)制定宏伟的战略目标和发展规划。一个企业的高层管理者在制定战略目标和发展规划时总是要考虑本身的资源,特别是人力资源的情况,如果有了人力资源计划,就能有助于高层领导了解本组织内目前各种人才的余缺情况,这就有助于他们进行目标决策。

2. 有助于检查人力资源各种备选方案和政策的效果。人力资源计划有助于检查和测算出人力资源计划方案的实施成本及其带来的效益,从而帮助我们总结人力资源管理中的经验教训,改进工作,提高人力资源管理的效益。

(三) 人力资源计划内容的重点

人力资源计划与组织的整体计划紧密相连,并为整体计划目标的实现服务。总的来说,人力资源的战略计划主要包括如下几个方面:

1. 阐述在战略计划期内组织对各种人力资源的需求和各种人力资源配置的总的框架。

2. 阐明人力资源方面有关的重要方针、政策和原则。如涉及人才招聘、晋升、降职、培训、奖惩和工资福利等方面的重大方针和政策。

3. 确定人力资源投资预算。

(四) 人力资源计划的编制

一个企业组织必须根据企业的整体发展战略目标和任务来制

定本身的人力资源计划。一般说来,一个企业组织的人力资源计划的编制要经过五个步骤。

1. 预测和规划组织未来人力资源的供给状况。首先从组织内部人力资源数据库去了解本组织内现有的各种人力资源的状况与特点,然后根据以往人力资源的流动情况以及本企业内工作更动的情况预测未来人力资源的流动情况。

2. 对人力资源的需求进行预测。即根据组织的战略目标来预测组织在未来某一时期对各种人力资源的需求。

3. 进行人力资源供需方面的分析比较。即把本组织人力资源需求的预测与在同期内组织内本身可供给的人力资源进行比较分析,测算出人员的短缺或过剩情况。

4. 制定有关人力资源供需方面的政策和措施。首先制定涉及解决人力资源需求的政策与措施,然后制定解决人力资源过剩的办法与措施。

5. 对人力资源计划的审核与评估。即对该组织人力资源计划所涉及的方面及其所带来的效益进行综合的审查和评价,也就是对人力资源计划所涉及的有关政策、措施以及招聘、培训、发展和报酬福利等方面进行审核与控制。

四、人力资源开发与管理

在现代企业中,凡是与人有关的事情均与人力资源的开发与管理有关,但是,作为一个人力资源开发与管理的部门,主要的工作涉及到四个方面的内容。选人、育人、用人、留人。每一方面的工作可能是交叉的,也可能互相影响。

(一)选人

选人是人力资源开发与管理的第一步,也是十分重要的一步。如果选人选得好,那么育人就较容易,用人也得心应手,留人也方便。

1. 选人的范围一般有两种考虑:

(1) 到公司外部去挑选,如到大学、其他公司、其他部门、失业人员等中去挑选;

(2) 在公司内部挑选,因为实行从本单位雇员中提升的政策既能避免人才外流,更重要的是可以对部分员工创造力发挥受阻作出调整。

2. 人才的选拔还依赖于选人者本身具有较高的学识和相应的专业知识。如果选人者不知何为人才,他就无法为企业招聘、选拔人才。

3. 人才的选拔要有科学的选拔程序。这些程序大致有:

(1) 参加笔试,其中包括业务考试、语言能力、智商及心理素质的测定等。

(2) 情景模拟,即由专家出面模拟工作场合,看其处理突发事件及一般问题的能力。

(3) 面试,由公司高级管理人员及专家组成面试委员会,对候选人进行即问即答考试。

(二) 育人,即培养人才

这是人力资源开发与管理的主要工作之一。企业的发展要靠人推动,而育人就是加强推动力。

对于一个员工来说,培训是要使他懂得如何干好他将要承担的工作,并使其能不断适应新情况发展的需要,尤其是要培养在新情况下创造性工作的能力。从更高的层次来看,培养人才是对人的潜能进一步的拓展,既对企业有利,也对员工本身有利,更是对人有效管理的重要方面。对人才的培育应当因材施教。每个人的素质、经历不同,缺乏的能力和知识也不同,应该针对每个人的特点,安排适当的培训计划。或进行短期培训,或安排长期培训,或采取兼职培训,或选择脱产培训的方法。对员工的培训方法在现代企业中,一般有表 5.1 所列的几种。

表 5.1　现代企业员工培训方法

方　　法	说　　　明
阅读材料方法	让受训人阅读一些有关材料
行为模式训练	利用录像机和放映正确的行为表演,进行讨论,明确正确的行为标准,进行人际关系相互促进方面的训练
业务工作模拟训练	进行笔头练习模拟,电子计算机模拟,学习和提高管理技能
案例讨论	以小组形式进行实地或假设案例分析讨论
会议或讲座形式	组织小组对某些专门问题进行讨论,请专人讲有关题材方面的内容
在职培训	由有经验的人作指导,在工作中提高
自学	有目的地编写讲义让其自学
任务培训	在受训人之间实行类似于"上司对下级评价"和"下级对上司评语的反应"等任务,以增加人际关系经验
敏感性训练	着重进行相互尊重、社交联络和对小组工作了解等方面的训练
新雇员训练	在指导下,对新员工进行多方面实际训练,目的在于强调学习、安全,掌握知识、技术,不在于生产数量的多少

（三）用人

用人是人力资源开发与管理的一个主要目的,只有用人用得好,有关部门的工作才算有成效。

1. 量才录用。大材小用和小材大用对企业均不利,前者造成浪费,后者造成损失,同时,还应用其所长,避其所短,用其所长就能极大地调动员工的积极性,激励潜能,达到事半功倍的效果。对于人的短处,可区分其程度性质采取容之、避之、补之的办法。

2. 用人要注意发挥两个优势,一个是个人优势,一个是集体优势。人员结构应及时进行合理协调,从而可以在某些场合充分发挥集体的优势。

3. 工作丰富化。任何枯燥的、呆板的工作都会使员工感到工作乏味,应该充分考虑到员工的身心要求,重新设计工作,使工作尽可能丰富化,从而提高员工的工作效率。

4. 注意工作环境。现代心理学已证实,工作环境包括灯光、色彩、噪音都会影响人的情绪和心情,进而间接影响人的行为,导致生产效率的变化。因此,现代企业应十分注意工作环境的设计,为员工尽量创造一个舒适的工作环境。

(四)留人

人才留不住是企业及人力资源开发与管理部门的失职。人才留不住不仅是本企业的巨大损失,而且会使竞争对手更强大。长期留不住人才的企业往往会倒闭。

吸引人才长期为企业效力的方法一般有以下几个方面。

1. 工作报酬。企业如果想要留住人才,必须有一个好的报酬制度:

(1)根据社会物质水平、失业率、生产力状况,同行业平均水平等多种因素,制定具有竞争力的工资和薪金水平。

(2)注重福利。现代企业提供给员工的福利方式很多,如医疗保险、住房补贴、免费餐、带薪休假等,为了适应职工的需求,一些企业还开发了弹性福利制度,即列出各种福利项目供自由选择,这样既灵活又有利于激励员工,留住人才,同时也有利于吸引外部人才。

2. 心理环境。如果一个员工在某企业中得到重用,人际关系较和谐,心情舒畅,此时即使工资较低,工作条件较差,他也会乐意为该企业贡献。这是由于人除了低层次需求之处,还有高层次的需求,如:自我实现的需要,受人尊重的需要,友谊、感情、归属的需要等等。许多人才外流的原因往往就是由于原来企业心理环境不佳,工作不愉快,因此,要留住人才,企业领导一定要十分重视建设或重建心理环境。

3. 工作实绩评估。工作实绩评估就是收集、分析、评价和传递有关某一个人在其工作岗位的工作表现和工作结果方面的信息情况的过程。

工作实绩评估不仅仅是检查和改进本企业人力资源管理工作的重要手段,同时也是确定是否留人,以及留下之后,帮助员工改进今后工作、克服制造、发挥长处的重要方法。通过评估,能启发当事人如何更好地工作,同时也使当事人获得应有的肯定和支持,从而进一步激励员工为企业效力。

第三节 物力资源

一、什么是企业物力资源

物力资源是指企业从事生产经营活动的物质基础。任何企业,要从事生产经营活动,都必须拥有一定的物质资源。一定的人力只有同一定的物力相结合,生产经营活动才能进行。

不同类型的企业,物力资源的内容也是不同的。在工业企业中,企业物力资源按其在生产过程中的作用不同,可分为两类:

(1) 原材料、辅助材料、燃料等属于劳动对象的物资资源;

(2) 机器设备、工具、厂房等属于劳动手段的设备资源。

而在商业企业中,由于商品购进后,企业不必再对其进行加工生产,故其物力资源的内容相对简单,包括:

(1) 商业企业从事流通活动的对象即各式各样的商品体;

(2) 商业企业赖以活动的物质设备,如房屋,柜台,出纳机等,但仍可以大体上归于物质与设备两大类资源中。

由于物资和设备这两类物力资源在企业生产、经营活动中所起的作用各不相同,所以,在企业物力资源管理上,总是把它们区分开来,分别采取不同的管理方法。

二、物资管理

(一)企业物资采购

企业物资采购就是按照企业物资需求计划,通过各种渠道和方式,取得企业所需的各种物资的经济活动,物资采购是实现企业生产经营活动正常进行的前提条件。

物资采购管理,主要包括以下六个方面的内容。

1. 采购品种。物资采购的品种应符合生产、经营所需,尤其在质量和规格上,要符合一定要求。

2. 采购数量。在企业制订采购计划时,应以物资需求量为依据,同时要考虑进货批量对费用的影响,从而制订出最佳的物资订购批量,确定合理的订购批量的计算方式是:

$$Q = \sqrt{\frac{2RL}{H}}$$

式中:Q——某种物资的经济订购批量

R——每次订货费用

L——物资年周转量

H——某种物资的单位库存年保管费用

例如:某企业全年共购进某种物资 8 000 吨,每次订货费用 24 元,每吨物资的年度保管费用为 0.6 元,则其物资经济订购批量为:

$$\sqrt{\frac{2 \times 24 \times 8\,000}{0.6}} = 800(吨)$$

3. 采购价格。在物资采购中,要尽可能多的掌握市场上的各种信息,选择最适宜的价格。

4. 采购时间。物资的采购时间和到货时间往往是不一致的,因此,必须根据物资需求时间来确定物资的采购时间。(例如,在工业企业中,根据生产进度的计划,安排原料材料;在商业企业中,则可根据商品销售情况,来决定商品的进货时间。)

5. 采购地点。即如何选择物资供应地点。一般一次所需物资量较大,且对运输条件要求高的商品,可就近选择供应。如无特殊要求,可综合考虑价格、质量等因素,再作决定。

6. 采购方式。物资采购的方式是多种多样的。有国家计划分配的物资,有需通过进口从国外购买的物资;也有可在市场上自由购买的物资。

(二)物资仓库管理

仓库管理是物资管理的重要组成部分。

1. 物资验收入库。所有物资入库都要严格进行验收,经过数量关、质量关和单据填制关这"三关"。

2. 物资的保管和 A、B、C 分类控制。物资自验收入库到发出的一段时间里需要在仓库里保管。物资保管的基本要求是摆放科学、数量准确、质量不变。

当库存物资的品种,规格等级极其复杂、繁多时,就应当有重点地对其进行分类控制。一般可采用 A、B、C 分类法。ABC 分类控制,就是首先按物资的品种计算出所占资金的金额然后按物资的品种单价高低、用量大小、重要程度、采购难易等分成 A、B、C 三类。A 类物资需重点管理,尽量采取经济批量组织订购。C 类物资则一般采取定量订货的办法。B 类物资介于两者之间,其订购方法可视具体情况来定。

3. 物资出库。物资出库时必须做到按质、按量、准时,严格遵守物资出库的手续,做到账、物相一致。

(三)物资使用

在商业企业中,商品从仓库发出后,一般通过柜台销售或其他方式到达顾客手中,所以一般不存在使用物资这一环节。但在工业企业中,原材料、燃料等物资出库后,将被在生产过程中加工、使用,以完成整个产品的生产。在这里,将着重从工业企业的角度来讲述物资的使用。

1. 物资消耗定额。在物资的使用中,物资消耗定额是一个很重要的指标。

所谓物资消耗定额是指在一定的生产技术和经济条件下,生产单位产品或完成单位工作量所必须消耗的某种物资数量的标准。物资消耗定额是物资科学管理的基础。

物资消耗定额主要由三部分构成:
(1) 构成产品量的物资消耗;
(2) 工艺性物资消耗,即在加工过程中不可避免的损耗;
(3) 非工艺损耗,即工艺以外的其他消耗。

制定物资消耗定额,必须遵循先进合理的原则,即介于行业内领先与平均水平之间。这样的标准,也就意味着企业只要经过努力还是能够达到这样的水平。当然,在制定消耗定额时,还必须充分考虑企业的实际情况。

物资消耗定额是编制物资需求计划的基础,也是控制企业合理使用和节约物资的有力工具,同时还是促进企业提高技术水平、管理水平的重要手段。

2. 提高物资使用的经济效益。物资管理的中心任务是提高物资使用的经济效益。提高物资使用经济效益的途径有两个方面:

(1) 物资的节约。节约物资,从节约中求效益是企业运营的基本原则之一。节约物资的途径很多,一般有以下几个方面:①改革产品设计,以减少物资消耗;②采用先进工艺,提高材料利用率;③采用新材料和代用材料;④充分利用废旧物资,增加回收和复用量。

(2) 物资的综合利用。综合利用物资是提高物资使用经济效益的又一重要途径。每一个企业都可根据自己的特点研究技术上可行、经济上合理的物资综合利用方法。如:对"三废"的处理,化废为宝,化害为利,为企业和社会造福。

三、设备管理

企业从事生产经营活动,就要有一定的设备。它是现代企业创造价格的物质基础。设备管理,就其范围而言,包括设施、装置、机器、运输工具等各类设备的管理。

(一) 设备的选择与购买

不同行业、不同规模的企业,使用的设备有很大的区别。在购买之前,应进行仔细选择。设备的选择,一方面应根据企业本身生产经营活动的特点,另一方面要根据设备本身寿命的长短、效率高低等,合理地选择和配备。

在选购设备时,必须进行一定的经济评价。通过几个方案的对比分析,选择最优方案。一般可采用投资回收期法:

通过计算各种不同设备的投资费用,再计算新设备所带来的利润,然后计算各自的投资回收期。在其他条件大致相同的情况下,选择回收期最短的设备,其计算公式如下:

$$T = \frac{M}{F}$$

式中:T——投资回收期(年)

M——设备投资费

F——采用新设备后每年新增利润或每年节约费用

(二) 设备的使用与维护保养

设备的使用与维护保养,是一项经常性的工作。正确合理地使用设备是指按照操作规程的要求使用设备,尽量延长使用寿命。设备的维护保养是指设备使用人员和专业维护人员在规定的时间及维护保养范围内,对设备进行预防性的技术护理。企业应建立健全设备的使用、维护保养的有关规章制度,同时要建立设备档案,从设备的购入时建立,包括设备的名称、编号、性能、制造厂商、购入价格、保养人员等,对设备的使用和维修等经历要经常地记录于设备档案。

(三) 设备的更新与改造

设备的更新是客观的需要。一方面由于设备本身有一定使用寿命,另一方面,科学技术的不断进步,不断出现性能更高的设备,而使用同类旧设备,可能已无法满足企业日益提高的要求,因此,就有了更新设备的必要。当然,对于设备的更新,应掌握更新的时机,这不仅要结合自身个体情况,而且要研究市场状况,正确地确定设备的更新周期。

设备的改造,主要指企业对机器设备进行技术改革,一般常见于工业企业中。它是在原有基础上,对机器设备的结构作局部的改革,改善它的性能,提高生产效率,一般是结合设备的大修理进行的。

(四) 设备的综合管理

设备的综合管理,是随着现代化企业的发展而产生的设备管理理论和方法,其中较典型的是设备综合工程学。

设备综合工程学是从系统的观点出发,以设备的生产为研究对象,以降低设备的寿命周期费用为目的的综合性科学,它有四个基本特点:

1. 把设备寿命同期费用作为评价设备管理工作的重要经济指标,追求的是最经济的寿命周期费用。也就是说在选购设备时,不仅要考虑设备本身的价格,同时要考虑生命周期中的维护费用,寻求两者最低费用为最佳方案。

2. 对设备的一生进行全过程的管理。即从设备的设计、制造、安装、调试、维修、到报废为止的全过程进行管理。

3. 对设备进行可靠性和维修性设计,并确定可靠性、维修性设计的极限为"无维修设计"。

4. 建立一套设计、使用和费用的信息反馈系统。

设备综合工程学还是刚刚兴起的一门新的管理学说,但它已显示了旺盛的生命力,它将随着人们的认识能力的提高而不断完善和发展,在企业的设备管理工作中发挥着巨大的作用。

第四节 资金资源

资金是企业资源中的一个重要组成部分。因为企业的生产经营活动不仅是物质生产和再生产的过程,同时也是价值的生产和价值增值过程,企业的资金运动伴随着企业的生产、营销活动,并反映、影响和制约着企业的生产、营销活动。因此如何筹集资金,运用资金和分配好资金,最大限度地发挥资金资源的功效,是现代企业管理中的一个不容忽视的问题。

一、资金的概念

从整个社会来说,资金是指整个社会再生产过程中,生产、交换、分配和消费等环节各项资产的货币表现。就一个企业来说,资金是指用于从事企业生产经营活动和其他投资活动的资产的货币表现。一定数额的资金代表着一定数量的资产价值。

二、企业资金运动的过程

企业的生产经营活动在工业企业主要表现为供应、生产和销售活动;在商品流通企业主要表现为购销和储运活动。企业作为一个商品生产者和经营者,其生产过程就表现为使用价值与价值生产相统一的过程。在这个过程中,劳动者不但生产出新的商品,而且将生产中消耗掉的生产资料的价值转移到产品中去,并且创造出新的价值,通过销售使商品的价值得以实现。

企业的资金运动是以企业为主体,利用价值形式来管理企业再生产过程的一种活动,它包括下列几个相互联系的过程。

(一) 资金的筹集

在商品经济条件下,筹集资金是企业进行生产经营活动的前提,企业如果没有筹集到必要的资金,生产经营活动所必需的物资技术基础就无法建立。资金筹集包括长期筹资、短期筹资两个方面。资金进入企业,就是资金运动的起点,是财务管理活动的基本环节。

(二) 资金的运用

资金的运用就是把筹集到的资金合理地投放到生产经营活动过程的各个方面。资金经过投放和运用,形成企业的各项资产。例如:企业拥有的现金、各种存款、短期投资、存货、应收和预付货款等,形成企业的流动资产;企业拥有的房屋、机器设备、运输设备、工具器具等,形成企业的固定资产;企业拥有的专利权、非专利技术、商标权、土地使用权等企业的无形资产;企业根据法律、法规的规定,以现金、实物、无形资产等向其他单位投资或购买股票、债券等有价证券,形成企业的长期投资。此外,企业的资金还运用在递延资产和其他资产方面。

从生产经营活动过程的资金运动来考察,不同行业的生产经营活动有不同特点。如工业企业的生产活动一般分为供应、生产和销售三个连续的过程。在供应阶段,企业将筹集的资金一方面用来兴建厂房、购买机器设备,一方面用来购买各种原材料等劳动对象。在生产阶段,工人借助劳动手段作用于劳动对象,使之转化为成品资产形态,最后通过销售,实现商品价值和资金的增值。商品流通企业的业务活动主要分为商品供应和商品销售两个阶段。在供应阶段主要是用货币资金购进商品,在商品销售阶段,通过商品销售取得销售收入,资金经历了从货币形态→商品形态→货币形态的过程。

(三) 资金的分配

资金的分配是指企业将取得的营业收入和利润进行分配。企业的营业收入首先要用来补偿生产耗费,扣除成本、费用和各种流转税以及附加税后,得到营业利润,再加上投资收益、营业外收支净额构成企业的利润总额。企业利润按照国家规定做相应的调整后,依法缴纳所得税,最后可对税后利润按规定的顺序进行分配。

三、资金的筹集

筹资是指企业为了从事生产经营或举办各项事业,从不同资金所有者手中筹集资金的财务活动。按照筹得的资金使用期限的长短划分,有长期筹资、短期筹资两种方式。长期筹资方式筹集的资金使用期限一般超过一年或者可以永久使用。其方式包括发行股票、长期债券、银行长期借款等。短期筹资方式筹集的资金使用期限一般在一年以内,包括短期银行借款、短期债券、商业信用和其他短期负债等。

(一) 长期筹资

1. 发行股票筹资。发行股票是股份公司筹资的重要方式。股票是企业收到投资者支付的股金份额后交给投资者的股权证书。通常把股票分为普通股和优先股。普通股股东享有盈利分配权、剩余财产求偿权、投票表决权等权利;而优先股的所有人则享有优先获得分配股利权和资产分配权,但一般无权参与企业经营管理,在企业中也无表决权。

利用发行股票进行长期筹资,具有以下几个特点:

(1) 筹资迅速。由于股票能吸收社会闲散资金,在短期内就可以筹集到大笔资金满足生产经营的需要。

(2) 是永久性的资金来源,只负有限责任。股票没有最后到期日,公司无需返回股本。股东是公司的所有者,但承担风险仅以投资额为限,对公司负有限责任。

(3) 筹资代价高。与借入资本相比,发行股票筹资支付股利要从公司税后利润支付,没有抵所得税的优惠;另外,筹资费用较高,需要支付公证费、注册费、代理发行费等。

(4) 股东有权参与经营决策,具有分权性,当某家公司或某一股东拥有该公司 25% 以上的股权时,就可能产生控股。

2. 长期债券筹资。债券,是筹资者收到提供资金有效交付的借款后,给予借款人的债权证书,也是债务人开具的有期限的信用凭证。企业向个人或其他企业发行的各种债券是企业债券,债券按照是否记名分为记名债券和不记名债券,按还本的期限分为 10 年以上的长期债券,6~10 年中期债券和 1~5 年短期债券,按债券发生的保证分为抵押债券和信用债券。

从筹资的角度来说,长期债券筹资有利有弊,其优缺点如下:

(1) 优点是:①债券成本固定;②投资者风险小,筹资者获得资金成本低;③债券筹资不会影响股东控股权。

(2) 缺点是:①债券需还本付息;②债券合同中的各种保护性条款,使企业在股利方针、融资方针和资金调度等方面受到制约。

3. 长期银行借款筹资。长期银行借款主要为基建借款和专用借款,这两种借款一般都已规定了借款用途。如基建借款主要用于企业新建、扩建和改建项目,专用借款主要用于企业固定资产更新和技术改造,长期借款按偿还期限不同又分为:一次付息的定期偿还长期借款,分期偿还长期借款。

4. 长期应付款筹资。长期应付款筹资主要有两种形式:补偿贸易和租赁筹资。

(1) 补偿贸易是一种不使用现汇而是在信贷基础上进行的贸易方式,它由国外厂商提供机器设备、技术,双方约定、由企业以使用该设备生产出来的产品或双方约定的其他条件来补偿引进设备款项。时间可达 10~20 年。

(2) 租赁筹资。租赁是企业在特定时期内以较低代价使用某项固定资产的一种方法。可分为经营性租赁和融资租赁两种。

(二) 短期筹资

1. 短期银行借款。短期银行借款是企业短期资金来源的重要组成部分。一般可分为两类：

（1）无担保贷款，是企业凭借信誉从商业银行取得的贷款。是企业在对应收账款和存贷进行季节性的投资时广泛利用的一种贷款。

（2）担保贷款（又称抵押贷款）是借款企业以本企业的某些资产作为偿债担保物而取得的借款。借款企业用于担保贷款的担保物有应收账款、存货等。

2. 商业信用筹资。商业信用是因延期付款而形成的一种借贷关系。因为购货者对其所购物品并不需要在提货时支付现金，而是供应对方根据一定的交易条件向购货者开出票据或账单，购货者由此获得信用并作为一项临时性的资金来源。商品信用有三种形式：欠帐、期票以及商业承兑汇票。

3. 应计费用筹资。应计费用是指企业（公司）内部形成在前，支付在后的各种费用，最常见的费用是应交税金，应付租金、应付工资等。应付费用是一种无筹资成本的短期资金来源。但必须指出，这种筹资方式不能由企业自主使用。例如：应交税金的支付期是由税法规定，企业必须按时交纳，否则会被罚款。

四、资金的运用

资金经过投放和运用，形成企业的各项资产。因此，对资金的运用，也就表现在对流动资产、固定资产、无形及递延资产以及对外投资的管理上。

（一）流动资产管理

流动资产是指可以在一年内或者超过一年的一个经营周期内变现或运用的资产。主要包括货币资产、短期投资、债权资产及存货资产。

1. 货币资产。货币资产是流动资产中流动性最强、获利能力较弱的资产。企业为了获得最大利润，必须有相当数量的货币资金以满足生产经营的需要，同时，也要防止资金闲置。货币资产的内容包括现金、银行存款和其他货币资产。

货币资产的管理主要表现为对现金和银行存款的管理。

(1) 现金管理的基本内容包括规定现金的使用范围、库存限额和建立严格的内部控制制度。

(2) 银行存款的管理。主要表现为如何保持银行存款的特定水平,以使企业既能将多余货币资金投入有较高回报的其他投资方向,又能在企业急需资金时,获得足够的现金。

2. 短期投资管理。短期投资是指企业购入的能够随时变现、持有时间不超过一年的有价证券以及不超过一年的其他投资。包括各种股票和债券等。企业进行短期投资时,首先应考虑企业本身的资金实力以及货币资金的持有数量。同时也必须了解各种股票、债券的发行情况,根据具体情况,在权衡预期收益与风险之后作出选择。

3. 债权资产管理。债权资产是指债权人将在未来时期向债务人收取的款项,主要包括应收账款和应收票据等。

(1) 应收账款管理。企业对应收账款的投资,一般按照收益与风险的权衡结果来提高或降低应收账款的投资水平。例如企业可采用降低应收账款信用标准的办法来刺激产品需求,从而使利润增长,但应收账款增加,又会使有关费用随之增加,且有呆账损失的风险,因此必须加以权衡,作出决策。

(2) 应收票据管理。应收票据一般包括期票、汇票。期票是指债务人向债权人签发的,在约定日期无条件支付一定金额的债务凭证,汇票是指由债权人签发(或由付款人自己签发),由付款人按约定付款期限,向第三者或持票人无条件支付一定款项的凭证。

4. 存货资产管理。存货是指企业在生产经营过程中为销售或者耗用而储备的各种物资。包括材料、燃料、低值易耗品、在产品、半成品、协作件以及成品等,企业保持一定数量的存货,一方面是为了保证生产经营连续正常进行,但另一方面也会为此负担一定的成本费用。存货控制的目的就是为了使存货的效益与成本达到最优化。

(二) 固定资产管理

固定资产是指使用期限超过一年,单位价值在规定标准以上,并且在使用过程中保持原有物质形态的资产。包括房屋及建筑物、机器设备、运输设备、工具器具等。

固定资产是企业的重要物质技术基础,因此加强对固定资产的管理是十分重要的。企业对固定资产管理可归纳为以下几个方面。

1. 做好固定资产的投资决策工作。由于固定资产占企业全部资产比重较大,企业的每一项固定资产投资决策直接影响到其未来的收益,因此企业必须运用科学方法,比较各种不同投资方案,选择综合效益较优的方案。

2. 做好固定资产需要量的预测。通过预测,使企业做到心中有数,取得组织生产和指挥生产的主动权,提高固定资产的利用效果。

3. 加强固定资产的实物管理,提高设备的完好率和利用率,以达到有效地使用固定资产。

4. 正确计提折旧。固定资产折旧记入成本费用后通过销售收入进入了企业的银行存款。因此,企业要合理地调度和使用货币资金,及时更新固定资产。

(三) 无形资产、递延资产及其他资产管理

无形资产是指企业长期(超过一年)使用,没有实物形态的资产。包括专有技术、专利权、土地使用权、版权、商标权、商誉等。企业无形资产的计价一般是按照取得时的实际成本计价,入账以后,应从受益之日起,在一定期限内平均摊销。

递延资产是指不能全部计入当年损益,应当在以后几年内分期摊销的各项费用,包括开办费、以经营租赁方式租入固定资产的

改良支出等。递延资产也需在一定期限内平均摊销。

其他资产是指除上述各项资产以外的资产。主要包括特种储备物资、银行冻结存款、冻结物资、涉及诉讼中的财产等。

(四)对外投资管理

对外投资是指企业以现金、实物、无形资产或者购买股票、债券等有价证券方式向其他单位的投资。企业对外投资有着重要的意义:

1. 有利于企业充分利用闲置资金。企业在生产经营过程中,往往由于各种原因而出现部分闲置资金,如果企业不加以有效地利用,就会造成资金浪费,而如果企业将其投向高回报的证券市场或其他企业,则能获取更多的收益。

2. 有利于促进企业之间的横向经济联合。企业利用自身在生产经营中可以抽出来的现金、实物及其所拥有的专利权、专有技术以及商标等无形资产对外投资,无疑对企业之间横向经济联合有着极大的促进作用。

3. 有利于扩展生产经营规模。企业通过对外投资,既充分利用了闲置资金,也为未来企业扩展生产经营规模积累了资金。此外,在证券市场上买进其他企业股票达到一定规模后,可实现对其他企业的控股,从而同样实现企业扩展的目的。

对外投资按投资的时间和目的来区分,可划分为短期投资和长期投资两大类。

1. 短期投资是指能够随时变现、持有时间不超过一年的有价证券以及不超过一年的其他投资。其目的主要是利用闲置资金获取收益,并准备随时变现,而不是积累资金或控制其他企业。

2. 长期投资是指企业不准备随时变现、持有时间在一年以上的有价证券以及超过一年的其他投资,企业长期投资一般出于以下目的:

(1) 控制其他企业,配合本身的经营;

(2) 积累整笔资金,以供特定之需。

五、资金的分配

资金的分配是指企业将取得的营业收入和利润进行分配,它涉及营业收入管理和税金管理、利润管理三个方面的内容。

(一) 营业收入管理

收入按其与企业生产经营活动的相关程度,可分为营业收入和营业外收入两大类。营业收入是指企业在生产经营活动中由于销售商品或产品、提供劳务或从事其他经营活动而获得的收入;营业外收入则是指与企业生产经营活动无直接关系的非经营性收入。

营业收入确认应采用以收入实现原则为基础的确认方法,即收入的确认应当同时满足两个标准:

(1) 商品所有权已经转移,或劳务已经提供;

(2) 已经收到货款,或者取得收取货款的具有法律效力的凭证。

(二) 税金管理

税金是企业依法向国家交纳的货币金额,是企业必须履行的义务。搞好税金管理,遵章纳税,也是企业资金管理的一项重要内容。

企业所需交纳的税种一般有:增值税、消费税、营业税、企业所得税等。前三种税统称为流转税,是以发生在流通领域内的商品流转额和非商品流转额作为课税对象而征收的税。

(三) 利润管理

1. 利润的形成。利润是企业在一定时期内的生产经营成果,是衡量企业经营管理绩效的重要指标之一。

利润总额的形成如下式所示:

利润总额 = 营业利润 + 投资收益 + 营业外收入 - 营业外支出

(1) 营业利润是指营业收入扣除成本、费用和有关的税金及附加费后的数额。不同行业,营业利润构成有所差别。

工业企业。营业利润即为销售利润,销售利润的形成如下式表示:

销售利润 = 产品销售利润 + 其他销售利润 - 管理费用
　　　　 - 财务费用

其中:产品销售利润 = 产品销售收入 - 产品销售成本 - 产品销售费用 - 产品销售税金及附加

其他销售利润 = 其他销售收入 - 其他销售成本
　　　　　　 - 其他销售税金及附加

管理费用主要指企业行政部门为组织和管理生产经营活动而发生的费用。财务费用主要指企业为筹集生产经营所需资金而发生的费用。

商业企业。营业利润 = 主营业务利润 + 其他业务利润 - 管理费用 - 财务费用

其中:主营业务利润 = 主要业务收入 - 商品进价成本 - 经营费用 - 营业税金附加

其他业务利润 = 其他业务收入 - 其他业务支出

(2) 投资收益是企业对外投资收入和扣除投资损失后的数额。

(3) 营业外收入、支出主要是指那些与企业的生产经营活动没有直接联系的收入和支出,如固定资产盘盈、违约金等。

2. 利润的分配。企业利润分配的内容主要包括经营亏损弥补、利润调整、利润分配顺序等三个方面。

(1) 经营亏损弥补。企业的亏损主要有政策性亏损和经营性亏损,对于经营性亏损的弥补来源视具体情况可用税前利润或税

后利润补偿,此外,有时也可采用盈余公积金来弥补。

(2) 利润调整。对利润的调整主要是为了重新确定应纳税所得额的计算基础,避免双重课税。对利润的调整主要包括三项:①弥补以前年度亏损;②在已纳税项目的适用税率与企业适用的所得税税率相一致的情况下,剔除投资收益中已缴纳了所得税的项目;③在已纳税项目的适用税率低于企业适用的所得税税率的情况下,剔除只需要按规定补交所科税的项目,并按规定另外计算应补交的所得税。

经调整后的利润总额,即为企业纳税所得额,企业即可根据所得税税率计算交纳所得税。

(3) 利润的分配顺序。企业缴纳所得税后的利润,一般应按以下顺序分配:①支付由于违反某些规定而被没收的财产损失以及违反税法规定的滞纳金和罚款;②弥补延续5年用税前利润还不能弥补的经营性亏损;③提取法定盈余公积金;④提取公益金;⑤向投资者分配利润。

第五节 知 识 资 源

知识资源是人类活动至关重要的一种特殊资源。21世纪被称为"知识时代",知识资源显得尤为重要,有了丰富的知识资源,物质资源才能够得到充分利用和开发,反过来,知识资源匮乏的情况下,即使有了丰富的物质资源也无法得到发展。知识资源中蕴藏了人类的智力和劳动,经过系统的收集、整理、储存、搜索以及利用,可以产生广泛的社会和经济价值。

一、知识管理的概念

知识管理就是利用组织智力或知识资产创造价值的过程。企业知识管理的具体内容包括:充分运用现代信息技术,尤其是网络技术,对企业的全部知识(隐性知识和显性知识),对企业知识活动的各个环节—知识创新、存储、共享、使用和增值,实施科学运作和有效管理,迅速提高企业的经营业绩和经济社会效益。

企业核心竞争力的根源在于知识。核心竞争力的表现形式为能力、专长、信息、资源、价值观等。它们以知识的形式存在于企业的各个方面。从知识观点考察,研究者从知识能否被外部获得或模仿的角度来定义企业核心竞争力,认为企业核心竞争力就是指独具特点的、不易外泄的企业的专有知识和信息。

个人知识的形成主要体现在个人的记忆和能力之中,而企业知识则需要体现在文档化、参数化、流程化、制度化的作业之中。知识管理触及组织能力的许多方面,渗透在企业组织的各个核心业务当中,如组织管理(包括知识共享、团队建设和协作培训)、产品开发、销售和营销、竞争情报研究、供应商和客户关系管理等。由这些核心业务所形成的新关系越来越基于信息的交流和共享,相应地,基于这种共享学习的知识资本就成为企业创造财富的一个首要动力。

1. 知识管理与生产管理。对于企业来讲,对生产环节,质量控制,设备能力的认识是其知识的一部分,可以帮助其有效地组织生产。用知识管理的概念来看待生产过程,就是要增加更多的分析方法,积累的方法,把生产统计中的数据更有效地利用起来。

2. 知识管理与质量管理。企业建立的质量管理体系实际上也就是关于质量管理的知识体系,通过管理来提升质量观念,形成作业流程,从而保证产品或服务的质量。知识管理的方法在质量管理的过程中得到了最好的体现,几乎所有的质量管理都是建立在记录和文档的基础上的,知识管理更要求在质量管理的过程中,具备认识上的提升,而不仅仅停留在记录的层次上。从知识管理的角度看,企业的知识管理是融合了个人知识积累,也就是分析方法的积累和企业知识的积累,是文档和制度两个方面的积累。重视质量管理的企业,实际上已经在知识管理上迈出重要的一步,而知识管理则更强调企业知识与人工的个人知识的相互转化。质量管理中的知识管理观念,正是体现了这一点。

3. 知识管理与市场营销。信息技术的发展给市场营销带来新的发展机遇,短短的时间里客户管理系统、供应链管理等改变企业的思想和软件系统变成企业胜于市场的最新武器。特别是客户关系管理系统,引入了客户挖掘等最新的方法,充分体现出了知识管理在开发客户中的作用,企业仅仅拥有开发、生产和销售中的知识已远远不能形成竞争优势,要大力加强市场营销,市场营销中所蕴含的知识同样丰富。在市场营销以及客户关系管理方面,知识管理的应用更为丰富,客户资料、客户行为的积累和分析,都需要采用知识管理的模式来提升各种原始的数据。经过加工分析的数据才能对企业的决策起到指导作用。

二、知识管理的衍变历程

知识管理这一概念在1990年代开始得到普遍应用,而在此之前,管理界有关知识的运作大多体现在培训、学习、组织学习和信息管理等企业活动中。这些不同的企业活动的核心在于,如何在企业内部对各种类型的知识进行管理操作,因而,在了解知识管理的同时有必要对上述活动进行回顾,以了解知识管理的衍变背景。

企业培训盛行于1980年代,作为一项传统的教育方法,培训凸现了其在知识传播方面的显著优势,即有针对性地提高企业员工在某些特定方面的能力。因此,员工培训成为企业普遍采用的方法,时至今日,仍不失为各公司人力资源管理当中重要的工作环节。然而,在不断实践中,培训也暴露出一些缺陷,譬如,培训在解决问题时属于反应型方法,培训方案一旦确定,往往长期沿用,对于企业中愈来愈频繁的变化难以作出及时响应,在时效性上无法满足实战需求。再者,培训项目往往受限于培训教师的知识范围和培训大纲所制定的内容,接受培训的学员的技能增长呈非连续状态。鉴于此,人们开始提出培训项目之外的自我发展、自主学习、学习如何学习等理念。

与培训相比,强调学习的概念有利于调动员工获取知识的主动性,发挥其能动性。同时,由于学习的行为是以个体为单位,更加具有针对性,可以及时有效地解决工作中的问题。继此之后,学习的概念又从个体层面上升到组织层面,从而产生了组织学习。当组织中的个体单位对有利于组织发展的知识进行学习的同时,整个组织也将获得这一知识,实现整个组织的学习进步。究其实质,学习行为的实施仍需通过组织中的个体实现,不过,这时学习的目的从个人扩展到整个组织,其获得的知识将为组织所用。并且,就学习结果来看,组织学习中个体获得的知识经过组织层面的汇总和整合,将大于个人学习的总和。由于组织学习的优势,学习型组织很快成为企业界追求的模式。以梅尔为代表的管理学家们认为,建立学习型组织可以促进组织学习,普遍认为,学习型组织的核心动力包括开放性、连续不断的学习过程以及较强的变革能力。提倡组织层面的学习可谓企业知识行为的一场革命,它不仅将知识和企业发展更加紧密地联系在一起,而且奠定了一个新型的理论基础,使得企业的知识运作跳出了过去依赖个体员工知识简单累加的范式,启发了企业作为知识主体在获取、整理、应用知识上的能动性。

正当企业意识到掌握知识、应用知识是市场竞争的核心力量的同时,计算机技术的迅猛发展带动了信息产业的进步,高科技的应用使得信息的传递和储存在速度和数量上达到了前所未有的高度。信息系统被广泛引进到企业运作之中,例如,管理信息系统(MIS)的应运而生,它能够从内部和外部资源中获取企业所需的各种信息,为管理决策提供及时有效的支持。如何在企业内部建立这些信息系统,以及如何对这些系统进行管理,使其最有效地为企业服务成为了企业新一轮关注的焦点,由此产生了信息管理,它成为企业知识行为的又一里程碑。

知识管理的产生继上述知识行为之后,广义的知识管理涵盖了这些知识行为,又在此基础上增加了新的理念。其中一个重要内容就是在信息管理中所传输、储存的必须是可以表述的知识,而在知识管理中,知识的形态拓展到可以表述的显性知识和无法表述的隐性知识。尤其是后者,因其无法表述的特性,在过去的知识行为中往往被忽略,而这些隐性知识恰恰是企业竞争取胜的关键。例如,当今世界,信息的传递非常快捷,一个企业所拥有的生产流程很容易被其竞争对手所模仿,使这种优势不复存在。而企业中一些隐性的文化因素以及员工的经验和技能因其"只可意会,不可言传"的特性,很难复制,这种独一无二的优势将使企业长期立于不败之地。此外,知识管理除了继续充分利用信息技术对知识进行系统化的操作外,还特别强调了人的因素,因为人是知识的主体,无论掌握了多少信息,离开了人的能动性接受和应用,信息将无法成为可用的知识。表 5.2 中比较了各阶段知识行为的主要特点。

表 5.2 各阶段知识行为主要特点比较

	培训	个体学习	组织学习	信息管理	知识管理
行为主体	培训人 受训人	学习者	企业个体:员工或部门	信息技术人员,企业员工	企业内部每个员工,外部相关人员
知识传播方向	从培训人流向受训者	从外部资源流向学习者	从外部资源流向组织	将信息呈现给组织内部人员	使恰当的知识在恰当的时候流向恰当的人
知识最终所有者	个人	个人	组织	组织	个人、组织
知识处理方式	传播	汇集	传播、整合	传播、贮存、搜寻	创造、收集、传播、贮存、应用
知识类型	显性	显性、隐性	显性、隐性	显性	显性、隐性

三、知识管理的内容

虽然经过十几年的推广和应用,知识管理已经成为企业界和学术界一个热门话题,关于知识管理的定义仍然形形色色,莫衷一是。一般来讲,知识管理指企业通过运用网络系统和管理方法达到企业内部知识的创造、共享和应用,从而完成企业智力资本的增值过程。在此,知识既包括业已成形的数据库、文件、企业操作流程和规范,也包括隐性的、不成文的经验和专业技能。知识管理的宗旨并不是对知识进行管理,而是尽可能有效地让知识发挥作用。阿瑟·安德生咨询公司(Arthur Anderson Business Consulting)用一个公式概括了知识管理中的要素:

$$KM = (P+K)^S$$

其中,P 是指人(People),人是知识的载体;+表示技术(Technology),信息技术构成了知识管理体系的支持面;K 即知识(Knowledge);S 表示共享(Sharing),共享的程度决定知识管理作用力的范围。这个公式显示,知识管理的实现依赖于人和知识通过信息技术的有机结合,这种结合的效果在共享的作用下会成几何倍数地增大。

美国著名管理大师 Wilf. Greenwood 于 1998 年提出了著名的 6C 理论,即:

1. Create from individual:知识管理,知识、技能与经验由组织内各人分散持有,需要将其累积并收集起来。

2. Clarify:确认,从繁杂的信息中提取需要的知识,去芜存菁。

3. Classify:分类,将信息按一定规则合理分类,以方便检索。

4. Communicate:沟通,建立一个完善的虚拟沟通环境,提供信息共享的渠道。

5. Comprehend:理解,通过沟通增进组织与个人间的理解。

6. Create from group：通过群组学习及知识共享，提升组织整体能力。

由知识创造、知识共享到知识应用组成的知识管理三部曲得到普遍认可和应用。通过对业务流程创造的企业内外的知识进行梳理和系统化，再通过知识共享的过程，使有用的知识不断得到传播，进而提升应用的机会，降低知识创造的成本，最终实现知识管理对企业效益的提升。

四、知识的收集与贮存：信息管理

（一）信息的收集

随着 Internet 技术的兴起，基于 B/S(浏览器/服务器)模式的知识管理系统应运而生，迅速发展，企业员工使用网络浏览器，通过基于 web 的知识管理系统获取知识并考虑如何提取知识，发现隐藏于其中的各类关系和规律。图 5.1 为一种基于信息系统的知识管理系统的基本体系架构。

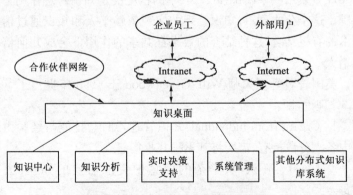

图 5.1　基于信息系统的知识管理框架

信息的收集是知识管理的第一步，也是重要的基础，信息质量的好坏，在很大程度上取决于原始信息的真实性和完整性。企业信息资源极为广泛，必须通过各种形式和方法进行收集。

（1）原始记录法，即用数字、文字及其他各种形式记录下信息原始材料，如：统计、物价、劳动人事等方面的资料记载等。

（2）阅读法，即通过阅读报纸、杂志、广告、文献资料等收集其中有用的信息。

（3）通讯法，企业与企业之间，企业与政府之间通过通讯形式，获取所需要的信息。

（4）观察法，如带着生产经营中的问题，到市场上进行调查、收集第一手资料。

（5）询问法，如向熟知市场情况的人士或有关专家询问有关商品价格方面的行情。

（6）视听法，通过电视、广播中的有关节目，获得有用信息。

（7）预测法，采用统计及预测模型，预测未来发展趋势。

（8）购买法，当企业需要信息时，还可向有关咨询企业、信息中心购买各种信息。

（9）协作交流法，与科研单位、高等院校、图书馆等建立信息协作交流关系，随时交流信息。

此外，出国考察、设立产品信息窗口、直接征求客商意见等途径都可获得有用的信息。总之，信息来源是多样的，收集信息就可采取相应的各种形式和方法，以达到及时、准确获取信息的目的。

（二）信息的加工

信息资源加工也是信息管理的重要环节，它是指将收集到的信息资源按照一定的程序和方法进行分类、计算、分析、判断，使之成为一种真实准确的信息资料，以便使用、传递和存贮。

信息加工的基本要求是准确、及时、系统、适用、经济、浓缩。

（1）分类。将杂乱无章的原始信息按一定标准分类，以适应不同部门、不同管理层次的不同信息需求。

（2）比较。从各种信息的比较中分析经济活动变化趋势及特征,如有偏差,则进行修正。

(3) 计算。应用一定的数学方法和统计方法,对定量性可运算信息资料进行加工运算,并从计算中得出新的有价值的信息。

(4) 研究。根据信息的相关性,能利用信息加工才是智力,从大量信息中得出新的概念和结论。

(5) 判断。对于涉及几项问题的多角信息进行分析判断,对各种信息的准确性、可信度进行论证和鉴别。

(6) 编写。把信息资料编写成新的信息资料。

在信息加工中,一定要防止虚构,添加、夸张及个人的主观偏好,要求以求实和求精的态度,详细分析和研究加工信息,仔细调查核对,使加工后的信息产品达到高质量。

(三) 信息的传输

信息只有及时传送到使用者那里,才能起到应有的作用。信息能否发出和到达,取决于信息传输的功能,信息传输要建立一定的传输渠道系统,形成信息流和信息网。管理组织机构和组织体系,决定了企业系统内部基本的信息传输渠道。此外,信息系统还要通过多条渠道,实现直接的和间接的,纵向的和横向的,纵横交错的多方面联系。总之,信息传输网是个极其复杂而灵敏的系统。

(四) 信息贮存

加工后的信息,一般并不立即使用,有的虽然立即使用了,但使用后的信息还要作为今后的参考。因此,就需要将信息贮存起来。信息贮存是信息在时间上的传输,发挥它的记忆功能。通过信息的贮存和积累,有助于客观经济情况进行动态的和全面的分析研究。

企业信息资源的处理过程,可以通过图5.2把它完整地表现出来。

图 5.2　信息资源处理过程

（五）计算机在企业信息资源管理中的应用

由于现代企业信息处理工作的规模和范围，已经远非仅靠领导者的头脑和少数人的经验就能胜任。因此，在信息资源管理上，所考虑的就不仅是掌握某些关键信息的问题，而且还应包括科学地、合理地组织信息管理工作，提高信息管理水平。

1. 将计算机引入企业信息管理中来的目的，并不是仅仅为了用机器代替人的手工操作，而是为了提高企业信息管理的工作效率和质量，提高企业总体的有效管理程序，取得综合的经济效益。依据这一思想，我们可以利用计算机在下述信息管理工作中发挥作用。

2. 及时、迅速、准确地获取更多信息。随着有关信息高速公路的基础工作的不断发展，企业将能轻而易举地查询到自己所需的信息。同时，信息高速公路所造就的信息高度共享，更拓宽了企业的信息来源。因此，企业完全能凭借计算机及相关设备及时、迅速、准确地从计算机网络中获取更多有用的信息。

3. 对信息进行高质量的处理。利用计算机来对已有的信息进行比较、计算、分析、判断、运用各种数字预测模型、最终得出相关的预测信息，如：财务指标预测、库存预测、市场前景预测等，这样，企业可以很方便地依据这些信息制定相应的对策与计划。计算机还能将生产、经营各环节的数据，进行综合处理，形成各个管理层，各个管理部门所需要的信息。如财务管理、人事管理、库存管理、销售管理等都可采用计算机来帮助完成。企业还可利用计算机来完成一些特殊的工作。例如利用计算机对整个生产流水线进行自动控制,完成一系列生产操作等。

4. 迅速、准确地传递信息。有人曾预言,企业未来的办公室将向无纸化的方向发展,全部所有信息的处理都通过计算机来完成。企业内部的信息交流,企业与外部环境的信息沟通,所有信息传递工作都不再需要纸张。不但如此,计算机还能提供更多载体选择来展示和传递信息,如声音、图像等等。事实上,计算机在企业信息管理中的应用,其发展速度是迅猛的,管理信息系统(MIS)便是其中一例。管理信息系统是一个由人、计算机等组成的能进行管理信息的收集、传递、贮存、加工、维护和使用的系统。它从企业全局出发综合功能、统一数据、满足企业上、中、下各层管理人员的要求。其大型数据库满足了信息共享的要求,因此,它是一种集成系统。

按照企业生产经营活动的不同功能与环节,管理信息大致可分以下几个系统:①生产管理系统;②财务管理系统;③营销管理系统;④人事管理系统等。各系统之间彼此互相联系,构成管理信息系统的整体框架。管理信息系统发展的最终目标是全自动化的管理系统。这个系统能自动的收集、传输、保存、加工、更新和使用信息,能自动地进行预测、决策和控制实现企业的战略计划,能够自学习、自适应、自组织改变自身结构适应环境的需要,能够和自身有关的其他系统进行有效的通讯,能自动控制系统和各种管理人员、技术人员、管理有效的通讯联系。总之,其目标是要在更高层次上对信息资源进行综合管理,以实现企业的现代化管理。

五、知识的创造与应用:技术管理

(一)技术的定义与一般性特征

技术是根据一定时期的社会实践经验和科学原理,为一定应用目的而发展起来的各种作业的操作方法与操作技能及所采用的手段(包括动力、工具、材料等),这一定义,包括三层定义。

1. 技术的来源。技术是根据一定时期的社会实践经验和科学发展原理发展起来的,是历史的产物,在近代以前,技术往往是实践经验的总结,但在近代情况有所变化,新技术的发明往往依赖于某个科学实验,科学成为技术的先导,而技术则是科学原理有目的应用。

2. 技术的目的。任何一项技术都是服务于一定的应用目的,例如:生产技术是为生产各种产品服务的。

3. 技术的构成。技术主要由两大部分构成:一是软件、二是硬件。软件包括某种操作方法和操作技能。除了软件之外,硬件也是不可忽视的组成部分,它包括动力、工具、加工的原材料(或其他劳动对象)和物资设备(如通讯设备、控制设备等)。

4. 技术的一般特征。技术是人类在利用自然、改造自然、发展社会和改造社会的实践中发展起来的,必然要符合自然发展规律和社会发展规律,必然会具有自然和社会两方面的属性。根据技术的双重属性,我们可以得出以下技术的一般的特征。

(1) 创新性。技术不是天然的东西,是人类的创造,智慧的结晶,一部技术史,就是一部人类的发明创造史。创造性是技术的根本特征。

(2) 革新性。技术是不断革新的,为了满足人类对物质产品和精神产品日益增长的需求,就要不断用更先进的技术来取代落后技术,或者对原有的技术加以改进。

(3) 科学性。技术来源于实践经验的总结和科学的原理,它必须符合客观规律,否则技术是难以成立的。

(4) 经济性。技术是人类的助手,是人的四肢、人体和大脑的外延和扩大,是人类改造客观世界的重要手段,它协助人类不断地减少消耗,增大收益。

(二) 技术资源开发与管理的意义

技术,作为企业的一大重要资源,对企业在激烈竞争环境下的生存和发展都起着至关重要的作用。因此,加强对技术资源的开发与管理无疑具有十分重要的作用。

它是提高劳动生产率,促进企业技术进步,进而保证实现企业发展战略的先决条件。当今的世界,正面临新技术革命迅猛发展的时期,如新技术、新设备、新工艺、新材料的发展等等,与此相联系,劳动生产率的提高,也日益依赖于科学技术的进步。为了保证企业未来发展目标的实现,企业不得不依靠技术进步,来带动劳动生产率的提高,进而增强自身的竞争能力。因此,只有加强对技术资源开发与管理,才能保持自身的领先地位。

它是提高企业产品和服务的竞争能力,不断满足消费者需求的有效手段。企业所能提供的产品和服务,只有满足消费者不断变化的需求,才能在竞争中立于不败之地。而对技术资源的有效利用,恰恰能帮助企业不断改进其产品和服务,从而使它更具竞争能力,更为消费者接受和欢迎。

(三)技术引进

技术引进是指为发展自己的科学技术和经济,通过各种途径,从国外引进本国没有或尚未完全掌握的先进技术,它是企业促进经济和技术发展的主要战略和措施,也是技术资源开发与管理的重要内容之一。国际间的技术引进可分为贸易形式和非贸易形式两种。贸易形式是有偿的技术转移,也叫技术贸易,它包括许可证贸易、咨询服务、合作生产、补偿贸易、合资经营等。非贸易形式通常是无偿的技术转移,它包括科学技术的交流、聘请外国技术专家,参加国际学术会议、技术座谈,交流技术资料与情报,举办国际展览等。

1. 技术引进的内容主要指专利许可,专有技术许可和商标许可的许可证贸易。

专利。专利是指一项发明创新的首创者到专利机关申请并批准后在法律上取得的专利权。它分为发明专利、实用新型专利和外观设计专利三种。

专有技术,也叫技术诀窍,它指从事生产活动所必需的、未向社会公开的秘密技术知识、经验和技巧,包括各种设计资料、图纸、生产流程、加工工艺、材料配方、测试方法等技术资料;经营管理、产品销售、储存和运输等有关技术资料;技术人员、管理人员和工人所掌握的各种经验知识和技巧。

商标。商标是工商企业用来标明其商品与其他商品区别的标志,它可以用文字、记号、图案或其综合加以表示,代表商品的质量和信誉。

2. 技术引进可通过各种不同的方式进行,其具体方式有:

(1) 合资经营。它是两个或两个以上的法人共同举办某企业,双方共同投资经营、分享利润、共担风险的一种经营方式。一般来说,一方提供机器设备、专利技术、专有技术等先进的技术手段,另一方则可根据自身情况提供厂房、土地、动力和现金等入股。

(2) 合作生产。它是指一项产品或一个工程项目,由双方或多方各自承担其中某些部分或部件的生产来共同完成全部项目的一种合作方式。合作生产所采用的技术可以由一方提供,另一方就可以在合作生产的过程中达到技术引进的目的。

(3) 许可证贸易。它指技术转让方和技术引进方就某项技术转移问题进行商业性磋商,然后,双方就磋商结果达成协议。按照协议规定,技术引进方有权使用技术转让方所拥有的技术,生产和销售利用这种技术所制造的产品,并按协议规定返回技术转让方一定的费用。

(4) 成套设备引进。从国外购买生产某种产品或系列产品的全套设备,在设备引进的同时引进技术,引进的内容通常包括工艺技术、工程设计、成套设备,甚至包括厂房、生产、管理、产品销售和培训技术人员等服务项目。

(5) 技术咨询服务。技术引进方就引进项目的可行性研究,引进技术方案的设计,引进方案的审核等问题委托咨询机构进行专项或系列项目的帮助。

(6) 补偿贸易。是指技术引进方用产品补偿技术转让方费用的贸易方式。

(7) 租赁设备,它是由租赁公司按用户承租人的要求垫付资金,向制造商购买设备,租给用户使用。用户一方面定期向租赁公司支付租金,另一方面,又与制造商签订技术合同(如技术指导,人员培训,设备维修等)。

对引进的技术或项目进行经济可行性分析,既从技术、经济财务和产品销售等方面进行全面系统的综合分析研究,同时,从法律、环保、公众安全以及对整个社会经济的影响等方面作出科学的论证与评论,从而帮助企业对项目投资作出准确的决策,并对技术引进后的经济效益进行预测,可行性分析能启示企业在决定每个技术引进项目时,进行各种方案的比较和选择,从中选择最佳方案。

3. 技术引进的可行性分析一般包括:

(1) 项目的背景和历史。

(2) 能源、原材料等物资设备及补给品的供应条件;运输,公用设施等服务条件。

(3) 项目设计、生产技术、工程方案等研究。

(4) 现代企业管理、行政、销售等方面的分析。

(5) 劳动力来源及人员培训的分析。

(6) 工厂造价、资金来源及财务方面的研究。

(7) 综合分析结论,提出详尽的决策分析依据。

(四) 技术开发

技术开发是将科学知识转化为直接生产力的重要阶段,技术开发一头紧接基础研究,另一头通向生产:基础研究—技术开发—生产。就其实质来说技术开发就是把科学技术潜在的生产能力转化为直接生产能力。就其过程而言,是指从应用研究或试验发展开始直至新产品投入大批量生产的一个创新的全过程,它是企业获取技术资源的重要手段。

1. 技术开发就其一般特性来说,可分成以下四种类型。

(1) 独创型的技术开发。独创型技术开发是继成熟的基础研究之后,对基础研究成果作进一步的发展和拓广,如:贝尔发明电话等。

(2) 综合型的技术开发。综合型技术开发是充分利用现有技术加以综合并创造出具有新功能的生产力及新产品,如日本综合欧美各国钢铁技术,创造出转炉未燃气回收技术等。

(3) 克服负效应的技术开发。克服负效应的技术开发是从一种新的技术所产生的社会不良后果出发来进行研究的,它着眼于消除新技术的负效应,使新技术的巨大的经济效益更加奏效。

(4) 市场需求型技术开发。是指从市场调查、市场预测、市场需求的研究出发,千方百计地去迎合消费者的需求和爱好。

正确地选择企业研究开发项目,及时抓住时机推向市场是保证企业获得成功的最为重要的一个问题,同时也是企业碰到的最为复杂的一个问题。这是因为在一定时期内企业可供实现项目的资金是有限的,但需要资金的潜在项目却往往较多,怎样使有限的资金开发出最具潜在效益的项目,这就是企业领导面临的项目选择的决策问题。

2. 由于技术开发项目具有很多不确定因素,为了使项目的选择更加有效,企业必须根据资源状况和现有的项目进展情况,在不同项目之间进行比较、选择。根据目前情况来看,国际上用于项目选择的方法主要有以下两种。

(1) 剖析模型。此模型是以定性为主的,是以人们主观判断为基础的,没有量化的评估。这种评定可以由个人作出,亦可由小组具体评定。分析时,可根据各项指标,分别对每个项目作出高、中、低三种状况的评价,然后进行综合考虑。

(2)评分法。这是专家评价法中较常用的一种方法。该法首先根据评价对象的具体情况选定评价项目,对每个评价项目订出评价等级,每个等级的标准用分值表示(如1~5分),然后以此为基准,评出各个评价项目的分值,最后,通过运算求出各方案的总分值,决定取舍。

3. 新产品开发是指企业从有新产品的设想到新产品上市的整个过程,这些活动包括新产品的开发目标和策略,拟定产品计划、开发过程中实施协调、控制和评价。

新产品开发是企业生存和发展的重要支柱,它对企业的未来经营状况有重大的影响。

由于物质生产领域中的技术是技术开发的基本方面,生产的直接成果又是各种产品,因此,新产品开发就成为技术开发的主体部分。

企业中技术开发的新产品主要包括产品的更新换代,产品的改进和提高以及生产前所未有的新产品三个方面。

其开发的程序,一般分为五个阶段。

(1)调查研究阶段,该阶段对新产品开发全面地进行调查研究工作,并构思创意新产品方案。对提出的设想能否作为研究开发产品进行研究和评价。最后决定是否开始研究。

(2)先行开发阶段,该阶段的主体工作是新产品的基本设计,其任务就是根据初步入选的创意方案,提出新产品开发的总体设想,并尽可能形成几个较为具体的新产品开发方案,通过比较,选择最佳方案。

(3)设计试制阶段,该阶段是对第二阶段的技术构思确定进行评价后进行有关企业化研究的阶段,因此,能否进行商品化,还有赖于设计、试制、试验等的数据。

(4)市场试验阶段,即通过用户试用,或试销,决定最终是否正式生产和销售该产品。

(5) 正式生产和销售,从样品生产到经过大量生产技术准备后,开始正式生产并将新产品投入市场。企业应制定有效的销售策略,以便最快的进入和占领市场。

(五) 技术改造

所谓技术改造,是指在现有技术的基础上,采用先进的技术代替落后的技术,采用先进的工艺代替落后的工艺,以不断改变落后的技术面貌,提高生产效率和产品质量,促进产品更新换代,节约物耗。技术改造,是企业不断改善、提高技术资源水平的重要手段,也是全面提高社会经济效益的重要途径。

1. 对现有企业技术改造的内容是十分广泛的,它主要有:

(1) 技术设备更新改造。包括生产设备,工艺装备和测试手段的更新,设备构成或增加设备附件的改造。

(2) 改革工艺和操作方法,包括工艺配方、工艺规程、工艺流程、操作技术和方法以及生产作业线的改造、改进和调整。

(3) 节约和综合利用原材料、能源,采用新型材料和代用品等方面的技术改造,以提高原材料和能源的利用率,做到一物多用,物尽其用。

(4) 改造和完善企业管理手段和研制手段,包括生产控制、信息处理等手段和科研试制的仪器设备、技术测试等手段的改进与完善。

2. 技术改造的内容是依据技术改造的原则具体地确定的。违背技术改造的基本原则,技术改造就会陷于失败。技术改造基本原则的贯彻,会受到人力、资金以及技术水平的限制,不同地区,不同时期,所强调的侧重点也是各不相同的。

(1) 技术改造的效益原则,即以较少的投入,完成较多的技术改造项目取得最佳的经济和社会效益。

(2) 技术改造的重点原则,技术改造是有步骤地进行的,在一定时期内,技术改造应有其不同的重点。合理确定技术改造的主要内容和重点项目,有助于人力物力和财力的最佳运用,从而得到最佳的投入产出比。

(3) 技术结构合理化原则。即要求人们在技术改造中注意寻求最佳的技术结构,而不以单项技术、单项指标的先进性为目标。注重发挥技术的整体功能。这就是技术合理化原则的核心。

(4) 技术的社会组织合理化原则。技术改造必须与技术所应用的那个领域的社会组织合理、密切地结合起来,否则,技术改造所带来的技术进步就不可能取得预期的效果。

五、知识管理的实施

现代企业实施知识管理的方法很多,可供选择的有:构建支持知识管理的组织体系;加大对知识管理的资金投入;开发支撑知识管理的信息技术;建立知识管理评估系统等。

(一) 建立和完善知识的收集与储备系统

正如其他物资一样,知识作为企业的资产,通过建立企业知识库和增加储备的方式积累起来。企业的知识库中分门别类地储存从外部获取的信息,包括市场信息和竞争对手的情况;经过整理、分类的内部资料,如工作报告、技术数据、营销方法实录等等;更为重要的是企业有意识地掌握并管理个体员工所拥有的隐性知识,如个人技能和专长等,绘制企业内部的"知识地图"或"知识黄页"就是目前许多企业所倡导的方法,用于发掘企业的隐性知识宝库。

企业自身的信息科技系统是企业知识共享、运用、存储的重要工具。因此,为了满足企业内部人员对知识的需求,对知识资源进行动态管理,企业需要建立和完善信息科技系统。主要方法有构建信息网络如局域网、外联网以及公共互联网的建设。局域网可以更快更好地检索信息,提高工作效率,降低交流成本,形成更多的创新和产出。而外联网是网络化企业在成员企业之间建立的支持成员企业之间业务数据传输、沟通与协调的信息网络,它支持企业间的电子商务。而互联网是连接企业与顾客的纽带,它是企业运作的发展趋势,能显著地改变企业的运作方式及效率。

企业实施知识管理也离不开知识管理系统,如企业资源计划系统(ERP)、客户关系管理系统(CRM)等。企业资源规划是面向业务管理的信息系统。它识别并计划企业全部资源的需求,如采购、制造、发货和客户订单。它是为制造商、分销商、服务公司在采购、制造、发货和客户订单等业务中的资源需求方面进行计划和控制的有效方法。

(二) 建立知识管理者制度

近几年,国外许多著名的大公司纷纷设立专职人员专门负责公司的知识管理,于是一种全新的企业高级管理职位—知识主管便应运而生。设立知识主管,目的是激励企业员工参与企业的知识共享机制,培养企业的集体创造力。知识主管位于公司领导的最高层,其主要任务是对企业内外部知识的管理,将公司的知识变成公司的资本。

知识主管的主要职责具体有以下三个方面:制定知识政策,约束组织的知识管理活动,使组织的知识流有序地流动;提供决策支持,向决策者提出决策建议;帮助员工成长。知识主管必须以市场为核心,围绕市场组织知识资源和企业其他资源,综合企业内部知识和外部知识,从而优化经营效果。有了知识主管还必须有一个知识管理团队,此团队的核心成员包括:知识分析师、知识著作者。知识分析师评估主要用户的关键信息需求,并设法结合各种资源来完成任务。而唯有与知识使用者密切合作,才会知道如何以内部及外部网络资源来满足他们的需求。知识分析师还需要进一步将这些需求转化为系统要求并设计规格,然后监控这些解决方案的设计、开发与建立。知识著作者则利用网络服务器或其他通信工具来处理发布信息,并与知识分析师合作,提供正确、及时的信息给特定的知识使用者。知识著作者负责制作通过网络传播的信息内容,维持它们的准确性,并提供这些信息领域的专门知识。

(三) 建立知识导向型文化

知识导向型文化是指将知识视为企业最重要的资源。现在,国内企业都感到公司的重要客户随着某员工的跳槽而离去。其实这就是公司不重视知识管理,没有形成一个知识共享的组织文化氛围的结果。要形成这样一种文化氛围,公司必须实行有效的奖励制度。具体措施包括:

1. 将员工的建议存入知识库时,负责人必须注明建议者的姓名,与作者建立链接。所有人都可以从知识库中看到这个建议,并可与作者及时取得联系。这将促进员工提交建议的积极性。

2. 通过利益驱动。员工隐性知识的形成,是投入了巨大成本的,员工把垄断利益和企业补偿利益(物质的和精神的)进行比较,选择其中较高者。所以企业应通过利益驱动来鼓励隐性知识的共享。比如,可将员工为企业知识库提供的知识元素等参与知识共享的程度与工作绩效挂钩,对员工的知识共享给予各方面的补偿,从而充分调动员工隐性知识共享的积极性。

(四) 促进知识的交流与共享

企业的知识库建立之后,如果不能得到有效利用,这项工作将变得毫无意义。有研究表明,企业将 20%～30% 的资源浪费在重蹈覆辙,重复建设上,原因在于已有知识库中的知识不能得到广泛的传播和使用。因此,知识管理的一个主要任务就是利用企业中的管理资源,配合以先进的信息技术,让企业现有的知识得到充分的利用。随着全球化的趋势,企业内部的沟通受到了时间和空间上的限制,而一些大型国际企业采用的全球专家网络和远距离通讯技术也正是为了弥补这一缺陷,因此,知识管理中占很大比重的一类项目就是在信息技术支持下建立和使用知识交流系统。

（五）对知识进行资产管理

通过将知识列入企业的资产负债表，明确知识的价值，尤其是对于那些将知识管理项目投资计入管理费用的公司，这样的会计手段有利于保障知识管理项目的执行和评估。然而，由于知识的货币价值很难准确衡量，在实际操作上，这些将知识资产化的方法仍存在不少问题。

第六节 时 间 资 源

时间是企业管理中的稀有资源与潜在资本。随着市场竞争的日益加剧，企业越来越重视时间这一特殊资源，"时间就是金钱"这一格言，正日益为越来越多的人们所接受。企业只有正确而有效地利用好时间这一资源，才能在竞争中保持领先的地位。

一、时间及其特性

时间是物质存在的形式，是物质运动的物质性和间隔性，时间与其他资源如人力、资金等相比较，是一项特殊的资源。

1. 时间资源具有不可缺性。各项生产经营活动和管理活动都在时间中进行，离开了时间，一切计划、组织、指挥、控制等工作都无法开展，可见，时间参与了企业的一切经济活动，是不可缺少的要素。

2. 时间资源具有不变性。时间的供给是完全非弹性的，不论对时间的需求有多大，时间的供给也不会增加。时间是最易流逝的，它根本不能贮存，且完全没有替代品，所以时间资源永远是短缺的。

3. 时间资源具有可管理性。时间是极其复杂的，但只要认识和掌握了时间的本质特点，有效地加以利用管理，则一定能提高企业管理工作的效率和效能。时间管理所探究的就是如何避免浪费时间，更好地把握时间，以便有效地完成既定目标。

二、时间管理原则

为了对时间资源加以有效地利用,就必须对时间进行管理。企业时间管理一般要遵循以下原则。

（一）要提高时间效率系数

提高时间效率系数,就是通过提高时间利用的质量来赢得时间,一般可通过以下几种方法来达到：

1. 集中精力。专心致志地去做某一件事,往往能花费较少时间而获得高质量的结果。

2. 保持最佳情绪。良好的精神状态能大大提高有用功,改善时间的利用效果。

3. 利用最佳时间。找出自己精力旺盛的时间,用来处理最重要、最困难的工作,而把相对次要、容易的事放到精力稍差的时间去做。

（二）要集中使用时间

1. 尽量把时间集中起来。许多事情往往需要连续工作一段时间以后,才能取得成果,因此,应善于集中自己的时间。

2. 利用零碎时间。不论如何科学地安排时间,零碎时间总是存在的。利用零碎时间做完那些相对次要、需要时间不多又不很急的工作,就会余出许多整段时间做一些相对较长的重要工作。

（三）要遵守分级管理的原则

1. 必须确定合理的管辖幅度,即根据企业的实际情况,确定管理的范围,使管理者对其管理职责内的人和事实施有效的管理。管辖幅度过大或过小,都会影响到管理工作的效率和效能。

2. 必须做自己权力范围内的事,既不应请人代管,也不能越俎代庖,这样就能集中精力做好自己的本职工作。

（四）要推行工作标准化

日常的每项工作应该由谁做、怎样做、做到什么程度,什么时间完成,做后转给谁,都要有明确的规定,这样推行了工作标准化之后,主要管理者只要抓住重大问题和"例外管理"就可提高了工作效率。

三、企业管理者的时间管理

企业管理者除应遵守时间管理的一般原则外,还可运用以下两种方法对时间进行有效的管理。

(一) ABC 时间管理分类法

帕雷托原理认为,在一组项目中,有意义的项目通常占有较小的比例。美国企业顾问艾伦·葵金认为事物 80% 的价值集中在 20% 的组成部分中,因此,只要把 80% 的精力和时间用到这 20% 的关键上,就可以取得事半功倍的效果。ABC 时间管理分类就是将全部工作按轻重缓急分为 ABC 三类,然后据此排定先后次序,实行分类控制,重点突破。该方法的特点如表 5.3。

表 5.3 ABC 时间管理方法

分类	比例	特征	管理要点	时间分配
A 类	占总工作量的 20%～30% 每天 1～3 件	(1) 最重要:具有本质的重要性 (2) 最紧迫:具有时间上的紧迫性 (3) 有后果	重点管理 (1) 必须做好 (2) 现在必须做好 (3) 亲自去做好	占总工作时间的 60%～80%
B 类	占总工作量的 30%～40% 每天 5 件以内	(1) 重要 (2) 一般迫切 (3) 无大后果	一般管理 最好自己去做,也可授权别人去办	20%～40%
C 类	占总工作量的 40%～50%	(1) 无关紧要 (2) 一般迫切 (3) 影响小或无后果	不管理 可以管理	0

(二) 时间管理记录统计法

这种方法建立在数学统计的基础之上,通过耗费时间记录的方式抽取,获得时间耗费的真实信息再把其反馈到时间管理中去,从而使管理更加接近目标。

1. 记录。每天真实准确地在工作完成的"当时"记录耗用时间。时间耗用记录卡如表 5.4 所示。

表 5.4 时间耗用记录卡

年　月　日～　月　日

日期	固定工作		打电话		开会或学习		处理业务		其他		八小时外	
	内容	耗时	内容	耗时	内容	耗时	内容	耗时	内容	耗时	内容	耗时
⋮												
⋮												
合计												

2. 计算。填写完一个时间区段后,计算出各类时间耗费总和及每日各项耗费时间的平均值。

3. 分析,对照工作的有效性,分析时间耗用情况,找出时间浪费的因素,并对此项提出以下问题进行分析。

(1) 有哪些工作根本不必做? 在记录中占多少时间?

(2) 哪些工作别人去做比你更合适,而你未能授权?

(3) 记录中是否浪费别人工作时间? 有多少?

(4) 会议时间占多少? 是否合理?

最后根据上述分析结果,找出浪费时间的主要原因,并制定具体控制措施。

四、企业经营时间的管理

作为企业管理活动重心的经营活动,是在一定时间中进行的,有着严格的时间限制,因此,必须重视经营中所需时间资源的管理。

(一) 决策时间管理

决策是在一定时间中制定并执行的,时间是进行决策的前提,是执行决策过程中考虑的一个关键因素。

1. 制定决策要适时,即制定决策要掌握好时机,在重要关头果断决策,才是科学的决策。或早或晚都不是科学的决策。

2. 执行决策要及时,在现代社会中,决策的时效性越来越突出,要求执行决策的速度也要加快。因此一旦决策定下来,就应迅速组织贯彻措施。

(二)产品时间管理

任何产品都具有时间属性,拥有自己的产品生命周期,要保持和发展企业竞争能力,必须加强产品时间的管理。

1. 延长产品的生命周期。

(1)缩短投入期。产品在刚进入市场时,由于销售小、成本高,企业往往不可能赢利,因此应积极宣传和推广,使产品尽快进入成长期。缩短投入期,也就等于延长了产品生命周期。

(2)加快发展期。产品经过一段时间的销售,逐步受到消费者的注意和喜爱,此时销量、利润猛增。因此,要抓住时机,不断加快发展期,进一步扩大销售额。

(3)拉长成熟期。产品进入成熟期后,销量增长的放慢,市场趋于"饱和"。但此时也是获利的高峰时期,因此仍然必须大力进行宣传、推广,尽量延长成熟期。

(4)延缓衰退期。产品进入衰退期时,销量、利润逐渐下降。要采取措施,如扩大产品用途,改善产品质量及服务方式等,延缓衰退期的到达,当然要掌握好时机,过早过晚进入衰退期,都有可能造成损失。

2. 适时更新换代,任何产品都有产生、发展和衰退的过程,因此必须不断开发新产品。在生产第一代产品时,就应研制第二代、研究第三代、设计第四、第五代了,只有及时进行产品更新换代,才能保证企业在竞争中立于不败之地。

(三)价格时间管理

产品,尤其是季节性产品,其价格受时间限制,具有很强的时间性,因此加强价格时间的管理,也是很重要的。

1. 实行季节差价。季节性产品,不同的季节市场需求也不同,此时,可根据季节变化,在一定差价幅度内,使同一产品在不同季节实行不同价格,即旺季上浮,淡季下调,保持产品的畅销势头。

2. 实行阶段价格。即根据产品生命周期,在产品不同发展期采取不同的价格水平。一般来说,可在投入、成长期采取与成熟期不同的价格,以配合整体的营销策略。

五、现代企业时间管理的应用

现代企业的运作需求对时间管理进行了延伸应用。在一些行业中,时间管理的效率决定了企业生存之本和竞争优势,有些企业的核心竞争力就是以时间管理为核心,这些企业既包括新兴的现代物流业,也包括传统的服务业。

物流时间管理是一个新的概念,其主要目的是加快物流速度,使有限资源得到更有效利用。物流速度是物流管理最为关心的指标。物流速度指完成一项物流业务所消耗的时间长度,时间越短则速度越快。如以年为量纲计量物流速度,则它的倒数就是以年周转次数表达的物流速度。物流速度提高则意味着资本周转速度提高,流转加快同样的产出量所占用的流动资金减少。同时,提高物流速度可以降低大量成本。这是因为物流缓慢的主要原因是在物流过程存在大量的停顿时间,表现为库存,库存量越大则等待再次流动的时间越长。而因管理库存而发生的费用与库存资金成正比,因此通过减少库存量已成为很多公司降低成本的重要途径。

为了提高物流速度就必须对物流时间构成进行研究,物流时间构成指物流全流程中所发生的不同性质的时间消耗结构与连接方式。研究物流时间构成的意义在于弄清楚发生物流行为的原因与消耗时间的数量,从而开发适用的管理方法,改善流程,提高效率,降低成本。现有的方法有:

1. 物流价值工程法:物流价值 = 提前期缩短量/成本。该公式的含义是物流时间管理希望取得最佳效果,以小的成本支出换取大的时间压缩量。所以物流价值又是一个相对概念。运用此概念可以有效地帮助我们发现最有价值的改进环节或对象。

2. 物流流程标准化。标准化管理的好处是避免操作上的随意性,提高管理质量,保证执行相同业务的一致性。

3. 流水线化管理。流水线化管理的思想是像流水线生产那样把不同部门、不同组织之间的业务连接起来,业务到达边界不能停下来,立即往下传递。并且要变成批处理为单件及时处理方式。流水线化管理可以大大改善两个组织机构之间业务的衔接,提高信息传递速度。

顾客的时间在服务企业的管理中也占据了非常重要的位置,通常顾客在寻求企业的服务又不能立即获得的时候会面临三种时间成本的选择:

(1) 时间的转移成本,例如,在餐馆就餐,如果为了避免拥挤的人群,顾客可能选择错开吃饭时间,但是如果这种错开导致的生活秩序紊乱或饥饿成本太高,则顾客会选择仍然在高峰期到餐馆就餐。

(2) 时间的等待成本,等待服务的过程对顾客来说是一种时间的浪费。

(3) 时间的替代成本,即顾客会选择其他替代服务,如转换餐馆,从而避免时间浪费,这是商家最不愿看到的结果。

对顾客时间成本的分析发现,顾客时间成本越高,对服务型企业越不利,因此,企业必须通过重视时间管理,最大程度地降低顾客的时间成本。具体方法有:

(1) 通过转移部分需求,缓解高峰时段的需求压力,降低高峰时段顾客时间转移成本,减少顾客的不满。例如,健身俱乐部推出差别计费制,降低需求较低时段的费率。

(2) 重视顾客时间的等待成本,减少抱怨,提高满意度。例如,为餐馆外排队等候的人群提供舒适的环境和免费茶水小食。

(3) 通过质量管理或差异化服务,建立品牌忠诚度,提高替代成本,留住顾客。

本章小结

现代企业资源包括人力、物力、资金、知识、时间五大资源,企业管理不仅应针对各种资源的特性、作用、构成,做好各项管理,更重要的是把各项资源的管理活动加以调节,使之统一起来,更有效地完成企业管理目标。这首先要求我们用辩证统一的观点来看待企业各项资源:它们尽管性质不同,但总是一个不可分割的整体;彼此之间有密切的联系;这个整体又是由相对独立,有机结合的不同部分组成。其次,在不同资源的管理活动的协调中,既要从大局出发,使企业的一切工作和谐化、合理化,又要从整体的结构和格局出发,工作上分清主次,保证重点。

总之,加强企业资源管理、发挥企业资源整体功效,是现代管理的重要内容之一。只有了解并学会如何管理好企业资源,才能使企业走上现代化管理的正轨。

复习思考题

1. 什么是现代企业资源?请谈谈你对未来企业资源内涵的看法。
2. 人力资源开发与管理的主要内容是什么?从人力资源角度看,你将如何提高生产率?
3. 企业物力资源包括哪些方面?企业在进行物资采购时,应考虑哪些因素?
4. 请简述资金运动的过程。

5. 试述知识资源的重要性,并谈谈你对知识管理在企业运营中应用的认识。

6. 时间资源有何特殊性?假如你是企业的一名高层管理人员,你将如何管理时间?

7. 企业获取资源有哪些途径?并谈谈每一种途径的具体过程。

第六章 现代企业发展

本章提要

企业在竞争中获得生存和发展,这既是一个不断超越竞争对手的过程,也是一个不断超越自身的过程。"逆水行舟,不进则退"中国这句古语很恰切地体现了现代企业在竞争环境下的境地。企业发展的动力,不仅有来自内部追求更大利润和达到规模经济的要求,而且存在外部竞争、需求变化和科技日新月异进步而产生的巨大压力。但是,企业的发展又受到一系列内外部因素的约束,如资源约束、需求约束、预算约束和风险约束。同时,发展程度也有经济规模的限制。因此,在制定企业发展的目标时,不能不受到上述动力和约束机制的影响,从而制定相应的发展战略,如密集型发展战略、一体化发展战略和多样化发展战略等。企业发展的决策是建立在对未来预测的基础上的。未来发生的事物客观上具有一定程度的不确定性和不可知性,以及决策过程中的认识偏离,因此,在企业的发展过程中,必然会遇到有利于发展的各种机会,也会存在偏离企业发展目标的可能性,即发展的风险。风险管理,是现代企业发展的一个重要的课题。

第一节 企业发展的动力和约束

一、发展的动力

企业是国民经济中一个基本细胞。现代企业的一切经营活动是围绕人们的需求而展开,以最大满足人们意愿而终结。不仅关注顾客的需求,还需关注本企业员工的需求。不仅尽最大限度地满足人们所需的各种商品和优良的服务,还尽量满足人们的个性需求、娱乐需求,乃至发展需求。在当今世界,随着人们环保意识的增强,可持续发展理念的深入。企业经营还须树立以环境和资源保护为核心的绿色经营理念。企业在维持经济增长的同时,重视生产与环境的和谐统一,将有助于企业树立良好形象,大大提升企业产品在市场中的竞争力。

(一) 自我发展的动力

1. 投资者追求更大的投资回报率的欲望。不论在那种企业制度下面,企业投资者的投资目的,都不是一般地追求社会平均投资收益(如银行存款利息)。资本主义企业追求利润最大化,社会主义国有企业追求对社会必要产品的价值最大化。因此,企业作为投资者的资金载体,必然被要求承担资产的保值和实现资产增值的责任,这就是企业自我发展的最基本的目的和动机。

2. 企业的经营者的"扩张冲动"的本能。在现代企业制度条件下,企业的所有权和经营权分离。厂长、经理们作为企业的经营者,必须对投资者(股东、国家等)负责,他们在大多数情况下,把工作作为自己的事业来对待。他们深信自己负责的企业的经营活动很重要,必须在发展中获得生存和提高。他们感受到本单位内部问题的压力,相信通过投资能够解决这些问题,至少是解决一部分。比如某个车间的机器设备陈旧了——是更新的时候了;那个车间不能供给下道工序以足够的部件——应该把它扩大;同国内外装备较好,现代化程度较高的同类单位比较起来,自己的单位总显得陈旧落后,经营者有一种职业性的羡慕心理。为提高他的职业威望,他喜欢炫耀新的机器、新车间或新厂房,因此就需要投资来实现他的这种欲望。

同时,一个企业厂长、经理有一定的权力和社会名望,从而他本人的重要性随着企业发展而增长,许多人觉得管理一万个人要比管理五千个人更显赫。较大的权力可能带来较多的物质报酬:较高的薪金和奖金。他知道,在企业不断发展情况下,他的下属是和他站在一起的,他的行动符合他们的意愿,并能化解许多企业内部管理和人际关系上的矛盾。

3. 企业追求规模经济的必然性。企业经常不断地追求大规模化是进行竞争的强有力手段。因为企业的规模大,在经济上就有利,通常把这种大规模化的好处称之规模经济。它主要取决于生产技术、专业人才、商品牌号、推销和维修、服务设施、资金等共享所获得的经济性,也可能来自于风险分散所获得的经济性。但企业所拥有的工厂越多,也就增加了管理上的困难和创新上的惰性。

大规模化一般是从生产部门开始的,随后扩大到经营管理部门,结果企业本身的规模也扩大。由于大规模化具有明显的益处,因而扩大企业规模,成为企业追求的目标和成为企业发展的主要模式。

(二) 企业外部环境的压力

1. 竞争压力越来越大。常言道"市场犹如战场"。从当今世界范围来看,市场竞争日趋激化,各行各业都面临着激烈竞争。企业要生存,必须发展,在某个领域中建立一定的竞争优势,保持自己的竞争地位,否则,就有可能在竞争中被淘汰。

2. 市场需求的不断变化。随着经济的发展,消费者和用户的需求不断增长,变化更加频繁,差异性更大。这样,企业提供的产品和服务也必须不断地更新。这就要求企业在新产品开发中必须投入更多的资金,作为发展的一个重要方面。

3. 技术革命迅速发展。近几十年来,技术革命有了巨大的发展,在市场上不断创造新的产品和劳务,而且迅速地更新换代。这样,促使社会消费模式发生巨大的变化,同时对企业的生产和经营方式也提出新的要求。企业的生存和获利能力,与投入研究和开发的预算直接相关。因此,采用新技术和改造旧设备,也是企业发展的必然趋势。

二、发展的约束机制

企业在自我更新和外部压力推动下逐步发展,正是表现了企业的生机和活力。然而,发展并不是随意的或无限度的,它必然受到客观和主观两方面条件的约束。

(一)发展的内部约束

企业的发展首先要受到自身的各种条件的约束,可以区分为三种类型的主要约束。

1. 资源的约束。一般形式如下:

企业发展的实际投入 < 企业实际拥有的各类资源

这些是物质约束,例如企业可用的材料、半成品和零件存货,以及具有某种素质和其他特殊能力的、能马上投入工作的工人,适于完成某种作业的运转中的机器设备等等,是用于生产的物质资源。现代企业管理中,不仅有形的物资作为企业资源,另外多种无形的资产,如企业拥有的专门技术、商誉、专业人才等,越来越成为企业的发展资源。

2. 预算约束。它们的一般形式:

企业支出 < 货币存量 + 企业收入

在某种经济制度条件下(如在社会主义经济中),不是只有一种而是有几种预算约束存在。在工资、投资或进口支出的费用等都可能具有不同"名称的"限制。预算约束以一种实际的方式表示出"企业独立核算"的原则:企业必须用自己的收入补偿自己的支出。

如果预算约束影响到生产,它也总是通过间接的方式。它能够制止企业购买物质资源:购买材料和机器,雇用工人。在预算的约束下,"量力而行",是企业发展的一条最基本准则。

3. 风险约束。它们的一般形式如下:

发展目标＜目标实现的可能

现实性＞风险性

任何一项发展项目都存在风险因素,风险机制对每个企业的发展起约束和推动作用。一般来讲,项目所冒的风险越大,其可能得到的收益越高,但是,企业承受的风险也有一定限度。因此,在选择投资方向时,风险机制起了相当大的约束作用,一定程度上有利于企业正常经营和发展。

(二) 发展的外部约束

企业的发展除了受到内部三大约束因素制约外,在外部环境中也受到各种约束,主要也有三大约束因素。

1. 国家政策的纵向约束。不管在哪种经济体制下的企业发展,必然要受到国家政策的纵向约束。国家制定的产业政策,是直接影响企业发展方向的因素。某一个产品得到产业政策的鼓励保护,那么该企业得到发展的大好机会。反之,企业发展会困难重重。同时,国家的金融政策、税收政策等对于企业发展或者刺激、或者限制,都会带来巨大的影响。

2. 市场需求的横向约束。企业的发展归根到底要受到市场需求的约束,因为它生产的产品和数量,只有符合市场需要的,才能卖掉。否则,就会滞销、积压。至于能实现多大价值,还得受市场上三方面因素的约束:

(1) 消费者的欢迎程度,是消费者抢着要还是选着要;

(2) 同生产同种产品的生产者竞争,看谁能争得有利的销售市场;

(3) 同生产不同商品的生产者竞争,看谁在替代竞争中能处于有利的地位。

因此,在企业发展决策时,必须认真预测企业生产的产品的市场容量、需求趋势,以及竞争地位。

这里,估算市场需求时最重要的是不能将其看成是一个固定不变的量。事实上,它是各种条件结合起来决定的一个变量,或者说是具体条件变量的函数。

如从经济状况和营销努力这两个条件来看,市场需求与它们的关系可见图 6.1。

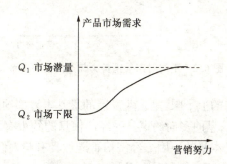

图 6.1　某一时期营销努力与产品需求关系

在不支出任何刺激需求的费用时,仍会有一基本的市场需求量,这个量我们称之为市场需求的最低量(市场下限)Q_2。

随着市场营销努力增加,市场需求水平也相应提高,提高的速率最初为递增,后降为递减,最后达到某一点,在这一点上无论怎样增加营销努力,需求量也不会再增加,这就是市场需求的上限,即市场潜量 Q_1。

市场需求上限与下限之差表示需求对行业营销努力的敏感程度。不同产品的市场营销敏感度往往差别很大。比如时装市场的需求受营销支出影响很大,Q_1 与 Q_2 之差也就大;而粮食市场受营销支出影响很小,Q_1 与 Q_2 之差也就小得多。

经济状况的影响见图 6.2。当环境发生变化时,对市场潜量不能不重新进行测量。例如,摩托车的市场潜量在经济繁荣时期肯定比经济萧条时期大得多。

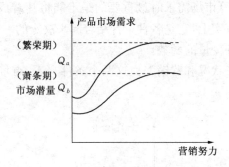

图6.2　不同时期营销努力与产品需求关系

市场需求的上下限,是企业发展的最基本外部约束条件。

3. 经济信息的多向约束。受经济信息的约束有两种情况:一种是出于信息本身的原因。经济信息既然具有与人们经济利益密切相关的特点,要受人们的各种切身利益的影响,就难免会出现失真的情况。另外,原始状态的经济信息,需求加工处理才能使用,必然受到人们认识的局限性影响。

三、发展的适当规模

企业发展的主要形式,是扩大生产经营规模,取得经济规模效益,加强市场竞争地位。然而,在当今大规模经济的情况下,中小企业却广泛存在。而且在一些新兴高科技部门中,企业在大规模扩大的同时,"小型化"趋势也在不断发展。这表明,企业发展的适当规模,不能一概而论。

(一)怎样确定企业的合理规模

企业的合理规模是指企业的各种生产要素在生产经营过程中均能得到充分地发挥,并使企业获得更大的经济效益时的最合适的规模。企业合理规模的下限是企业的最小规模,低于下限时企业必然出现亏损;企业合理规模的上限是企业的最大规模,超过上限也必然出现亏损。因此原则上讲,企业处于上下限之间的规模可称之为合理规模。

企业最小规模有其自身的技术界限和经济界限。企业最小规模的技术界限是企业生产力的基本组合单元低于这个基本组合单元,就形不成现实的生产力。例如,生产某种产品,必须有三种类型的机器设备,并根据各自的生产效率形成一定的配比关系,由相应的劳动者进行操作,使生产得以协调进行。低于这种要求,生产要素甚至无法组合在一起,也就形成不了现实的生产力。

最优基本组合单元形成的生产力,在基本组合中达到最大值。当这个最大值在经济上同样合理的时候,企业生产力的最小规模才是合理的。

确定企业生产力最小规模的经济界限,通常采用盈亏分析进行测定。其分析用模型是:

$$P = RX - (F + VX)$$

式中:P——利润

R——单位产品的销售价格

X——产量(或销售量)

F——固定资本

V——单位产品变动成本

当 $P = 0$ 时,表示盈亏平衡,这时的产量(或销售量)应为:

$$X = \frac{F}{R - V}$$

得到的产量(或销售量)为盈亏平衡点产量(或销售量)。低于这个数量,企业处于亏损状态,高于这个数量,企业处于盈利状态。

那么,企业生产力最大规模的技术和经济界限又如何确定呢?一般来说,企业最优规模可以通过最优基本组合单元的叠加

来实现,但是这种叠加不是没有止境的,它要受到各种条件的限制。这些条件主要有:

(1) 地域面积、位置、周围环境的限制;
(2) 能源、动力、运输等基础设施的限制;
(3) 控制手段的限制;
(4) 污染程度的威胁等等。

这些限制对单个企业生产力规模的无限扩大将产生反向作用,因此,企业到了相当大的规模以后,再想继续扩大就困难了。

(二) 企业最大规模的经济界限

企业生产力规模扩大,必然会引起原材料供应量、运输条件、劳动者数量的相应增加,引起价格上涨;同时产品市场供应量的增多,引起销售管理复杂化。这一切变化都会反映在企业产品成本的变化上。如果企业规模扩大,导致成本的降低,带来规模效益,则企业扩大生产规模是有利的。如果企业规模扩大,引起生产经营成本增大,带来规模负效益,则规模扩大就受到经济上的限制。这种情况可用非线性盈亏分析来说明。如图 6.3 所示。

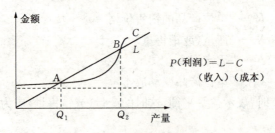

图 6.3 非线性盈亏分析

由图 6.3 可知,有两个临界点产量 Q_1 和 Q_2。这就是说,随着企业规模的扩大,规模和效益的关系在一定条件下就会发生变化。规模增大,原材料需求量增大,采购点增多,运输距离加大,运输费用增多。规模增大,管理惰性增加,浪费增多;规模增大,污染扩大及随着而来的治理污染费用的增加；规模增大，各种供给短缺，市场竞争费用增加等等，都可能使成本提高。

此时如果对规模增大不加遏制，利润就会减少，直至重新引入亏损区，因而就出现了第二个临界点 B 以及与之相对应的产量临界点 Q_2。

盈亏分析模型是对销售收入 $L = F_1(Q)$ 和成本 $C = F_2(Q)$ 两个以产量 Q 为函数的非线性方程求解。

其盈亏临界点是当 $P = L - C = 0$ 时，求解得到的 Q_1 和 Q_2 值。

企业生产力最小规模的经济界限是 Q_1，最大规模的经济界限是 Q_2。

产量为 Q 的非线性方程，如果是二次曲线，其成本模型是：

$$C = a + bQ + cQ^2$$

非线性成本模型的系数通常事先难以确定，可测算几个成本点，比如在测算三个成本点的情况下将得出：

$$C_1 = a + bQ_1 + cQ_1^2$$
$$C_2 = a + bQ_2 + cQ_2^2$$
$$C_3 = a + bQ_3 + cQ_3^2$$

利用拉格朗日差值公式可列出：

$$C = C_1 \frac{(Q-Q_2)(Q-Q_3)}{(Q_1-Q_2)(Q_1-Q_3)} + C_2 \frac{(Q-Q_1)(Q-Q_3)}{(Q_2-Q_1)(Q_2-Q_3)} + C_3 \frac{(Q-Q_1)(Q-Q_2)}{(Q_2-Q_1)(Q_2-Q_2)}$$

上式是用三个测算点 (C_1, Q_1)、(C_2, Q_2)、(C_3, Q_3) 表示的二次曲线成本模型的通式。

例如，某企业生产一种产品，当月产量为 600 件时，总成本为

104 000 元;月产量为 1 000 件,总成本为 160 000 元;月产量为 2 000 件时,总成本为 370 000 元。若单件销售价格为每件 200 元时,列出其成本函数的模型,并求其盈亏转折点及最大利润时的产量 Q 与利润 P。

解:将已知三个测算点的数据代入(1)式,取产量单位为百件,成本单位为千元,则有:

$$C = 104 \frac{(Q-10)(Q-20)}{(6-10)(6-20)} + 160 \frac{(Q-6)(Q-20)}{(10-6)(10-20)} + 370 \frac{(Q-6)(Q-20)}{(20-6)(20-10)} = 50 + 6Q + 0.5Q^2$$

$$L = \frac{200 \times 100}{1\,000} \times Q = 20Q (千元/百件)$$

$$P = L - C = -0.5Q^2 + 14Q - 50$$

当 $P = 0$ 时,$Q_1 = 4.2$,$Q_2 = 23.8$(百件)

令 $\frac{dP}{dQ} = 0$ 则 $-Q + 14 = 0$ $Q = 14$

$$P = (-0.5 \times 14 \times 14 + 14 \times 14 - 50) \times 1\,000 = 48\,000 (元)$$

由此可知:当企业的规模能达到月产量为 1 400 件时,所获得的利润最大,即企业的规模是最优的规模。

综上所述,企业发展是在内外因素推动下的竞争生存的必然过程,同时也受到内外条件的约束。在各种经济体制和不同的产权形式下的企业,发展过程中的动力和约束的机制表现的形式和重点不一样,然而,同样受客观经济规律的支配。合理、优化的规模,就是企业发展的经济规律的一种表现。

第二节 企业发展的目标和战略

企业在内外因素的推动和约束下不断发展,必须要明确发展的方向和发展的实现方式,即发展的目标和战略。目标是指发展过程中所追求的最终结果,为企业发展指明方向。

一、发展的目标导向

企业以良好的形式来表述企业目标,有助于在企业中形成一种目标导向的气氛,使企业中的每个人都能了解企业的总体发展方向,明确自己的地位与应发挥的作用。企业目标如果设置得当,可以激发士气、鼓舞斗志,从而起到充分调动整个企业员工积极性的作用。

企业目标的表述,除了具有挑战性以激发职工的奋发向上精神等方面的要求外,还应具体包括以下几个基本构成要素。

(一)单一、明确的主题

每一目标所涉及的应该是单一明确的主题,如:"在行业中处于领先地位"、"成为积极进取的市场开拓者"等。目标的单一明确,才有可能将它进一步具体化为有针对性的战略方案,并分解成一项项任务,最后把应完成的任务、应拥有的权利与应承担的责任落实到企业的每个员工身上。

(二)先进、可靠的结果

企业目标所涉及的应该是通过发展取得的结果,而不是发展活动的本身。发展本身只是实现目标的战略或方法,是一种过程。由于企业追求的是发展的最终实现的期望结果,因此必须具有先进性和可靠性。发展目标必须具有先进性,才能有吸引力,进而也就具有号召力。如果目标不是先进的,而是唾手可得的,也就失去了作为发展目标的意义。

但是,先进性并不意味着把目标提得越高、越大越好,超过了实际可能性,就会变成无法实现的空想。因此先进性必须建立在可靠性的基础上。可靠性要求把发展目标的实现限定在主客观条件所约束的范围内,并留有余地,充分估计到可能出现的各种困难,对于预计到的困难还要有相应的对策。

(三)定性和定量的指标

任何事物的发展都包含着质和量两个方面的变化,企业的发展也是如此。这就要求在确定企业的战略目标时,既有定性的内容,又有定量的指标。

战略目标定性方面的内容,因企业战略的类型不同而不同。如果企业实行发展型战略,那么在战略目标中应把企业在各个战略阶段所能达到的先进程度提出来,比如达到本地区的先进水平、全国的先进水平、世界先进水平等。

战略目标定量方面的指标就是把要达到的目标数量化,比如新产品开发的品种种类指标,产品质量性能指标,人才培养指标,盈利指标,劳动生产率指标,等等。需要确定哪些量化指标,也因战略类型不同而不尽相同。但这些量化指标都必须与定性的内容相吻合,使两者有机地结合起来。

(四)明确而相衔接的阶段

依据时间的长短不同,可以把发展目标分为长期目标、中期目标和短期目标。

1. 长期目标规定着较长时期内企业运行的预期结果,是企业全体成员的奋斗目标,体现企业的长远发展方向,其时限一般在五年以上。

2. 中期目标的时限介于长期目标与短期之间,一般在两年以上,它是企业全体成员的行动纲领。目标和长期目标的具体步骤,其时限一般在两年内。

长、中、短期目标是一个时间序列,若干短期目标前后相接构成中期目标,若干中期目标首尾相接构成长期目标。

在大型企业集团或公司中,目标还可以按管理层次分为公司目标、事业部目标及职能部门目标等。企业目标应该清楚明确、合理可行,具有可量化、可测评、可操作的性质,能够体现时序连贯性、多目标之间协调性和排序性,并具有挑战性以激发职工的奋发向上精神。
二、企业的经营战略的类别

为实现企业的目标,企业最高决策层应该全面分析外部环境的历史变化及其现状,并运用科学的技术和方法对其未来变化发展的趋势有了准确的认识和把握,进而根据其内部资源条件,对企业今后较长时期里经营战略作出科学的规划和设计,选择适当的经营模式和实施手段。一般而言,企业经营战略的类别有:发展战略、稳定战略、紧缩战略及混合战略。

(一)发展战略

在现代经济社会中,市场竞争日趋激烈。处于竞争环境中的企业,为了求生存,必须谋发展,不然就会在激烈的竞争中被现有的和潜在的竞争对手所击溃,甚至可能被市场淘汰。企业如果实施有效的发展战略类型,形成强大的竞争合力,便可以在强化市场竞争地位的同时,不断开拓市场,扩大市场占有率,进而为企业的持续发展创造条件。发展战略的选择原则是企业如何充分利用外界环境中的机会,避开威胁,充分发掘和运用企业内部的资源,以求得企业的发展,其目标是:投入大量资源,扩大产销规模,提高竞争地位,提高现有产品的市场占有率或用新产品开辟新市场,形成一种从战略起点向更高水平、更大规模发动进攻的战略态势。企业可以根据企业所处外部环境和所拥有的内部资源条件的差异,选择不同的战略来实现其发展目标。企业发展战略的基本类型如下:

密集型发展战略——市场渗透,产品发展,市场开发;

一体化发展战略——后向一体化,前向一体化,水平向一体化;

多样化发展战略——同心圆多样化,水平多样化,混合多样化;

1. 密集型发展战略。随着科学的进步和新技术的不断涌现,由于在生产过程中对资金、劳动、技术的需求量不同,现代企业在其成长的过程中形成了不同的密集型战略类型。

(1) 知识密集型(技术密集型)。指综合运用先进的现代化的科学技术方式从事生产的部门。多数是属于花费较多的科研时间和产品开发费用能生产高精尖产品的部门。如电子计算机工业、飞机和宇航工业,大规模和超大规模集成电路工业,原子能工业等。此外,也有把教学用设备、软件设计、信息处理、咨询服务、系统工程以及高级家具、高级服装等,都归入知识密集型工业部门。该部门需要综合运用多项最新科学研究成果,技术设备比较先进、复杂,一般投资费用大,科技人员比重大,操作人员也要求具有较高的文化科学知识,使用劳动力和消耗原材料较少,污染少等特点。

(2) 资金密集型。指单位产品所需投资较多,控制人员技术装备程度较生产部门高。一般用资金与劳动力的比率来衡量。通常把钢铁工业、重型机器工业、石油化学工业划归为资金密集型部门。这些产业一般具有以下特点:工艺过程比较复杂;设备比较庞大;原材料消耗量大;投资量大;单位投资能容纳的劳动相对较少并具有高度的劳动生产率。

随着现代科学技术在工业中的广泛应用的生产过程自动化程度的提高,原先需要大量使用劳动力的劳动密集型生产部门,逐渐转向资金密集型部门。现代农业生产就是典型的转型部门。

(3) 劳动密集型。技术装备程度较低,需要大量使用劳动力从事生产活动的产业部门。比如服装、玩具、家具、钟表、皮革等生产部门。一般具有投资省;单位投资能吸收较多劳动力;技术操作要求较低;劳动工具较简单;单位产品成本中活劳动消耗所占比重较大等特点。

2. 一体化发展战略。一体化发展战略,是指企业充分利用自己在产品、技术、市场上的优势,根据物资流动的方向,使企业不断地向深度和广度发展的一种战略。物资从反方向移动,称为后向一体化;物资从顺方向移动,称为前向一体化;对于性质相同的企业或产品组成联合体,则称为水平一体化。这种战略选择是我国目前组织企业集团的主要途径,它有利于深化专业分工协作,提高资源的深度利用和综合利用效率。一体化发展战略是在第二次世界大战后,特别是近二十年发展起来的。先是出现在农产品加工的生产领域里。随后,在经济发达国家的许多产业部门相继出现,发展很快,目前已成为一种世界性的潮流,从产品生产的一体化发展到经济的一体化。

一体化的组织形式是多样化的。按一体化的方式和速度划分,可分为合同式或企业式两类。前者比较分散,自由度较大;后者组织严密,自由度较小。

从一体化联合的方向划分,可分为横向联合与纵向联合。

(1) 横向联合又称水平一体化或横向一体化,它是指把性质相同、生产或提供同类产品的企业联合起来,组成联合体,以促进企业实现更高程度的规模经营和迅速发展的一种策略。水平一体化战略,可以通过契约式联合、合并同行业企业的形式实现。这种策略已成为我国最主要的组建企业集团的途径。它是各个相同专业化企业之间的联合,共负经济责任。一般以合同的方式实现,紧密度较小。

(2) 纵向联合又称纵向一体化,它是以一个大型企业为主体的几个企业之间的联合,把产供售有机联系起来,形成产供销一条龙。这种联合,又分为完全联合和不完全联合。前者是统一经营、统一核算,后者则相反。

纵向一体化发展战略的具体形式有前向一体化发展战略与后向一体化发展战略:

前向一体化发展。一般是指生产原材料或半成品的企业,根据市场需要和生产技术可能条件,充分利用自己在原材料、半成品的优势和潜力,决定由企业自己制造成品,或者与成品厂合并起来,组建经济联合体,以促进企业不断地成长和发展。前向一体化更多地被看成是一种出于扩展市场的进攻型战略。这两种战略可以通过以下三种形式实现:①通过企业内部壮大而进入新的经营领域;②与其他经营领域的企业实现契约联合;③合并其他经营领域的企业。

后向一体化发展。它是指企业产品在市场上拥有明显优势,可以继续扩大生产,打开销售,但是由于协作配套企业的材料、外购件的供应跟不上或成本过高,影响企业的进一步发展。在这种情况下,企业可以依靠自己的力量,扩大经营规格,由自己来生产材料或配套零部件,也可以把原来协作配套企业联合起来,组成联合体,统一规划和发展。总之,后向一体化常被看作是一种出于降低成本或提高保证供应程度的防御战略。

3. 多样化发展战略。所谓多样化发展战略,是指企业增加不同的产品或事业部的战略。现代经济发展表明,企业从单一经营到多样化经营经历了一个过程。任何企业在初创时期只经营一种产品属一个行业。随着市场的扩大,积累的增加,企业的扩张力增强,为了更多地占领市场和开拓新市场,或避免经营单一事业的风险,这时就要选择进入新的事业领域。扩大再生产,增加自己的产品品种扩大行业类别。所采取的办法一般有投资创办新厂和收购兼并其他企业。这就迫使企业必须制定多样化的发展战略,以适应激烈竞争的市场需求。实行多样化经营的企业的经营业绩往往较好,抵御风险的能力也较强。因此,多样化发展战略已成为世界上大企业普遍采用的战略。其具体形式有:

同心圆多样化发展。它是指企业充分利用自己在技术上的优势及生产潜力,以生产某一项主要产品为圆心,积极地去生产工艺技术相近的不同产品,使企业的产品种类不断地向外扩展,向多品种方向发展。企业所经营产品的类型具有若干相互联系的"共同路线",如相似的技术、销售渠道,管理技能等。

水平多样化发展。它是指企业充分利用自己已有的优势及社会上较高的声誉,根据用户的需要去生产不同技术的产品。

混合多样化发展。它是指企业为了减少未来可能出现的风险,积极发展与原有的产品、技术、市场都没有直接联系的事业,生产和销售不同行业的产品。选择混合多样化发展战略的目的一是为了避免风险,可使企业在遭受某一经营领域的挫折时,通过在其他领域的经营成功而弥补亏损;二是获取更高的投资报酬。当企业发现从事其他行业经营可能比原有行业获得更高的投资利润率后,便利用原有的资源优势,它就有可能去涉足一个新的行业。

多样化发展战略的实施一般需要具备以下三方面的条件:

一是企业发展的机遇已充分显示出来,对实施发展所可能带来的收益和风险有了科学的预测,并做好了充分准备。二是企业拥有较充足的资金和其他必须的资源,或可通过资源的重新配置与有效组合弥补资源方面的差距。三是企业高层管理者具有前瞻性和创新精神。

采取多样化经营并不是一成不变的。在高速演进的经济环境中,企业面对生存与发展的挑战,对所实行的多样化经营战略在其发展过程中不断地进行调整和改组,强化自身的竞争能力。其典型的作法有:

(1) 剥离或拆卖微利、亏损企业资产,缩减多样化行业和产品类别,集中力量经营中坚产品。

(2) 本世纪初开始形成,1960年代实力迅速增强的多样化康采恩企业,剥离与收购资产同时并举,以新技术为突破口,围绕主导产业或产品组织生产,将多样化经营限定在行业或产品之间存在有第二级(或工艺)联系的范围之内。

(3) 一个多世纪以来形成的以原料的发掘、加工制作到产品销售的自给自足的企业一体化开始受到冲击。对于一种产品,企业不再拥有其生产的全过程,而是经营这一过程的主要环节,有意识地增加对外依赖。在纵向一体化较典型的汽车制造业,目前大部分进行了一体化分解。

(二) 稳定战略

由于环境变化的压力,企业内部经营状况的改变等,企业除了采用发展战略外,有时还采用稳定战略。稳定战略,又称为维持战略,是指企业遵循与过去相同的经营目标,保持一贯的发展速度,同时不改变基本产品或经营范围。它是企业对产品、市场等方面采取以守为攻,以安全经营为宗旨,不愿冒较大风险的一种战略。企图采用稳定型战略可能有以下原因:

1. 企业目前经营状况良好,决策者暂无法确定现行战略的实际运作情况。

2. 企业实力较差,希望保持和追求与过去大体相同的经营业绩。

3. 当企业外部环境恶化,而企业又一时找不到进一步发展的机会,因而采取稳定维持的战略。

4. 企业安于现状,不愿承受改变现行战略而带来的风险。

5. 企业经过一段快速发展后,为巩固取得的成果,并获得喘息机会,采用稳定战略,以保持组织、人员、产品、技术等的相对稳定。

实际上,稳定型战略是企业在维持现状的时期内,培育资源优势,积蓄力量,创造发展条件,一旦机遇降临,则迅速把握,追求企业的更大发展。若长期采用此战略,企业发展缓慢,会影响企业实力和竞争力。如果没有这样一个巩固调整的稳定时期,长期的不稳定状态可能会使企业出现致命漏洞。

(三) 紧缩战略

紧缩战略,又称为防御战略,是当企业面临艰难的经营局面,或经营状况不佳,采用发展、稳定战略都无法达到企业目标的状况下采取的战略。

企业采用紧缩战略可能有四个原因:

1. 当国际市场和国内市场对某种产品的需求下降时,企业竞争激烈,除国内同行业企业间、欲进入和新进入本经营领域的企业间的竞争,而且还有打进本国市场的国外同行业者的竞争以及国际市场的竞争,这一切使企业面临行业内结构和竞争行为的剧变,企业经营转入不稳定状态,企业不得不采用紧缩战略。

2. 全球或国内宏观经济衰退,经济发展危机显现,企业的制造成本和销售成本均面临日益增高的通货膨胀压力,企业处境困难,企业不得不采用紧缩战略。

3. 企业产品处于衰退期,市场竞争过度,产品不盈利,甚至产生亏损。

4. 企业战略决策上发生重大失误,财务上遇到严重困难。

紧缩战略共有三种类型:

(1) 转变战略。转变战略的实施对象,是陷入危机境地而又值得挽救的经营事业。如由于内外部环境的变化,原有战略难以实施,则应修订现行战略。转变战略的目的是通过种种努力扭转企业财务状况不佳的局面,顺利地渡过难关,争取形势的好转;

(2) 撤退战略。战略撤退能保存企业实力,等待时机再进攻。当企业现金流量日趋紧张时,企业从整体战略出发,选择撤退战略,具体做法包括出卖部分资产、削减支出、削减广告和费用、加强库存控制、催收应收账款、削减管理人员等。企业资产的削减既是为了增加现金来源、摆脱亏损的经营事业,也是为了通过资金的筹集来加强和巩固部分优势。

(3) 清理战略。通常是在所有战略全部失效时采用清理战略。即企业由于无力清偿债务,通过出售或转让企业的全部资产,以偿还债务或停止全部经营业务,而结束企业的生命。当企业资产不足以清偿债务时,则只有宣告破产。在毫无希望再恢复经营时,早期清理比被迫破产更有利于股东的利益。

三、企业经营战略的选择

选择何种经营战略关系到企业的生存与发展。在这个重大问题上,企业根据本身所拥有的资金、技术与所选择的产品来确定。可采用单一的密集型发展战略,也可采用多样化的发展战略。

一般来讲,多样化的战略选择与企业的实力密切相关。小型、品种单一、资金少、实力并不雄厚的企业没有能力采用多样化的发展战略,只能选择某一种成长战略。大型企业或企业集团则应选择多样化的发展战略。

而且模式的选择不应是僵化的,一成不变的,应是动态的,应根据市场需求的变化、企业经营产品和服务项目的变化,不失时机地转换战略模式。归根到底,企业发展战略模式的选择,应根据市场的需求确定。

企业在制定和实施发展战略时,要注意解决好以下三个方面的问题。

1. 要认识到发展战略的重要意义,有追求长远发展的意识和指导思想。在现代经济发展中,企业面临着多方面的变化和挑战,失去应变能力、发展潜力的企业必然要走向衰亡。

2. 把企业生产经营的发展方向、生存发展方式、发展途径的选择,作为制定与实施发展战略的中心环节。企业各项发展目标的确定与实现,如规模的扩大、实力的增强、产值、利润的增长等目标,都应与发展方向结合起来考虑,以发展方式、途径的选择作为战略上的实施手段。客观地看,并非所有企业都能够发展成规模可观的企业,但是企业至少不应失去追求这种前景的意识,而要善于寻找和把握发展的机遇。

3. 高度重视培育和发展能使企业在未来市场竞争中居于有利地位的核心竞争力。要创造和维持核心竞争力,就必须重视创新的作用。在企业的经营观念、经营战略以及组织管理中,必须把创新纳入到整体管理体系当中进行规划、实施和评估。

第三节 企业发展的机会和风险

企业的发展目标是追求某种期望的结果。然而,最终实现何种结果,不仅取决于企业行为的本身,还决定于各种外部的客观条件和将来发生的变化。这些条件和变化因素,往往不是企业自身可支配的,那么,企业的发展的结果就具有多种的可能性,即实际结果与预期发展目标可能发生的偏离。我们可以把有利目标的实现的可能性,称为"机会",不利于目标的实现的可能性,称之为"风险"。其实,"机会"和"风险"都是企业发展过程的不确定性的表现形式,犹如一个事物的正负方向一般紧密相关,而且具有普遍性。在研究中往往把它们结合在一起,即研究企业发展的风险机制。

天有不测风云,对于未来的事情,谁都难有百分之一百的把握,各种意外事件随时可能发生。因此,如何认识和对待风险,是企业发展的决策成败的一个关键。如果不认真分析和预测发展过程中诸多不确定因素,盲目前进,就可能给企业带来巨大损失。但是如果怕冒风险,而坐失良机,企业的发展实际上也会停滞不前,而在激烈的竞争中被淘汰。因此,科学地进行风险分析,是现代企业管理中普遍重视的问题。

一、风险的识别

一般风险研究理论中,把风险直接与危险和损失联系起来,但在企业发展中识别的风险,与这两者有所区别。

(一)风险和危险

事物发展过程中,风险和危险都具有不利的负效应,然而,两者是不同的。危险是一种不利效应的客观存在,而风险同时还意味着它发生的渠道和可能性。例如,企业决定开发一种高技术新产品,但是市场需求还没有把握,不知道新产品有没有销路,就有赔本的"危险"。如果企业放弃开发,就没有这种"危险"。企业要是决定去开发,那么就冒了赔本的"风险",当然也存在着赢得巨大利润的机会。

因此,企业发展风险可以表示为未来事件发生的概率和后果的函数:

$$R = F(PC)$$

R 为风险,P 为事件发生的概率,C 为事件发生的后果。

(二) 风险和损失

风险和损失有密切的关系。在纯粹风险中,它的结果有两种:其一为没有损失,其二为损失,两者必居其一。比如火灾、车祸、地震等,或者安然无恙,或遭到重大的损失。因此,风险对立面是"保险",即没有损失。

而企业发展风险要讨论的是另一类风险,即它导致的结果有三种:其一为损失,其二为没有实现目标(但是没有损失),其三为实现或超过目标。比如,企业发展的目标为增加销售收入为100万,为实现目标而采用了大量广告宣传策略,增加了销售成本。因此,最终结果可能是偏离目标少了20万,即只增加80万销售收入。这样并没有损失,但偏离了目标20%。当然也有可能增收为120万,超过预期目标20万,即抓住了某种有利的机会。同时,也有可能发生入不敷出,发生亏本和损失。

一般来讲,纯粹的风险是静态的,总是与损失相联系,而发展风险是动态的,是为追求某种有利的结果而冒的风险。而且,在发展和竞争中,某个企业处于不利境地,但是他人可能因此获利,因而整个社会可能没有损失。

(三) 风险的类型

企业发展面临的各种风险的性质不同,其转嫁和弱化的机制也不相同,因此相应发展决策也不相同。

1. **政策性风险**。指由于国家政策的变化,对企业带来的风险。政策性风险一般对企业整体或社会经济带来影响,同时,执行政策的具体行政措施,往往对企业发展发生直接干预,或者某种优惠政策带来发展机会,或者某种限制而阻止企业向某个方向发展。

2. 经营风险。指企业发展过程中由于经营和管理不善带来的可能性风险,或者市场竞争和需求变化给企业发展带来的压力。这些风险,企业在很大程度上可以使其弱化。企业最坏的结果为破产,即资不抵债,申请破产,属于终结性风险,难以拯救。

3. 财务风险。指企业发展过程中筹资和投资所带来的可能性风险,一般由投资固定化和回收周期长期化而造成的。这种风险往往成为企业发展的主要约束因素。它可以通过资产分散化来实现转嫁和弱化,比如通过金融公司发行股票、债券等。

二、风险的评价与决策

（一）风险的评价方法

1. 完全回避风险。完全回避风险的方法就是将风险的影响尽量降低到最低程度,因而也不再将它与其他风险或获利情况作比较讨论。最常见的是社会活动中及文化生活当中的各种禁令,规则和控制等,多数禁令与基本生活需要有关,这里只是简单的回避,不需要进一步的计算分析。

2. 权衡选择风险。权衡风险方法就是要对风险进行比较。为此,需将风险的后果用某种一般的形式表达出来并加以比较。这是一个比较困难的问题。最简单、最普通的权衡的方法是对各种事件的发生概率进行比较。风险的概率对于不同的社会,不同的地点,不同的企业都可能有很大的不同。但是从企业发展角度讲,存在着可接受的、不可避免的风险,如果可以选择,就选择其中发生可能性较小或结果损失较小的风险。

3. 成本—效益分析。为了减少风险,就需要采取措施,付出一定代价。付出多大代价,能取得多大的效果？这是成本效益分析所要解决的问题。例如为了减少某项工程或科研工作失败的风险,都需付出一定的代价去评价；又如为了减少市场风险,就需要进行仔细认真的市场调查,花费一定资料费,咨询费和可行性研究费等。对风险的评定有一个成本指标,不是保险系数越高越好,也不是预测得越准确越好。

4. 风险—效益分析。既然承担了风险,就应当有较大的效益。多大的风险对应于多大的效益,这就是风险—效益分析所要解决的问题。在经济评价中经常要进行成本—效益分析,风险—效益分析与成本—效益分析很相似。这里的风险就相当于社会成本的一种表现形式。

(二) 风险型决策方法

如前所述风险包括两个方面,一是风险事件发生的概率,二是风险事件所引起的结果。

例如:某工厂预备发展一种新产品,根据市场需求分析和估计,有产品销路好(Q_1)、一般(Q_2)、差(Q_3)三种可能情况。其概率分别为:$P(Q_1)=0.3$、$P(Q_2)=0.5$、$P(Q_3)=0.2$。

可供选择的方案也有三种,即大批量生产(A_1)、中批量生产(A_2)、小批量生产(A_3)。根据产量情况和市场情况,工厂的盈利也有所不同,可能获利也可能亏损。本例的每月损益值如表 6.1。

表 6.1

状态概率 方案	Q_1 $P(Q_1)=0.3$	Q_2 $P(Q_2)=0.5$	Q_3 $P(Q_3)=0.2$	期望值	风险度
A_1	30	23	15	17.5	0.945
A_2	25	20	0	17.5	0.515
A_3	12	12	11	12	0

这是典型的风险评价与决策问题,因为对风险作出了估计,也就是已经估计出事件 Q_1、Q_2、Q_3 的发生概率及其产生的后果,现要求对这一风险事件作出评价与决策。综合起来可以看出,这类

问题具有以下四个条件。

(1) 存在着决策者希望达到的目标,或者收益大,或者损失小。

(2) 存在着两个或两个以上的可供选择的行动方案,本例中就是 A_1、A_2 和 A_3 三种方案。

(3) 存在着两个或两个以上不以决策者意志为转移的客观环境,本例中就是市场销路情况 Q_1、Q_2、Q_3。

(4) 对各事件的风险有明确的估计,因此有时称之为风险型决策。

根据决策者对待风险的态度,可有不同的决策方法,因而结论也不同。

1. 最大损益值法。即按期望值进行评价与决策,计算出每月损益的平均值即数字期望值,按期望值的大小进行决策。

每月采用大批量生产方案 A_1 时的平均损益值为:

$$MA_1 = 30 \times 0.3 + 23 \times 0.5 + (-15) \times 0.2 = 17.5$$

采用中批量和小批量生产的平均损益值分别为:

$$MA_2 = 25 \times 0.3 + 20 \times 0.5 + 0 \times 0.2 = 17.5$$
$$MA_3 = 12 \times 0.3 + 12 \times 0.5 + 11 \times 0.2 = 12$$

简单的决策方法是选择平均损益值最大的方案,本例中选择 A_1 或 A_2。

但是 A_1 和 A_2 两个方案的概率分布是不同的。

根据公式我们可以计算出 A_1 和 A_2 的风险度。

$$FD(A_1) = \frac{\sigma}{MA_1} = \frac{\sqrt{DA}}{MA_1}$$

$$= \frac{\sqrt{(30-17.5)^2 \times 0.3 + (23-17.5)^2 \times 0.5 + (15-17.5)^2 \times 0.2}}{17.5}$$

$$FD(A_1) = 0.945$$

同理可得 $FD(A_2) = 0.515$，$FD(A_3) = 0$

方案 A_1 的风险度显然偏大,标准差竟有平均值的 94.5%。决策时不应选择 A_1,而应选择 A_2。

对于一个偏于保守的决策者来说,他或许愿意选择 A_3,因为 A_3 的风险度为零。即不需要冒任何风险,肯定可以获利 12 万元,如果 12 万元是决策者能够满足的目标,他就不必去冒险了。

2. 决策树及应用。决策树也叫决策网络,其特点是直观,有利于分析较为复杂的多级问题。决策树的起点是"决策点"。从决策点引出去的各条线表示各种行动方案。本例中就是表示大批量、中批量和小批量生产的行动方案 A_1、A_2、A_3。这些方案的箭头指向"机遇事件"。从机遇事件引出相应于各种可能状态的直线,本例中就是关于销路可能发生三种情况的 Q_1、Q_2、Q_3 在括号内表明相对于各种可能状态的概率。各条线路终端箭头都指向可以达到的损益值。可以计算出对应于机遇点 B_1、B_2、B_3 的数学期望值,注明在机遇点的上方(见图 6.4)。

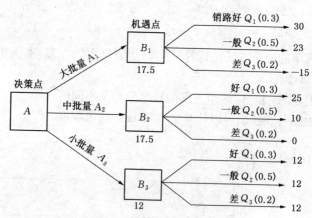

图 6.4 决策树的应用

图 6.4 所示是一个单级决策树,从中可看出决策树的作图和使用的一般方法。

(1) 定出各决策点及各决策点可以使用的方案。

(2) 定出机遇事件点,并在各机遇事件点画出各种可能情况及其概率。

(3) 估计出有关数据,如在不同情况下的损益值,各行动方案的费用或其他一些数值,注明在相应的位置。

(4) 求出各方案的期望值。

(5) 确定一个合理的判断准则,比较各方案期望值的大小、选择最优方案。

3. 不确定型决策。在实际问题中,很难估计出事发生的概率,只能对风险后果作出估计,这样称风险后果影响下的评估和决策,有以下四种准则。

(1) 极大极大准则。这种方法表示决策者的评价准则是要追求最大的损益值,也对前途充满了乐观情绪,对损失和失败不加考虑,所以也称为乐观准则。也就是大中取大的方法,其数学表达式为:

$$W_i = \text{MAX}\,\text{MAX}\{CI_J\}$$

式中 W_i 表示对应于最优决策的损益值,$\text{MAX}\{CI_J\}$ 表示对应于某种行动方案 A_i,找出各种自然状态 Q_j 所对应的损益值中最大者,根据表所示的案例有:

$$A_1 : \text{MAX}\{C1_J\} = \text{MAX}\{30, 23, -15\} = 30$$
$$A_2 : \text{MAX}\{C2_J\} = \text{MAX}\{25, 20, 0\} = 25$$
$$A_3 : \text{MAX}\{C3_J\} = \text{MAX}\{12, 12, 12\} = 12$$

MAX 表示在这 i 个极大值中再求极大,即求出对应于不同行动方案 A_i 的极大值,也就是求得相对于最优行动方案的最大损益

值,本例中有:$W_1 = \text{MAX}\{30, 25, 12\} = 30$

最优值对应于行动方案 A_1,所以 A_1 即为决策方案。显然,这里有两次求极大值,极大极大方法的名称由此而来。

(2)极大极小准则。极大极小准则就是先对每一种行动方案的损益值求一次极小,即找出每一种方案的最小损益值,然后再在这些值当中求极大,它所对应的方案即为最优方案。采用这种方案的最小损益值,也就是最保险的收益是所有方案中最大的。这种决策方法对谨慎或保守的决策者有相当的吸引力。它表示一种对待风险的回避的比较悲观的态度。其数学表达式为:

$$W_2 = \text{MAX MIN}\{CI_J\}$$

式中 W_2 表示对应最优决策的损益值,与前述极大极大方法相似,可算得:

$$A_1 : \text{MIN}\{C1_J\} = \{30, 23, -15\} = -15$$
$$A_2 : \text{MIN}\{C2_J\} = \{25, 20, 0\} = 0$$
$$A_3 : \text{MIN}\{C3_J\} = \{12, 12, 12\} = 12$$

W_2 对应的是 A_3,根据极大极小的准则,A_3 是最优方案。

(3)加权系数准则。它是上述两种方法的折衷,不那么乐观,也不那么悲观。当知道各种自然状态发生概率时,我们用的期望平均值。在等概率方法中,是假定各种状态发生的概率相等而求其期望平均值。

加权系数法是在不知道发生概率的情况下的另一种处理方法,即将每一种行为方案所对应的极大值和极小值进行加权平均,这一加权系数,反映了决策者对风险的好恶和对发生概率的大致估计。

对最大损益值乘以加权系数,称为乐观系数,其取值区间为 $(0, 1)$。每种行动方案的折衷损益值由下式计算:

$$WA_i = \sigma \times \text{MAX}\{CI_J\} + (1-\sigma) \times \text{MIN}\{CI_J\}$$

$$W3 = \text{MAX}\{MA_i\}$$

式中：WA_i——行动方案 A 所对应的折衷损益值

W_3——最优决策方案所对应的损益值

显然，这一决策方法的结果是介于极大极大方法和极大极小方法之间，当 $\sigma = 1$ 时即为极大极大法，当 $\sigma = 0$ 时即为极大极小法。当 $\sigma = 0.6$ 时，可计算上例题的各量。如表 6.2，选择决策方案应为 A_2。

表 6.2

行动方案	最大损益值（万元）	最小损益值（万元）	加权平均值	最大平均值
A_1	30	-15	$30 \times 0.6 - 15 \times 0.4 = 12$	
A_2	25	0	$25 \times 0.6 + 0 \times 0.4 = 15$	15
A_3	12	12	$12 \times 0.6 + 12 \times 0.4 = 12$	

三、正确对待发展的机会和风险

一个发展中的企业管理者应高度重视风险，正确对待风险，增强风险意识，善于抓住和处理可能的赢利机会。

（一）高度重视风险

如前所述，无论从企业发展，还是从企业环境来看，风险的存在具有普遍性和变化性。

1. 风险的普遍性，是指风险无处不在。风险是人类生存过程中不可避免的现象。我们生活于四周都充满着风险的海洋之中，我们所居住的环境是我们面临的主要风险，我们的第一个行为也可能导致风险。面对复杂的社会经济生活，人的认识常有滞后性，人们对社会经济生活的控制能力带有局限性。因而，有关人类的所为（当然也包括企业的发展）的问题从来不是一个要不要接受风险的模糊问题,而是如何对待风险的问题。

2. 风险的变化性,是指风险的多样性。这种多样性表现为风险以各种形式出现,分为不同的类别。人们对风险的担忧和恐惧也是多种多样的:如所有物或经济资产的损失;发展机会的损失;危及有价值的事业目标;环境恶化和受到破坏等。而且,随着事物发展过程,风险也可能发生转换和变化。

3. 风险的转换性,风险在一定条件下会发生转换为机会或损失。例如在有奖储蓄中,对参加的人来说,直接冒失掉利息的风险;但如果他退出,又面临可能失去奖品的机会。同样,一个企业进行某种投资,有投资失败的可能性,但如果这个企业撤销这个投资,又可能面临失去收益的转换的机会。这种对转换风险的认识,合理地扩大了风险发生的范围。事实上,任何不确定的情况,甚至包括那些没有发生实际损失或伤害的情况都包含着某种风险因素。这样,风险更是变化莫测了。

(二) 正确对待风险

企业家对利益和损失一般都有独特的看法、反应和兴趣。从理论上看,他们对风险的态度有三种类型。

1. 对利益的反应比较迟钝,而对损失比较敏感,这种人往往不求大利,怕担风险,从而厌恶风险。

2. 对损失的反应比较迟钝,对利益比较敏感,这种人往往向往风险,谋求大利,敢于冒险,他们在风险程度不同而预期利润不明的投资方案中,将会选择风险大的方案。

3. 对风险满不在乎,这种人完全按损益值或期望值高低来选择行动方案,因而是一种介于前两种类型之间的企业家。

我们用曲线,可以比较形象的表现上述三种不同的对待风险的态度,图 6.5 中效用值用纵轴表示(0—1)之间,损益值用横轴表示。

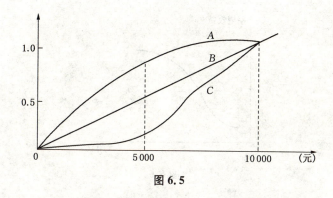

图 6.5

图 6.5 中 A 为保守型,对损失敏感;C 为冒险型,对收益较敏感;B 对风险满不在乎。从实际观察来看,风险厌恶占企业经理和投资者的绝大多数。这与大量存在的边际效用递减倾向相关,企业家应懂得自身素质的高低,对风险的判断和态度会给决策后果带来的影响,克服脱离实际的主观倾向,对风险的态度切忌模式化、程式化、凝固化,应根据实际情况,正确对待风险,扬长避短,避免可能发生的偏差。

(三)善于抓住机会

风险常与损失联系在一起,因而人们谈"风险"而色变,被动地接受这些灾难性的事实。但是,发展风险还与机会联系在一起,有为的企业家,应善于抓住可能的机会,主动地而不是被动地接受风险。

在发展风险中,由于风险的结果是损失、不损失和利益(实现目标)。没有风险就没有损失,没有风险也没有利益,风险与利得机会在一起,这是显而易见的。通常,风险越大,所得利益机会也越大;风险越小,所得利益的机会也就越小。因此,企业的厂长或经理应该比较风险与报酬(利益)的比例,善于抓住有利时机,在相同的风险条件下,争取更多利益,或者在相同的利益条件下,去冒较小的风险。

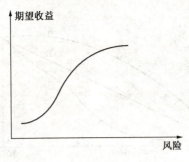

图 6.6

企业管理者要善于抓住风险带来的机会,必须首先提高自己的素质,勇于承担风险。同时加强风险管理,在正确认识风险的基础上,防微杜渐,用科学方法,对企业发展过程中可能发生的风险进行预测,控制和处理。

本章小结

本章集中讨论了现代企业发展的问题。企业发展的动力首先来自内部追求更大投资回报率及扩张冲动的本能,其次也囿于企业外部环境的压力。同样,企业的发展也受到一定的约束,如资源的约束、预算约束及风险约束。为此,企业就应该制定正确的发展目标和战略,并正确地把握机会和风险。科学地进行风险分析,是现代企业管理中普遍重视的问题。

复习思考题

1. 企业发展的动力是什么?
2. 企业发展要受到哪些因素的约束?
3. 如何确定企业发展的合理规模?

4. 企业发展的战略有哪些不同的类型?
5. 风险和危险的区别在哪里?
6. 如何进行风险—效益分析?
7. 怎样正确对待企业发展的机会与风险?

第七章 现代企业运作

本章提要

所谓企业运作是指企业为达成其既定的目标而进行的各种活动的总和。当然不同类型的企业将会有迥然不同的运作活动,但其基本的原理是相一致的,本章将对这些基本的原理逐一加以论述。具体而言,我们将从企业系统的角度出发,论述其结构、特点、运行过程及其与之相联系的各个子系统,从而得出企业运作的基本模型。在此之后,我们将进一步论述企业的整个运作过程的实施问题,以及由确定企业使命开始经由战略制订、分解、实施以及反馈与控制,最终达成企业目标的整个过程。

第一节 现代企业运作概述

一、现代企业运作的基本概念

现代企业的运作是指企业这个系统在利用外部环境所提供的机会和条件下,结合并发挥自身的特长和优势,规划企业的目标以及为实现这些目标而进行的一系列综合性活动。这个概念应从以下三方面做进一步理解。

(一) 企业是一个经济系统

所谓系统是一个具有目的性、环境适应性和环境改造性的,由若干个相互作用、相互依赖的子系统结合而成的分层次的有机整体。现代企业是在一定客观环境中,进行独立核算、自负盈亏的生产运作单位,因而其本身就可以作为一个由相互联系、相互依存的若干个要素所组成的整体系统。从企业的角度上看,企业系统是由其各个职能单位所组成的,而这些职能单位又往往由若干更小的细分职能单位组成,整个企业就是建立在这些大大小小的子系统的紧密结合之上的。

同时,企业又是社会经济系统的主要子系统之一,其从事的社会化生产,在整个社会经济系统这一相对的外部环境的影响和制约之下,实现其从目标规划到方案实施等的整个运作过程。所以,企业又是一个开放的系统。从对企业的分析,我们可以清楚地认识到其作为一个系统所应具有的层次性和集合性,这实际上也就是在纵向和横向上系统所应具有的最突出的特点。

企业涵盖着一经济系统所应具有的一切基本特征和功能。

(1) 企业内部有相对完整的经济结构,是包含有生产、分配、消费、流通四个环节的统一体;

(2) 企业的生产、分配、消费、流通四个环节的活动是企业经济系统的自我循环过程;

(3) 企业有相对独立和完整的运作机制。

在内部,上述四个环节之间的互相转化,构成了一不间断的循环周转的内部运作过程;在外部,企业与其环境之间不断进行着输入输出转换,构成一不断循环的外部运作过程。企业内部的循环与外部输入输出的彼此结合就形成了企业整个运作机制。同时,企业的经济活动有其自身的经济目标和经济利益。所谓企业的经济利益是三位一体的,一般包括:由企业实现的那部分国家利益,企业自身存在与发展所需的经济利益和企业职工的经济利益。而企业的经济目标则是由企业所处环境的需要,其自身经济结构的特性以及发展的需要所决定的。

(二) 企业运作的外部条件

企业运作要利用外部环境所提供的机会和条件,要结合并发挥自身的特长和优势。系统是处于一定的环境条件中的,企业是社会经济体系中的基本组成单元,在社会经济这一大系统中活动;而作为一个开放的经济系统,其运作活动与环境是紧密相连的,必然受到外界环境条件的影响和制约。尤其是在现代经济社会这一复杂多变的环境之中,企业只有充分进行对外部环境的调查研究,了解企业所处的环境情况,捕捉和利用环境所提供的机会和条件,才能正确地做出决策并求得企业的生存与发展。企业的外部环境是极为复杂的,其构成因素多,涉及范围广,必须从多角度来认识和把握。一般来说,我们可以从宏观环境、中观环境和微观环境这三大方面来分析。所谓企业的宏观环境一般包括社会政治、经济、文化、科学技术等方面的总体状况,其主要从宏观的角度对企业的生产运作产生影响;而企业的中观环境主要是指企业所在的行业环境和企业所在的区域环境;至于其微观环境则偏重于与企业的产、供、销、人、财、物、信息、时间等直接发生关系的客观环境,主要包括顾客,供应者,竞争对手等。企业环境的变化是不以其意志为转移的客观规律,对于企业而言应在积极适应的前提下做可能的引导,决不可任意违背。当然,环境变化在形成制约条件的同时也为企业创造了大量的新的发展机会,所以企业更应善于捕捉和利用这些发展机遇以求进步。

在积极了解外部环境的同时,企业亦需对自身的实力和弱点有充分的分析和认识,以求在其整个运作过程中,合理地利用人力、财力、物力、技术、信息等内部资源,充分发挥自身的优势及特长,扬长避短,提高企业的环境适应能力和竞争能力。

(三)企业运作目标的实现

企业的运作是为了实现其目标所进行的综合性活动。企业通过对其外部环境的分析和对其内部实力的评估,制定适合本企业的企业目标。当然,不同的企业、不同的阶段,会有不同的目标,但基本的思想均应是在力所能及的范围内,为社会提供适应市场需要的优质产品。与此同时,企业也必须实现自身价值的提高,获得相应的经济效益,为国家、企业和职工带来收益。而以上的这一系列目标均是建立在企业的运作系统顺畅地循环的基础上的。因此我们可以说,企业目标的实现是其经济系统的综合性活动的结果,企业的运作就是一个将目标变为现实的过程。

例如,工商企业在提供产品和服务的过程中,以其收入弥补支出,从而获得盈利,这整个过程就是其运作的过程。具体而言,对工业企业来说,其运作活动存在于再生产的全过程之中,即企业的生产过程和产品的流通过程,主要包括:产品的研究与开发、生产技术的提高与实现、物资的采购与供应、设备的维修与更新、产品的生产与制造、财务的支持与核算、销售的实现和售后服务等。而对商业企业来说,其生产运作活动存在于商品的流转过程,可能的活动有:市场调查与研究、商品的采购与进货、商品的调拨与供应、商品的运输与储存、商品的销售以及为消费者服务的全部过程。总的来看,尽管各类型企业将有其独特的运作活动,彼此可以是千差万别的,但归根结蒂都是为实现某一特定的企业目标,综合企业的各个职能要素,系统地连贯地加以运行。

(四)企业运作是以供应链管理为基础的活动

由于企业内部实行科学管理方法,企业内部降低成本的空间已经不大。众多企业认识到在供应链的两头,即零部件供应管理和完成品的流通配送环节,尚有很大的节约成本的潜力。此外,由于全部生产周期、上市周期的缩短取决于从产品开发周期、采购供应周期、加工制造周期直至流通配送周期全过程的缩短,这就有必要关注整个供应链上物流和信息流的快速流动。因此,企业运作迫切需要对原材料采购到产成品销售这一过程进行全盘考虑,有效集成。将供应商、生产企业和消费者作为一个系统进行总体计划和控制,这就是供应链管理(Supply Chain Management, SCM)思想。

供应链是由原材料零部件供应商、制造商、中间商和最终客户等一系列企业组成的链式系统,供应链管理就是要把整条"链"看作一个集成组织,利用计算机网络技术全面规划供应链中的商流、物流、信息流、资金流等,并进行计划、组织、协调与控制,最大限度地满足客户的服务要求,并有效地降低整个过程系统的成本。因此说,企业运作要以供应链管理为基础,利用先进的信息技术、网络技术和计算机技术,把供应商、生产商、用户联系在一起,以最快的时间、最准确的产品、最经济的价格把客户所需要的产品从起点运到目的地。

此外,企业运作关注供应链管理,更易使企业能够注重"核心能力"的提高,同时通过与供应链上其他企业的联盟,使之变为一种致力于提高效率和增加竞争能力的合作力量,形成竞争优势。

二、企业运作的基本模型

现代企业是一个由若干相互联系、相互依存的职能要素所组成的有机整体,其不仅仅如上所述是一整体系统、开放系统,更是一"投入——产出"系统。企业为实现其目标,即满足市场上的某种需要,必须向外输出某一产品或劳务。而要输出就必然首先要从企业外部输入所需的资源,经过企业内部各职能系统的转换过程,将资源化为产品并输出给市场。所以,企业是一个将外界提供的资源和贡献经过调整、配合、组织进而加以有效地转换的投入——产出系统,其基本的模型可见图7.1。总的来说,企业的运作就是对投入、转换、产出和反馈这四个过程要素加以合理的配合,并在此基础上不停运转而形成的一系统转换过程。

图 7.1 企业运作系统的基本模型

(一) 企业系统的投入过程

所谓企业系统的投入过程是指企业把外部环境所提供的资源加以合理的组织和配合以便企业进行转换的准备过程,亦称企业供给系统。其主要的投入要素有:

(1) 人力,指具有一定的素质和一定的数量的,能分别完成各项工作的人员及其劳动。

(2) 物力,这是指企业所需要的生产资料,如各种原材料、半成品、能源等。

(3) 财力,亦即企业运作过程中所必需的各种资金。

(4) 信息,主要包括企业所需的各种技术、数据、内部规章制度、外部政策法令以及企业的各种决策等。

(二) 企业系统的转换过程

所谓企业系统的转换过程,又称为生产系统,就是指企业以既定的转换要素为对象的各种再加工过程,是企业系统的核心,是建立在企业的各种子系统的合作的基础上的一综合系统功能。这些子系统主要有以下几部分。

1. 按照各子系统在企业系统中所起的作用不同,大致可分为:

(1) 传感系统:用来度量和传递有关企业内部和外部环境的变化的各种信息。

(2) 信息处理系统:用来对所收集到的各种信息资料进行加工,如会计、统计、数据处理等。

(3) 决策系统:用以接收所输入的经由一定加工转换的信息,做出相应的决策并加以传达。

(4) 操作系统:利用一定的手段和资料来完成某一特定的任务的过程。

(5) 控制系统:用以保证操作按照既定的计划得以实施的过程,一般包含控制和反馈两大部分。

(6) 信息贮存系统:其主要表现为各种记录、手册、既定工艺流程、电脑数据库及程序等。

2. 按照各子系统的内容不同,可分为:

(1) 目标子系统:包括企业的战略目标,各部门的策略目标和职工的个人目标等。

(2) 技术子系统:包括机器、工具、程序、方法、专业科技知识等。

(3) 工作子系统:包括企业成员从事的生产运作活动的各项组成部分及其在不同层次上的组合。

(4) 人际社会子系统:包括企业成员的技术与能力,领导人员的指导思想和领导方式,企业内部的各种正式或非正式组织等。

(5) 外界因素子系统:包括情报资料的收集与获得,人力、物力、财力的补给,外界环境的影响和导向等。

(三) 企业系统的产出过程

这里首先应明确企业产出的不仅仅是一定的产品,还包括服务、盈利等各种经由企业转换过程后,向社会作出的贡献。同时与企业的产出过程相联系的还有其输出品的分配过程,亦称分配系统。对于企业而言,其环境中存在着大量与之有着各种利害关系的集团,亦即企业环境的主体,如股东、金融机构、政府、供应者、中间商、消费者等。企业的各种输出将主要在这些集团中加以分配和消化。

一般来说,企业的输出品大致有以下几个方面:

(1) 人力,即经过生产实践和教育,提高了素质的职工。企业的职工也是其输出品的一种,尤其是随着现代社会员工流动的增加,这一输出品也越显重要。

(2) 劳务,即企业为社会提供的劳务产品,如对外咨询、设计、维修、以及其他各种服务项目。

(3) 物力,即机器、工程、各种成品、半成品等。

(4) 财力,即企业所提供的税利等。

(5) 信息,即企业的总结资料、报表、质量、信誉等。

(四) 企业系统的反馈(控制)过程

所谓企业系统的反馈(控制)过程是指为提高从投入到产出的生产效率而采取的全部措施的总和,也称企业管理系统。而我们所言的反馈是指根据计划的要求,控制实际偏离计划的差距,查明原因,制订和实施改进的措施等工作。反馈控制是贯穿于整个企业运作过程之中的,对于企业运作活动的每一个环节,都必须时刻进行信息的反馈和进程的控制,对各种偏差进行及时修正,以保证企业的运作按计划进行,沿预定轨道实现企业的各项目标。因此,管理系统的反馈过程也可被认为是企业转换过程的一个部分,其构成要素按照企业管理系统结构的不同可分为:

1. 水平结构,即根据企业运作活动的不同,可按不同的职能分为生产、财务、销售、人事、物资供应、新产品研制等分系统。

2. 垂直结构,即为协调各职能管理之间的关系,以达到统一管理与协调,按层次分为高级管理层、中级管理层和基层管理层。

高级管理层又称经营管理层,它的主要任务是规划企业的发展方向和目标、明确企业战略、编制长期计划等,其中心是如何创新;中级管理层又称管理控制层,主要任务是落实企业生产运作与新产品开发的战略和运作策划,并在此基础上协调作业层各部门的业务工作,使企业有效地运转,其中心是如何提高效率;至于基层管理层也称作业层,主要任务是按上级的指示,组织、管理和实施生产作业,其中心在于执行。

三、企业经济系统的构成

要了解企业系统的运作过程,必须进一步对企业运作体系的结构加以认识。一般来说,企业运作系统的结构分时间结构、空间结构和整体结构。

（一）生产运作系统的时间结构

如前所述，企业系统是一个投入-产出系统，其运转过程就是企业生产运作的过程。从时间的角度来看，这种生产运作又是由若干步骤组成的，每一步骤都有其独特的职能。现以企业的生产过程为例进行说明，具体见图7.2。

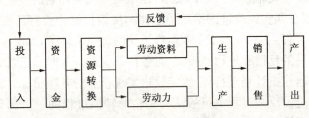

图7.2 企业生产过程示意图

图7.2的生产过程是按时间顺序进行的，而且是周而复始不断循环着的。每一阶段的职能分别为：资金阶段表现为财务，包括资金的筹措、运用和分配等；资源转换为劳动资料的职能主要表现为采购供应，包括机器设备、原材料、燃料、动力的采购供应、验收、入库、发放、安装等；资源转换为劳动力的职能主要表现为劳动人事，包括工资管理、人员的录用、选拔和配备等；生产阶段的职能是生产，即生产技术准备、加工制造、质量检验等；销售阶段的职能是销售，包括发货、促销、售前和售后服务等。

上述职能有顺序的要求，因此，过程的编制和运转的基准应由时间上的先后来确定，其所强调的也就是整个流转过程的节奏性和连续性。通过时间结构的细分，可以使我们明确阶段的先后因果及其核心职能，同时亦有利于促进各种辅助职能的管理。例如，搬运、维修、保管等辅助生产部门的建立，就是为了提高工效，而将分散于各职能部门中的共同而又必要的工作独立了出来。

(二)生产运作过程的空间结构

企业运作系统要适应环境的变化并有效的运转,则管理系统的有效性必将起决定性的作用。实质上,企业生产运作过程的空间结构就是企业管理系统的构成,前面已有所论及,不再赘述,具体可见图7.3。

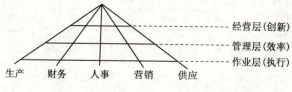

图7.3 企业生产运作过程的空间结构

(三)整体结构

企业是投入-产出的循环运动过程,其投入-转换-产出过程、要素的详细内容、运作体系的构成以及形成企业运作过程的整体结构见图7.4。其中需进一步说明的是,投入是产出原因,这是由于产出的分配决定了提供者的满足程度,从而可以影响下一个循环过程环境主体的贡献内容,于是产出的分配又将作为一种贡献的诱因而存在,彼此互为因果。因此,掌握企业产出的分配和环境主体的贡献之间的相互关系是很重要的,可以说其是联系企业运作循环的桥梁。

四、企业运作的子系统

企业管理按管理对象可分为劳动人事、财务成本、生产、营销管理等,分别构成企业经济活动的主要子系统。对企业运作过程的管理,实质上就是财务管理、人事管理、生产管理、营销管理等职能管理的有机结合。每一部分的管理又分别包括计划、组织、协调、监督、控制等职能过程。再看管理系统的垂直型结构,占职工人数很少的企业领导人从事企业上层管理,主要进行有关企业全局性重大问题的决策,包括财务决策、人事决策、生产决策、营销决

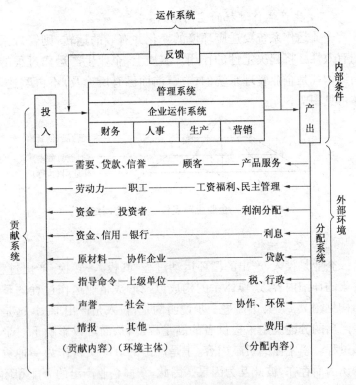

图 7.4 企业整体结构图

策等;中层管理的管理控制职能和基层管理的执行职能主要完成具体的决策落实、计划制订、执行实施等工作。

(一)财务管理

企业财务一般是指企业在运作中,资金筹集、资金运用、资金耗费、资金回收、资金分配等活动。一切物资都有一定量的价值,它体现着物资中的社会必要劳动量。物资的价值是通过一定数额的货币表现出来的,因而资金的实质是社会再生产中运动的价值。在企业再生产过程中,企业资金从货币资金形态开始,顺次通过供应、生产、销售三个阶段,分别表现为固定资金、生产贮备资金、在产品资金、成品资金等各种不同形态,然后又回到货币资金形态,周而复始,往复循环,称为资金运动。这种资金运动与企业的运作过程应该是相互吻合的,也就是说,企业财务管理其实质是对资金这一重要投入要素的综合管理,是从筹资开始的,通过企业的运作过程将资金的价值逐步转移至产品之中,并经由销售回收资金以及实现其增值的过程。

(二) 生产管理

生产管理有广义和狭义之分。广义生产管理,按业务系统,可分为三大部分,即产品开发管理、厂房设施和机器系统购建和生产作业管理。其目的简单地来说都是围绕着企业的产品,提供合理的技术和管理支持,以求企业效益的最大化。而狭义的生产管理则仅指生产作业管理,也就是确定生产目标并组织实现的过程。从企业运作的角度来看,生产管理是其转换过程的核心部分,是如何将企业投入的所有资源合理充分地加以组织配合以求最大的产出的问题。如果说企业财务管理是着眼于投入—产出过程中财力资源的方面,那么企业的生产管理便是对企业物力资源的综合运作过程,是将原材料、设备、技术、劳力等因素恰当地转化为所需输出的主要产品的过程。从这一点上来看,企业的生产管理是对企业财务和人事管理的综合,其必须有上述两个方面的资源管理的支持。如果我们将企业的所有投入要素描述为人、财、物、信息四个类型的话,则进入企业转换过程的核心—生产过程时,这四方面的因素将彻底交融在一起,经由企业转化为一定的输出品,从而实现价值的增长。

(三) 人事管理

应该说,企业中凡是与人有关的问题均是企业人事管理的范畴,所以我们也称之为人力资源开发与管理。其管理的核心是对企业的人力因素,包括一定的人及其劳动,进行一系列的组织和激励活动，主要表现为选人、育人、用人、留人这四个方面。对于企业而言，其投入要素中人及其劳动是必不可少的一个部分，这种投入可表现为两种形式：

(1) 投入的数量亦即对人的外在管理；
(2) 投入的质量亦即对人的内在管理。

从企业运作过程这一角度来看，人力资源对于企业而言是主要投入的要素，当然经由企业一定的转换过程后这一要素的质量也会不断提高，但企业本身是不愿将这种经由企业转换后价值提高了的人力输出到外部环境中去的。所以，人力资源应主要是在企业内部循环的资源，是不断地提高质量稳定数量而在企业内部进行投入产出转化的资源。总的来说，人力这一要素其稳定性对于企业而言比其流动性更为重要，在企业的内外部环境中，随产品输出的应是其劳动而不是资源本身。当企业人事管理协同到一定的企业运作中去时，其动态循环的过程往往是不可见的，参与整个企业运作输入输出过程的只是人的劳动而不是人员本身。

(四) 营销管理

一般意义上，所谓营销管理是指通过分析、计划、执行和控制，来谋求创造、建立及保持营销者与目标买主之间互利的交换，以达到营销者的目标。从企业运作过程的角度来看，企业营销管理主要着眼于运作活动中的输入输出问题。输入的主要是信息，即有关企业既定市场的各种问题，如市场的一般状况、人们的需求、对企业及其产品的印象以及产品是否应作适当的变化等。在输出方面，营销管理提供的是有关企业销售的各种支持，如何处、何时、何价以及如何销售产品，产品的目标顾客是谁，如何让目标顾客知道并进一步了解本产品等。对于任何一个企业来说，其资源还应包括已有的或可获得的市场，但这一资源是不能进入企业的内部循环的，可以进入企业内部的只有有关市场的各种信息，所以我们也可换一个角度将企业营销管理看成是企业运作的输入输出端管理器,负责收集信息、处理信息和对企业的运作作出适当的调整,以求企业的运作能更好地与其环境相一致。

(五) 物流管理

企业物流是指在生产经营过程中,采购过程中的原材料物流、生产加工过程中的物料移动、销售过程中的产成品物流,以及在整个生产经营过程中的废弃物回收物流的总称,由采购物流(供应物流)、生产物流、销售物流和回收物流四部分组成。采购物流或供应物流,是企业根据自己的生产计划安排,向供应商提出采购请求,供应商将物料运输到企业,对整个过程的规划、实施和控制;生产物流局限在企业内部,主要指物料在车间、工位、仓库之间移动和储存进行的规划和实施过程;销售物流是企业对产成品推向市场过程中的流动和存储进行的规划、实施和控制过程;回收物流包括退货物流和废弃物物流两部分,是企业对废弃物或质量存在缺陷产品的回收过程,以及产品的返回和退货过程进行的规划和实施。

企业物流是一个集商流、信息流、资金流、实物流为一体的企业内部供应链,在一定程度上决定了企业的盈利能力。企业的实际物流过程,是从市场需求开始到市场销售为止的。在这个过程中包含了众多企业管理内容,如采购、生产、销售和物流等,如何有效地衔接这些管理环节,提高整个过程的运作效率是企业运作管理关注的焦点。

第二节 现代企业运作的过程

一、现代企业运作的循环过程

在社会再生产过程中,企业总是通过供、产、销这一系列的活动过程循环往复地运动着,不断地与外界交换着物质和信息。在企业投入-产出模型中,企业投入的一端,连接着的是供方的市场,购进原材料、设备工具或半成品等,同时接受用户和市场需求的反馈;产出的一端连接着市场,通过市场将产品转至用户或消费者手中,从而实现产品使用价值和价值的转换,达到企业的运作目标。企业系统完成这种投入-产出转换的实质就是企业内部生产、消费、分配,流通各环节之间不断地过渡和转化的过程,同时也是企业与其环境之间的相互过渡和转化的过程。没有了这些过渡和转化,就没有企业经济系统的运动。具体说来,企业的运作活动大致包含有以下一些过程。

1. 生产过程。包括产品的研制、设计、准备和制造。企业生产的目的是为社会提供各种产品、劳务和利益(包括企业自身及其职工的利益),而这个目的只有通过销售和流通才能实现,所以可以断言生产过程必须也必然转化为销售过程。

2. 销售过程。包括产品的推销、储运和服务过程。企业正是通过销售实现了为社会提供产品和服务的目的,同时也实现了其经济利益。但是,要把收益变为向国家提供利益,为延续和发展企业自身以及为职工提供利益,还需要通过分配。因此,销售过程之后很自然的就出现了一个分配过程。

3. 分配过程。是指收益的分配、交纳、解缴、发放、投资等过程,分配的实质是处理国家、企业、职工三方面的利益关系,处理积累与消费的关系。但是实现企业的再生产和发展,实现职工的个人消费,就必须经过采购、供应的流通过程。因此,分配过程又要再转化为流通过程。

4. 供应过程。包括寻找、选择资源、采购、运输、贮存、发放等过程。供应的目的是为了消费,因此供应过程又要转化为消费过程。

5. 消费过程。包括生产性消费、发展性消费和生活性消费。消费也是为了生产和发展,因此,在实际上,消费和生产是同一过程的两个方面,在生产中进行消费,在消费中进行生产。于是,消费过程又转化为生产过程(即再生产过程和扩大再生产过程)。

二、企业运作的动态过程

(一)企业内部运转是一个动态过程

企业系统是由输入和输出两个流程构成的。企业生产运作活动不论有多少子系统或分系统,它本身仍然是一个转换机构,是包含输入、输出、执行、反馈的动态过程的控制系统。这个系统以外的诸因素,则构成外部环境(从微观到宏观),企业管理系统和环境的关系,就表现为输入和输出的动态关系。从企业内部转换运作来看,企业按照环境提供的人力、物力、财力及信息等客观条件规划企业的发展方向和目标,编制生产运作计划,再根据计划进入转换机构-组织生产,把原料变成产品,按照商品生产过程,也就是使用价值的生产过程和价值的形成过程,两者统一于产品之中。产品走出生产过程,转换机构的执行过程即告结束,而后又通过输出(销售)到环境(市场)中去,如图 7.5 所示。可见,企业内部运转的生产过程是一个动态的过程,是在不断地流转运动着的。

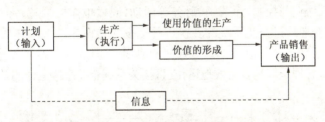

图 7.5 企业内部运转过程

(二)企业与外部环境的动态平衡

现代企业管理不仅要处理企业内部的各种问题,还要处理大量的企业与外部环境的关系。过去的"科学管理"理论把企业看作是一个孤立的封闭系统,以为只要研究企业内部的结构、工作和组织关系等,就可以解决管理问题,而忽视了企业与外界的联系。现代企业管理则更注重企业的开放性,其所受的环境的影响和制约以及企业对其环境的反作用。所以,企业与环境是互相影响、互相制约的,两者之间存在一个动态的平衡。

企业与周围的环境,包括其顾客、竞争对手、市场以及其他与企业有着利害关系的各种机构,均具有一动态的相互作用。它从环境输入物资、能量和信息,经过企业的转换系统,输出产品或劳务,又回到环境中去,你中有我,我中有你,是绝对不可分割的。为了使企业系统更具环境适应性,我们就必须经常开展对外部环境的调查研究,进行市场预测,研究市场信息,把握企业的外部环境状况及其发展趋势,以便使企业适应环境的变化,作出相应的决策,从而促进企业的发展。

从图 7.6 中也可看出,企业管理系统和企业外部环境的关系,表现为其输入与输出。管理过程中的各项职能如计划、组织、协调、控制、指挥、激励等,则贯穿于企业运作过程中的每一个环节,每一个部分。管理活动在企业经济活动中占有十分重要的地位,企业的各种活动都离不开管理。如企业的生产活动,需要计划、组织、指挥、协调与控制,而营销、财务等活动,同样也需要管理。企业运作是企业通过企业系统的转换过程把投入转换为产出的一系列综合性活动。这些活动都只有通过企业的管理过程才能得以进行。因此,管理系统是否有效地运作,直接关系到企业整体运作的效率。

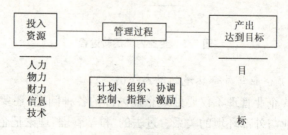

图 7.6　企业管理要素图

第三节 现代企业运作的步骤

一、现代企业运作的实施步骤

现代企业经由投入产出转换达成企业目标的运动即为企业的运作过程,上节描述了企业运作过程的一般框架,本节将就企业运作纵向的步骤,亦即企业如何实施其整个业务过程,进一步加以分析。具体说来,企业应当利用外部环境提供的机会和条件,发挥自身的优势和特长,规划企业的目标并通过实施使之得以实现。

1. 由图 7.7 中看出,企业环境分析是企业运作实施的第一个环节,分为企业外部环境分析和企业内部实力分析两大部分。企业外部环境分析包括企业的宏观环境、中观环境和微观环境,其中宏观环境与中观环境因素对企业来说基本上是不可控的。把握住外

图 7.7 企业运作过程步骤

部环境的现状及未来发展变化的趋势,掌握了足够的信息,就为明确企业的使命和任务,提出企业目标,确定战略、策略打下了良好的基础。企业外部环境是企业从事生产运作活动的客观条件,这些条件如何运用,在这些条件下企业可采用哪些运作的战略和策略,则往往要结合企业自身的内部条件才能决定。企业内部实力分析指的是企业在运作中已具备的和可取得的战略资源的数量和质量,这里不仅包括人、财、物等物质资源,还包括企业组织结构、信息、时间、企业文化及企业形象和信誉等无形资源。它表明企业的优势和劣势。

2. 企业战略规划包括明确企业使命,把使命转化为战略目标,提出战略方案并对方案进行评价和选择等步骤。企业的使命阐述了企业的任务是什么,这些任务因何而存在,以及企业所能做

出的独特贡献。战略目标则是所指定的一整套关于企业长远发展的总设想。一般说来,每个企业应根据内外条件进行综合分析,然后抓住对企业有利的机会和时机,提出几个可能的、符合一定要求的企业使命和战略目标的方案,最后对这几个方案加以评价和选择,以便作出正确的决策。

3. 企业战略的实施是指企业通过一系列行政的和经济的手段,组织职工为达到企业运作目标和战略目标所采取的一切行动。企业战略方案一经选定,企业运作管理的重心也就转向了如何将战略规划付诸行动并使之得以实现以取得预定的效果之上。战略的制定关键在于其正确性,而实施战略的关键则在于其有效性。战略实施的成败取决于能否把实施所必须的工作任务、组织结构、人员、技术等资源及各项管理功能有效地调动起来加以运用。

4. 对企业运作过程的评价与控制,即企业战略的控制过程,是确保战略方案顺利实施的必要手段。控制之所以必要是因为战略的实施过程中不可避免的会出现下列两种情况:

(1) 会产生与战略的要求不相符合的行动;

(2) 会出现战略的局部或整体与企业当前的内外部情况不相适应的状况。

因此,企业要对企业运作的过程进行控制,并在适当的时候,对战略方案进行适当的调整和修改,使企业的行动能更好地与企业所处环境和企业要达到的目标相协调,使企业的目标得以实现。

二、企业环境分析

(一) 企业外部环境分析

在市场经济体制下,尤其是在复杂多变的市场环境中,企业的运作在不同程度上受客观环境的影响和控制。一般来说,对企业外部环境的分析是以空间为坐标,按宏观、中观、微观环境来划分的。

1. 企业宏观环境。企业的宏观环境又称外层环境,是指对企业生产产生影响的政治、经济、法律、技术、文化等因素的集合。这些因素虽与企业经济活动不直接相连,但可通过中观环境或微观环境向企业施加重大影响。

(1) 政治法律环境包括社会制度、政府政策、法律的制定与执行以及战争与和平等方面的因素。因此,在社会政治形势方面,我国企业主要应重视学习和理解中国共产党的路线、方针、政策和国家的法令、法律、条例等,了解和把握政治形势的变化及未来的趋势。

(2) 企业经济环境是由多种因素构成的。按照这些因素在经济环境中的地位和作用,对企业运作的影响的方式,以及同企业的关联程度,一般划分为宏观和微观两大类。宏观经济环境由经济体制、经济形势、经济结构和经济政策四个要素组成。微观经济环境则是指与企业的生产运作活动密切相关的销售市场、供应市场、资金市场及劳务市场四个市场的具体状况。因此,在经济形势方面,企业主要应了解和把握我国宏观经济的现状和发展趋势,了解和分析国家宏观经济调控的方向和意图,还要了解和分析国际经济形势和国内贸易发展趋势。

(3) 技术环境是企业的一个重要外部环境。现代科学技术日新月异,是生产力中最强大的因素之一,是推动人类经济发展和社会进步的主要动力。在科学技术方面,企业要重视调查研究与本企业的产品、原材料、制造工艺、技术设备和管理等相关的科学技术的新成果及其发展水平、发展趋势等,努力应用新技术,革新自己原有的产品、工艺、设备和组织管理,使企业永葆青春,增强竞争力。

(4) 社会文化环境是指社会的文化风貌,包括其观念、理想、情感、生活态度、生活方式、习惯爱好、价值标准等多种因素。企业应深刻认识社会文化的内容和实质,全面了解企业所处的社会文化环境,主要在于了解其目标市场的教育程度、文化水平、宗教信仰、风俗习惯、价值标准等。同时,企业还应考虑其自身的企业文化如何与环境相一致,以求企业及其产品所代表的一定的文化理念能为人们广泛接受,建立和保持对企业更为有利的态势。

2. 企业中观环境。企业中观环境主要指企业所在行业的环境分析和企业所在地理位置的环境分析。

(1) 分析行业的竞争结构。一个行业的竞争状态主要由五方面的力量决定,分别是来自可能的新进入者的威胁、同行业中现有企业间的竞争、可替代品的压力、用户的压力和供应者的压力。通过竞争结构分析,可以使企业了解本行业的竞争力量,从中辨认本企业在行业中的竞争地位、优势和劣势,从而确定针对各种竞争力量企业应持的态度和基本对策。

(2) 根据行业的生命周期来确定行业所处的发展阶段。行业的生命周期是指从行业出现直至行业退出经济活动所经历的时间,主要包括幼稚期、成长期、成熟期、衰退期四个发展阶段。行业所处的生命周期阶段可以根据行业的市场增长率、需求增长率、产品品种、竞争者数量等因素来加以分析判断。一般说来,处于不同生命周期的行业有其自身的特点,如幼稚期行业竞争程度低,发展潜量大,而成熟期行业竞争程度高,行业相对稳定等。企业可以根据行业所处的不同的生命周期阶段及其应有的一般特点,建立企业的阶段以及长期运作目标和战略。

(3) 识别企业的某项业务在行业中的竞争地位。企业可根据该业务在行业中的竞争地位,来决定对该项业务采取何种战略,例如是采取维持战略还是转移战略等。

(4) 影响行业发展的因素分析。包括分析行业的特性、行业在社会中的地位、行业的结构等。

行业所在地理位置的环境分析包括对企业所在地区的经济结构、资源条件、人口分布、交通运输、文化教育及土地等自然条件的分析。一般来说,行业所在的地理环境可以确定企业所能获得的最终市场大小,发展潜力,市场分布等因素,帮助企业制定其区域战略。

3. 企业微观环境。所谓企业的微观环境是指与企业产、供、销、人、财、物、信息、时间等直接发生关系的客观环境,是决定企业生存与发展的基本环境。在诸多环境影响因素中,最主要的是企业与顾客、供应者、竞争者及同盟者的关系。

(1) 有关产品的市场需求调查预测和对用户(顾客)的研究。企业应充分了解顾客需求的内容、趋势和特点、消费心理、习俗及层次等,以求企业及其产品能够及时准确地满足目标市场的各方面的需求。

(2) 有关产品的市场供应调查分析和对供应者的研究。

(3) 竞争对手研究。企业应了解和研究竞争对手的长处和短处,了解其运作的过程和特点,目标和指导思想,采取的战略、策略及其作风等。当然,企业除了要了解行业内主要竞争对手的情况外,还应尽力去分析竞争者与同盟者发展变化的趋势和转化的可能,以及本企业与竞争者各自的相对优势等,以便从多角度上得出企业的竞争状况和竞争优势。

(二) 企业内部实力分析

不断变动着的外部环境给各企业都带来了潜在的可加以利用的机会,但是,只有对于具备了能够利用这种机会的内部条件的企业,其才有可能真正为企业所获得。因此,企业能否利用机会,避开外部环境的威胁,只有通过企业内部实力分析才能得出最后的结论。企业内部实力分析可以增强企业扬长避短的现实性,使企业有限的资源用在刀刃上,以便能动地改变企业的现状。一般而言,对企业内部实力的分析分为综合性分析和专题分析两类。

综合性分析是对企业系统及其主要子系统的运行状况及运营能力的分析。主要内容有:企业基本情况分析、销售分析、生产分析、科技工作分析、财务分析、人事分析及职工队伍分析等。

专题分析是针对企业主要矛盾而进行的重要内容分析。不同时期的不同企业有不同的主要矛盾,因而所需分析的重点也会不同。一般情况下,企业内部条件分析的重点是产品、营销能力和财务状况。

1. 产品营销能力。产品营销能力是企业内部实力的一种综合反映。产品营销能力分析是通过对企业的产品及其市场营销状态的具体分析,对产品营销实力作出综合评价,明确其优势、劣势和潜力。内容包括分析产品竞争能力,产品所处发展周期阶段,市场容量与市场占有率,产品获利能力,企业营销组织状况,市场研究与开发能力,产品的定价,销售渠道,促销策略等方面的问题。

2. 财务状况分析。财务状况是企业生产运作效果的综合反映。通过财务状况分析,我们可以弄清企业生产运作效果的现状,判断企业内部条件的综合能力及其强弱,为正确制定企业战略决策提供依据。其内容主要是分析企业的赢利能力,包括盈亏分析、资金利润率分析等。

三、企业战略规划

企业在环境分析的基础上,可以从确定企业使命和战略目标开始,逐步开展战略的规划。所谓企业战略由企业使命、战略目标和实现战略目标的方案等构成,战略方案是为实现其战略目标服务的,而战略目标又体现了企业使命的要求。因此,制定企业战略必须从确定企业使命和战略目标开始。

(一)企业使命

企业使命阐述了企业的任务是什么,这些任务因何而存在,以及企业所能作出的独特贡献。具体地说,企业在确定使命时,需要战略决策者回答两个问题:第一,我们应该从事什么样的事业?这一问题主要是为企业选择可服务的领域。第二,我们应当成为什么样的企业?这一问题主要是确定企业在行业中的地位和在社会中的形象。

1. 企业使命的内容。企业使命一般包括以下基本内容:

(1) 主要的产品、主要的市场和重要的技术。这三个方面是企业使命不可缺少的构成要素。它们共同规定企业生产运作的方面和范围。

(2) 企业的目的。企业作为一个经济组织,一般说有三个基本的经济性目的,即生存、增长和获利。企业使命必然反映企业通过持续增长和获利来保证其生存的意图。

(3) 企业理念,或称企业信条。它反映企业的基本信念的价值观,是企业的行为准则。

(4) 企业的自我概念。企业要在竞争的环境中找到自己的正确位置,就必须客观地、现实地评价自己的优势和劣势。这就要求企业对自己有一个正确的认识。

(5) 企业的社会职责。企业在生产运作活动中必须考虑社会利益,承担社会义务。这是企业使命的一项重要内容。企业的社会职责不仅是社会的要求,也是企业为树立良好的形象和在竞争中取胜的需要。从总体上来讲,企业应该承担的社会责任是保护消费者的利益,保护生态环境,为地区、社会作出贡献。

企业使命应完善地、综合地、协调地反映出以上各个方面,以便为企业的战略行动指出一个统一的方向,最终达到企业生存、发展、赢利的目的。

2. 确定企业使命应注意的问题。企业在确定使命时,应注意以下几个方面的问题:

(1) 要以消费者的需要为中心确定企业使命。也就是说,企业必须建立用户导向思想。

(2) 正确的企业使命,必须具有约束力。其不但应明确规定企业在运作方面应该干什么,而且还应当指出企业不应当干什么,以便明确企业的任务,集中企业中所有的资源去完成这些任务。

(3) 企业使命要具有鼓动性。可以树立企业为社会、为大众服务的良好形象,并激励职工的使命感、光荣感和自豪感,从而使他们更自觉地为实现企业使命而努力工作。

(4) 应该经常重新审查企业的使命。一旦企业环境发生了变化,就应及时进行调整或修改。

(二) 战略目标

企业要制定正确的战略,仅仅有明确的企业使命还不够,还必须把企业使命转化为战略目标。企业使命比较抽象,战略目标则比较具体,它是使命的具体化。

战略目标是企业为完成其使命所要达到的预期结果。它的时限通常为5年以上,战略目标是企业战略的核心。它反映了企业运作的指导思想,指明了企业今后较长时期内的努力方向,同时也为企业选择战略方案提供了依据。

1. 战略目标的内容。企业的战略目标是多元化的,既包括经济性目标,也包括非经济性目标。企业战略决策者应从以下几个方面来考虑企业的战略目标。

(1) 获利能力。通常用利润、投资收益率、销售利润率等来表示企业的获利能力。这是企业的一个基本目标。

(2) 生产能力。用投入产出或单位产品成本来表示。

(3) 产品。用产品线、产品销售额和盈利能力、开发新产品的完成期来表示。

(4) 市场。常用市场占有率、销售额和销售量来表示。

(5) 竞争能力。表现在企业在行业中所处的地位、企业的技术水平、产品质量名次、企业在消费者心目中的形象等。

(6) 社会责任。它反映企业对社会的贡献程度,如环境保护、节约能源、支持社会和地区的各项事业等。

2. 制定战略目标的基本要求。

(1) 要明确规定目标的完成期限,原则上,目标期限应与计划期限相一致。

(2) 目标水平要先进合理。制定的目标,一方面要有挑战性,另一方面又要切实可行。先进性与合理性相结合的办法是把目标的实现限定在主客观条件所允许的范围之内,使人们经过努力能够实现。

(3) 目标应尽可能地具体化和定量化。

(三) 战略方案

战略方案是企业为了达到一定的目标所制定的一套关于企业长远发展的总体设想。企业为实现企业使命和战略目标而开发和制定的战略方案一般包括总体战略和分战略。

1. 总体战略。企业的总体战略是根据企业所处的环境和战略目标而确定的总的行动方向。它有三种基本类型:

(1) 发展战略,又称攻势战略。这是企业已经稳定于现有的产品和市场领域,取得优势,可以积极扩大企业的产销规模和实现产品和运作的多样化,以促进企业发展的一种战略。这种战略的特点是不断地开发新产品和新技术,开拓新市场,扩大投资规模,掌握市场竞争的主动权。

(2) 稳定战略,又称守势战略。这是企业在原有的产品和市场领域逐步取得优势地位,内部条件和外部环境没有发生重大变化的一种巩固成果,维持现状的战略。这种战略的特点是以安全运作为宗旨,少冒风险,以守为攻,待机而动。例如企业在产品开发方面,实行紧跟战略;在技术开发方面,采取拿来主义;在市场开拓方面,步步为营,稳扎稳打;在生产方面,采取降低产品成本,不盲目追求扩大规模。

(3) 紧缩战略,又称撤退战略。这是企业在原有的产品和市场领域中已处于不利地位,而又无法改变这种情况下,逐渐收缩甚至退出原有领域,收回资金,另找出路的一种战略。这是一种应变性的战略撤退或战略转移,其特点是逐步缩小产销规模,控制资金费用,削减某些产品的市场面。但企业一般说来只是短期内奉行这一战略,其基本目的是摆脱困境,保存实力,集中资源,然后转而采取其他战略。对于以上三种类型的总体战略,一个企业可以采取其中一种,或同时采取两种以至三种战略的组合,如紧缩一种产品,稳定一种产品,发展一种产品等。

2. 分战略。分战略是指为保证总体战略的实现,在各个生产运作的职能领域内分别采用的战略,例如产品战略、市场战略、财务战略、人事战略、研究与开发战略等。企业的总体战略必须有相应的不同内容的分战略配合,才能保证总体战略的顺利实施。

(四)战略方案的评价与选择

一般来说,每个企业在制定其战略方案时,都应同时制定几个方案,然后对这几个方案进行评价和选择,以便作出正确的决策。这是企业战略制定过程中十分重要的一环。

1. 战略方案的评价。战略方案评价的目的在于确定各个方案的有效性,判断某一战略是否可以接受。研究表明,一般应从以下几个方面加以检验:

(1)目标的一致性。所选择的战略方案必须与企业的目标相一致。

(2)竞争的优势性。所选择的方案必须能够为企业创造或保持竞争优势。

(3)实施的可能。实施所需的各种战略资源必须是企业所能获得的。

企业常用的战略评价方法有美国波士顿咨询公司的经营组织法和C.霍福尔(Charles Hofer)的产品/市场发展组合矩阵法等。

2. 选择战略方案的依据。战略方案的选择与作业层决策的选择的最大差异就在于前者的选择往往不是一次的,而是慎重、综合地考虑方案实施过程中的多种复杂因素之后,逐步加以确定的。决策者应认真考虑企业外部环境和内部实力,行业发展趋势及行业所处生命周期的位置,企业竞争地位及竞争者的反应,企业组织的文化理念和权利分配,对风险的态度,企业中层管理人员与职能人员的影响,时间等等对方案决策过程起重要作用的因素的状况,从而进行方案的选择。

四、企业战略的实施与控制

(一) 企业战略的实施

企业战略的实施是指企业通过一系列行政的和经济的手段,组织职工为达到企业运作的目标以及企业的战略目标所采取的一切行动。企业在实施战略的过程中,会遇到许多问题,甚至障碍,因而需要付出更为艰苦的努力,这就使得企业战略的实施成为企业运作过程中一非常重要的环节。

在企业把制定的战略转化为实际行动的过程中,企业必须开展多方面的工作,考虑多方面的因素。美国管理学家彼得斯和沃特曼提出了著名的 T—S 理论。该理论认为:在战略实施的过程中,要考虑到作风、人员、机能和共同价值观四个软因素。只有在这四个因素相互很好地沟通和协调的情况下,企业的战略才能获得成功。具体地说,企业在实施战略的过程中,重点应做好以下四个方面的工作。

1. 根据战略的要求,选择和建立适合的组织机构。在企业确定战略以后,为了有效地实施战略,首先必须选择和确定实施战略所需要的组织机构。因为战略是通过组织来实施的,要有效地实施一项新的战略,就需要一个新的,或者至少是被改革了的组织机构。组织机构服从战略,因而企业应该根据外部环境的要求去制定战略,然后根据新制定的战略来调整企业原有的组织机构,配备相应的人员,使各层次的人员对自己承担的任务负责,领导者对企业战略负责。适合的组织结构和人员配备,为企业战略的实施提供了组织上的保证。

2. 将战略方案分解,以便于操作。战略要付诸实施,必须把战略内容层层分解,最后变成可具体衡量和可操作的目标。分解的方式主要有以下几种：

(1) 空间上的分解。即把战略方案的内容按职能部分进行分解。如战略内容从厂长到具体负责某一方面的副厂长；由副厂长到三总师（总经济师、总工程师和总会计师），再到各职能业务部门和车间，最后到达各岗位和个人，形成一个层层分工且内容连续的责任体系。

(2) 时间上的分解。即把战略内容在时间上具体落实。一般先把战略方案分解为年度的方针目标，进而具体化为季、月、旬、日的目标，实际上就是把长期战略目标落实到中期结构计划，再落实到年度营运计划，最后具体到月、日操作的实施过程。

3. 合理分配企业资源，以支持战略方案的实现。战略的实现必须有资源作保证。企业在战略实施过程中，希望将各种资源分配到最能支持战略取得成功的部门中去，但在实践中却常常会受到多种因素的干扰，导致企业所选择的战略与实际资源的分配严重脱节。为了理顺战略与资源分配的关系，企业应加强管理工作，例如制定有关的政策，保证资源分配朝着有利于战略实施的方向进行；制订企业运作计划，针对战略规划制订相应的中短期资源配置计划，使资源配置与战略实施相衔接，以便从物质上保证企业战略的实现。

4. 建立与战略相适应的企业文化。企业文化是组织成员共有的价值观念、行为规范和信念的综合体现，它左右着组织成员的思考方式和行为方式，对于战略的制定与实施具有重大的影响作用，是实施战略的一项重要手段。

(二) 企业战略的控制

企业战略的控制过程是企业运作过程的最后阶段，也是确保企业战略方案和运作计划顺利实施的必要手段。企业战略控制是指企业在战略实施过程中检查企业为达到目标所进行的各项活动的进展情况，评价其业绩，把它与预定目标及控制标准相比较，发现战略差距,分析产生偏差的原因,纠正偏差,使企业的活动更好地与企业当前所处的内外环境、企业的目标与战略相协调一致,使企业目标和战略得以实现。

战略控制之所以必要,是因为在战略的实施过程中不可避免地会出现两种情况:

(1)产生与战略计划的要求不相符合的行动,这主要是由个人的认识、能力和掌握信息的局限性以及个人目标与企业目标的不一致等因素引起的;

(2)会出现战略计划的局部或整体与企业当前的内外部环境不相适应的状况。

因此,企业应对战略实施过程进行控制,并在适当的时候,对战略计划进行适当的调整和修改。

企业战略的控制过程,本身即是一个企业运作的信息传递和处理过程,同时它也是一个不断循环的反馈系统,即不断地把企业系统输出的信号反馈到输入端,进行比较,从发现的差距中寻求对输出进行控制的方面。企业要实现信息及时有效地反馈,必须建立有效的监控机构和建立有效的反馈和沟通渠道。

1. 战略控制的步骤。

(1)制定评价标准。评价是用来衡量战略实施效果好坏的指标体系。企业的战略目标以及各层次的组织目标、个人目标或计划、要求等都是评价标准。战略评价标准有定量与定性之分。定量标准一般包括战略内容的统一性、环境的一致性、实施的风险性、方案的可行性、行为的长期性、资源的配套性等。定性标准则需要战略控制者按一定的性质标准加以衡量,避免偏差的出现。

(2)检查战略实施的业绩,对照评价标准,发现战略差距。要获得准确可靠的实施业绩,必须建立起管理信息系统和有效的控制方法。

(3)分析原因。战略发生偏差的主要原因一般有下列一些:

战略目标不现实、选择错误的战略、组织结构不合理、主管人员不称职、员工缺乏激励等。

(4) 采取缩小差距的措施。即进行战略修订,按其修订的范围可分为局部战略修订、职能战略修订和总体战略修订。

(5) 继续战略实施,求得环境与企业目标及其战略的一致性。

2. 战略控制的方法。战略控制的方法可以分为行为控制和产出控制。行为控制基于直接的个人的观察,如管理人员对下属进行密切的个人观察就是在使用行为控制的方法。产出控制基于对定量数据的测定,如销售额、财务或生产记录等。这两种控制是不能相互替代的。产出控制用来提供工作业绩的证明,而行为控制则可用以提高效率,彼此各有所长,应有所侧重地加以选择和组合。

3. 战略的有效性及其调整。如前所述,企业是在外部环境分析和内部实力分析的基础上制定出总体战略和各项职能战略的。战略作为对企业未来的较长时期内生存和发展的通盘筹划,保持其有效性的基本前提是企业内外条件的变化与战略规划阶段所预料的变化情况大致相符。但是,由于环境的动荡多变和组织变革中的人为因素的影响,以及由于战略规划人员的水平限制,战略在实施过程中实际情况与规划假设的变化趋势可能不相符合甚至相反。因此,为了保持战略对新的变化条件的适应性,必须对原有战略进行调整。

(1) 影响战略有效性的因素。基本因素有三项:外部环境的变化,企业内部实力的变化,原有战略的不完善。

(2) 战略的调整方式。战略的调整有被动调整与主动调整两种方式。被动调整常常是事后的追认,会使战略失去指导作用,从而造成较大的损失。主动调整损失小,甚至会带来收益。因此,企业应力争主动,把战略调整按计划进行,主要采取的方法有临界点法、备用方案法等。这也须企业不断跟踪和监督战略实施过程,及时对影响战略的各因素进行综合评审后才能实现。

本章小结

本章着力论述有关现代企业运作过程的一些既是基础又有其特殊意义的问题,目的是使读者能通过对本章的学习对现代企业的整个运作过程有一基本的了解。事实上,现代企业的运作一般可分为纵向和横向两个方面,所谓纵向是指从企业制定企业目标开始,经由环境分析、战略制定、分解、实施以及反馈与控制从而最终达到企业预定目标的整个企业目标-运作体系;而所谓横向是指企业日常的亦是最基础的投入-产出-分配这一转换过程。之所以会有这样的划分,是因为这两者对于现代企业运作而言,前者如同航行中驾驶室所执行的功能,指引方向、修整偏差,而后者则如同轮船的机舱,为航行提供动力,不断推进,两者相辅相成,共同完成企业的整个运作过程,并最终使企业获得生存与发展。

复习思考题

1. 试述现代企业运作的概念。
2. 什么是企业运作的基本模型?
3. 为什么说现代企业的运作是一个动态的过程?
4. 企业运作实施的基本步骤是什么?
5. 企业外部环境分析主要包括哪些方面?
6. 什么是企业使命?其一般包括哪些内容?
7. 企业总体战略有哪三种基本类型?其特点是什么?
8. 什么是企业战略控制?请简述其必要性。

第八章 现代企业竞争

本章提要

竞争是市场经济发展的一个重要的主题。现代市场经济的繁荣与发展以及科学技术的突飞猛进,大大加剧了企业竞争的广度与深度,导致了企业竞争的日益激烈。做为一种有效的资源配置机制,竞争已从宏观到微观、从浅层到深层,深刻地影响着企业的经营效率与效益,影响着企业的生存与发展。本章将从企业竞争的概念、形式、作用、企业竞争力的定义及竞争观念的演进等基本原理入手,主要讨论以下几个方面的内容:

(1) 企业竞争的影响因素分析,主要分析来自于企业所处行业内部与外部两个方面的各种影响因素,这一分析是企业制定行之有效的竞争战略的基础。

(2) 企业竞争战略的制定,主要包括企业的竞争性市场定位决策与竞争战略模式选择,竞争战略的正确制定是企业实现竞争目标,赢得竞争并在竞争中发展的重要前提。

(3) 企业竞争优势的构建,主要包括竞争优势的基本类型及其获得途径和影响因素分析,竞争优势是企业制定竞争战略的核心,也是形成企业竞争力的基础。

(4) 市场营销竞争策略,包括产品质量、价格、品牌、服务、企业沟通与企业形象等竞争策略,每一种策略的制定与实施,都会加强企业的市场竞争力,促进企业更好地实现其竞争目标。

第一节 企业竞争概述

现代意义上的企业竞争是经济发展的动力所在,无竞争便无发展。现代市场经济的发展与繁荣,企业的生存与发展,都离不开竞争这一巨大的推动力。

一、企业竞争的概念

所谓竞争,即是两个或两个以上的不同主体,为了某种目的,有意识地进行的相互较量和争取胜利的活动。构成竞争的基本要素有三点。

1. 要存在两个或两个以上的竞争主体,即竞争对手。要承认竞争主体的个体利益的存在。唯物辩证法认为,竞争就是对立的双方在同一竞争标的下的"利益斗争",没有了代表不同利益的竞争对手,竞争本身也就没有了存在的意义。

2. 要有共同的竞争对象或称竞争标的。因为只有共同的竞争对象,才会引起不同经济主体间的利益联系,进而引致相互间的利益冲突。如果没有这种因争夺同一竞争对象而产生的利益差异和利益冲突,不同主体间也就没有了竞争的原始动因。

3. 要有一定的竞争规则,亦即要有统一的、各方都必须遵守的行为规则。因为竞争的本质是各方竞争主体实力的较量,这种较量的前提是规则的统一和环境的公平,各方权力相等,所受约束统一。否则,就是一种不平等的竞争,是一种扭曲的竞争。

竞争是商品交换的产物,有市场才有竞争,企业竞争是通过市场来进行的,是围绕着市场而展开的。广义地讲,因竞争主体性质的不同,市场竞争有三种形式:

(1) 买者(现实的和潜在的)之间的竞争;
(2) 卖者即生产者(同样包括现实的和潜在的)之间的竞争;
(3) 买卖双方之间的竞争。

企业竞争,就是不同利益的竞争主体——企业,在市场上为某一共同的竞争对象(如市场地位、目标顾客等)而进行的较量与争胜。概括地讲,企业竞争就是企业在公开、平等的竞争环境下,为争夺更有利的生产经营条件和增进自身的经济利益而进行相互较量与争胜的活动。在现代企业经营管理中,企业竞争与市场竞争的含义通常是相同的。

二、企业竞争的形式

按照竞争方式的不同,企业竞争可分为价格竞争和非价格竞争两种类型的竞争。

价格竞争是指生产同一产品的不同企业,通过价格调整来争占市场份额的竞争,是最古老、也是最基本的企业竞争形式。它在一定程度上体现了企业的生产技术水平和管理水平,因此,价格竞争的背后,蕴藏着企业产品、技术、管理水平等多方面的竞争能力的较量。

非价格竞争包括了除价格竞争以外的所有其他形式的竞争,如产品竞争、服务竞争、广告竞争、渠道竞争、企业形象竞争、技术竞争、信息竞争、人才竞争、投资竞争等诸多形式的竞争。其中,前四种竞争形式可将其合称为营销竞争。在上述多种形式的竞争中,产品竞争是企业竞争的核心,是一种最直接的市场竞争形式。

三、竞争对企业发展的推进作用

对企业而言,竞争既是企业发展的一种内在推动力,也是一种外在的压力。竞争对于企业发展的推进作用,主要表现在这样几个方面。

1. 竞争是企业在市场中求得生存与发展的强制性的推动力。"适者生存、优胜劣汰"这一市场竞争法则的客观存在,迫使企业必须不断提高自身的竞争能力。在竞争日趋激烈的今天,企业竞争已发展成为包括技术竞争、营销竞争、信息竞争、形象竞争、人才竞争等多种竞争形式的全方位的竞争,企业要在竞争中求得生存与发展,就必须进行正确的竞争谋略,以构建和保持企业的竞争优势,全面提高企业的竞争能力。

2. 竞争能有效促进企业经营资源的优化配置。企业要保持和强化其已有的竞争优势,要不断提高其市场竞争力,就必须在充分分析和了解竞争环境及竞争对手的基础上,优化组合企业的人力、物力、财力、信息等经营资源,以求得最佳的经济效率与效果,实现企业组织结构、企业规模、企业效能两方面的优化。

3. 竞争是企业创新的强大的推动力。竞争的本质,就是要超越对方。企业要在激烈的竞争中,摆脱失败和被淘汰的可能,就必须要具有能区别于竞争对手和超越竞争对手的创新能力。这种创新,可体现在企业的组织、管理、产品、技术、营销等多个方面。创新,是企业形成竞争优势、在竞争中获胜的根本途径。

4. 竞争为培育和锻炼真正的企业家提供了可能与机会。在竞争激烈的市场经济模式下,企业作为一个独立的商品生产者与经营者,其领导人——企业家就成为企业沉浮的主宰者。著名经济学家韦伯斯特将企业家定义为"经济冒险事业的组织者,是组织、拥有、管理并承担所有风险的人"。

四、市场竞争结构

企业的赢利能力受到它所在行业的限制,不同的行业具有不同的竞争条件。在某些行业中,需求增长迅速,而另一些则相反。某些行业的问题是过剩的产能和价格战,而另一些则是过多的需求和价格上涨。有些行业中的技术进步带来了竞争方式的革命,另一些行业则缺乏技术创新。在某些行业中,现有企业的高盈利吸引新企业的进入,它们的进入可能导致价格和利润的下降。在另一些行业中,进入的门槛可能很高,高利润的现状也许得以长期保持。因此,不同行业中的不同竞争条件导致了行业平均盈利能力的差异,有的高一些,而有的则低一些。

对于市场竞争结构的划分,产业经济学中一般将其归结为四种,即完全竞争、完全垄断、垄断竞争和寡头竞争。在四种不同的市场竞争结构中,企业的竞争行为及竞争绩效各不相同。

对不同的行业而言,很难断定哪种市场竞争结构是最优的、最有效率的。市场竞争结构各不相同,行业内企业竞争的激烈程度也各不相同。一般地讲,在竞争对手较多且对手间竞争实力不相上下的行业中,其企业产品的市场细分程度越小、产品标准化程度越高,其行业增长速度越慢,则该行业的竞争程度就越激烈。一个竞争者率先推出诸如降低价格的竞争举措,会立即引来其他竞争对手的强烈地降价反应,从而引致新一轮的降价竞争。而在另一行业中,企业间的竞争信息的透明度较高,企业间则更容易建立一种相互合作的关系。我们并不能就此推断哪种市场竞争结构对经济发展而言是最有效的。现实经济生活中,不同行业间存在着规模经济、进入壁垒等方面的差异,因此对处于同一时期的不同行业和同一行业在不同的发展时期,其最有效率的市场结构是不同的。

市场结构不同,不同行业的企业在本行业内推出相近或相同的竞争战略和策略时,其所承受的竞争压力和风险是不同的。竞争结果、企业的竞争地位和获利水平也各不相同。当然,这其中还有每个企业自身能力不同等因素在起作用。分析行业的市场竞争结构特性及其稳定性对行业企业竞争的这几个方面的影响,有助于企业了解竞争对手将可能采取的竞争行动,也是企业制定竞争战略的主要前提条件之一。

五、现代企业竞争观念的演进

树立正确的竞争观念,是企业参与竞争的至关重要的一步。所谓竞争观念,就是指导企业在市场竞争中避免失败、赢得竞争的竞争宗旨。竞争是企业有意识的经济活动,受一定的观念的影响,在不同竞争观念的指导下,企业的竞争行为是不同的,竞争观念是竞争行为的先导。在市场经济的发展过程中,随着竞争环境的日益复杂和竞争程度的日趋激烈,企业竞争的内涵在逐步地由简单走向全面,竞争观念在这一发展过程中,也历经了一个不断升华的过程。

1. 生产者利润导向的竞争观念。生产者利润导向下的竞争观念,强调企业的竞争技巧,企业竞争的目的只有一个——实现自身利益的最大化。这种观念在大量生产、大量销售的经济环境中是适用的,市场上,消费者的消费能力有限,价格高低是消费者购买决策的主要依据。因此,在此观念指导下,企业间的竞争主要就是产品竞争,竞争方式主要是价格竞争和产品促销技巧的竞争。当然,时至今日,产品竞争仍是企业市场竞争的核心,只是其内涵已不只是产品的价格竞争。

2. 顾客导向的竞争观念。市场经济的深入发展,买方市场的形成,增加了企业竞争的难度。企业不仅要熟练运用各种价格竞争和销售竞争技巧,而且更需要对自身所处的市场环境有一个更深入的了解。谁能抢先发现消费者的需求,并抢先满足这种需求,谁就能在竞争中领先。以满足顾客需求为基点,就成为顾客导向的竞争观念的宗旨。企业在市场上为满足顾客的需求和获得利润的双重目标而展开竞争。这时的企业竞争是以竞争战略为中心的企业战略竞争。

3. 企业竞争力导向的竞争观念。近一二十年以来,市场经济的进一步发展,科学技术的空前进步尤其是信息传播速度的加快,使企业竞争环境变得更加复杂,企业间的竞争已演变为全球性的和全方位的竞争,也使得满足顾客需求已成为所有的企业生存于市场的基本要求,大多数企业已能熟练掌握并正确运用各种竞争战略与竞争技巧。在这种情形下,仅以满足顾客需求为导向的竞争观念的缺陷就开始暴露出来:同一行业中的企业,皆只以满足顾客需求为宗旨,其发展的结果,势必是企业间开发、建立了基本相同的生产线和营销策略,企业间向市场提供的产品的质量、性能、服务、信誉等各方面的差距越来越小。在这种情形下,要想赢得竞争,企业不仅需要考虑市场上顾客的需求,而且也要同时考虑竞争对手的战略及实力,提高竞争着眼点,树立一种更新的既考虑顾客需求又充分考虑竞争对手的竞争观念——以提高和保持企业竞争力为导向。通过对竞争对手的分析与对比,构建和保持竞争对手难以模仿的竞争优势,提高企业的竞争力,在此基础上,更好地满足顾客的需求,并实现企业自身在竞争中的可持续地发展。

六、企业竞争力的概念

简单地讲,竞争力就是企业参与市场竞争、占领市场的能力。企业要参与竞争,并要赢得竞争,必须具备一定的竞争能力。企业自身素质高低,是企业参与市场竞争的内部条件。所谓企业素质是指企业所拥有的各种经济资源的构成质量,如技术装备水平、经营管理水平、职工队伍素质、企业领导素质等,这些资源是企业参与竞争的基础,也是形成企业竞争力的基本条件。一般认为,企业竞争力是以下几种能力的组合:①企业生产能力;②技术开发能力;③财务能力;④经营管理能力;⑤市场营销能力;⑥人力资源能力等。这些能力的合力就构成了企业的竞争力。

对企业竞争力的这一定义,包括了以下几个方面的含义。

1. 企业竞争力是一种合力,并不只是企业某一方面或某一项经营活动的能力,而是企业多项经营能力的组合。

2. 企业竞争力反映的是企业自身的竞争能力,但在一定程度上又受到外部环境因素的影响与制约。如企业价格制定权的大小,会影响企业的价格竞争力;外部资金注入的多少,会影响企业的财务竞争能力等。

3. 企业竞争力是企业活力的核心,提高企业竞争力是提高企业经济效益的重要前提,比企业效益的涵义更广,它侧重于企业竞争的过程性和连续性及其效果。

4. 企业竞争力,是一个相对的概念,其高低是通过市场竞争结果,是通过与竞争对手的对比与较量来展示的。

第二节 影响企业竞争的因素分析

如果某企业的盈利能力高于整个产业平均值,我们可称该企业相对于竞争对手拥有竞争优势。如果这个企业能够在若干年内保持高于平均水平的盈利能力,我们称它拥有持续的竞争优势。影响企业竞争能力的因素来自于企业所处行业的内部与外部两个方面,这些因素对某一行业内的所有企业都会产生影响,但因不同企业承受能力和应变能力的不同,其所受影响的程度也不同。

迈克尔·波特(Michael E. Porter)在其《竞争战略》一书中,将影响企业竞争的因素,或者称其为影响某一行业竞争状态的基本力量,归纳为五个方面,即行业内现有企业间的竞争、潜在的参加竞争者、替代产品生产者、购买者、企业供应者(如图 8.1 所示)。

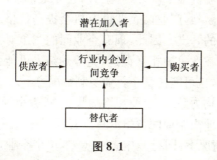

图 8.1

这五种力量是决定行业竞争强度和行业获利能力的基本力量,五种力量的综合决定着该行业的最终利润水平和利润趋势。当然,行业不同,这五种力量的集合程度也不同,就企业本身而言,来自于行业内外的任何一种竞争力量都是一种挑战与威胁。波特指出,其中任何一种力量越强,则现有企业就越难以提价和盈利。在波特的分析框架中,竞争力量强被视为威胁,因为它挤压利润,而竞争力量弱则被视为机会,因为公司可能获得更多的盈利。五种竞争力量的强弱可能会随时间和产业状况的变化而变化。企业要在市场上确立并维持自己的市场地位,并要应付各种竞争力量,就必须分析研究每一种力量的来源及其作用方式,弄清五种竞争力量的变化如何引出新的机会和威胁,在此基础上,制定相应的对策,抵御这些竞争力量或影响这些竞争力量,使其对企业有利。这正是确定竞争战略的关键与目的所在,也是企业发挥和提高市场竞争力的直接动因与起点。

(一) 行业内现有企业的竞争分析

同行业内不同企业间的竞争是最为直接的竞争,也是企业间各种竞争手段和竞争技巧的直接对抗,如产品设计、价格竞争、广告和促销、销售服务及其他促销手段的竞争等,是企业竞争力高低的直接展示。竞争的结果直接决定企业的市场地位和盈利情况。竞争激烈意味着价格下降、成本上升,它导致整个产业利润下降。如果竞争不太激烈,产业内企业就有机会提高价格或减少在非价格竞争武器上的开支。因此,现有企业间的竞争对盈利能力构成威胁。企业间在竞争中相互促进,竞争的结果可能会带来整个行业的日益兴旺,也可能使整个行业盈利每况愈下,尤其是当竞争对手彼此力量势均力敌时,企业想增加收益、扩大市场份额的努力将更加困难。行业内企业间竞争的特点有以下几点。

1. 一般情况下,同行业中企业越多,单个企业所占市场份额就越低,该行业的竞争激烈程度就越高。而在行业的不同发展时期,企业间的竞争强度也不相同。对一个行业而言,在其行业生命周期的前期阶段,即新兴阶段和迅速发展阶段,行业内企业只要跟得上行业发展速度,就也能取得良好的发展,竞争对手间在不破坏竞争规则的前提下,基本可以"和平共处",各自施展其发展能力。但当行业进入其缓慢成长的成熟期,企业间的竞争则开始加剧,转向维持和扩大市场占有率的竞争,开始注重加强市场营销力量,竞争的重点转向产品和服务。企业的市场占有率也在竞争中不断发生着增减变化。

2. 市场集中度不同,企业间的竞争程度也不同。所谓市场集中度是指特定市场中前几位(如前四位)最大企业所占的销售额份额。一般地讲,在一个市场中,市场集中度越高,说明该市场大企业的市场支配能力越大,则企业间的竞争程度就越低。反之同理。

3. 由于产品性质的不同,行业内企业的竞争的形式也不相同。如果某行业中各企业生产的产品在质量、性能、品种等方面几乎相同,没有多大差异时(如水泥、食盐等),则企业间的竞争将主要是产品价格和服务的竞争,且竞争激烈程度高。具有低成本、高效率、设备和生产工艺先进等条件的企业,依仗其低成本优势将在竞争中领先,其他企业为了改善自身的市场地位,必须紧步其后,淘汰旧工艺、旧设备。竞争的结果将带来整个行业生产率的普遍提高,导致技术水平的不断创新与提高。相比之下,如果产品性能、品种、质量等方面的差异很大,市场需求层次很多,则企业可通过细分市场,确定自身的目标市场与顾客,企业间的竞争将有所缓解,并且多是非价格竞争。

4. 同行业中的企业为增加竞争力,会采取各种不同的发展战略,某些企业会大幅度扩大生产力,以期通过达到适度的经济规模来提高竞争力。但如果行业内大批企业皆采取这一相同发展策略则将导致产品过剩,企业间的竞争则将演变为价格竞争。

5. 行业中某些企业会采取多角化发展战略,生产多种产品甚至是与原产品替代关系不密切或根本没有替代关系的产品,这类企业属于两个或更多以上的部门,其目的仍是为了增强企业竞争力。

6. 同行业的一些企业为增强竞争实力会走出国内市场,参与国际市场竞争。行业内外来竞争者的加入,使竞争演变为国际化的竞争,变得更加激烈和复杂。

7. 同行业中不同企业为增加竞争实力,也会采取另外一种发展途径——企业联合与企业兼并,企业联合是竞争加剧的必然结果,是企业为了谋求长期利益和发展而做的一种战略选择。企业联合的主要组合形式就是企业集团。竞争性企业集团在扩大规模、提高生产能力和增强市场竞争力方面,有着其战略统一、行动一致、迅速、竞争攻击力强等突出的优势,并且还具有较强的抗市场风险能力。竞争的加剧,引致了市场风险程度增加,企业集团利用其一体化或多元化的综合实力,其抵抗市场风险的能力是一般企业所无法比拟的。企业兼并也是竞争激烈的结果,是企业迫于竞争压力和增强竞争实力的一种选择,也是抵御市场风险的一个途径。

当然,这种因企业联合与兼并而导致的行业生产的集中,并不是无限度的。迫于竞争压力,企业选择联合与兼并,其目的是要藉此来降低成本,提高效率。但这种集中是有限度的,巨大规模的不经济效应又会限制这种集中的过度,从而抑制了垄断的形成。

8. 退出障碍。退出障碍是阻止企业离开本产业的因素,包括经济的、战略的和情感的因素。如果退出障碍很大,当整体需求平淡或下降时,企业就会被困在不赢利的产业里无法自拔,结果会导致过剩的产能。当企业试图通过降价获得订单以利用闲置产能时,内部的竞争就会变得更加激烈。常见的退出障碍包括:投资资产缺乏转用价值或难以转手出售;比如特定用途的机器、设备和营运设施。如果企业打算脱离该产业,它就必须按账面资产价值注销这些资产。退出产业要支付很高的固定成本。

(二)新竞争对手的加入

新竞争对手是指当前不在行业内但是有能力进入本行业的企业。行业中新竞争者的加入,一方面为该行业增加了新的生产能力,另一方面,新竞争者会在市场中与现有企业争夺市场份额和资源。产业内现有的企业通常会试图阻止新竞争者进入本产业,因为竞争的企业越多,现有企业越难以保住市场份额、越难以盈利。

潜在竞争者的进入风险则是进入壁垒高度——使得进入产业的竞争者付出代价的函数。新竞争者对行业内已有企业的威胁程度大小,取决于该行业的进入壁垒和现有企业的反应程度。如果进入壁垒障碍大,现有的竞争对手反应也很及时、强烈,则要进入该行业分享市场就不容易,因此新竞争者进入的威胁也就不大。

当一个企业要进入(或退出)某一行业时,都会不同程度的遇到一定的阻力和压力,这些阻力与压力就是行业进入(退出)壁垒,对于进入壁垒,被称之为"进入壁垒研究之父"的贝因(Bain)将其定义为:进入壁垒是指使潜在加入者处于与已有厂商相比不利的竞争地位和使已有厂商能长期获取正常利润的因素。这一定义是从经济学角度出发的,斯格勒的定义则是,进入壁垒就是新进入市场企业所需负担的而现有企业不必负担的生产成本。这两个定义都涉及到了进入壁垒所包括的经济因素,实际上,行业进入壁垒除了包括经济因素,也包括一些非经济因素。

新竞争者加入某一行业所遇到的行业进入壁垒一般包括这样几种。

1. 规模经济。规模经济是同降低公司成本结构的大规模生产相关的优势。规模经济优势的来源有:

(1) 大规模生产标准化产品所带来的成本削减。

(2) 大宗购买原材料和部件的折扣。

(3) 固定生产成本均摊到大量产品单位上所产生的成本优势。

(4) 广告和营销费用均摊到大量产品单位上所产生的成本优势。

一个行业要求的经济规模迫使新进入的竞争者必须要具备较大的经营规模,具有较强的承受高成本的能力,这样新竞争者在市场上才能具有一定的竞争能力。因为在其进入之前,行业内已有的企业通过扩大产量,降低单位产品的平均成本,已基本达到了规模经济的效果。如果新竞争者以较小的规模进入行业,则必须面临着高成本的压力,在产品成本上处于明显的竞争劣势,从而大大削弱了其市场竞争力,难以抵御行业中已有的竞争对手的强烈抵制。如果新企业希望直接进入规模生产实现规模经济,它将承担与大规模投资相对应的高风险。直接进入规模生产的另一个风险是产品供应的增加会压制价格并且引来现有企业的报复。

2. 顾客偏好。在新竞争者加入以前,市场上已有的企业通过其营销及竞争策略,如优良的产品、良好的服务和强大的宣传攻势等,业已在市场上形成了自己较为固定的顾客群,在顾客中已建立起其产品、品牌及商标的知名度与顾客忠诚度。使得新企业难以从现有企业手中夺取市场份额。这种源自于顾客的信赖与偏好,对新竞争者也是一个障碍和竞争劣势,迫使新竞争者进入市场后必须加大投入,尽快建立自身的声誉与知名度,以克服顾客对其他产品和品牌的忠诚,而这往往不仅耗费巨大而且耗时也长,失败的风险性也很高,因为很可能得不偿失。新竞争者必须具有相当的资金及营销实力,否则,这种已形成的顾客偏爱与忠诚就是进入障碍,将有效地阻止新企业的进入威胁。

3. 资金壁垒。不管是形成规模经济的需要还是建立顾客忠诚度的需要,要克服这两项进入壁垒,新竞争者都必须具备一个基本的条件:雄厚的资金实力。而对资金需求的本身也是一种进入壁垒。新进入者需要庞大的资金投入来购置设备、开发产品、加强宣传以打开市场,而且这当中,新进入者还要面临员工培训、产品重新设计、工艺重新调整、营销策略重新策划等而引致的转换费用的增加。尤其在一些资金投入量巨大的行业,如石油化工和高新技术产业等,这种资金需求的障碍作用就更加明显。

4. 销售渠道进入壁垒。尽管在市场销售渠道的竞争中,直销已成为一些企业日益推崇的一种销售形式,但多数企业仍需通过一定的销售渠道,将其产品投放到市场,销售给消费者。随着非价格竞争的激烈,销售渠道的选择与竞争已成为企业市场竞争策略的主要策略之一。行业内现有企业已拥有自己的销售渠道,并大都和销售渠道成员建立起长期和稳定的合作关系。新竞争者进入,要在尽可能短的时间内使自己的产品面市,首先就面临着一个如何选择及打入销售渠道的问题。如果已有企业的销售渠道已相当稳定,新竞争者则必须以让利销售等形式吸引中间商,甚至需要建立一条新的渠道,这样,新竞争者所面临的销售渠道进入阻力就会很大。

5. 政府政策和法律限制。政府管制向来是许多产业的主要进入壁垒。政府出于国家产业发展的需要,可以通过各种政策来限制企业进入或禁止进入某些行业,从而形成政策壁垒。如政府可通过一系列政策与法规来严格控制对自然资源浪费和污染严重的行业的发展,限制新企业的进入,已进入企业也必须加大投资以降低浪费和污染。或是通过对某些行业授予特许权而允许少数企业生产,其他企业则不得介入,如核工业。政府管制解除,进入壁垒降低,将导致新企业的涌入、产业竞争加剧和产业利润率下降。

6. 市场容量。市场容量的大小也影响一个行业进入壁垒能力的高低。如果市场容量大,现有企业间的竞争程度相对较低,则对新进入企业的排斥性就相对较小,因为新进入的企业进入市场后也不会抢占它的市场。而如果市场容量小,现有企业间的竞争就已十分激烈,因此对新进入者十分敏感,因为新进入者的进入会直接抢占他们的市场,从而降低其市场份额,这时他们会强烈抵制新竞争者的进入。

7. 其他进入壁垒。

(1) 专利和关键技术障碍。现有企业垄断了该行业生产的关键技术或拥有技术专利。竞争的加剧,促使越来越多的竞争者把专利做为占领市场和垄断市场的手段。专利意识的加强和专利战略的实施,对增加企业竞争力、保护企业合法权益具有重大的作用。有人将专利比喻为竞争者手中的矛与盾,拥有专利,即可以用于进攻,又可以用于防御,在一段时间内有效的防御竞争对手的进入,这对新竞争者而言又是一种进入壁垒。

(2) 现有企业的成本优势。按照经验曲线理论,企业在生产中随着产品产量的不断增加,个人的生产经验日益累积,生产熟练程度增加,产品设计与工艺设计更加合理,从而使产品单位成本明显降低,现有企业的这种成本优势对新竞争者也形成了一种进入障碍。有时现有的企业相对于新进入的竞争者拥有绝对成本优势,新竞争者无法拥有现有企业的低成本结构。绝对成本优势有三个主要来源:①经验、专利和秘密工艺所带来的卓越的生产运营水平。②特殊生产要素的控制,例如劳动力、材料、设备或管理技术。③便宜的资金成本。如果现有企业拥有绝对成本优势,则潜在竞争对手进入的威胁较小。

(3) 现有企业的其他资源优势。如在新竞争者进入之前,现有企业已控制了最有利的原材料供应渠道或最佳的生产地点,从而享有运输成本方面的优势;或是现有企业获取了该行业生产所需特定原料的独占权,从而使其他企业因无法获得这一生产必须的原料而无法进入。企业在进行进入壁垒分析时,还应注意,有些进入壁垒可能因某些因素的变化而变化,如政府政策的改变,专利技术到期等,都会降低甚至消除新竞争者的进入壁垒。

(4) 顾客转移成本。转移成本是顾客从现有企业的产品转向新企业产品所付出的时间、精力和金钱。如果转移成本高,顾客就被锁定在现有企业所提供的产品中,即使新企业提供的产品更好。面对一定的金钱和时间成本,很多人不愿意转换正在使用的产品。

(三) 企业供应商

企业在经营活动过程中要投入多种资源,而要获取资源,就必须和资源供应商打交道,这里对供应商的定义是指向企业及其竞争对手提供生产所需各种资源的个人和组织。供应商讨价还价的能力指的是供应商抬高投入价格或通过降低投入和服务的品质来增加产业成本的能力。

供应商可以通过提高所供资源价格或降低质量,减少供应数量等方式,对企业施加压力,直接影响企业的生产和产品的价格、质量及利润。供应商对企业的影响力,在下列不同情况下是不同的。

1. 当某一行业中,企业所需的资源仅被几家大规模的供应商所控制时,这些供应商就有条件对企业产品生产及销售的各个环节都施加影响,这种情形下,供应商对企业的影响就很大,企业的市场竞争力的强弱在相当程度上就要受其供应商合作与否的影响。

2. 如果某个供应商所提供的产品是独一无二的,对于产业内的企业至关重要,且供应商销售的产品替代品很少,则该供应商对企业竞争力的影响就更强烈、更直接。企业对该供应商的依赖程度会很高。

3. 如果供应商将其产品供应给多个企业,供应商盈利能力不受某一特定产业内企业购买能力的显著影响,亦即单个企业使用该供应商的产品与否并不影响其生存与发展时,供应商对购买其产品的各个企业将充分施展其讨价还价能力。而当某一企业是某个供应商的最大、最重要甚至是唯一的用户时,该供应商和该企业间经营成败的关系将十分密切。供应商往往会采取十分合作的态度,提供合理的价格,并尽量保证资源的长期供应,这对企业营销与竞争将十分有利。

(四)购买者

从产品流通角度,广义地讲,中间商和企业产品用户都可被视为企业产品的购买者。购买者讨价还价的能力是指购买者与企业砍价的能力,或者购买者通过要求更好的品质与服务抬高这些企业成本的能力。通过压低价格和抬高成本,强大的购买者可能令企业的利润空间被挤压。

1. 用户的影响力。这里的用户指企业的最终顾客,即工业品生产企业的产品用户和消费品生产企业的用户—消费者。用户对企业的影响力的大小,在很大程度上又取决于其购买数量的多少和市场的具体情况。

(1) 如果某用户是企业的大用户,购买了企业生产和销售的大部分的产品,则该用户就对企业具有较强的讨价还价能力,购买者可以利用自己的购买权利要求降价。作为企业的主要用户,该用户对产品质量、性能、规格等方面的要求将成为企业确定产品竞争策略的主要参考依据。

(2) 如果某工业企业所提供的产品,对用户的产品的质量具有至关重要的影响时,该用户则将注重于对企业产品质量的要求,而不计较其价格的高低。

(3) 如果用户所购产品是标准化产品,用户从行业中的其他企业处同样可以买到该产品时,生产企业间的竞争将因此而加剧,用户则可以在企业竞争中购得质优价低的理想产品。另外,如果用户充分了解市场供需情况和行情,了解不同企业生产该种产品的质量与成本时,则用户也会拥有较强的讨价还价能力。

(4) 如果用户购买某种产品,所需投入的购买费用在其成本中所占比重很大或是对某种产品的需求量很大而用户盈利很低时,用户对所购产品的价格高低就十分敏感。

(5) 在某种情形下,出于自身竞争和发展的需要,工业品生产企业的一些大型用户会采用自行制造策略,或是全部自制某种零配件,或是部分自制、部分从生产企业处购买。这样他们对该部件的生产成本更加清楚,其讨价还价的影响力也更大。购买者自制,对供应企业来说,不仅仅是讨价能力的加强,甚至有时就是一种直接的竞争威胁,尤其是对中小型供应企业而言,更是如此。如美国通用汽车公司(GM),原来一直是从一些较小的供应企业处购进其所需的汽车零配件,但后来出于促进自身的发展、减轻来自供应商的讨价还价能力、保障持续供应的考虑,GM收购了一些生产这些零配件的小公司,开始生产供公司生产自用的零配件,这对零配件生产企业而言,意味着一个大用户的消失和企业对该用户影响力的消失,而后来,随着GM公司将其所生产的零配件销售给其他汽车生产商时,对零配件企业而言就不仅仅只是一个用户的消失而是一个新的竞争对手的加入了。

(6)对消费品生产企业的用户—消费者而言,其对企业的影响力因产品、因收入的不同而不同。收入较高时,消费者更注重产品的质量、性能及品牌等附加价值,对产品的价格则不敏感,企业此时应更注意提高非价格竞争力。反之,则消费者对价格将十分敏感。企业受消费者讨价还价能力的影响程度也很高。此外,如果消费者购买价格需求弹性较低的产品时(如生活必需品),则其对价格的敏感性较低,而购买价格需求弹性较高的产品时(如奢侈品)对价格的敏感度则较高,价格的高低将直接影响其购买决策。

企业必须对上述用户的种种情况有清楚的了解,并制定相应的策略,才能在满足市场需求的基础上提高竞争力。另外需注意的是,经济的发展和社会的变化,用户的购买力量与购买结构也在发生变化。企业必须及时了解这些变化,在市场供应丰富和信息传播技术普及的当今市场上,消费者掌握的有关企业产品的信息量越来越多,可供选择的范围越来越广,日益内行的消费者对企业的影响力也不只限于讨价还价能力,他们对企业提出了更高的期望值,企业应正视这种力量的强化,将其转化为一种更强的推动力。

2. 中间商的影响力。中间商对企业的竞争策略乃至市场竞争力也有着不容忽视的影响力,这在广泛使用中间商的消费品生产行业中是十分明显的。尽管与消费品生产企业相比,工业品生产企业大都选择很短的销售渠道或是企业直接面对用户,但在企业与用户间只要有一个环节的中间商存在,则该中间商就有可能对企业产生一定的讨价还价能力。因此,销售渠道竞争策略,也是企业市场竞争策略的一个重要组成部分。

(1) 中间商对企业的议价能力的强弱,因企业选择的营销渠道的长短不同、中间商的类型不同而不同。如选择代理商销售产品,企业对产品的最终售价就有一定的控制权,而选择经销商,企业则会失去对最终售价的控制权。生产同种产品的不同企业,即使其他方面的实力均相差无几,但其选择的销售渠道不同,利用最少中间商和广泛利用中间商的企业间,产品的最终售价也会因销售渠道的价格加成不同而不同,形成企业的产品价格差异,进而影响其产品竞争力。

(2) 如果中间商的进货渠道很多,行业内多个企业均选择其为中间商,则该中间商就有较大的选择余地,就有可能对企业提出价格优惠等讨价还价的条件。在这种情况下,中间商对企业就有较大的影响力。相反,如果中间商的进货主要依赖于某一企业,或者说该企业是该中间商的最主要的供应商,并且企业又有多个中间商可供选择时,则该中间商通常会采取乐于合作的态度。而如果企业也以该中间商为最主要的销售渠道或唯一渠道时,则两者就会有更加紧密的关系。

(3) 中间商对企业的影响力不仅仅只表现在产品价格上,还会影响到企业的促销策略乃至市场营销策略的实施效果。中间商是介于企业和消费者之间的中间环节,企业要通过中间商将产品销售给顾客,因此中间商比企业更直接面对企业的顾客,中间商尤其是零售商还可在一定程度上影响消费者的购买决策。因此,他们对企业的市场竞争力也存在一定程度的影响。

(五) 替代产品

广义地讲,在用户购买能力一定的情况下,能够吸引用户放弃购买本企业产品的决策的其他所有产品,都是与本企业争夺用户购买力的替代品,这里的替代品则专指具有和本企业产品同样功能、能满足用户同一需要的其他产品,亦可称之为代用品。如果产业的产品几乎没有替代品,替代性产品的竞争力量较弱,则在其他条件不变的情况下,产业内的企业将有更多的机会提高价格和赚取更多的利润。

在工业行业中,几乎所有的企业都会面临着产品要与其他行业所生产的代用品之间的竞争。代用品的出现,瓜分了企业的部分产品市场和用户,从而加重了企业的竞争难度,并且代用品越有吸引力,企业所要承受的竞争压力就越大。

对付来自于替代品的竞争压力,最好的对策是行业内的各企业相互联合以集体应付。因为代用品的出现与迅速发展,影响的不仅只是单个企业,而是整个行业都要受到代用品挤占市场、甚至可能是取而代之的威胁。要抵御其竞争攻势,需要行业内现有企业间的共同行动,协同制定相应的竞争策略,如加强对某行业产品的宣传,提高其质量、扩大其市场知名度和顾客偏爱等,以此来阻止代用品进入本行业产品市场。尤其是那些具有相对的成本和价格优势的代用品,其进入的威胁性更大,需特别注意。

行业内企业竞争程度一般主要决定于上述各项竞争因素。企业必须在充分分析这些竞争力量,了解行业竞争结构的基础上,从中确定对自身最为重要、影响最大的影响力是什么,以此为出发点来考虑如何有针对性的提高竞争力。

第三节 现代企业竞争战略的制定

所谓市场竞争战略,就是企业为了自身的生存与发展,为在市场竞争中保持或提高其竞争地位和市场竞争力而确定的企业目标及为实现这一目标而应采取的各项策略的组合。竞争战略的制定,就是要寻求一种竞争策略的组合方式,凭借这种方式,企业可以更好地发挥自己的竞争实力,在市场上形成相对于竞争对手的可持续的相对竞争优势,从而实现企业的竞争目标。

一、影响竞争战略制定的关键因素

影响竞争战略制定的关键因素可分为内部因素和外部因素两大类、四个方面(参见图 8.2)。

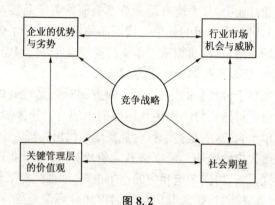

图 8.2

1. 企业优势与劣势分析。企业自身的优势是企业竞争力形成的基础,是影响战略制定的一个重要因素,竞争战略必须能在其执行过程中突出企业优势,这种优势体现在很多方面,如良好的企业形象与声誉,丰富的生产经验和特殊的资源等等。

2. 关键管理层的价值观。关键管理层是竞争战略的制定者,他们的价值观包括经营指导思想如何,直接影响着竞争战略的类型,按照我们前文中对企业最高主管的分类,冒险型的决策者往往具有较强烈的进取心,其所采用的竞争战略一般具有明显的进攻性。谨慎型的则偏重于稳定与维持。

3. 行业中的市场机会与威胁。市场环境的变化,会给企业带来某种机会或威胁,为抓住市场机会,企业需要相应的竞争战略,在遇到威胁时,同样地需要相应的竞争战略来降低失败的风险。

另外,企业面对不同性质的市场如饱和市场、发展中市场及未开发市场等,相应也要制定不同的竞争战略。

4. 社会期望。包括政府的政策法律、社会文化、公众利益等诸多方面,在现代企业竞争中,社会期望与企业经营的联系日益紧密,企业不可能脱离这些因素,制定自己的各项政策。

二、竞争者分析

战略制定的核心是有洞察力的竞争者分析。在竞争愈演愈烈的今天,企业间的竞争已超越了满足市场需求而成为企业生存与发展的焦点。企业市场竞争力的提高,是一个相对的概念,是比较其竞争对手而言的,这种比较的前提是不但要"知己",更要"知彼"。因此竞争者分析是竞争力导向下竞争战略制定的核心。

1. 确定企业的竞争者。广义上讲,竞争者应包括现有的竞争者和潜在的竞争者,即把凡是提供与本企业产品功能相近的产品的生产企业都看作为竞争者。这里的竞争者则专指已进入市场,生产与企业相似或同类的产品,并拥有一定顾客和市场份额的现有的竞争者。

确定谁是现有竞争者是竞争者分析的第一步,确定企业竞争者具体又包括这样几方面的分析内容。

(1) 要在通过各种渠道获取大量情报的基础上,尽可能查明同行业中所有同行及其基本情况,随着信息技术的不断发展与推广,此类竞争性信息的可获性和准确性已越来越高。

(2) 确定在诸多同行中,哪一个或哪几个企业是本行业中的竞争领先者,具有最强的市场竞争力。这里还有一个竞争领先与否的标准如何确定的问题,可供选择的标准有很多,如市场占有率、资金周转率、销售利润率、投资收益率等指标,或是研究开发能力、提供最多就业机会及培养未来人才等等,具体评价标准应视企业所处行业的特点而定。

(3) 进一步分析竞争领先者,分析竞争领先者在竞争战略与策略等方面与其他企业（包括企业自身）的主要差异之处，亦即其拥有哪些竞争优势，并分析其拥有其竞争优势、拥有较高竞争力的成功要素是什么。

（4）确定本企业的主要竞争对手。分析行业中竞争领先者的成功要素，一方面可弄清在本行业中获取竞争成功的要素有哪些，另一方面也可从中分析了解领先者的未来发展动向，以此做为制定企业的竞争战略的参考。当然，因具体情况的不同，并不是所有的企业都将行业中的竞争领先者作为自己的主要竞争对手，企业还应根据自身的能力和在竞争中所处的地位，在众多的同行中进一步明确自己的主要竞争对手，对这些竞争对手的情况再做进一步地分析。

2. 主要竞争者分析。分析的目的是为了能更进一步地剖析竞争对手，了解其优势及不足，以在此基础上，确定企业自身的竞争优势。

（1）竞争者的公司经营组织型式分析。即确定主要竞争者是属于专业化公司还是多角化的多业性公司，是地区性企业还是全国性企业还是跨国公司。这一分析的必要性在于，不同类型公司面对市场竞争和市场变化的反应是完全不同的，如：专业性公司在受到竞争挑战、市场占有率受侵时，会尽其全力保持其已有的地位，此时，资金力量强弱成为其竞争成败的关键。因此，除非大型专业性公司，一般来说专业性公司承受竞争风险的能力较弱。而多角化经营公司面对竞争者的挑战时则可以有多种选择，而且还可以调用其他事业的人力、财力资源加以支持，必要时甚至退出竞争，因此，多角化公司的竞争风险承受力很强，这两类公司在面对竞争时所采取的竞争反应和行为是不同的，企业必须对此有所了解。

迫于竞争的压力和发展的需要，企业的经营方向也在不断地调整之中，这种调整也带来了行业竞争格局的变化，有些企业在发展多角化经营范围,而又有些企业因财力及技术等原因所限,削减其多角化度(de-diversify),力图找寻一个事业发展的中心,对竞争对手发展方向的改变,必须及时掌握。

(2) 竞争对手经营状况分析。包括了解竞争者的竞争目标、竞争者目前的财务业绩、市场占有率、市场竞争地位、竞争者的主要竞争优势、竞争者现行的组织结构如何、竞争者现行的激励系统如何、其管理阶层的背景分析等诸多方面,以了解、分析竞争对手的竞争决策程序和决策背景,并由此评估竞争对手的竞争实力。

(3) 竞争对手市场竞争策略分析。市场竞争策略的优劣是一个企业市场竞争力高低的最直接的展示,也是企业间在市场上的最直接的竞争。因此,必须在了解竞争对手基本状况的基础上,进一步分析其市场竞争策略,包括对手企业的市场研究策略、产品策略、价格策略、促销策略、产品服务、生产及分销等策略。深入细致地分析竞争对手的每一项竞争策略,一方面可对竞争对手的市场竞争力有一个基本了解,另外还可以从其各项策略的推行及相互协调配合中,找出与自身相比,竞争对手的优势与劣势。

(4) 竞争对手竞争力水平分析。通过上述几个方面细致的分析,已可将竞争对手的优势与不足较充分的展示出来。不同的企业,各有其优势与不足,这种优势可能表现在其产品方面,也可能表现在服务方面或促销方面。这些优势是竞争者拥有一定市场竞争力的基础,优势越明显,表明其竞争能力越强。对竞争能力的分析包括产品竞争力、生产适应能力和应变能力、市场增长能力、竞争优势持久力等多个方面。

3. 判断竞争者的反应。这一步也是进行竞争者分析的主要目的,企业在确定自己的竞争战略之前,不仅要了解主要竞争对手的竞争战略、优势及策略,而且还要清楚对企业所推出的任何竞争策略,主要竞争对手会做出何种反应,主要竞争对手所奉行的竞争观念、所具有的竞争优势与不足决定了它面对竞争对手时所可能采取的行动。

三、竞争性市场定位

处于市场中的任何一个企业,因其各自竞争力的不同,各有其不同的市场竞争地位。企业在市场中的竞争地位的高低,是可以随企业竞争力的改变而调整的。企业要根据所进入市场的竞争情况和自身的竞争力来确定其在市场竞争中的地位,处于不同竞争地位的企业,其确定和执行的竞争战略与策略也是不同的。

按企业市场竞争力高低的不同,企业竞争性市场定位有如下几种选择。

1. 市场竞争中的领先者。如有关竞争者分析中已讨论过的,能成为竞争领先者的企业,一般都拥有高于其他企业的竞争力,在市场上拥有最高的市场占有率。如美国市场上汽车行业的通用汽车、饮料市场的可口可乐、零售业中的西尔斯(Sears)及快餐业中的麦当劳等。

2. 市场竞争中的挑战者和追随者。竞争领先者的地位并不是固定不变的,因为每个企业的竞争力都在市场竞争中不断地发生着变化,那些竞争力不断增加的企业,随着其市场占有率的扩大,会向竞争领先者发动强有力的竞争挑战,以争取成为新的竞争领先者,这类企业即属于竞争中的挑战者,他们的市场占有率在行业中仅次于领先者而属第二、三位。另一类企业,因其自身的竞争力及其提高幅度有限,其市场占有率也较领先者和挑战者低,但又高于一些小企业,因此一般会采取一种"安于现状"的选择,以求维持其既有的市场占有率,这类企业一般就是竞争中的追随者。

3. 市场竞争中的利基者众多中小企业。每一行业中,既有为数不多竞争实力强大的领先者与挑战者,也总有单个市场占有率很低但数量甚众的中小企业,这些中小企业在竞争中会通过专注自己的目标市场和顾客即利基市场来与强大的竞争对手抗衡,从中求得生存与发展,这部分中小企业的市场竞争力也是不容忽视的。

在竞争中企业如何进行市场定位,是由企业竞争优势和竞争实力决定的。正确确定自身的竞争地位,企业可以清楚的确定自己的主要竞争者,并充分发挥自身的竞争力。

四、企业竞争战略模式

不同竞争性定位的企业,其竞争目标也各不相同,相应地也有不同的竞争战略模式选择。企业竞争战略的制定,要以形成和保持企业竞争优势为核心,以使企业能够通过竞争战略的实施,切实提高企业的市场竞争力。规范的战略规划过程包含 5 个步骤:

(1) 选择公司使命和主要的公司目标。

(2) 分析组织的外部环境,识别出机会与威胁。

(3) 分析组织的内部运营环境,发现组织的优势与劣势。

(4) 选择能够发挥组织优势、矫正劣势的战略,利用外部的机会,迎击外部的威胁。

(5) 实施战略。

分析组织内外部环境以及选择合适战略的任务通常称为战略制定。相应地,设计适当的组织结构和控制系统,将选定的战略付诸行动的工作则称为战略实施。

(一) 以成本领先优势为核心的成本领先战略

所谓成本领先战略,是指企业通过改进生产过程、扩大企业生产规模和降低各种生产要素的消耗,实现成本的明显降低,达到以低成本来击败竞争对手的战略。这一战略的指导思想是以低成本竞争优势在行业中取得竞争领先地位。它要求企业建立起高效、规模的生产设施,全力以赴降低成本,注重成本与管理费用的控制,最大限度地减少研究开发、服务、推销、广告等方面的成本费用。于是,当企业的产品成本低于竞争对手时,在同样的价格水平下,企业的盈利能力超过了竞争对手;若原来和竞争对手的利润水平一样,由于成本的降低,企业的产品价格可以低于竞争对手的价格进行销售,在产品质量一致的情况下,许多顾客将被本企业吸引过来,使得企业能在竞争中处于比较占优的地位。一家能够赢得总成本最低竞争地位的企业,通常会拥有较高的相对市场份额,并能在此基础上,凭其低成本优势而获得高额利润。企业将这些利润重新投入生产,更新和开发生产设备与生产技术,又可进一步保持企业的成本领先优势和地位。日本松下集团即是领先依靠其特有的大量生产的"自来水哲学",长期保持了其优质、低价的低成本竞争优势,以此发展成为家用电器行业的超级领先者。当然,拥有成本领先优势的企业同样也不能忽视产品质量与服务等其他方面,但这一战略的主题是谋求比竞争对手更低的成本领先优势。

据调查,在美国,有23%的企业选择采用该战略,包括IBM、杜邦、柯达、摩托罗拉等著名的大企业。生产起重机的Harnishfeger公司采用这一战略,重新设计产品,使之更易于使用与维修,并降低其材料消耗,以大批量进货等形式减少生产成本,从而使产品价格下降了15%,而公司的市场占有率却由原来的15%迅速增长到25%。

(二)以差异化优势为核心的差异化竞争战略

这种竞争战略的核心是通过生产同行业中其他企业所没有的独特产品或是构建其他非产品的差异化竞争优势,从而稳定吸引顾客,提高市场占有率,确立企业的市场竞争地位。企业实现这一战略,构建差异化优势的方式各有不同,可包括产品的独特设计及功能、创建著名的品牌、提供更优质独特的售后服务、建立独特的分销渠道等诸多方面的差异。如奔驰汽车公司的优质品牌形象优势、日本丰田汽车公司的完善的顾客服务和销售网络优势等。我国的沈阳金杯汽车股份有限公司,信守"不求最大,但求最优"的企业哲学,不与国内汽车市场的竞争领先者一汽、二汽在成本、规模上争高低,而是着重强调最优的质量与服务,凭借其优良的服务与质量优势,该公司在国内外竞争者强手如林的汽车市场上站稳了脚跟,并保持了不断地发展。当然,企业可根据自身实力的不同,在其中的一个或几个方面形成不同于竞争对手的差异化竞争优势,优势越明显,企业因此而形成的竞争力也就越高。

差异化竞争战略的实施,一般来说,成本较高,企业产品相应没有价格优势,但可凭其差异化的特色吸引顾客,降低顾客对产品价格的敏感度,使其愿意接受这一价格,并在其他竞争对手一定时间内难以或无法超越的情况下,使企业避开竞争,并获得较高的收益。但这一战略有时会与企业提高市场占有率的竞争目标相矛盾,因为要取得某方面的差异化竞争优势往往需以较高的成本为代价,如开发独特的产品需要更多的技术开发费用、优质的产品需要更高的原材料成本等,而由此形成的差异化优势在一定时间内并不能被市场上所有的顾客了解与认可,因此,在一定时间内,实施差异化竞争战略难以带来企业市场占有率的提高。

(三)以集中经营优势为核心的集中化竞争战略

是指企业把全部力量都集中在某一特定的市场或产品上的战略。采用这种战略的企业往往实力比较弱小,不能把力量分散到其他方面,全力投入特定市场或产品就可以形成以集中经营为特色的竞争优势,在该市场或产品上占据重要地位。其目标是以更高的效率和更好的效果为某一特定的目标市场和顾客服务,以此确立自己的市场地位,并超过在较大范围内的竞争对手。采取这一战略的公司,或是通过满足目标顾客的特殊需要而形成和实现其差异化竞争优势,或是在某一特定的市场内,实现总成本最低,也可能是两者兼得。

集中化竞争战略的整体就是围绕着更好地为某一特殊目标服务而建立的。实施这一战略的公司可以以其集中化经营的竞争优势,使其盈利水平及潜力高于行业的平均水平。

(四)三种竞争战略的运用条件

企业必须根据自身的资源及能力情况,明确选择其中一种竞争战略,以对付竞争对手和其中要想竞争的几种力量,运用这三种战略需要的资源及能力要求,以及组织和控制程序等可由表 8.1 表示。

表 8.1 三种战略所需资源与组织要求

通用战略	所需的技能和资源	组织要求
总成本领先战略	大量的资本投资和良好的融资能力 大批量生产的技能 对工人严格监督 所设计的产品易制造 低成本的批发系统	严格的成本控制 经常、详细的控制报告 组织严密、责任明确 以定量的目标为基础的奖励
差别化战略	强大的营销能力 产品加工对创造性的鉴别能力 很强的基础研究能力 在质量或技术开拓上声誉卓著 在某产业中有悠久的传统或具有从其他业务活动中得到的独特的经验技术构成 与销售渠道的高度协调合作	在研究与开发、产品开发和市场营销部门之间的协作关系好 重视主观评价和鼓励,而不是定量 有轻松愉快的气氛,以吸引高技术工人、科学家和创造性人才
集中化战略	针对具体战略目标,由上述各项的组合构成	针对具体战略目标,由上述各项组合构成

正因为三种竞争战略之间具有表 8.1 所示的要求差异,一般来讲,一个企业在三种竞争战略型中同时追求两个或两个以上的战略目标是较困难的。如果采取两个以上的战略,若既能实现成本领先又能具有差异性,如果成功,则可形成很强的市场竞争力,抵御所有的竞争者。但也很容易因各种矛盾及问题半途而废,结果导致竞争地位的下降和企业利润的下降。当然,也有一些企业在企业内不同职能部门间采取不同的职能战略。如奔驰公司对轿车生产采取产品差异策略,而在奔驰卡车上采取低成本战略。

第四节 企业竞争优势的构建

所谓竞争优势就是企业借以吸引顾客、立足市场的独特的经营技巧与资源,是企业向市场提供更多价值的能力。从某种意义上讲,市场竞争就是企业间为了形成和保持某些竞争优势,并在此基础上取得优于竞争对手的市场绩效的抗争过程。在大多数的行业中,不管其行业的平均利润是高或低,我们都会发现有些企业总能取得比其他企业更好的盈利,其制胜的法宝就是他们拥有着某种或某些独特的技巧与资源。在竞争战略制定中,这些独特的制胜技巧与资源就被称之为竞争优势。

一、竞争优势的实质

简单地定义,竞争优势就是企业所拥有的独特的资源,或者说,企业的竞争优势源自于企业所拥有的独特资源。这里的"独特资源",可能是某一单一的资源,如产品、资金、技术等,更多时候则有可能是这些单一资源的相互连接与组合,亦即独特的资源配置。当一个企业拥有了一种在竞争者中特别的资源或是资源配置时,这个企业就拥有了一种相当的竞争优势,而这种竞争优势如能持续,则就会为该企业形成一种竞争优势地位,并带来优越的财务绩效。但由于竞争的存在,由于所有的企业能力求在竞争中得以生存与发展,所以竞争对手企业也会想尽办法获取相同或相似的资源,竞争的结果往往带来企业竞争优势的减弱甚至消失,当一种特别的资源被众多的企业所掌握和拥有时,其独特性也就自然消失了。所以,同市场竞争力一样,竞争优势也是一个相对的概念,完全的表达应是"竞争的相对优势"。

竞争优势的相对性实质,也可以很好地解释竞争所以成为推动企业及其所处行业不断发展的强大动力的原因。因为市场竞争的实质是企业间为了形成和保持具有相对竞争优势的市场竞争地位,并在此基础上赢得优越的财务绩效的持续抗争。在持续的市场竞争过程中,企业彼此争夺竞争优势,并力求尽可能的保持自身竞争优势的持续性,而要做到这一点的基本途径就是不断地创新,通过创新,寻求别人所没有的、或难以模仿的、特别的资源。

二、竞争优势的基本形式

波特在其《竞争优势》一书中,阐述了竞争优势的两种基本形式:低成本优势和差异化优势。波特认为,虽然一个企业与其竞争对手相比,可能有很多个长处和弱点,但归结起来,即有两种基本竞争优势。"一个企业拥有的一切长处或弱点的重要性,最终是它对成本或产品特点产生影响的一个函数"。三种通用的竞争战略即是建立在这两项基本竞争优势基础上。如图 8.3 所示。

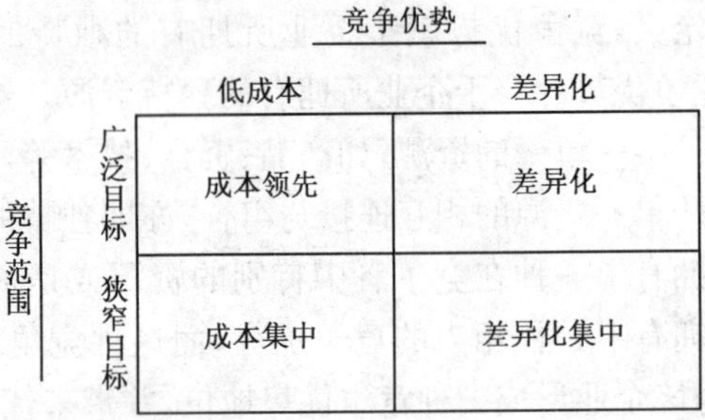

	竞争优势	
	低成本	差异化
广泛目标	成本领先	差异化
狭窄目标	成本集中	差异化集中

竞争范围

图 8.3

三、价值链分析

(一)价值链分析的基本内容

价值链分析,是波特提出的一种用于寻找和加强竞争优势的基本分析方法。波特指出"把一个企业作为一个整体来看待是不能理解竞争优势的,竞争优势来自于一个企业在设计、生产、销售、发送和辅助其产品的过程中所进行的许多活动,这些活动中的每一项都有助于企业的相对成本地位,并为不拘一格的形象奠定基础"。

按照波特的这一见解,企业的经营活动的每一阶段,对最终产品都有所贡献;企业在其经营活动中所进行的一系列相互联系并能够创造多种有形或无形的价值的活动,就构成了企业的价值链,亦即价值链就是企业设计、生产、营销产品的总过程。如图8.4。

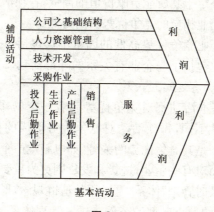

图8.4

1. 原材料投入,包括外购、接收、存贮、搬运分配等活动。在原材料投入过程中,企业与供应商合作,供应商提供产品,也通过各种方式影响企业的效益。

2. 产品的制造,在这一过程中,企业内部各部门间相互合作,将投入转化为最佳产品。

3. 产品的营销,在产品营销过程中,企业要与顾客发生联系,进行一系列的营销活动,如产品实体分配、产品促销与宣传、产品的定价与报价等,以吸引顾客购买产品。

4. 产品的售后服务,这是企业营销活动的延伸,按照现代营销观点,售后服务是营销的一部分,是极为重要的一个环节,提供服务可以维持和提高产品的质量。

(二) 价值链分析的含义

1. 企业的各项活动是密切联系的,技术开发、人力资源管理等辅助活动与企业的基本活动密切联系,并对整个价值起着支持作用。而每项基本活动,则是形成竞争优势之来源所在。

2. 每项基本活动都给企业带来有形或无形的价值,而每项活动的好坏,则决定于其所能贡献价值的高低,各项活动配合的好与坏,则决定了企业相应的竞争优势的高与低。

3. 影响企业竞争优势高低的因素不仅包括了企业内部的各项链式活动,也包括了与企业有关系的外部活动。如企业与供应商的联系及与顾客之间的联系。

4. 所有基本活动都对竞争优势起着一定的作用,但不同产业,因产业特性不同,每项活动对竞争优势形成的重要程度也不同,对有些服务是其竞争优势的关键(如电脑生产企业和复印机生产企业等)。而对有些企业,进货和发货则更为重要,如批发企业。

日本的"及时管理"体系,是运用价值链观念,形成低成本优势和"及时"优势的一个典型的范例。这一管理体系,要求构成价值链的每项活动都要力求"及时"。销售部门通过与客户的密切联系,及时了解客户消费动向,以准确及时地装配产品部件,生产部门则按照装配部门的要求,准确及时地生产各零部件;供应部门则要根据生产部门的生产用料计划,准确及时地供应原材料。贯穿始终的"准确及时",减少了库存及积压。从而大大降低了产品成本,而对顾客的及时供货,又形成了"及时"的服务优势。

价值链分析同样可用于对竞争对手的分析,竞争企业间在价值链之间的差异就是竞争优势的来源。

四、成本领先优势

一家在其行业中拥有成本领先优势的企业,将比行业内的其他竞争对手经营得更好。即使在产品相同、价格相同的情形下,由于具有比对手相对更低或最低的成本,企业仍能实现更好的利润,取得更好的市场绩效。

（一）成本领先优势对竞争影响力的缓解作用

企业在市场竞争中的获利能力和市场地位，不仅只取决于其与直接的竞争对手之间的竞争结果，还要受来自供应商、企业顾客、新加入的竞争者及替代产品生产企业这四种竞争力量的影响。竞争优势的获得，也会改变企业承受和影响这些竞争力量的能力。拥有低成本优势的企业可在一定程度上削弱这四种竞争力量对企业的影响力。因低成本而带来的低价格，避免或削弱了顾客的讨价还价的能力，除非他们能找到更低成本、更低价格的另一企业；取得低成本优势的企业往往都是在行业中有最大或相当规模的企业，这使它比其他企业更有力量抵制供应商的讨价还价，因为它是其供应商的最大买主；获得低成本优势对企业成本结构更合理的要求的困难，也减少了新竞争者进入占有市场的可能。如果现有的其他的有经验的竞争对手尚且不能达到同样的成本水平，则毫无经验的新竞争者获取有利成本地位的可能就更少，甚至是不可能的；低成本企业凭借其优势，在与其替代产品的竞争中同样可以处于领先地位。因为替代产品开发生产能替代其低成本产品的代价同样也很巨大。

（二）获取低成本优势的基本决定因素

1. 生产能力。生产能力的高低会直接影响企业的成本水平，其中最可能带来低成本优势的因素是：

（1）技术。拥有先进的产品技术（或高效、优质的服务）的企业，能以比其竞争对手更低的生产消耗取得更低的成本。

（2）更合理的产品设计。从顾客需求出发，按顾客要求更合理的设计产品，减少不必要的重复；优化产品和产品生产线设计，降低产品成本，因为成本也是产品设计的一个重要参数。

（3）低成本的生产投入。企业若能在其关键的生产投入如主要生产原料的费用上取得比竞争对手企业更低或最低的价格则也可使企业获得可观的低成本优势。这需要企业作出相应的努力，以稳定和加深企业与其主要原料供应商的合作关系，或是改变企业原有的原材料采购及供应路径。

2. 规模经济。在许多行业中，良好的规模效益是取得低成本竞争优势的重要途径。如在计算机行业中，竞争的激烈、通货膨胀的加剧、产品本身的高技术含量等因素的影响，使该行业的设计和开发新产品的费用一般皆高达数十亿美元，如此庞大的费用开支，必须要由加大产品生产规模及产量来分摊，该行业的"蓝色巨人"IBM公司正是凭借其庞大的规模，而拥有该领域的70%的市场份额。当然，因为行业特性及企业特性的差异，增大规模并不一定都能降低成本，关键是要争取取得适于本行业的最恰当的生产规模。

3. 改变价值链。如前所述，价值链是企业设计、生产、营销和分销产品的总过程。在同一行业中，大多数企业如都按相同的方式进行经营，则它们的价值链也类似。通过打破这一行业常规，企业也可以取得相对于竞争者的实质性的成本领先竞争优势。如美国的联邦运输公司，通过改变该行业以往惯用的空运经营方式，将经营方式重新定位，只经营小包装运输，用自己的飞机将小包装货物运至分类中心，而后由此运至目的城市，并由公司自己的专用卡车交付给公司的客户。这一全面改进，为该公司赢得了比其竞争对手企业Emery公司和Airbrone公司更低的成本优势。

4. 地理区域优势。企业所处的地理区域，企业的供应商与中间商及顾客的地理位置距离企业的远近，也可在人力、原材料、能源、销售等诸多方面直接影响企业的生产成本。尤其是在经济发展全球化的今天，不同国家、不同地区企业所支付的人工成本、税费、采购原材料及能源成本、市场营销费用等差异很大。出于降低成本的目的，许多发达国家企业现纷纷采取"生产转移"的竞争与发展策略，转向在劳动力成本、原料成本等方面均具有明显的低成本优势的发展中国家生产。

5. 经验曲线。波士顿集团的"经验曲线"研究表明,企业成本随产量增加和经验的累积而降低(如图 8.5 所示)。经验曲线效应是由学习效应和规模经济混合作用而产生的。波特将其分为两种成本驱动因素,这里的学习效应是指工人在生产过程中的知识技能的熟练与提高,也会降低成本。另外也包括了向竞争对手学习,取其所长。按照这一理论,新加入的竞争者和低市场占有率的竞争者都不具备,无法获得这种学习效应。

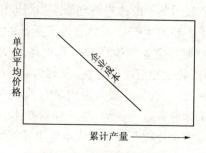

图 8.5 波士顿集团"经验曲线"

6. 政策性因素。这里是指由政府规定,企业无法控制但又直接构成企业成本的一些政策性成本因素,如企业应缴纳的各项税款及各项规费,以及企业获取重要能源所需支付的费用等,这些费用收费标准的高低将直接影响企业的生产成本的高低,对某些能源耗量大的企业如钢铁企业的影响则更为明显。这些政策因素虽然企业无法直接控制,但有时企业也可在一定程度上发挥一定的影响力。尤其是在参与国际市场竞争时,通过加强与政府的合作,争取一些政策优惠包括与降低成本有关的优惠,将为企业赢得低成本竞争优势提供很多便利与可能。

影响企业成本高低的上述因素,并非相互独立的,而是彼此紧密联系、共同构成企业的成本的。如果企业只是简单地在上述某一方面采取降低成本的措施,并不能绝对保证获得低成本的竞争优势。

(三) 低成本竞争优势的战略风险

低成本竞争战略所面临的风险,是由于低成本竞争优势的削弱和丧失而引致的,能够引致低成本竞争优势削弱或丧失的主要原因来自于三个方面:技术进步,顾客需求变化,及企业主要生产要素投入成本的变化。

1. 生产技术进步可以削弱低成本竞争优势。竞争的加剧和获取可持续的竞争优势的双重压力,会促使行业中的所有企业都会十分注重生产技术的不断改进与创新。当行业中的某一竞争对手企业因拥有了更新的生产技术而取得了更低的生产成本时,原先的低成本优势拥有企业的生产技术和设备就变得过时和落后了,低成本竞争优势也相应不复存在。因此,在竞争激烈、技术进步速度不断加快的今天,某一段时期内享有低成本优势的企业并不能就此确保永远拥有这一优势,每一项新技术、新产品的出现,都会引致行业内的企业相互争夺低成本竞争领先地位的又一轮的成本竞争。

2. 顾客需求的变化也会削弱企业的低成本竞争优势。过去的竞争实践已表明,过于注重获取更低成本,企业往往会忽视对顾客需求变化的同样重视,甚至会误以为可以用建立在低成本基础上的价格优势来吸引顾客,弥补产品特色的不足,福特汽车公司在与通用汽车公司的竞争中的失利,是一个很好的佐证。

3. 企业主要生产要素投入成本的变化。1970年代的石油风波对诸多行业的强烈的成本冲击,是一个典型的例证。原料、人力、资金等投入要素的成本的提高,会直接削弱直至抵消企业的低成本竞争优势,进而导致其竞争地位的下降。1980年代后期开始出现的日元坚挺,也使日本企业的低成本竞争优势地位直接受到了严重的威胁。

五、差异化竞争优势

当企业能够向其顾客提供一种独特的、有较高附加价值的某种产品时,我们说这个企业就拥有了与竞争对手相区别的差异化竞争优势。

(一) 差异化竞争优势对竞争力量的影响

差异化竞争优势,是企业所拥有的一种实质性的竞争优势,这种优势可在企业与其直接竞争对手之间树起一道无形的屏障,在竞争对手无法逾越的时候,使企业有效的避免来自直接竞争对手的挑战。同样,企业也可借此来削弱其他四种竞争力量对企业的影响:顾客因受其所提供的更高的附加价值所吸引,而减少对产品价格的注重,加之市场上没有其他可供比较的替代选择,因此其讨价还价能力将明显下降;差异化产品能更好地满足顾客的需要,建立更牢固的顾客偏好,这也为新竞争者的进入形成了一道代价巨大的进入壁垒;在购买力一定的情况下,已得到充分满足的顾客没有理由再去选择其他替代品,企业可借此抵御替代产品的竞争,也有了充足的理由来使供应商更愿意加强与企业的合作,降低甚至是放弃其讨价还价的能力。

(二) 差异化竞争优势的具体形式

1. 技术领先优势。拥有某项专利技术、优异的技术水平或是产品创新能力,是企业的竞争优势之一,同时也是企业获取其他方面独特性的一个重要途径,凭借技术领先优势,赋予顾客以全新的产品,满足以前所不能满足的需要,这是最有效力的差异化优势。

2. 产品品质差异化优势。独特的产品设计与包装,更好的产品质量等都能形成独特的产品品质,吸引更多的顾客。

3. 品牌差异化优势。成功的品牌是企业极具价值的无形资产,也是企业与竞争对手相区别、相抗争的有力的竞争手段,品牌竞争是更高层次的产品竞争形式。

4. 营销渠道差异化优势。良好的原材料供应渠道和独特的产品分销渠道,也可形成企业独特的渠道优势。尤其是分销渠道的独特设计,是企业加强顾客吸引力的主要竞争手段之一。

5. 服务优势。服务竞争是一种重要的非价格竞争形式,优异的服务会增加企业产品的吸引力,增强顾客的忠诚度,"留住顾客"应是所有行业企业赢得竞争的最基本的先决条件。

6. 企业形象优势。在市场供应日趋丰富的今天,市场细分已成为现代市场营销必不可缺的重要环节。竞争的激烈又使得在每一个细分市场上,企业间在产品性能、品质等方面的水平日益接近,消费者很难在日趋相同的产品信息中,清楚识别或强烈感受某一企业的不同之处。随着产品竞争优势的日趋减弱,企业间的竞争已上升为全方位的竞争,而不再是某一层面的竞争。在这种情形下,树立独特、鲜明的企业形象,成为现代企业参与竞争的一种重要的竞争优势形式。

(三) 差异化竞争优势的战略风险

某种竞争优势在吸引顾客、强化企业竞争力方面越成功,也就越会吸引竞争对手想方设法通过各种途径来分享这种成功,逾越差异化进入壁垒。引致差异化优势削弱和丧失的风险通常来自于以下几个方面。

1. 市场供应的更加丰富。竞争对手采取大规模、低成本的竞争对策,或是产品生产标准化、简单化等对策,会大大丰富市场上的产品供应量。这种充分(甚至是过剩)的市场供应,会导致产品价格的大幅度降低,以致在一定水平上会吸引顾客放弃对产品的差异化选择。

2. 更具差异化的产品的出现。从产品生命周期角度讲,任何一种差异化产品在进入市场一段时间后,都会趋向于商品化,今天具有差异化优势的产品,就是明天的大众化的产品。竞争的巨大压力,促使众多的企业都不得不选择差异化这一竞争手段,不断向市场推出更具独特之处的产品,这也加剧了形成更具差异化产品的难度。

3. 竞争对手的成功的模仿。正因为在市场供应日益丰富的今天,形成差异化竞争优势的难度的增大,越来越多的企业选择了"模仿"这一分享优势的捷径,这也是差异化竞争优势企业最常遇见的一种战略风险。

4. 竞争对手利用集中化战略,创造性地分割优势企业的市场。即竞争对手将其资源集中于优势企业目标市场中的某一特定部分,通过集中化优势来更好的满足特定市场上顾客的特别需求,从而蚕食或分享那部分市场。

第五节 市场营销竞争策略

按照现代市场营销理论对营销管理过程的定义,波特的在价值链分析中所提出的,构成企业竞争的五项基本活动:供应、生产、销售、发货和服务,实际上就是企业的基本的市场营销活动。因此可以说,企业进行市场营销的过程,也就是企业参与市场竞争的过程。市场营销的最终目的,也是为了赢得竞争,提高企业的竞争力,进而实现企业的持续发展。营销竞争,是企业竞争的最直接、最重要的形式。

一、产品竞争策略

产品竞争是企业竞争的最基本的形式,产品竞争力是企业竞争力的一个重要组成。为提高企业的产品竞争力,企业首先要确立产品的整体概念,以适应现代市场竞争的需要。建立在整体产品概念上的产品竞争策略,应包括以下几个方面。

(一)产品质量竞争

产品质量是提高产品竞争力的最直接、最重要的因素。在市场经济不断发展的过程中,人们对产品质量的认识和理解也历经了一个由浅至深的过程,对产品质量的定义,相应也有不同层面的解释。狭义的产品质量是指实体产品本身所具有的性能及使用寿命。而广义的产品质量除此之外还包含了使用安全性、便利性、包装、服务、品牌等多方面的内容,是这些因素的统一体。顾客是通过这些因素的综合来评价产品质量的高低的。

美国的 PIMS 研究表明,产品质量是影响企业投资收益率高低的一个重要因素,在市场占有率相同的情况下,产品质量越高,企业的投资收益率也越高。因此,在一定时间内,在企业现有的市场占有率难以变动的情况下,可以通过改进、提高产品质量来增加企业的收益。

当然,因为市场竞争的激烈,目标顾客购买力和需求的不同等因素的存在,产品的高质量并不总能成为企业的相对竞争优势,也并不总能给企业带来优越的获利机会。企业可根据市场竞争的具体需要,选择不断提高产品质量、或是维持现有质量水平、或是逐步降低质量水平等不同的质量竞争策略。

(二) 产品开发竞争策略

处于竞争激烈的市场环境中,企业不可能守住原有的产品不放。科学技术的迅猛发展、竞争对手成功的模仿或创新、顾客选择范围的扩大以及需求偏好的改变等客观因素的存在,都迫使企业必须不断提高产品的开发与创新能力。对企业而言,产品开发已不再是一种策略选择,而是提高企业竞争力的必不可少的重要一环。

产品开发包括开发全新产品和更新原有产品两个方面的含义。

1. 开发是产品和生产过程的设计。通过超前的产品设计,开发改善了产品的性能,让产品增加价值从而提高对顾客的吸引力。产品开发既有助于提高生产效率,降低生产成本,也助于有提高价格。以计算机行业为例,开发部门通过开发新的、功能更强大的计算机芯片和相应零部件来提升产品的价值。汽车制造业也是如此,研发部门通过持续开发,不断向市场推出新的汽车产品,从而实现了汽车产业的长盛不衰。特别需指出的是,不但制造企业需要产品开发,服务企业同样需要开发。例如,银行间的竞争表现为金融产品创新和递送产品方式的创新。ATM、信用卡和借记卡即是银行业产品创新的实例。

2. 在当前的市场环境下,由于新产品开发费用的巨大、新产品开发风险性的加大以及产品市场生命周期缩短等多种原因的影响,很多企业趋向于注重原有产品的更新,这固然也能在一段时间内形成一定的竞争优势,但要切实提高企业的竞争力,形成竞争对手难以模仿的可持续竞争优势,还需要具有强大的新产品开发能力。企业可以通过自行开发、专利购买、通过与其他企业的战略合作等形式来开发新产品,获取产品开发的领先优势。

(三)产品品牌竞争

品牌是企业信誉的一种象征,是企业产品质量的一种保证与标志,是企业形象的一个重要组成部分。成功的品牌,凝聚着企业的技术、管理经验、营销策略、企业信誉、企业文化素质等诸多因素,是企业竞争优势的集中体现。对顾客而言,品牌代表着一种品质、一种信誉、一种超越产品本身实际性能的附加价值。品牌竞争,是现代企业竞争的一种更高层次的竞争形式,是市场经济深入发展的必然产物。

品牌竞争策略,包括品牌定位、品牌建立、品牌强化、品牌延伸、品牌保护等多方面的内容。策略制定的目的,是要在市场上确立企业与竞争对手相区别的品牌优势,通过强大的品牌竞争力,来提高和保持企业的整体竞争力。尽管有人提出"品牌是企业最大的资产,成功品牌的领导地位是经久不衰的",但实际上,品牌是没有终身制的。企业要保持持续的品牌优势,必须注重分析市场环境的变化,注重品牌竞争力的不断强化。

(四)产品成本价格竞争

价格竞争,是企业产品竞争的最古老、也是最基本的竞争形式。产品价格,是建立在一定的成本基础上的,所以价格竞争实际上也是企业的成本竞争。尤其是对一些产品质量水平不相上下的企业而言,在市场上,一方面要不断加强产品品牌竞争力;另一方面,又要在保持产品质量的前提下,与对手企业展开产品成本与价格的竞争,以增强产品的价格竞争力。

企业可综合考虑自身的生产能力、成本水平、竞争性定位及竞争目标,以及竞争对手的价格策略和顾客的产品需求弹性、产品所处的生命周期阶段等因素,确定其价格竞争策略。

企业因受上述因素的影响程度的不同,而有不同的价格竞争策略选择,如低价格竞争策略、高价格竞争策略及价格跟随策略等。通常,企业为赢得价格竞争优势,多会选择低价格竞争策略,而低价格优势又是建立在低成本优势基础之上的。在当今很多国家普遍存在的竞争不断加剧,宏观经济疲软,通货膨胀严重的市场环境中,各国企业都不得不采取各种手段来想方设法降低企业成本,以求在成本价格竞争中赢得价格优势,并以此来提高企业的竞争力。

(五)服务竞争策略

服务是现代产品整体概念的重要组成,是产品其他组合要素的核心。这里的服务,是相对于有形产品而言的,是产品的售前服务、售中服务和售后服务的组合。优质的服务,是产品质量的重要组成,在产品品质同质性越来越强的今天,谁能真正关心顾客,为顾客提供更高水平的服务,谁就能留住顾客,在顾客心目中创造一种卓越的价值,赢得服务竞争优势。

服务竞争策略要决定企业的顾客服务组合,决定企业的服务质量水平。企业要在充分了解顾客需求,分析、对比竞争对手的服务竞争策略的基础上,结合自身的资源条件,确立自己的服务策略,形成企业的服务特色。服务竞争策略的实施,需要企业上下全体员工的共同努力,"服务制胜"应成为企业文化的一部分,成为企业的基本经营理念。

二、分销竞争策略

在市场竞争日益激烈的今天,企业要在产品竞争方面实施差异化竞争战略已越来越困难。大多数企业都采取差异化战略,则实际上其产品的差异化优势已不明显甚至已不复存在。因此,很多企业开始转向寻求非产品的差异化竞争优势,这种非产品的差异化优势,则主要可体现在企业的沟通与分销两个方面。

企业制定分销竞争策略的目的,是要形成和保持企业的分销差异化优势,以提高企业的营销竞争能力。这种分销差异化优势应体现在这样几个方面。

1. 使企业拥有比竞争对手更低的分销成本。通货膨胀的压力,使企业的分销渠道费用也越来越高,企业如能通过合理的渠道设计,在保持营销效率的前提下,压低分销成本,则可形成分销成本最低的竞争优势。

2. 使企业拥有更高的分销渠道控制权。对分销渠道的控制与管理,是企业分销渠道策略的重要组成。企业对分销渠道的控制能力越低,就越难以保证充分发挥企业产品价格、服务、促销等策略所应有的效力,最终会削弱企业的整体竞争力。所以,通过实施具有更高控制能力的分销竞争策略,可大大加强企业的营销竞争力,同时,还可形成一种进入壁垒,排除竞争对手的渗入与模仿。

3. 强化企业形象,企业是通过其分销渠道来接触顾客的,选择与企业形象地位相配合的分销渠道形式,如统一分销商企业的服务规范、统一企业标识等,将有助于提高企业的形象竞争力。

三、企业沟通竞争策略

企业在通过分销渠道将其产品销售给顾客的同时,还要通过一定的渠道将有关企业及其产品的信息传递给顾客,这一渠道,就是企业与顾客间的沟通渠道。在市场竞争全方位展开的今天,沟通竞争,也是企业争取顾客、占领市场的一种重要形式,沟通渠道差异化,也是企业形成非产品的差异化竞争优势的另一重要途径。

通过有效的沟通,可以及时发现顾客的需求,进而将信息反馈给研发部门,设计出可更好地满足市场需求的产品。

沟通竞争策略,是企业的广告竞争策略、营业推广策略、人员推销策略及公共关系策略的组合。这些策略的制定,同样要建立在分析、对比竞争对手的基础上,要以强化企业的促销竞争能力、强化企业形象竞争能力和竞争优势为目的。

四、企业形象竞争策略

企业形象竞争的直接目的是要在公众心目中树立良好的企业形象,形成企业的形象优势。通过形象竞争策略的制定,提高企业的形象竞争力,是现代企业提高和保持企业整体竞争力的一种必然选择。

构建独特的企业识别系统(即 CIS),是企业加强形象竞争力的一种重要的形象竞争形式。日本学者加藤邦宏认为,在企业形象竞争未导入企业之前,企业竞争能力主要包括产品力和销售力,而在导入了 CIS 竞争之后,企业形象竞争力就成为企业竞争能力的一个新的、更有力的组成,企业竞争由此也进入了一个新的竞争阶段。CIS 竞争策略的制定,以企业整体为竞争标的,涉及企业的经营理念、企业文化、组织结构、管理、经营领域、社会责任等诸多方面,以构建整体形象的差异化竞争优势为目的。CIS 策略的实施,可以强化企业的凝聚力,强化企业的产品竞争力和营销竞争力,从根本上提高和保持企业的整体竞争力。

本章小结

现代企业要在竞争中求得生存与发展,就必须正确地认识竞争、学会竞争和参与竞争。本章概要性地介绍了有关企业竞争的概念、企业竞争战略制定与竞争优势构建、市场营销竞争策略等方面的内容。竞争战略的制定和实施,要以影响企业竞争的因素及企业竞争对手的分析为基础,以形成和保持企业的竞争优势为核心。企业各项竞争活动的最终反映是其产品在市场上的角逐,因此,各项具体的营销竞争策略的正确制定与系统实施,也就是企业发挥和实现其竞争能力的过程。通过以竞争优势为核心的竞争战略与策略的制定与实施,企业才能在竞争过程中形成和提高其市场竞争力,超越竞争对手,实现企业的生存与发展。

复习思考题

1. 企业规模与企业竞争能力的关系如何?
2. 企业市场营销与市场竞争的关系如何?
3. 企业形成差异化竞争优势的基本途径有哪些?
4. 竞争优势与企业竞争影响因素的关系如何?
5. 如何实现并保持具有相对持久性的竞争优势?
6. 对竞争对手的分析主要包括哪些步骤?
7. 试述三种竞争战略模式的基本内容及其运用条件。

第九章 现代企业领导

本 章 提 要

"火车跑得快,全靠车头带。"领导的重要性不言而喻。本章第一节介绍了领导的定义、职能及其与管理的区别;第二节从多个来源介绍了优秀的领导者应该具有的品德;第三节介绍了力量型、活泼型、完美型和和平型四种不同的领导风格和优缺点,以及不同风格的领导与下属如何相互适应;第四节介绍了二元关系的基本理论,领导与上司、下属及同事相处时的注意点;第五节介绍了解决冲突的七个步骤;第六节介绍了古典和现代激励理论及其应用时的权宜应变。

第一节 领 导 概 述

一、领导的定义

汉语中的"领导"系"领"和"导"两字的复合。《说文解字》:"领,项也。"原来领的本义为颈,脖子。一般认为"头"的喻象与领导有内在联系,为什么汉字中偏偏以脖子作为领导的隐喻呢? 这得深入到"领"的结构中,细究其形、音、义组合。作为形声字,"领"由形符"页"和声符"令"组成,声符"令"更具主导性和象征意味。令,《说文》:"发号也。"甲骨文的形态,上像倒口之形,下是跪着的人形,口在人上,意为口发号令,人跽伏而听之,本义指命令。在"令"字中,"口"又占了主导地位。这是统治者的口,象征着发号施令、指挥号召、控制局面。"令"有一种以静（口之号令）制动（行为者、实施者）的态势。既然"令"有制动或控制力，那么在"领"字中，这种能力系指脖子对脑袋的支撑、支配作用。这意味着在汉字的领导观念中，"头"并非实质性领导，脖子倒是更重要，它决定着"头"的取向。

关于"导"字，繁体作"導"，从道从寸。由于"导"之声符为"道"，故"道"为"导"之根本。事实上"道"从首，始也，表示行走中的带头人，即引道人。道，本义为大路，引申为"事理"；作为动词本指引导，引申出"疏导"、"教导"等义；作为介词表示经由，后区别作"导"。道为大路，从象征意义上讲，"大道被看作一条笔直的，不会使人迷失造成延误的路。"在宗教传统中，大道通向神灵，是神圣伟大的。在氏族社会，部落酋长拥有大道的神圣，而这直接导致国家社会中君权神授的观念。大道可以视之为从无序（荒山野林、昏暗混乱）中开拓出来的有序世界。现代领导观念中的大道是引导组织走向成功的思想方法。

从上文的语源分析可以看出，"领"和"导"都强调引导和协调。"领"通过脖子来调控，避免出头露面，是间接领导，属于老子式的"无"；"导"即道，直接与老子之道相遇，亦即无为而治式的领导，不声张、不逞强、润物细无声①。

在西方，对领导的科学研究始于20世纪中叶。随着观察角度的不同，不同的学者提出了不同的定义②：

领导是个人指导一个团体朝着一个共同目标活动的行为。

领导是对组织日常活动的机制性的影响。

当个人运用制度的、政治的、精神的和其他的资源去激起、促

---

① http://hanziarchetypes.spaces.live.com
② Gary Yukl，《组织领导学》（第五版），陶文昭译，中国人民大学出版社，2004年，第220页。

使和满足追随者的动机时,就实行了领导。

领导是影响一个有组织的团体朝着既定目标活动的过程。

领导是一个对集体努力给予目的(意义指导)的过程,以及激起期望达到目的的意愿而努力的过程。

领导是运用外界文化使更具适应性变化的能力。

领导是给人们共同工作赋予意义的过程,因而人们能够理解它并为之献身。

领导就是在能实现的事情中阐明愿景、赋予价值和创造环境。

领导是个人影响、鼓动和促使其他人奉献于组织的效能和成功的能力。

美国管理学家孔茨、奥唐奈和韦里奇认为,领导是一种影响力,是对人们施加影响的艺术和过程,从而使人们心甘情愿地、热心地为实现组织或群体的目标而努力。

二、领导者的职能

约翰·阿戴尔(John Adair)指出,就好像所有的可见光可以分解为红、绿、蓝三原色一样,领导职能也包含三个基本的要素,分别是个人、团体、任务。三个要素本身及其相互作用,蕴含了如下问题:个人的本质、团队的本质、任务的本质、个人与个人的相互影响、个人与任务的相互影响、个人与团队的相互影响、团队与任务的相互影响[①]。

图 9.1 是三圆模型,三者相互重叠在一起。这三个圆的大小、距离在不同的时间、地点都可能发生变化,而且和环境中的形形色色的三圆结构还会发生交互作用。

领导的职能就在于激励并发展个人、组建并维持团队、完成共同任务。详细说来,包括七个方面,参见表 9.1。

---

① John Adair,《战略领导》,冷元红译,海南出版社,2006 年,第 78~97 页。

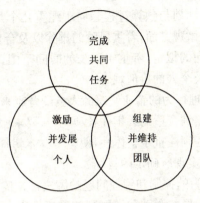

图 9.1 领导者的职能

表 9.1 领导者的七大职能

职　　能	说　　明
为整个组织提供方向	目的/愿景
正确制定战略和政策	战略思考和规划
使事情发生（全面履行职责）	运营/行政管理
组织或重组（整体和部分的平衡）	组织适于情境需要
释放共同精神	活力、士气、自信、团队精神
将组织和其他组织和社团联成一个整体	联盟和合作伙伴、利益相关者、政治组织
选择今天的领导人，培养明天的领导人	利用榜样指导和引领学习

三、领导和管理

领导与管理是两个不同的概念，具有不同的内涵。美国哈佛大学商学院教授约翰·科特在其《变革的力量——领导与管理的差异》一书中指出，领导与管理之间显然有许多相似之处，但两者之间的相似性并不能掩盖两者之间存在的差异。

1. 管理的计划与预算过程趋向于注重几个月到几年的时间范围,强调的是微观方面,着重风险的排除以及合理性。而领导过程注重经营方向的拟定,着重于更长的时间范围,注重于宏观的、战略的规划以及个人的价值观念。

2. 具有管理行为的企业组织的人员配备越来越注重专业化。并注重挑选或培训合适的人担任各项工作,要求服从安排;而联合群众的领导行为则注重于整体性,使整个群体朝着正确方向前进,并且投入进去,实现所确定的目标。

3. 管理行为的控制和管理问题的解决常常侧重于抑制、控制和预见性。而领导的激励和鼓舞则侧重于授权和扩展,并不时创造出惊喜来调动成员的积极性。

4. 领导与管理的根本区别是在于它们各自的功用不同。领导能带来有用的变革,而管理则是为了维持秩序。

领导与管理构成同一过程中既相互区别又相互补充的两个体系,它们各有其自身的功能和特点,同时又是组织取得成功所必不可少的组成部分①。

(1) 领导离不开管理,否则,领导目标的实现就会成为一句空话。不仅如此,有管理但管理不足也不行。领导有力而管理不足会导致如下后果:重视长期愿景目标,轻视近期规划与预算;产生一个强大群体文化,不分专业,缺乏体系和规则;容易使那些不愿意运用体制和原则办事的人集结在一起,从而导致情况难以控制,甚至引起混乱。

(2) 管理也离不开领导,否则,管理的行动方向就会迷失。不仅如此,有领导、但领导不力也易出现问题。管理有力但领导不够会导致:更多强调眼前而忽视长远,过分注重细节问题而很少注意

---

① John Kotter,领导者真正做什么,《领导》,中国人民大学出版社,2000年,第38页。

宏观战略；更多注重专业化、选择，而很少注重整体和团队精神；过分侧重于抑制、控制，但对扩展、授权和激励强调得不够。

第二节 领导者的品质

最早研究领导的方法之一是品质方法，试图寻找杰出的领导者所具备的内在品质。

1. 詹姆斯·库泽斯(James Kouzes)和巴里·波斯纳(Barry Posner)自1987年以来在世界范围内每隔几年调查人们愿意追随的领导者身上应该具备的品质，归纳出20种[1]：

真诚、有前瞻性、有能力、有激情、聪明、公平、气量大、能支持别人、坦率、可靠、合作、果断、富有想象力、有雄心、勇敢、关心别人、成熟、忠诚、有自制力、独立。

在不同的时间、地点调查表明，有四项品质被普遍认为是最重要的：真诚、有能力、有前瞻性、有激情。

2. 约翰·科特(John Kotter)总结了卓有成效的总经理的特征[2]：

（1）一般智力以上、善分析、直觉强、性情乐观、有成就感。

（2）待人和蔼、有权力欲、善于开拓人际关系、情绪稳定、有与各种不同类型经营专家相互交往的特殊才能。

（3）雄心勃勃。

3. 吉姆·科林斯(Jim Collins)在《从优秀到卓越》一书中，将经理人按优秀程度从低到高分为五个等级[3]：

第一级：能力突出的个人，用自己的智慧、知识、技能和良好的

---

[1] James Kouzes & Barry Posner,《领导力》,李丽林、杨振东译,电子工业出版社,2004年。
[2] John Kotter,《总经理》,李晓涛、赵玉华译,华夏出版社,1997年,第50页。
[3] Jim Collins,《从优秀到卓越》,俞利军译,中信出版社,2002年,第26页。

工作作风作出巨大贡献。

第二级:乐于奉献的团队成员,为实现集体目标贡献个人才智,与团队成员通力合作。

第三级:富有实力的经理人,组织人力和资源,高效地朝既定目标前进。

第四级:坚强有力的领导者,全身心投入、执著追求清晰可见、催人奋发的愿景,向更高业绩标准努力。

第五级:第五级经理人,将个人的谦逊品质和职业化的坚定意志相结合,建立持续的卓越业绩。

表9.2 第五级经理人的两个方面①

坚定的意志	谦逊的性格
创造了杰出的业绩,在实现跨越的过程中起着催化剂的作用	表现出令人折服的谦虚,回避公众的恭维;从不自吹自擂。
为了取得最好的长期业绩,表现出不管有多困难,都会勇往直前的决心。	行事从容、冷静;主要依靠崇高标准,而不是靠鼓舞人心的个人魅力调动员工的积极性。
为建立一个长盛不衰的卓越公司树立标准:绝不降低标准。	雄心勃勃,但把公司的利益,而不是个人的利益放在第一位。培养接班人,为公司取得更大的成功打下基础。
向镜子里看,而不是向窗外看,业绩不佳时自己承担责任,而不是埋怨别人、归咎于外因或运气不好。	向窗外看而不是向镜子里看,把公司的成功归结于别人、外因和好运。

其中,第一第二两级还谈不上领导者,第三级其实是管理者,第四级具备了领导者的前瞻性,但有以自我为中心倾向。

---

① Jim Collins,《从优秀到卓越》,俞利军译,中信出版社,2002年,第43页。

4. 丹尼尔·戈尔曼(Daniel Goleman)发现,卓越的领导艺术离不开高情商。情商是有效地管理自我以及处理人际关系的能力,它由四种基本素质构成:自我意识、自我管理、社会意识和社交技能。每一种素质又由一系列具体的技能组成,参见表 9.3①。

表 9.3 情商的四大要素

自我意识	自我管理	社会意识	社交技能
• 情感的自我意识:觉察与理解自己的情感并认识到它们对工作绩效、人际关系等产生影响。 • 准确的自我评价:客观评价自己的优势与不足。 • 自信:对自身价值极强的正面认识。	• 自我控制:能控制破坏性情感与冲动。 • 可信赖性:一贯表现出诚实与正直。 • 尽职:管理自己、恪尽责守及职责。 • 适应能力:适应环境变化,能克服困难。 • 成就导向:具有追求卓越的内驱力。 • 主动性:时刻准备抓住机遇。	• 同理心:能察觉他人情感、理解他人的观点并关心他人利益。 • 组织意识:能洞察组织动态、建立决策网络并驾驭内部权力争斗。 • 服务意识:了解与满足客户需求。	• 远见:能用愿景目标激励他人。 • 影响力:熟练使用说服技巧。 • 培养他人:不断给他人提供反馈与指导,支持他们进步。 • 沟通:聆听他人,传递明确、可信、恰当的信息。 • 变革催化剂:擅长实施新思想、领导他人朝着新目标前进。 • 冲突管理:能减少争执以及协调不同解决方案。 • 建立纽带:娴熟的建立与维护关系网。 • 团队协作:能促进合作并建立团队。

5. 彼得·德鲁克(Peter Drucker)认为,作为领导,正直是最重要的。因为领导工作是通过品质才能贯彻实施的。好的品质才会

---

① Daniel Goleman,《卓有成效的领导艺术》,《哈佛商业评论》(中文版),2002 年 9 月。

树立起好的榜样,人们才会去仿效。人们可以原谅一个人的许多东西:无能、无知、不牢靠,或行为粗鲁,但是,他们不会原谅他的不正直。他们也不会原谅高层管理人员,因他们任命了这个人……对于企业高层领导来说,尤其如此。因为企业精神是由最高管理层开创的。如果一个企业有良好风气,那是因为这个企业的最高管理层风气良好。如果一个企业腐败,那是因为企业的最高管理层腐败。常言道:"树从树梢开始枯死。"在任命高层管理人员时,再怎么强调人的品德也不会过分。事实上,除非管理层希望某个人的品质成为他的所有下属学习的典范,否则就不应该提拔这个人①。

6. 美国开国元勋本·富兰克林(Benjamin Franklin)在自传中认为自己应该具备十三条美德:

(1) 节制。食不过饱,饮酒不醉。

(2) 沉默。说话必须对别人或自己有益;要避免无益的聊天。

(3) 生活秩序。将每一样东西放在它们应该放的地方;每件日常事务应当有一定的时间。

(4) 决心。做应该做的事情;决心要做的事应坚持不懈。

(5) 俭朴。花钱必须于人于己有益;换言之,切忌浪费。

(6) 勤勉。不浪费时间,只做那些有用的事情,戒掉一切不必要的行动。

(7) 诚恳。不欺骗人;思想纯洁公正;说话也要如此。

(8) 公正。不做害人的事情,不要忘记履行对人有益而且又是你应尽的义务。

(9) 中庸。适度;避免极端;要容忍别人对你应得的处罚。

(10) 清洁。身体、衣服和住所力求清洁。

(11) 镇静。不要因为小事或普通的、不可避免的事故而惊慌失措。

---

① Peter Drucker,《管理实践》,上海译文出版社,1999年,第165~183页。

(12) 贞节。除非为了健康或生育后代,不常进行房事,永远不要房事过度、伤害身体或损害你自己或他人的安宁或名誉。

(13) 谦虚。仿效耶稣和苏格拉底。

7.《道德经》:"太上,不知有之;其次,亲而誉之;其次,畏之;其次,侮之。信不足焉,有不信焉。悠兮其贵言,功成事遂,百姓皆谓我自然。"有人从领导的角度作了如下诠释:最差的领导者,人们鄙视他;好的领导者,人们热爱他;最好的领导者,无为无不为,看起来什么都没做,却成效显著,但人民不知道他做了什么,都认为最后的成果是自己做出来的。

8. 孔子提出智、仁、勇"三达德"作为做人的三个标准,即是"智者不惑、仁者不忧、勇者不惧"。孟子对儒家伦理进行了新的整合,提出"仁、义、礼、智"四德。汉代董仲舒,在孟子"四德"的基础上增加"信"德,从此,"仁、义、礼、智、信"推为"五常"。

《论语·子贡问政》中记录了孔子和子贡的一段对话,孔子认为领导的关键是取得被领导者的信任:子贡问政。子曰:"足食。足兵。民信之矣。"子贡曰:"必不得已而去,于斯三者何先?"曰:"去兵。"子贡曰:"必不得已而去,于斯二者何先?"曰:"去食。自古皆有死,民无信不立。"意思是说,有一天子贡向孔子请教从政的要义。孔子说,要有足够的粮食、强大的国防、老百姓信任政府。按重要性从高到低排序分别是信任、粮食、国防。也就是说,信任的重要性超过了粮食和国防。没有信任,就会人心涣散、士气低迷,即使有粮食也不一定轮到自己,有军事力量或者发挥不出效力,或者使自己成为被攻击的对象。当然,如果有了信任却使老百姓长期得不到粮食、不能获得安全保障,信任也会逐渐消失。

9. 孙武在《孙子兵法·计篇》指出,一个优秀的高级军事将领,应该具备五种品质:智、信、仁、勇、严。智,是指指挥员应该具备聪敏机灵的应变能力,以适应瞬息万变的战场形势;信,是指诚以待人,言必信,行必果,说话算数;仁,仁者爱人,尊重领导,爱护部属,团结群众;勇,勇敢,能在枪林弹雨中奋身战斗,在危难中临危不惧,在占据纷纭中头脑冷静、举止沉着、指挥若定。高级将领的勇,不是血气之勇,而是善用智慧,察微知著,窥破战机,驾驭战局,当别人都认为不可时独见可行的因素,敢于府中已而下决心,取得战争的胜利;严,严肃、严格、认真,平时或战时处理任何问题,均须严格认真。对部队严格训练、要求严格、严明纪律与赏罚,遇事在调查研究的基础上,慎重而果断的处理①。

《孙子兵法·九变》从反面指出将军的五大性格缺陷:"将有五危:必死,可杀也;必生,可虏也;忿速,可侮也;廉洁,可辱也;爱民,可烦也。""必死,可杀也",勇而寡谋,刚愎自用,只知硬拼,临战轻生,这种性格易被敌人利用,招致杀身之祸;"必生,可虏也",贪生怕死,在面对困难应该拼搏时不敢上;"忿速,可侮也",脾气暴躁,鲁莽决策;"廉洁,可辱也",过分爱惜名声,在造谣诽谤面前不能保持镇定;"爱民,可烦也",过分爱护部属、群众,分不清轻重缓急,因小失大。

10.《史记·货殖列传》介绍了历史上经营非常成功的白圭的治生——做生意的经验:"白圭……能薄饮食,忍嗜欲,节衣服,与用事僮仆同苦乐,趋时若猛兽挚鸟之发。故曰:'吾治生产,犹伊尹、吕尚之谋,孙、吴用兵,商鞅行法是也。是故其智不足于权变,勇不足以决断,仁不能以取予,强不能有所守,虽欲学吾术,终不告之矣。'"并说:"居之一岁,种之以谷。十岁,树之以木。百岁,来之以德。"

第三节 领 导 风 格

心理学家把人的特殊的、稳定的个性品质成为人格特质。英国心理学家艾森克(Hans Eysenck)认为,许多特质都与两个维度有关,一个是"内倾—外倾",另一个是情绪的"稳定—不稳定"。不

---

① 朱军,《孙子兵法释义》(增订本),海潮出版社,1992年,第17~19页。

同类型的人格特点与古希腊时期提出的胆汁质、抑郁质、黏液质、多血质四种基本气质类型是相对应的,如图所示①。每个人都是不同气质的综合体,有的在某一方面特别明显。具备这四种不同特质的人,也被称之为力量型、完美型、和平型、活泼型。

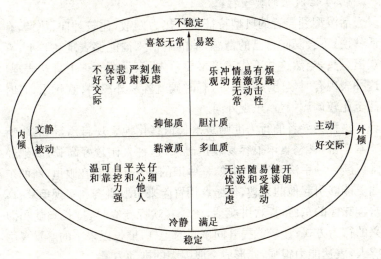

图9.2 艾森克四种人格特质

一、四种风格的典型特征

(一)力量型的典型特征

力量型人的典型特征是独立自主。在领导下属时强调独立,讲求成果,注重任务,不太注重关系,非常注重效率导向,如果别人在一件事情上花太长的时间他会感到不耐烦;做事比较坦率,比较果断;敢说话,敢拍板,敢于承担责任。

在行为准则上,他会明确制定自己的目标和方向;谈话和做事

---

① Dennsi Coon,《心理学导论》(第九版),郑刚译,中国轻工业大学出版社,2004年,第583页。

很快就能抓住重点,而且会简单扼要地表达自己的意见,不啰嗦;果断、客观、追求成果;竞争力强,敢于跟别人对着干,敢于较真。这种气质类型的人通常都是独立而且愿意承担风险的,在领导学上被叫做力量型气质的领导。

(二)活泼型的典型特征

活泼型领导者的典型特征就是热力四散,比较外向、热情,有话就说,不会隐瞒自己的情感,他的七情六欲能够表现在脸上;喜欢出风头,当然这并不代表事事要争先,只是在心理上喜欢表现,这种表现有时候隐藏得很好,有时候就容易外露,喜欢玩乐,有时甚至比较调皮捣蛋,乐观外向。

这种领导者的行为准则是擅长情绪化地表现自己,他的表情非常丰富,喜怒哀乐很容易表达出来;这种人比较好高骛远;他经常以新奇的手法来处理问题,一些旧的手法不被看在眼里,新的东西更能够引起他的兴趣,他愿意用冒险来争取机会和实现美梦;喜欢趣味性的东西,喜欢讲笑话,比较喜欢标新立异,擅长幽默和即兴的行为方式;比较能提升同事间的士气;擅长以未来的愿景来诱惑人,表达能力很强,能形成一股强大的推动力量。

(三)和平型的典型特征

和平型的领导者人际关系很好,他不太愿意跟别人发生冲突,比较愿意同别人配合,不喜欢制造僵局和不欢而散。这种人典型的特征是支持别人,能够从别人的角度看问题,能够将心比心、换位思考,有比较强的同情心,他们关怀别人,态度上表现出比较合作的倾向,应对自如、忠心耿耿,不会给对方造成压制感。

这种类型领导的行为准则就是容易同情别人的需求,对别人的行为动机相当敏感,能够设身处地为别人着想,在解决问题的时候能够将心比心。

(四)完美型的典型特征

完美型的领导者通常比较冷酷,相信数据,比较内向,倾向于独立思考，不喜欢跟别人讨论。他的典型特征就是讲求逻辑，认为事情一定要说出一个道理，没有道理他是很难接受的。这种人的优点就是有始有终，一贯性比较强，有条不紊，谨慎小心；足智多谋，经常能够有一些自己的、有创意的想法。

他们的行为准则是喜欢以精确、深思熟虑和按部就班的方式来做事。他们很喜欢思考，而且做事情有一定的步骤，在行事之前通常会搜集很多资料，然后加以评估。一般来说，这种类型的领导者大多数是很勤奋的，组织能力也很强。

二、四种风格的优缺点

力量型的优点是果断、实际，非常讲究效果；缺点是有时候比较跋扈，不让大家讨论，没有耐心、不耐烦，表现出冷酷无情的状态。

活泼型的领导通常比较热忱，想象力比较丰富，缺点是有时候比较骄纵、蛮横，喜欢夸夸其谈，不切实际。

和平型的人比较能够支持别人，跟别人合作；但是这些优点有时候就变成为顺从和迁就，很可能对别人的东西有求必应，从而失去领导的权威性。

完美型领导的优点是一丝不苟，按部就班，能够按计划来做事；但是缺点是鸡蛋里面挑骨头，比较死板，有时不知变通。

以上四种类型各有优劣，或多或少都会在我们每一个人身上有所体现，只是在不同阶段，每一种类型的表现程度有所不同。

这四种类型很难讲孰优孰劣，如果用对地方，就是优点；用错地方，就是缺点。大仲马《基督山伯爵》里有这样一句话："任何事情如果做得太过分，每一种美德都可能成为罪恶。"很多东西都是一种组合，都要达到一定程度的平衡，过分偏重于某种特质都不利于领导才能的发挥。

三、四种风格如何相处

在一个团队中，一定是每种性格的人都有，那么不同风格的人应该如何相处呢？比如说你是一个驾驭型的领导者，那你如何与完美型的人相处？如何与和平型的人相处？如何与表现型的人相处？在这里列举几个要点：

完美型的人通常慢条斯理，想同完美型的人相处得好，力量型的领导者就要降低说话、办事的速度，不要太急，不要催促。碰到完美型的人要耐心倾听，而且要细听中间的内容，因为完美型的人很喜欢从头道来。你问他一个问题，他会说，这个问题是这样的，然后娓娓道来，有时讲了10分钟还没有讲到正题，你不耐烦，一催促，就会打乱完美型人的思维，这样可能造成数据不够准确，而数据不准，就会直接影响到你的决策。

和平型的人通常都是比较配合的，所以力量型的人与他们相处要表现出人性化，不要用机械的、压制的方式，而且要重视感性的效果，要使和平型的人有信心，应该对他表示支持和赞许。

如果你的下属也是力量型的，或者你的上司是力量型，而你本人也是力量型，那么你们在一起就很可能硬碰硬。要想融洽相处，应该怎么办呢：我们要避免专断，建立二人互相扶持的关系，尽量控制、避免对方的冲动，要为长期做打算，不要因为逞强或图一时痛快而搞坏了和其他人的关系。

表现型人喜欢突出自我，希望自己受到重视，因此力量型的领导者就要多给予表现型的人以赞许和赞美，以充分调动其工作积极性，另外，表现型的人不喜欢受到太多限制。因此，力量型的领导者就要多给他自由发挥的余地。最后，力量型的领导者要对表现型的人感性多一点，不要太冷酷，太理性。

其他一些类型领导的相处之道，表9.4～表9.6中都分别列出，这里不再赘述[①]。

---

① 莫少昆，《大领导力》，东方出版社，2006年，第29～36页。

表 9.4　活泼型领导与其他类型领导的相处之道

力量型	活泼型
• 重视目标与绩效导向 • 降低感性 • 避免争权主导	• 其中一人须更严谨 • 见林也见树 • 避免专断主导
和平型	**完美型**
• 多听、多了解、多支持 • 避免过分强势 • 重视系统化与逻辑	• 降低速度感 • 须有系统化与逻辑考量 • 有组织、实事求是、深入详尽

表 9.5　和平型领导与其他类型领导的相处之道

力量型	活泼型
• 提高速度感 • 强调目标 • 降低感性	• 展现活力与热情 • 描绘大蓝图 • 有话直说
和平型	**完美型**
• 须坚持自己的主张 • 要有时间观念 • 不要离题	• 加强责任与目标导向 • 降低感性 • 系统化与逻辑化

表 9.6　完美型领导与其他类型领导的相处之道

力量型	活泼型
• 提高速度感 • 避免繁琐 • 有话直说	• 表现活力与热情 • 重视感受 • 容忍不着边际的谈话
和平型	**完美型**
• 诚恳与人性化的接触 • 以架构为导向 • 不要过分强调事实与逻辑	• 其中一人须展现决断性 • 多听对方的意见，多了解其内涵 • 多协调

第四节 二元关系论

一、有关理论

二元论(Dyadic Approaches)将研究的重点放在领导者和追随者的交流上,这是一种被称做二元的关系。研究的第一阶段关注领导者和每个追随者的关系,而不是一个领导者同一群追随者的关系。第二阶段研究了领导者和追随者沟通的特定属性。第三阶段研究了领导者能否有意识地同每一个追随者建立起合作关系。第四阶段将二元理论扩展到更大的系统以及网络中。

研究发现,由于时间压力和精力所限,领导者在工作中要区分不同的下属,采用不同的管理风格,并与不同的下属建立起不同类型的交换关系,且这种交换过程从上下级关系建立开始(甚至于在招聘面试时)就已开始逐步形成与发展。上级与下属中的少部分人建立了特殊关系,这些下属便成为"圈内"人士,他们会受到更多信任,得到领导更多的关照,也更有可能享有特权,如工作更有自主性、灵活性和更多的机会与报酬等等,而其他下属则成为"圈外"人士,他们占用领导的时间较少,获得满意的奖励机会也较少,他们的领导—下属关系只仅仅局限于正式的权力系统范围内。由于存在"圈内"、"圈外"之分,因此领导者与成员之间的交换关系也就出现了两种类型:领导与"圈外"人建立的关系质量较低,它完全是一种自上而下的影响力,是一种以等级关系为基础的契约关系;而领导与"圈内"人建立的关系质量很高,是一种相互信任、相互尊重、相互吸引、相互影响的交互式关系[1]。

二元理论的第二阶段进一步研究了领导者—成员之间的交流

---

[1] 杜红,王重鸣,"领导—成员交换理论的研究与应用展望",《浙江大学学报(人文社会科学版)》,2002年11月,第6期。

(Leader-Member Exchange，LMX)，研究发现这种交流的过程对领导行为的结果有着很大的影响。在 LMX 的研究过程中，研究者们研究了这种关系的几个特征，如交流频率、相互评价、追随者的特征、工作满意程度、工作绩效和工作风气。在团体内部有一些人和领导者有类似的特征，如相似的背景、兴趣、价值观等等，还有一部分人虽然可能不具备与领导者相似的特征，但是体现出很强的能力和对工作强烈的兴趣，领导者趋向于同这两类人发展圈内的关系。总的来说，研究发现大体上圈内的追随者的 LMX 较高。LMX 理论认为，这种高质量的关系使得圈内人员有更好的表现和更高的工作满意度，这一点已经得到了研究的普遍支持。高质量的 LMX 对于领导者、追随者、工作单元和整个组织都有着积极的正面作用。对于追随者来说，高质量的关系意味着更有趣的任务、肩负更大的责任和享有更多的授权，同时也会获得更实际的回报，如提薪和晋升。圈内的成员会具有更大的主动性并且更加努力地工作，从而成功地完成任务和工作，领导者和企业也会因此受益。

研究的第三阶段是关于领导者能否同大多数追随者建立起良好的关系。早期 LMX 理论的批评家就指出，领导者对圈内和圈外人员采取迥然不同的态度是非常危险的，它会导致圈外人员的怨恨甚至是充满敌意。如果圈外人员察觉到领导者给予圈内人员额外的好处和优惠的话，他们就会因为强烈的不满而具有敌对情绪，这样会损害到企业的整体利益。

所以，这一领域研究的第三阶段集中在领导者能否与所有的追随者建立良好的关系，而不是某几个人。研究者不再关注追随者之间的差别，而是关注如何与每一个人发展良好的有益的关系。成功的领导者能够和每一个追随者建立独特而且有益的关系，向所有雇员提供高质量的领导者—成员联系，从而为他们的发展提供一个较为平等的环境，从而最大限度地使自己、追随者和组织受益。

研究的最后阶段认为这种二元理论可以扩展到更大的系统中。研究者们不再仅仅关注领导者和追随者,而是站在系统的高度来研究二元理论如何突破传统的界限从而包含更大的系统,这个对领导者来说更大的系统可能会超越工作小组、部门,甚至是组织的界限。根据这种观点,领导者的联系不只局限于追随者,还包含了同事、队友和其他与工作有关的人。这种理论认为,领导者需要建立一对一的网络联系,并且利用他们的人格特征和领导行为来有选择地和尽可能多的人建立良好关系,从而使领导者能够影响很多人,并且这些人能够对他的工作成功做出贡献[1]。

二、如何与领导相处?

(一)发挥领导特长,当好配角,承担领导不愿做、不能做的工作

人非圣贤,孰能无过。作为领导,有长处,也有局限。若能在他的长处上下工夫,做好想做的工作,帮助他提高工作效率,那么下属实际上也就提高了自己的工作效率。如果把功夫下在上司的短处上,那么其结果就会令人沮丧。因此,有必要向自己提出这样的问题:"我的上司有什么擅长?""哪些事情他曾经做得特别好?""为了让他充分发挥自己的长处,他还需要了解哪些情况?""我可以为上司作出些什么贡献?"[2]

(二)遇到问题仔细研究,准备多个备选方案,只报告过程和想法,让领导决断

从正确的事着手,并以上司能够接受的方式向其提出建议。

---

[1] Richard L. Daft,《领导学》(第 2 版),杨斌译,机械工业出版社,2005 年,第 32~34 页。

[2] Peter Drucker,《卓有成效的管理者》,孙康琦译,上海译文出版社,1999 年,第 97 页。

也就是说,在向上司提出建议时,要特别注意的不光是内容,更重要的是陈述一连串有关事项时所采用的先后次序①。下属碰到问题向领导汇报,在尊重领导的基础上,要简明扼要,每讲述一段,注意领导的反应,如果领导已经知道就不必继续报告;如果领导有兴趣,可以在交待完问题之后,提出几个不同的解决方案,由领导定夺。不准备方案,无疑是在转嫁负担,自己得不到锻炼,也不会受到领导欢迎。

(三)随时向领导汇报

先为人后做事。作为下属,首先要做好分内的事情,这是最基本的要求。但在做事情的同时,要注意言行,多沟通、多汇报,谦虚谨慎,给上级一个良好的印象,越是做了重要工作的时候,越需要这样去把握。作为一个下属,十分忌讳平时不沟通、不请示、不联络,事情结束了把结果一报了事。其实,上级处在那个位置上,他一需要了解事情的进展,施加自己的影响;二需要下属的忠诚。这两点决定了下属不但要把事情做好,还要把沟通做好。身为一个下属,不光要给结果,还要给感觉。只给结果,不给感觉,过程中缺少沟通和汇报,领导产生置身事外、无法参与和不被认可的感觉,下属功劳越大,领导的这种感觉就越强,彼此之间的裂痕也就逐渐产生了②。

(四)有成绩要感谢领导提供的机会

作为下属,成功离不开上级的正确领导和大力支持,因此,有了功劳不可全部作为个人功劳,而是在成功的过程中给上级搭建平台,让上级也有功。此举有三个好处:

(1)把自己的光荣和上级的光荣联系起来,自己越好领导就

---

① Peter Drucker,《卓有成效的管理者》,孙康琦译,上海译文出版社,1999年,第99页。

② 改写自赵玉平《梁山政治》,清华大学出版社,2005年,第34~36页。

越好;

(2) 此番为上级着想的良苦用心,一定会被上级理解和认可,会极大促进上下级之间的关系,为以后的进步奠定基础;

(3) 把功劳归到上级那里,并不会因此减少自己的功劳。

有了成绩,仍然要尊重领导,不断寻求上级的关注和支持。否则,太过独立,不断营造自己的小圈子、死党,手握重权,名声日隆,难免引起领导的不安[1]。

(五) 如果上司越级指挥

上司越级指挥,目的有二:或者是训练下属的反应能力,看看下属是否能够驾驭局面;或者是暗示你有做得不到位的地方。这时候夹在中间,既不方便向上级抗议,也不方便询问部属。最好平时就跟下属交待清楚:自行承接越级指示须自行负责。这样下属接到越级指示就会乐意向你汇报。如果他事前不汇报,在遭遇问题不能圆满解决时才来求救,宜根据其平时表现和其他同事的反应作出处理。

如果是因为领导对你曾经做过的事情不满,这时候适宜通过第三者,比如跟领导的秘书沟通,从他那里了解到事情发生的真正原因,然后找机会向领导道歉[2]。

(六) 如何对待不符合法律规定的要求

如果上司交待了一件违法的事情怎么办?

(1) 尊重上司,先口头答应下来;

(2) 善意解释上司的动机:上司可能并不知道这件事与法律相违;

(3) 既然这件事违背了法律,那就坚决不做。

如果上司问起,就说尚未找到法律依据,或者说找到了一些法

---

[1] 改写自赵玉平,《梁山政治》,清华大学出版社,2005年,第34~36页。
[2] 改写自曾仕强《人性管理》,东方出版社,2006年,第155~165页。

律条款但都与法律相违。如果上司坚持要做,表示出了问题他负责,这时仍然口头答应去做,但实际并不去做。因为,一旦做了,以后上级遇到这种事情都会找自己去做,结果越陷越深;如果真的触犯法律,上级也不可能选择与法律对抗来保护自己。第四,不声张。一旦张扬出去既可能增加人们对领导的误会,损害领导形象,自己也会被视为定时炸弹,从此遭遇冷落,失去发展的机会。对于那些能够尊重领导、用正确的方式坚持原则的下属,领导还是非常欣赏的①。

三、如何与下属相处

(一) 平等对待每一个员工

领导和下属之间的距离本身就是一种艺术。任何过于亲近或疏远的关系,在中国这样的社会环境中都有可能造成不必要的误会,甚至对管理产生影响。

其实员工的心态都是希望自己能和上司走近一点,但又不愿意看到别人也走近或者比自己走得更近一点。如果在一个组织中,上司只和几个或者一批人走得很近,这带来的后果一定是内部形成了一个无形的圈子,圈内的人会觉得自己很受宠,会忠心耿耿地为上司努力工作;但是圈外的人还是多数,这些圈外的人会觉得这个公司与他无关,正在做的事不过就是一份工作,不是一项事业。工作和事业的差别在于:事业是有发展前途的!一旦在圈外,怎么可能有发展的前途呢?管理的最高境界就是让每个人都觉得这是一份事业,激发每个员工的潜力。

艺术的最高境界就是简单。就领导和员工的距离,最好领导是圆心,员工是圆周,领导与每一个员工保持等距离。这是最简单的距离,也是最艺术的距离。

这种圆心距离也是员工所期待的上级和下级的关系,因为一

---

① 改写自曾仕强《人性管理》,东方出版社,2006年,第118~120页。

旦没有这样的平衡,总会有种危机,担心自己是否明天会失宠。这种圆心理论就是让大家感觉到每个人都有一样的机会,只有去努力,认真工作创造成绩才是真正的发展之道。

(二)善待员工

我们平时接触到的很多管理理论都来自美国。但是,由于中美之间价值观的不同,在美国使用的管理论未必适合中国。在美国更多的是宣扬一种商业价值观,管理者和员工间的关系,是一种业务关系;在中国,人们追求更多的是一种人性。中国人最怕的是被感动。如果你感动了他,那么他会为你赴汤蹈火,这是中国人的性格。在美国做管理,你不需要感动员工,只要按合同支付报酬就行;而在中国,人们更多追求的不仅是金钱,还有感觉。因此,企业的领导人需要提供这种感觉给员工——让他觉得他在公司里是很重要的。

有一些领导为了刻意和员工保持距离,对所有的员工都很冷漠,表现不出一点亲切和关心,结果员工体会不到温暖,没有家的感觉。中国的员工希望公司是个家,家长可以严格,但是心底里每一个家长都是真心爱护孩子的。如果员工没有感受到此,就不会有家的感觉。

而在圆心理论上,领导还要更多地去关爱员工,让他们感受到一种家长式的关爱。当员工认同你的圆心理论以后,哪怕你做了一件只对某个或几个员工的关爱小事,其他员工也会觉得他们受到了关爱,因为大家都是等同的,或者说下一个受到关爱的也许就是他。这就是一种连环效应。人需要关爱,用心的那种关爱[①]。

(三)向部属指示应采取什么方式

研究表明,在权威面前,甚至只要带有一点权威的暗示,我们就会停止自己的独立思考,进入唯唯诺诺的服从状态。因为权威

[①] 唐骏,《管理的等距离之美》,MONEY,2005年12月。

的指示往往更正确,来自权威的信息在很多情况下都为我们提供了一条行动的捷径,服从权威就会有好处,不服从权威就会惹来麻烦,因此在权威面前思考似乎成了一件多余的事,因此很多人就放弃了思考。在公司里,不仅需要让员工完成任务,还要他们在此过程中不断学习如何思考:完成什么任务?怎么完成?对领导而言,最大的挑战就是在明明知道答案的情况下保持沉默、让员工自己去寻找答案。因此,无论领导有没有腹案,都可以多方收集信息,让员工自己动脑筋设计方案,集众人之智,这样员工得到了锻炼,自己也可以腾出更多时间思考更重要的事情。如果实在需要给出指示,宜清楚地说明由谁负责、做什么、怎么做、时间限制、地点、工作量,并提供理由。一个领导平时不怎么下命令,真的遇到突发情况,这时候坚决果断,下达指示也容易引起员工关注得到执行。

(四)如何指派新任务

把什么样的任务指派给什么人,在什么时候指派给他,必须考虑"量才适用"。一个人本来只能挑50公斤,却让他挑55公斤,他真的被你累死了。把员工累病了,影响业务开展,从道义上讲也不能在他体质衰弱的时候把他辞掉。因此,保障员工的健康也是领导的职责。有时候带着员工出去走一走放松放松,既是福利,也对公司有好处。因为人绷得太紧,就很疲惫了,让他松一松,就又恢复弹性了,这个弹性非常重要。因此,员工身体的健康、心态的平衡,都要纳入管理的范围之内。

在领导把新的任务指派给部属的时候,每一个员工对新任务的接受程度不同,有的人比较容易接受,有的人却总是抵触。对于容易接受的员工,还要看他的能力是否胜任,承担得起,才会把工作交给他。如果有的员工比较强硬,可能是他心里有怨气,要先化解他这个怨气,然后再来指派新任务;也可能他是另有企图,以后有好的机会就不派他去。

在指派任务时,如果这个任务来自高层领导,在指派时要注意承上启下,既不可出卖领导,又不让员工为难,而是由情入理,让员工心甘情愿接受。①

(五)如何对待员工的错误

孔子云:凡事预则立,不预则废。员工难免会犯错误,但要尽量预防错误的发生,把代价降到最低。要预防员工犯错,一要有预测能力,事先有所判断,并且对员工的未来也要有所判断,帮助他建立发展的信心;事前作好充分的准备工作,始终不断跟踪、监督。如果员工犯了错误,只要不是有意的,初犯不应予以处罚。所谓不做不错。如果不允许犯错误,员工时刻担心犯错误被处罚,就会尽量推托;由于心情压抑,创造力也受到负面影响。所谓吃一堑长一智,允许员工在遵守法律和道德的条件之下犯错误,有助于员工的成长和创造性的发挥。只要员工跟领导坦白,领导就应原谅员工的过错,让员工接受教训,并给他再次做事的机会。在教育员工的时候,要保持温和与专业的态度,从赞美员工开始,在掌握了事实的基础上,就事论事,不搞人身攻击,最后友好地结束批评。在必要的时候,可以让员工的家属参与进来,或者登门拜访,或者私下交流,得到他们的支持,有利于员工更好地改正错误,更好地成长。

案例:老戴和他手下的三个司机

一、老戴怎样让手下的司机不酒后驾车

老戴是上海某公司综合办公室主任,手下分管着三个司机。酒后驾车很危险,偏偏这三个司机酒量都很大。老戴上任伊始也没注意,后来发现不禁酒不行。于是召集三个人开会,声明中午绝对不可喝酒,中午一喝酒,万一下午有任务,也就没办法叫你,就算

---

① 曾仕强,《人性管理》,东方出版社,2006年,第215~225页。

旷工半天。晚上晚饭前如果没有接到任务,可以喝酒,但喝完酒不可碰公司的车子,碰了公司的车子老戴就有责任管。

过了一段时间,还是有司机喝了酒。于是又召集三个人开会,定下规矩:只要听到公司里面任何两个人说他们喝了酒,不管喝多少,不管有没有醉,哪怕沾了一滴酒,就交1000块罚款,作为部门活动经费。为什么要两个人?也许一个人会说谎,不可能两个人同时说谎。如果觉得1000块太多,可以上诉至经理层;如果没有意见,就算默认。三个司机都不说话,算是默认了。

一天中午,老戴坐在市区办公室,听到有人说某甲司机在郊区的生产基地喝酒了。下午四点左右,老戴估计某甲酒该醒了,就给某甲打了个电话,跟他说,有人说他喝酒了,请他把车开到市区来,给老戴看看到底有没有喝酒。一小时后,某甲到了,连连说自己没有喝酒。老戴心想,跟他慢慢磨嘴皮子也没意思,就说了:"看看你的脸色,还说没有喝酒!不过没有关系,你现在回家,一小时后我打电话到你家里给你太太,如果你太太说你喝酒了,明天就自觉交1000块钱来;你太太说你没有喝,那就没有喝,一分钱不用交。"第二天早晨,老戴自己掏出1000块,等到办公室的人都来齐了,交给掌管部门经费的那位女同志,跟大家讲:这是某甲交的罚金。女同志嘴巴快,于是公司上下很快知道某甲喝了酒且被罚了1000块钱,只有某甲自己知道这钱不是他出的。后来他拿出1000块钱要还给老戴,老戴心想,好人索性做到底,这1000块坚决不肯收。某甲非常惭愧,花了几百块钱给老戴三岁的儿子买了个童车,此后再也没有上班时间喝酒。

不巧的是,过了一段时间,某乙上班时间喝酒了,被叫到办公室,承认了自己喝酒,老戴说:那没办法,定的规矩还是要执行,你身上有没有带1000块钱?某乙说,只有500。老戴说,500也行。结果某乙拿出500块钱,老戴自己掏了500,凑成1000块,交了出去,跟大家讲,这里面70%是某乙交的罚款,30%是老戴自己管理不善的罚款。

老是禁酒也不行,一个周末公司请三位司机以及一些员工聚餐,可以放开来随便喝,酒后不必自己驾车,打车子回家,公司报销。饭后,某乙趁人不注意,偷偷把公司的车子开了回去。偏偏老戴心细,发现某乙的车子怎么不见了?于是断定是他开回去了。

星期一早晨一上班,就打电话给在基地的某乙,让他下午到市区找一下老戴。中午人还没到,就有员工告诉老戴,说某乙一个上午心神不宁。某乙到了老戴的办公室,老戴问他上周末是怎么回去的?问完了,一言不发,等某乙开口,自己继续拨弄着鼠标上电脑。某乙说了一大通话,声明自己肯定没有开公司的车回去。等他讲完了,老戴若无其事地说:"我要的是事实。"然后继续玩电脑。某乙又说了一通,还是没有承认。于是老戴又说了声:"我要的是事实。"某乙终于熬不住,把自己开车回去的事说了。老戴说:"你也不想想,我如果没有看到点什么听到点什么,一点根据都没有怎么可能找你呢?这样吧,我想找个时间,请你还有你太太我们一起吃个便饭?"某乙不愿意,知道太太不会放过自己。于是老戴说了:"上次已经罚过款了,这次再罚款我已经没有兴趣。像你这样,有令不行,有禁不止,还有谁能管得住你?这次就算了,下次再被发现喝酒,你就不要到我这里来,直接写好辞职报告到人事专员那里去办理辞职,省得公司开除你。"这件事以后,再也没有听说三个司机喝酒的事。

二、派不动任务怎么办?

有次公司有重要活动,司机们忙活了一整天。傍晚时分,老戴打电话给某丙,准备让他再跑趟机场接一个客户。对方一接到电话,看到是老戴打的,实在不想再接任务,就把手机挂了。老戴想,这怎么行?再硬的骨头也要啃,叫不动你,下次别人也可以不听从指挥,这还怎么管?于是换了个电话,继续打过去。对方接了,老戴忍着,假装什么事情都没发生,心平气和地说:"刚才手机不知道怎么断了,事情是这样的……"把任务派了下去,对方也接受了。半年后的一天,老戴和某丙以及另外两位同事出差,一天早晨,另外两位同事还没起来,老戴和某丙在一起,温和地跟他说:你的脾气要改一改。对方觉得惊奇,老戴继续说了,我的电话你也挂。某丙很惊讶,原来老戴什么都知道,可是这半年并没有给自己穿小鞋,好像什么事也没发生一样……

三、一张私人用车收据

一次,某丙司机拿了一堆过路费收据给老戴签字报销,老戴也没仔细看,就全部签了。结果,财务处的女同志发现一张收据是私人用车,不能报,于是哇啦哇啦在公司里讲开了。老戴听到后觉得该维护一下司机的利益,就找到那位女同志,跟她讲:这张单子的确是私人用车,是我不小心签的字,你不必给他报。只是你可以跟司机讲,也可以跟我讲,便于我们改进。你这样在公司里面到处讲,等于是通报批评,只不过没有写在纸上贴出去,但效果是一样的。你说这件事有没有严重到需要通报批评呢?司机手头收据那么多,很可能是不小心。如果他两次,或者说三次都这样,那就真是故意的了。既然是第一次,我们没有证据证明人家是故意的,那就善意地推测对方。你跟他讲,怎么这么不小心,让私人用车的收据混了进来!给他一个台阶,一个面子,大家就会愉快得多……

四、如何与同级领导相处

所谓同级领导,是指在领导活动过程中,同一组织内的同一层次上的不同部门之间的领导。在同一领导班子中,领导干部与同级之间的关系具有直接性、频繁性的特点,同级领导者经常在一起共同研究工作,在一些问题上产生分歧和矛盾是不可避免的,如果处理不当,就容易产生隔阂,出现消极的"离心力",给工作带来一定的影响,难以打开工作局面;如果处理得当,同级关系融洽,就会产生最大的"向力心"和凝聚力,形成共同的合力,工作就会开展得顺利,保证事业的成功。

(一)真诚尊重,不拆台

尊重是人的一大需要,尊重表现为自尊和尊重别人两个方面。尊重是相互的,要想别人尊重自己,必须以尊重别人为前提,而不是表里不一,当面一套,背后一套,搬弄是非,制造矛盾,相互拆台:尊重同级,主动沟通;真诚相待,以诚感人;"宰相肚里能撑船",学会宽容;不越俎代庖,不插手同级的工作;多表扬同级,少张扬自己;学"管鲍之谊",不要嫉妒同级的才能和成绩。

(二)积极配合,不设障

所谓配合,就是同级领导者的协同合作。协同论告诉我们,协同导致有序,不协同导致无序。任何一个系统内部的结合能力都来自系统内部各个元素之间的协同作用。领导班子也是如此,它表现的大量、明显的内容是协作与合作。它的团结、稳定有序就是来自各个领导个体的协同作用。如果各个成员亲密合作,协同一致,互相学习、共扬所长、互补所短、这个班子就会稳定有序,富有战斗力和领导能力。设障,是一种消极的明争暗斗的表现,实质上是一种内耗,它往往造成领导之间相互干扰,相互冲突,相互抵制,削弱和破坏领导班子整体功能的发挥。因此在实际工作中,同级领导要做到积极配合,不设障。

(三)共享利益,不贪功

一切成绩的取得,都是集体智慧的结晶。因此,成绩、荣誉、利益应当由大家共同享受,当然,出了问题大家也要一起来承担。但有些领导者却往往把成绩往自己身上推,把问题往别人身上推,见利就伸手,无利益就撒手;对上级报功,对下级瞒功。甚至贪人之功为己有。这种做法会引起同级的极大不满。开明的领导者应以高尚的姿态来对待工作和成绩,利益多让,困难多上。多考虑别人的欲望,以满足别人的欲望为自己的满足,具体地说,对别人的成绩和贡献要怀高兴的态度,不要想方设法去诋毁;对别人的失误要出于同情心,不要幸灾乐祸,落井下石;要敢于承担责任,不要争功诿过。这样,才能获得同级的信赖和支持。

(四)虚心互学,不傲气

虚心互学,不傲气,是处理好同级关系的基础。现代领导群体就像一部机器的起动机或主机,需要各部位配合好,才能保证整个机器的运转和功能的发挥,使每个人都充分发挥自己的专长,并且要善于用他人的长处来弥补自己的不足,从而提高工作效率。现代领导者所开展的现代化工作,单靠个人的知识才能、文化水平是无法进行的。并且由于各种因素的原因,个人的才智水平又是极其有限的。需要集体的智慧,需要知识的互补。一个领导班子是否有生气和活力,关系是否协调,关键是否有互相学习,取长补短,共同提高的浓厚气氛。

(五)处理分歧,不计较

同级领导在一起工作,往往因为在某些事情上看法不一致而发生分歧,甚至会出现争吵。对此,如处理不好,久而久之就会形成隔阂,影响工作。所以领导之间要顾全大局,从维护团结的愿望出发,坚持做到"是非问题弄清楚,一般问题不在乎"。涉及大是大非问题,一定要坚持原则,不妥协,不让步。但要讲究方式方法,避免言辞激烈,伤害对方的感情,还要注意不要把矛盾公开化,把领导之间的分歧扩展到下级中去[①]。

作为同级领导,要追求合作共赢,以商量的语气寻求合作,以共同利益为着眼点,以建议的形式提出见解,注重利益分享。由于资源的优先,避免不了相互之间的竞争,要注意以理性的方式进行,不诋毁别人抬高自己,责任勇于承担不推卸,力求客观实事求是,着眼于解决问题而不是追求部门利益。彼此将心比心,互相体

---

① 荣仕星,"试论领导干部与同级协调的艺术",《广西民族学院学报(哲学社会科学版)》,1992年第4期,第80~85页。

谅,互相支援,让大家明白,跟自己打交道不吃亏。

第五节 冲突与解决

如果他人没有做他们该做的事,该怎么办?面对失信、违背期望及根深蒂固的不良行为时,该如何处理?对此,有人选择沉默,有人选择了激烈的冲突,结果既不能解决问题,又破坏了彼此的关系。如何既解决问题,又增进关系?科里·帕特森(Kerry Patterson)在《冲突与解决》一书中提出了七大步骤[①]:

一、选择"什么"及"是否"

在开口之前,必须先思考该处理的是"什么"冲突状况,以及"是否"要处理它。

什么。问题首次出现时,讨论有关原始问题或问题内容(Content)。若问题持续发生,应该讨论形态(Pattern),当问题影响到你们之间的互动时,应该讨论你们之间的关系(Relation)。为正确选择讨论内容、或形态、或关系,你可以思考违反行为的后果及违反行为的意图,在列出可能的问题清单后,切入核心问题的方法是思考你真正希望你本身、对方以及你们之间的关系得到怎样的结果,以及不希望得到怎样的结果。

是否。要确定自己是否该说而没有说,思考四个问题:我是否转而以行动流露自己的关切?我是否良心不安?我是否为了避免说出来的风险而选择沉默以自保?我是否认为自己帮不了什么忙?要确定自己是否不该说、却说出来,想想看,社会体制是否会支持你的行动?若你下定决心说出来,而其他人仍然保持沉默,你应该表明自己的立场。

[①] Kerry Patterson 等著,《冲突与解决》,李芳龄译,中国财政经济出版社,2006年,第2~181页。

二、掌控情节

在解决冲突之前,必须小心避免在信息不全之下采取轻率行动而破坏气氛。为避免犯下严重错误,应该先妥善处理自己的思维、感觉和构思情节。

某人产生行为上的偏差,可能有六大原因(见表9.7)。

表9.7 影响行为的六大因素

	动 机	能 力
本 身	痛苦或乐趣	长处与弱点
他 人	赞美与压力	助力与阻力
事 物	萝卜与棍棒	桥梁与障碍

本身,动机:这行动背后有动机吗?此人是否不顾及他人的想法与感觉而喜欢采取次行动?此行动是否会产生痛苦或快乐?

本身,能力:他在实践这项行动上是否有长处或者弱点?他们是否具备实践此承诺所需的技能?

他人,动机:此人之所以作出不当行为,是否受到了同事、上司、客户、家人或其他人的影响?人们总希望被其他人所接受,其他人的观点影响了他的判断。

他人,能力:工作的完成可能需要依赖其他人,如果其他人的能力欠缺,事情就无法完成。

事物,动机:事物包括环境、组织力量、制度因素等等。事物会对动机产生影响,比如薪酬制度期望A却奖励B。

事物,能力:周遭事物可能是有益的桥梁,也可能是障碍。

影响一个人完成工作的因素这么多,但我们常常只看到别人没有完成任务这一结果,对中间过程并不清楚,在编造情节时往往把事情的发生归结为他的动机、人品、感觉迟钝,视他为恶棍,于是迫使对方进入防御状态。既然影响结果的因素有六种,有必要问一问自己:"为什么一个理性、正派的人会做出这样的行为呢?"检视六种影响因素来源。检视你本身、其他人及周遭事物是否能够令对方产生信守承诺、不做出违规行为的动机与能力。

三、陈述行为落差

优秀的问题解决者知道如何以令对方有安全感的方式来陈述行为落差,对方有安全感,就愿意讨论。避免在一开始陈述不利于解决问题的结论或做出指控(这两者都会造成对方欠缺安全感),只需要陈述行为落差即可,然后仔细聆听对方怎么说,从中找出影响因素的源头,问题的产生是因为欠缺动机、或能力、或两者都有呢?

安全地处理问题的建议方法如下:

1. 营造安全感。人们缺乏安全感有两个原因:一是不把他们当成"人"来尊重,二是不关心他们的目的。确信对方并非由于自私、势利而导致行为偏差,有助于你保持温和与专业的态度,避免语气、措辞、眼神、表情流露出不尊重;想象对方可能产生的错误诠释与结论,解释这不是你的意思,然后解释你的真正用意。

2. 营造共同目的:就长期而言,所有人能获得什么益处? 如果问题特别敏感,在讨论之前应先征得对方的同意,同时选择在私下进行。

和对方分享你从观察到采取行动的过程。事实是最没有争议的。在处理冲突之前,先收集事实,并在对话时从陈述事实开始,避免进行价值判断。比如,可以说"你打断别人的话",而不是"你很没有礼貌"。然后在此基础上试探性地与对方分享自己构思的情节。

以一个问句结束。交谈是相互的,在陈述完事实之后,应该邀请对方参与:"怎么回事?"开诚布公讨论所有资讯,为下一步解决问题做准备。在对方回答提问时,注意仔细聆听。

四、激励对方的意愿

在谨慎地陈述了行为落差之后,要聆听对方的意见,看看问题到底是出自动机还是能力。如果对方欠缺动机,我们的任务就是要激励对方的意愿。

后果是动机的驱动因子。动机并非你加之于他人身上的东西,人们做任何事都必然是出自某个(些)动机,这些动机就是他们预期的后果。每个行动会造成多种后果,人们根据所有加总起来的预期后果来决定其行动。

探究自然后果。一开始,先解释行为的自然后果。在工作场所中,自然后果通常包括对各利害关系人造成的影响,利害关系人包括其他员工、客户、股东、社区、管制当局等等。

视情况选择方法。当对方只想知道该怎么做及为什么时,你应该解释需要做什么及为什么。当对方抗拒时,你应该避免直接诉诸权力的冲动,寻找对方关切的后果作为激励因子。

妥善地划下句点。整个过程的完结是决定谁该在何时之前做什么,并确定后续追踪时间。

五、使对方容易做到

如果导致行为落差的原因是对方的能力问题,我们的任务就是要使对方更容易做到。

当对方面临能力障碍时,应该设法使不可能的任务变成可能,使难处理的工作变得不难。简言之,当对方面临能力障碍时,设法使其容易做到。

一起探究问题的根本原因,小心避免立刻直接提出你的建议,赋予对方权力,让他们参与共同诊断问题的真正原因,并共同研究可行的解决方法。征询对方的看法,记得问最重要的问题:"你认为应该怎么做?"

当对方无法指出所有原因时,共同探究背后的可能影响因素——包括本身、他人和周遭事物。必要时,进行脑力激荡,包括提出你认为的一些可能障碍。

在找出、并解决能力障碍后,提出探询,检查对方是否愿意在你采取步骤排出障碍后,立刻行动。他们有能力做,并不代表他们有意愿去做。

六、保持专注与弹性

在对话过程中,如果对方产生担心、害怕等新问题,应该暂停原来的讨论,建立对方的安全感,如果适当的话,再重新回到原先的问题(先前暂停的地方)。如果是出现新的问题,你应该选择"什么"及"是否",如果你决定要先处理新的问题,就按次序处理新问题,然后确保你不要离题,重新回到原先的问题上(先前暂停的地方)。

当出现新问题时,要保持足够弹性来处理它们,但不要离题。每次要处理新问题时,必须是经过考量选择的,而不是随便地、意外地偏离主题。有所选择,不要漫谈。

当对方缺乏安全感时,暂停原先的谈话,先重建其安全感再回头讨论。

当对方因为"突发状况"而未信守承诺时,处理此问题,对方必须知道,当有任何突发状况可能使原先的计划产生变化时,他必须尽快通知你。

当一个更糟糕的新问题出现时,你应该暂停讨论原先的问题,作个记号,这样你才知道等结束新问题的处理后,回头要从哪里开始。处理完新问题后,重回原先的问题。

当对方变得激动时,你应该追溯他们从观察到行动的过程。讨论事实可帮助平息情绪,带你找到对方产生此情绪的源头,以便解决问题。

七、商议计划与后续追踪

先商议出一个计划和后续追踪方法,接下来是实际进行后续追踪。若未能妥善收尾,如同浪费时间,更糟的是,极可能造成失望与不必要的焦虑,还可能导致指派工作的失败。欲使问题妥善收尾,就得擅长商议拟定一个明确的计划,确定谁必须在何时之前做什么,明确指出每个人的责任,确保对方清楚了解该做什么,询问有无问题。必要时,使用对比叙述。务必在计划中明确适当且双方同意的后续追踪方法。对方的技能与经验越不足、过去表现记录越差、工作涉及的风险越大,后续追踪频率就应该越高。向对方坦诚说明你的后续追踪方法。最后,实际执行后续追踪,若情况进展不佳,准备进行新轮的"冲突—解决"。

第六节 激励理论及其应用

一、激励的概念、特征与过程

激励,就其表面意思而言是激发和鼓励的意思。在管理工作中可以将其定义为调动人的积极性的过程,或者更完整地讲,是一个为了特定的目的而对人们的内在需要或动机施加影响,从而强化、引导或改变人们行为的反复过程。通过激励,能够激活人的潜能,产生更高的绩效。

激励有三个特征:

1. 目的性。任何激励行为都有很强的目的性,即都有一个现实的、明确的目的。因此,任何希望达到某个目的的人(尤其是对管理者而言)都可以将激励作为一种手段。

2. 激励通过对人们的需要或动机施加影响来强化、引导或改变人的行为。

3. 激励是一个持续的反复的过程。

激励的实质就是通过影响人的需求或动机达到引导人的行为的目的,它实际上是一种对人的行为的强化过程。因此,研究激励,先要了解人的行为过程,如图9.3。

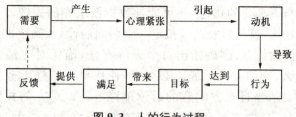

图 9.3 人的行为过程

需要是人类行为的始点。当人的需要未得到满足时,心理上会产生不安和紧张状态,从而促成一种导致某种行为的内在驱动力,这就是动机。当人有了动机之后就会导致一系列寻找、选择、接近和达到目标的行为。如果人的行为达到了目标,就会产生心理和生理上的满足。原有的需要满足了,就产生新的需要,引发人的新的行为,如此周而复始。激励和人的行为过程紧密相连,因此,可以通过强化需要、引导动机、提供行动条件诸方面予以激励。

二、古典激励理论

(一)需求层次理论

美国著名的社会心理学家马斯洛创造性地提出了人的需求层次理论。他把人的各种需要分成五个层次,如图 9.4。

图 9.4 马斯洛五种需求层次

其中生理需要是人的各种需要中最基本、最强烈的一种,是所有动物最基本的维持生命的需要,包括对食物、水、住所、衣服、性、睡眠等的需要,它基本上是人的生理机能的本能需要,是推动人的行为的最强大的动力。如果人的这种最基本的生理机能需要得不到一定程度的满足,人的生存就会很困难,他的生命就缺乏最基本的保障。该理论认为,一个缺少食物、自尊和爱的人首先需求食物,只要这一需求还未得到一定的满足,他就会无视或把所有的需求都推到后面去。因为他的生命的存在缺乏最基本的保障,他就会为此而无视一切,包括自己的生命;当一个人的生理需要得到一定程度的满足后,就会产生对安全的需要,已拥有食物、住所的人开始关心他将来的食物、住所等生活必需品,他需要不断的获取食物、药品等基本生存物品和保证自己的生命、财产等不受威胁和侵犯;在获得以上两个基本的、关系到人的持续生存的低层次需求后,人就会产生社交的需要,同人往来、进行社交、获得朋友的友谊、获得别人的爱、给予别人爱、希望被社会和团体所接纳、得到认可;在与人交往的基础上,就会产生对尊重的需求,包括受人尊重与自我尊重两个方面;自我实现的需求,这是人的最高层次的需求,是指人的理想、抱负、发挥个人能力的需求,是指精神方面的最高人生目标的需求①。

(二) X-Y 理论

道格拉斯·麦格雷戈(Douglas McGregor)提出了有关人性的两种截然不同的观点:一种是基本上消极的 X 理论,另一种是基本上积极的 Y 理论。

X 理论主要观点是:人类本性懒惰,厌恶工作,尽可能逃避;绝大多数人没有雄心壮志,怕负责任,宁可被领导;多数人必须用强制办法乃至惩罚、威胁,使他们为达到组织目标而努力;激励只在生理和安全需要层次上起作用;绝大多数人只有极少的创造力。

---

① http://www.kerling.cn/article.asp?id=203

因此企业管理的唯一激励办法,就是以经济报酬来激励生产,只要增加金钱奖励,便能取得更高的产量。所以这种理论特别重视满足职工生理及安全的需要,同时也很重视惩罚,认为惩罚是最有效的管理工具。

与 X 理论相对立,Y 理论指将个人目标与组织目标融合的观点,认为:一般人本性不是厌恶工作,如果给予适当机会,人们喜欢工作,并渴望发挥其才能;多数人愿意对工作负责,寻求发挥能力的机会;能力的限制和惩罚不是使人去为组织目标而努力的唯一办法;激励在需要的各个层次上都起作用;想象力和创造力是人类广泛具有的。

因此,激励的办法包括:扩大工作范围;尽可能把职工工作安排得富有意义,并具挑战性;工作之后引起自豪,满足其自尊和自我实现的需要;使职工达到自己激励。只要启发内因,实行自我控制和自我指导,在条件适合的情况下就能实现组织目标与个人需要统一起来的最理想状态。

(三)激励-保健理论

这一理论是美国著名学者赫茨伯格(F. Herzberg)于 1959 年出版的《工作的激励因素》中提出的。赫茨伯格的研究发现:

1. 造成员工不满意的因素往往是由外界的工作环境产生的,主要包括公司政策、行政管理、工资报酬、工作条件、与上下级的关系、地位和安全等方面的因素。这些因素即使改善了,也只能消除员工的不满,而不能使员工变得非常满意,不能充分激发员工的积极性。这类因素称为"保健因素"。

2. 使员工感到非常满意的因素主要是工作富有成就感、工作成绩得到社会认可、工作本身具有挑战性、能发挥自己的聪明才智、工作所赋予的发展机会和责任等。这类因素的改善,或者说,这类因素的满足,往往能激发员工的责任感、荣誉感和自信心,增进员工的满意感,有助于充分、有效、持久地调动他们努力工作、积极上进。这类因素称为"激励因素"。

赫茨伯格的双因素激励理论同马斯洛的需要层次理论有相似之处:保健因素相当于马斯洛提出的生理需要、安全需要、感情需要等较低级的需要;激励因素则相当于受人尊敬的需要、自我实现的需要等较高级的需要。当然,他们的具体分析和解释是不同的。但是,这两种理论都没有把"个人需要的满足"同"组织目标的达到"这两点联系起来。有些西方行为科学家对赫茨伯格的双因素激励理论的正确性表示怀疑。有人做了许多试验,也未能证实这个理论。赫茨伯格及其同事所做的试验,被有的行为科学家批评为是他们所采用方法本身的产物:人们总是把好的结果归结于自己的努力而把不好的结果归罪于客观条件或他人身上,问卷没有考虑这种一般的心理状态。另外,被调查对象的代表性也不够,事实上,不同职业和不同阶层的人,对激励因素和保健因素的反应是各不相同的。实践还证明,高度的工作满足不一定就产生高度的激励。许多行为科学家认为,不论是有关工作环境的因素或工作内容的因素,都可能产生激励作用,而不仅是使职工感到满足,这取决于环境和职工心理方面的许多条件。

但是,双因素激励理论促使企业管理人员注意工作内容方面因素的重要性,特别是它们同工作丰富化和工作满足的关系,因此是有积极意义的。赫茨伯格告诉我们,满足各种需要所引起的激励深度和效果是不一样的。物质需求的满足是必要的,没有它会导致不满,但是即使获得满足,它的作用往往是很有限的、不能持久的。要调动人的积极性,不仅要注意物质利益和工作条件等外部因素,更重要的是要注意工作的安排,量才录用,各得其所,注意对人进行精神鼓励,给予表扬和认可,注意给人以成长、发展、晋升的机会。随着温饱问题的解决,这种内在激励的重要性越来越明显①。

---

① http://wiki.mbalib.com

三、当代激励理论

(一) 三种需要理论

这一理论是哈佛大学的心理学家麦克利兰(D. C. McClelland)于1950年代在一系列文章中提出的。他将人的高层次需要归纳为权力、关系和成就需要,并对成就需要做了深入研究,主要结论包括[1]:

1. 成就欲强的人成不了有效的管理者。受成就激励的人习惯于自己做事,致力于依靠自己把事情做得更好;同时希望得到有关其业绩的具体、短期的反馈,以便知道自己干得如何。但实际的管理工作需要团队协作,而且由于工作分散到许多人,不可能获得迅速的、有关个人业绩的反馈。

2. 关系欲强的管理者成不了有效的管理者。所谓关系欲强,是指有强烈的被人喜欢的需要。视被人喜欢为最高需要的管理者称为关系管理者。因为担心关系受到影响而满足个别人的特殊要求,不惜违反组织制度,会使群体内的其他人感觉受到了不公正的待遇,结果士气低落。

3. 个人权力欲强,自我节制差的管理者也不是有效的管理者。所谓权力欲强,是指有强烈的对他人施加影响的欲望。个人权力欲强的人对他人运用影响力为的是获得自身的利益,如提高地位,增加财富等。个人权力管理者往往随意行使权力,对人粗鲁,常常喝酒过度,醉心于获得象征显赫地位的东西,如豪华的汽车、宽敞的办公室等。

麦克利兰认为,个人权力管理者在激发下属责任感和团队精神方面比关系管理者要强些,但在个人权力管理者手下工作的员工对管理者个人而不是对组织忠诚,当该管理者离职时,组织就会陷入混乱。个人权力欲强又缺乏自我节制就可能导致专制、独裁

---

[1] 周祖城,"麦克利兰伦有效的管理者",《企业活力》,1996年第12期。

的管理作风。

4. 权力欲强且有节制的管理者才能成为有效的管理者。权力欲强且有节制的管理者具有以下特征：

(1) 对他人施加影响的愿望强烈，什么事情都自己做的倾向较低，即权力欲强。

(2) 他们努力了解下属的需求，以便能有效地施加影响。

(3) 他们感到有责任使组织强大起来，愿意为了所在组织的利益而牺牲一些个人利益。

(4) 他们乐于工作。一些人认为成就激励也能促使人努力工作，麦克利兰却认为，恰恰相反，成就欲强的人总是希望花费较少的时间和努力取得同样的效果，换句话说，总是设法采取更有效的方法来减少工作。但权力欲强的管理者确实喜欢工作，这样可以满足他们以有序的方式把工作做好的欲望。

(5) 他们对公正看得很重，主张那些为组织的利益努力工作并作出牺牲的人应该得到公正的回报。

(6) 他们比较成熟，愿意听取专家的意见，具有长远眼光，看上去老练、精明。

也就是说，权力欲强以外，还应该做到两点：一是较少自私，二是在行动上采用民主的管理作风。这正是所谓权力欲强且有节制的管理者才能成为有效的管理者的道理。

(二) 强化理论

激励强化理论是美国学者斯金纳提出的一种激励理论。这一理论认为可以通过不断改变环境的刺激因素来增加、减少或消失某种行为。

1. 正强化，又称积极强化。当人们采取某种行为时，能从他人那里得到某种令其感到愉快的结果，这种结果反过来又成为推进人们趋向或重复此种行为的力量。例如，企业用某种具有吸引力的结果（如奖金、休假、晋级、认可、表扬等），以表示对职工努力进行安全生产的行为的肯定,从而增强职工进一步遵守安全规程进行安全生产的行为。

2. 负强化,又称消极强化。它是指通过某种不符合要求的行为所引起的不愉快的后果,对该行为予以否定。若职工能按所要求的方式行动,就可减少或消除令人不愉快的处境,从而也增大了职工符合要求的行为重复出现的可能性。例如,企业安全管理人员告知工人不遵守安全规程,就要受到批评,甚至得不到安全奖励,于是工人为了避免此种不期望的结果,而认真按操作规程进行安全作业。

惩罚是负强化的一种典型方式,即在消极行为发生后,以某种带有强制性、威慑性的手段(如批评、行政处分、经济处罚等)给人带来不愉快的结果,或者取消现有的令人愉快和满意的条件,以表示对某种不符合要求的行为的否定。

3. 自然消退,又称衰减。它是指对原先可接受的某种行为强化的撤销。由于在一定时间内不予强化,此行为将自然下降并逐渐消退。例如,企业曾对职工加班加点完成生产定额给予奖酬,后经研究认为这样不利于职工的身体健康和企业的长远利益,因此不再发给奖酬,从而使加班加点的职工逐渐减少。

如上所述,正强化是用于加强所期望的个人行为;负强化和自然消退的目的是为了减少和消除不期望发生的行为。这三种类型的强化相互联系、相互补充,构成了强化的体系,并成为一种制约或影响人的行为的特殊环境因素。

强化的主要功能,就是按照人的心理过程和行为的规律,对人的行为予以导向,并加以规范、修正、限制和改造。它对人的行为的影响,是通过行为的后果反馈给行为主体这种间接方式来实现的。人们可根据反馈的信息,主动适应环境刺激,不断地调整自己的行为。

(三) 公平理论

公平理论又称社会比较理论,它是美国行为科学家亚当斯

(J. S. Adams)在1960年代提出来的一种激励理论。该理论侧重于研究报酬的公平性对职工生产积极性的影响。

公平理论的基本观点是：当一个人做出了成绩并取得了报酬以后，他不仅关心自己所得报酬的绝对量，而且关心自己所得报酬的相对量。因此，他要进行种种比较来确定自己所获报酬是否合理，比较的结果将直接影响今后工作的积极性。公式如下：

$$\frac{O_P}{I_P} \text{ VS } \frac{O_X}{I_X}$$

其中：
O_P 是对自己所获报酬的感觉；
I_P 是对自己所付出的感觉；
O_X 是对参照系所获报酬的感觉；
I_X 是对参照系所付出的感觉。

这里的报酬包括金钱、工作安排以及获得的赏识，付出包括教育程度、所作努力、用于工作的时间、精力和其他无形损耗。比较的对象可能是别人，也可能是自己，将自己的现在跟过去比。需要强调的是，这里的报酬与付出都是个人的主观感觉，而感觉取决于个人的判断标准。

上述公式中，如果左右相等，意味着比较后的结果是公平的，心态就会比较平衡。否则会出现以下两种情况：

(1) $O_P/I_P > O_X/I_X$

在这种情况下，他会觉得自己现在付出太多，没有获得应有的报酬。他可能要求增加自己的收入或减小自己今后的努力程度；如果是跟其他人比，也可能要求组织减少比较对象的收入或者让其今后增大努力程度以便使右方减小，趋于相等。此外，他还可能另外找人作为比较对象，以便达到心理上的平衡。

(2) $O_P/I_P < O_X/I_X$

在这种情况下,他会觉得自己获得报酬超出了自己的付出,于是积极地工作。这也被称之为负向不公平,有些领导者自己付出很多,拿的却很少,员工看在眼里,比较之后无形中会产生一股凝聚力,自觉自愿为组织奉献。

我们看到,公平理论提出的基本观点是客观存在的,但公平本身却是一个相当复杂的问题,这主要是由于下面几个原因:

1. 它与个人的主观判断有关。上面公式中无论是自己的或他人的投入和报酬都是个人感觉,而一般人总是对自己的投入估计过高,对别人的投入估计过低。

2. 它与个人所持的公平标准有关。上面的公平标准是采取贡献率,也有采取需要率、平均率的。例如有人认为助学金应改为奖学金才合理,有人认为应平均分配才公平,也有人认为按经济困难程度分配才适当。

3. 它与绩效的评定有关。我们主张按绩效付报酬,并且各人之间应相对均衡。但如何评定绩效?是以工作成果的数量和质量,还是按工作中的努力程度和付出的劳动量?是按工作的复杂、困难程度,还是按工作能力、技能、资历和学历?不同的评定办法会得到不同的结果。最好是按工作成果的数量和质量,用明确、客观、易于核实的标准来度量,但这在实际工作中往往难以做到,有时不得不采用其他的方法。

4. 它与评定人有关。绩效由谁来评定,是领导者评定还是群众评定或自我评定,不同的评定人会得出不同的结果。由于同一组织内往往不是由同一个人评定,因此会出现松紧不一、回避矛盾、姑息迁就、抱有成见等现象。

然而,公平理论对我们有着重要的启示:

(1) 影响激励效果的不仅有报酬的绝对值,还有报酬的相对值。

(2) 激励时应力求公平,使等式在客观上成立,尽管有主观判断的误差,也不致造成严重的不公平感。

(3) 在激励过程中应注意对被激励者公平心理的引导,使其树立正确的公平观,认识到绝对的公平是不存在的,没必要盲目攀比。

为了避免职工产生不公平的感觉,企业往往采取各种手段,在企业中造成一种公平合理的气氛,使职工产生一种主观上的公平感。如有的企业采用保密工资的办法,以免职工互相比较产生不公平感[①]。

(四) 期望理论

期望理论(Expectancy Theory),又称作"效价—手段—期望理论",由维克托·弗鲁姆(Victor H. Vroom)于1964年在《工作与激励》中提出来的激励理论。

弗鲁姆认为,人总是渴求满足一定的需要并设法达到一定的目标。这个目标在尚未实现时,表现为一种期望,这时目标反过来对个人的动机又是一种激发的力量,而这个激发力量的大小,取决于目标价值(效价)和期望概率(期望值)的乘积。用公式表示就是:$M = V \times E$。M表示激发力量,是指调动一个人的积极性,激发人内部潜力的强度。V表示目标价值(效价),这是一个心理学概念,是指达到目标对于满足他个人需要的价值。同一目标,由于各个人所处的环境不同,需求不同,其需要的目标价值也就不同。同一个目标对每一个人可能有三种效价:正、零、负。效价越高,激励力量就越大。E是期望值,是人们根据过去经验判断自己达到某种目标的可能性是大还是小,即能够达到目标的概率。目标价值大小直接反映人的需要动机强弱,期望概率反映人实现需要和动机的信心强弱。这个公式说明:假如一个人把某种目标的价值看得很大,估计能实现的概率也很高,那么这个目标激发动机的力

---

① http://wiki.mbalib.com

量越强烈。

弗鲁姆提出了人的期望模式:

个人努力→个人成绩(绩效)→组织奖励(报酬)→个人需要

在这个期望模式中的四个因素,需要兼顾三个方面的关系:

1. 努力和绩效的关系。这两者的关系取决于个体对目标的期望值。期望值又取决于目标是否合适个人的认识、态度、信仰等个性倾向,及个人的社会地位,别人对他的期望等社会因素。即由目标本身和个人的主客观条件决定。

2. 绩效与奖励关系。人们总是期望在达到预期成绩后,能够得到适当的合理奖励,如奖金、晋升、提级、表扬等。组织的目标,如果没有相应的有效的物质和精神奖励来强化,时间一长,积极性就会消失。

3. 奖励和个人需要关系。奖励什么要适合各种人的不同需要,要考虑效价。要采取多种形式的奖励,满足各种需要,最大限度挖掘人的潜力,最有效地提高工作效率。

四、内源性动机和外源性动机[①]

不论是为了展示自己的能力还是为了学到一种技能,我们有时会把进行某项活动作为一种乐趣。此时,我们做事并不是为了得到奖赏,也没有其他功利性目的,这时的行为动机为内源性动机,活动本身就是一种愉快的结果。这种内部动机与马斯洛层次学说中较高层次的需要有着密切关系。相对而言,外源性动机有着明显的外部驱动因素,如酬劳、分数、奖赏、尽义务和得到赞扬。

增加外部刺激的强度是否一定能够达到增强动机的效果呢?答案是否定的。总的来说,高强度的外部酬劳可能会减弱内源性

---

① Dennis Coon,《心理学导论》(第九版),郑刚译,中国轻工业出版社,2004年,第478～479页。

动机的作用。事实上,人们在受到内在的激励时更容易发挥出创造性,而外部奖赏的压力则会起反作用。

动机与创造性有什么关系呢?工资和奖金的增加可能会提高产品数量,但不一定能提高质量。质量更取决于内源性的因素,其中包括兴趣、创造的自由,以及具有建设性的反馈信息。心理学家指出,在以下情况下,人的创造性很容易被扼杀:

(1) 在监督下工作;
(2) 行动受到条条框框的限制,没有选择余地;
(3) 工作的目的是为了得到好评,或避免不好的评价;
(4) 工作的主要目的是为了多挣钱。

有些公司把薪酬作为激励的唯一手段,但是,大多数绩效薪酬制度要花费大量的管理时间,并且使得每个人都不高兴。它会鼓励人们为错误的原因而来,并为错误的原因而留下。毕竟,薪酬不能替代以信任、乐趣和富有意义的工作为基础的工作环境。管理人员热衷于修补薪酬制度,薪酬顾问行业难辞其咎[1]:

1. 尽管某些顾问公司最近扩大了活动范围,但薪酬领域的咨询活动仍然是他们的面包和黄油。对某个组织来说,你可以通过修补薪酬制度以外的方式改进绩效。这种做法从经验上看可能是正确的,但是,它也可能是太无私了,不要指望这些顾问公司会这么做。

2. 如果对于管理人员来说,修补薪酬制度比改变企业文化、改进工作方式、提高制度所表明的信任与尊重程度较为简单的话,那么,对于顾问公司来说,修补薪酬制度就更为简单。因此,推行奖励制度的结果既简易又省时,无论是薪酬顾问公司还是它们的客户都被它所吸引,而愿意做这种修补工作。

只有当一个人的工作动机来自内部时,他才可能把具有一定

---

[1] 哈佛商业译丛,《人员管理》,中国人民大学出版社,2000年,第78~108页。

程度复杂性、未知性和挑战性的任务当成一种具有强化性的刺激。因此,只有当我们被工作本身给人带来的愉快所激励时,才更容易发挥出创造性。相反,当人在外源性动机的压力下工作时,那些具有复杂性、未知性和挑战性的任务只被视为达到目标的障碍。在外源性动机的驱使下,人倾向于采用最快、最直接的途径来达到目标。但是,这样做往往会阻碍人的创造性的发挥。

人的动机有内源性的,也有外源性的。人的有价值的活动也并非为了满足内在的兴趣。同时,在内源性动机的培养和形成过程中,我们需要掌握知识和技能,而外源性动机在这些学习过程中是必不可少的,问题只是不应该过度使用外源性动机。至于如何应用动机理论的问题,研究发现:

(1) 在开始时,如果人没有任何内部需要进行某一活动,那么采用外部刺激使其产生活动的动机是无害的;

(2) 当人缺乏必要的活动技能时,最初的外部奖赏往往是必需的;

(3) 外部奖赏可以把人的注意力吸引到特定的活动上,从而使其内部兴趣得以发展;

(4) 对外部奖赏和物质刺激的使用越少越好,只在绝对必要时才用,并且,一旦有可能不再使用,就立即停止。

我们要记住一个重要原则:活动越复杂,外部奖赏的害处就越大。因为,过多的外部奖赏会剥夺人们在学习和其他活动中的自发兴趣和内在满足感。

五、激励的主要原则[①]

1. 自身要受到激励。如果你自己没有完全投入的热情,又怎能期望别人呢?

2. 选择那些被高度激励的人。激励那些无心于事的人并不

[①] John Adair,《领导技能》,翁文艳译,上海人民出版社,2006年,第52页。

容易，所以选择那些容易被高度激励的人。

3. 具有切实可行且富有挑战性的目标。团队及其成员越优秀，他们就越能对发展自己的目标作出反应，并越能提供切实可行的目标。

4. 在过程中持续进行激励。如果你从不对人们工作过程中的效果给予任何评价反馈，你不久就会令他们丧失工作的兴趣。

5. 提供公平的回报。你是否回报整个团队或每一个团队成员，还是两者都回报？无论如何，如果人们感觉到回报不公平就必然会削弱人们工作的动力。

6. 给出认可。这不需要花你一分钱，但是基于绩效的表扬和认可是人类精神的氧气。

六、激励形式的权宜应变[①]

激励的基本精神在于，激励者自己要公正、合理，充分考虑激励者、被激励者以及旁观者三方面的立场和感受，务求不伤害任何一方，以期扩大激励效果。

团体目标的达成，乃是激励的主要目的，不可偏离。否则大家以为主管喜欢的就是对的，就会小人得意而君子心灰意冷。这种风气的形成，主管激励不当是一大因素，必须谨慎防止。一切透过有效沟通，把原则变成共识，大家有默契，激励才会事半功倍。

激励需要考虑需要、层级、时间、场合、情势、功劳大小、年龄、性别、反应等多种因素；激励的形式要考虑顺逆，刚柔，先赏后罚还是先罚后赏，个人还是集体、私下还是公开。

比如，层级越高，愈重视精神面，层面愈低，愈重视物质面。对高层管理者，应该尊重他，让他觉得很高明；对于中层，可以告诉他目标，至于细节让他自己去想，他心里就会很舒服；对于基层，告诉他怎么做，明白说明工作规范，让他知道什么标准就会满意。

---

① 曾仕强，《领导与激励》，清华大学出版社，2003年。

场合不同,激励的方式也应不同。忙碌时期,大家难免火气较旺,耐力较差,这时要特别加以宽谅,不必计较细节,使大家忙而不烦;紧张时期情绪不安,应该设法给予安慰,尽量体谅大家的情绪,千万不可火上添油,增加个人的紧张气氛;危急时期,应该赋予更大的信赖,使其放心去做;救亡阶段,唯有重赏,才有拼死把公司救活的毅力,不可吝啬。

激励可以公开进行,也可以暗中实施。凡是大家看法相当一致的,可公开激励,目的在于获得大家的良好反应,以扩大影响。若是见仁见智,而又非奖赏不可,便暗中进行,以减少误解或不满。善用正当的暗盘交易,可以增强激励的效果。暗盘的用意,不在欺骗大众,否则大家心生不满,不能获得预期的效果。暗盘的目的,应该是顾及大家的面子,才有实际效益。

激励措施实行之后,如果反应欠佳,当设法修正;反应冷淡,宜多加鼓舞;反应平平,应再予增强;反应热烈,应善加诱导,维持合理的程度,勿把人力过度使用。

本章小结

本章从领导者的概念、领导者品质、领导风格、二元关系、冲突与解决、激励等几个角度进行了论述。所谓领导是一种影响力,是对人们施加影响的艺术和过程,从而使人们心甘情愿地、热心地为实现组织或群体的目标而努力。作为领导者,真诚、能力、前瞻性、激情被普遍认为是最重要的四种品质;领导者风格可以划分为力量型、活泼型、完美型与和平型,每种风格都各有优缺点,对不同风格的人需要采用不同的领导风格;二元关系论认为,作为领导者有必要和包括上司、同事、下属乃至组织内外尽可能多的人建立与维持良好的关系以便提高领导效能、改善组织绩效;在与下属、上司或者其他人发生冲突时,为了增进关系、解决问题,对话的过程必须理智地遵循七大步骤;本章最后介绍了古典和现代的激励理论,指出不恰当的外在激励有损员工的积极性和创造性,有效地激励应该遵循六大原则并在形式上权宜应变。

复习思考题

1. 领导有哪些不同定义？
2. 领导的职能有哪些？
3. 领导和管理有何异同？
4. 作为优秀的领导者,需要具备什么样的品质？
5. 不同的领导者可能会有哪些不同的领导风格？某一风格的领导者和不同风格的下属相处时怎样才更有效？
6. 古典领导理论都包括哪些内容？
7. 什么是魅力型领导、变革型领导以及战略型领导？
8. 领导者应该如何同上级、同级和下级打交道？
9. 领导者应该如何处理冲突,从而解决问题、增进关系？
10. 关于激励有哪些理论？激励应该遵循哪些原则？激励形式应该如何权宜应变？

第十章 现代企业沟通

本章提要

处于当今的信息时代,企业的管理者有必要从信息沟通的角度,重新对环境、组织和个人问题进行思考。杜邦公司前执行总裁夏皮罗曾说过:如果把最高主管的责任列一张清单,没有一项对企业的作用比得上适当的沟通。许多研究清楚地表明,管理人员的大部分时间,是花在与别人进行言语性的或非言语性的沟通上面以处理任务的。而企业管理低效,甚至失效的一个常见原因就是信息沟通不好。

我们将在本章研究管理者们进行有效信息沟通的问题。首先,在第一节中讨论有关沟通理论的一些基础知识,涉及了信息沟通的基本过程,个人间信息沟通网络,有效沟通的7"C"等内容。第二节讨论企业内部雇员的沟通问题。我们从这一问题的重要性开始,考察了上行、下行、横向和斜向四种内部沟通形式,给出了沟通过程中可能产生的一系列障碍以及达到有效沟通的一些技巧。第三节的重点是企业内部沟通中的一种特殊情况——非正式组织沟通,又称小道传播。第四节着重讨论企业的外部沟通问题,选择了消费者、经销商、供应商、社区和新闻媒介这五个典型的外部公众作为考察对象。

第一节 企业管理沟通概述

对于企业管理来说,沟通是一种程序。通过这种程序企业给组织内的工作人员相互传递信息,并解释这些信息的意图。沟通对于组织,好比血液对于有机体。血液向有机体的细胞提供氧气。通讯系统则向组织内的各个单位提供信息。细胞离开氧气主要机能失常以致死亡。缺少必要的信息,组织内部门和个人也要发生故障。这必然会导致整个组织的最终消亡。随着现代社会中信息的数量和影响力的不断增加,这已经成为一种常识性的命题,即准确、恰当的信息沟通是一个企业管理者取得成功的必须途径。

一、信息沟通的基本过程

信息沟通是把某一内容的意思从发送者传给接受者的过程,这些意思(信息)通过一个中间媒介(如交谈、报告、电视等)来传送。在这个过程中,有五个关键因素:①发送者;②被传送的信息;③沟通的媒介及噪音;④接收者;⑤被理解的信息。对于一个沟通过程来说,把信息从发送者传给接收者时,要完成三个转换:

(1) 信息被组织成接收者能够理解的形式,即编码;

(2) 通过一个适当的媒介或途径传送;

(3) 由接收者翻译,即解码。

对于不少沟通过程来说,还有反馈这一环节,从实质上来说反馈过程就是新一轮的沟通,不过在内容上是对上一轮沟通的继承和发展。这些要素和转换过程如图 10.1 所示。

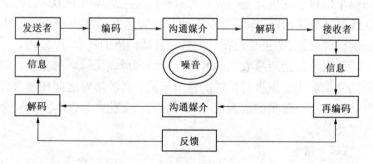

图 10.1　信息沟通的基本模型

(一) 发送者和接收者

图 10.1 表示的是只有两个人参加的信息沟通过程。由于个人间的信息沟通往往包含人们相互间一系列的互换和交流,所以把一个人标志为发送者,而把另一个人标志为接收者只是相对而言。特别是处在一个包含有反馈沟通的过程中,这两种身份的来回转换是频繁的。

发送者和接收者的特点,对于信息交流的过程有着重大的影响。例如,发送者参与信息沟通,总会带有某些目的,如改变观点、发送者感知、行为或接收者的关系等。如果接收者对这些目的持对抗态度,那么发生曲解与误会可能性就会很大。信息交流的目的与双方态度及价值观方面的分歧牵连愈少,则个人间信息交流便可能愈准确。考虑到发送者与接收者的特点对信息交流的影响,还有另外一种途径,那就是从参与解决问题协调上的差异着眼去进行研究,可以有助于管理者克服沟通中出现的障碍。

(二) 编码与解码

编码是发送者把信息翻译成一种接收者易于理解的,可以传送的形式(如文字、表情、姿态)表达出来。我们所拥有的词汇量和知识,对于我们把想要传递的信息进行编码的能力,起着重要作用。专业工作者在和外行人沟通时往往会有困难,因为他们常常习惯于把自己的信息编码成一种只有同行才能理解的形式。当幼儿还在牙牙学语时,你就会发现幼儿在表达意识的过程中极力思索的模样,其实那正是他在努力选择合适词语的过程,即编码。

解码就是把所接收到的信息(信号)翻译成所解释的含义。解码的效果取决于发送者传递的意思与接收者的解释之间相重合程度。影响这一效果的因素很多,比如语言、文化背景、职业性质、个人气质等。

(三) 信息

在沟通过程中,被传递的是信息。人和动物相区别的一个特点,就在于人具有运用语言传递信息的能力。所传递的信息不是我们原来的意义,而是那种意义的一个代码符号。我们希望这些信息跟我们头脑中原有的意义要尽可能地接近。你的意思跟所传送的信息之间差别越大,个人间信息沟通的质量也就越差。词语或非语言信号本身并没有什么意义,它们的含义是由发送者和接收者创造出来的。两者对同一信号的理解越接近,信息沟通便更接近理想状态。

(四)沟通媒介和噪音

媒介是信息得以从发送者到接收者所凭借的手段。最主要的媒介是用于传递语言和文字,如电话、电报、谈话、图片、数字、表格等。当企业为一种产品做广告时,往往用图像在报纸或电视中传播一定的理念。经理们相互之间交流情况时经常使用图表、数字、表格。另外,我们还需要考虑非语言形式的沟通,如动作语言。人们往往通过表情、姿态、距离甚至走路的方式来传达相应的信息。房间的颜色、音乐、灯光也能对人们的情绪发生影响,导致一个特殊的沟通形式。

美国前总统里根与前苏联总统戈尔巴乔夫在一次会晤中,就发挥了非语言行为的艺术。他们选在冰天雪地的一间房间内见面,房内的炉火缓缓燃烧着,从镜头所见就好像代表美苏关系如炉火将融化冰雪般的"解冻"。

噪音则是指沟通媒介中除了所要传送的信息之外的任何干扰。某人想跟另一个人交谈,这时偏偏有一架收音机在大声播放音乐,就构成噪音。噪音可以借重复传送信息或增加信息的强度来克服。

常见的噪音源来自以下方面:

(1)价值观、伦理道德观、认知水平的差异会阻碍相互理解。

(2)健康状态、情绪波动以及交流环境会对沟通产生显著影响。

(3) 身份地位差异会导致心理落差和沟通距离。

(4) 编码与解码所采用的信息代码差异会直接影响理解与交流。

(5) 信息传递媒介的物理性障碍。

(6) 模棱两可的语言。

(7) 难以辨认的字迹。

(8) 不同的文化背景。

(五) 反馈

反馈就是接收者对于发送者传来的信息所作出的反应。通过反馈,个人间的信息交流变为一种动态的双向过程。反馈可以有两类——正反馈和负反馈。正反馈告诉发送者,信息中所载着的期望的意义达到了。而负反馈则通知发送者,期望的意义没能达到。由于负反馈对于沟通双方的关系,往往起着分裂的作用。它可以造成两者间关系的紧张或对立,因此不应受到鼓励。

信息沟通的失败,可以发生在沟通基本过程中的任一环节上。这里的讨论,很大程度上是提供一个沟通过程的概略和框架,为进一步的讨论创造条件。

二、个人间的信息沟通网络

在企业管理沟通中,最普遍、重要的形式是人际沟通。图10.1的沟通模型是假定只有两个人参加的。不过,实际的个人间信息沟通往往发生于较大的群体之内。在研究各种沟通网络所可能产生的直接效果时,我们将讨论一个由五名成员组成的典型群体的情况。事实上,群体的规模对群体内可能有的沟通网络的数目有着重要的影响。从原则上来说,当群体的人数以算术级数增长时,可能有的网络数目将以几何级数增长。在这里,我们的重点是考察个人之间信息沟通的相互关系,而不是个人本身。虽然在现实生活中,群体中的每位成员从理论上说都能跟所有其他成员进行信息沟通,但沟通渠道的方向和数量常常多少要受限制。例如,在召开委员会会议时,规章中的各种繁文缛节,就会影响谁来发言、发言的内容、发言的顺序等。群体各个成员的相对地位或等级也可能不同,结果沟通网络就很可能由地位较高的成员来支配。最后,即使鼓励采用开放式网络的场合,成员们实际上仍采用一种更具约束性的网络格式。

(一)网络类型

虽然五人群体可能有的沟通网络大约有六十种之多,但这里只讨论五种最典型的形式。这五种基本沟通网络就是星型(也叫轮型)、Y型、链型、环型和全通道型。

图10.2中每一对字母之间的联线代表一个双向交流通道。这五个网络中,显然受限制最大的是星型结构,因为所有的沟通都必须通过A进行。处于另一极端的是全通道型网络,它受限制最小,也最开放,因为每个成员都能与任何其他成员进行信息沟通。

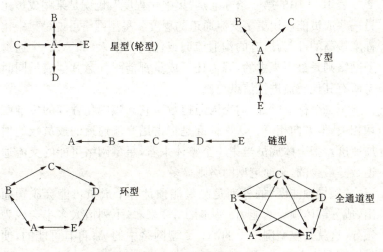

图10.2 网络模型

(二) 网络沟通的比较

各种不同网络的效用沟通信息的重要性,就在于不同网络对于诸如预测群体的领导人、工作效果、效率,以及成员们的满意感等,具有潜在的影响。表10.1按五方面的评价标准,对这些沟通网络做了粗略的综合和比较。

表 10.1 五人群体五类沟通网络的比较

评价标准＼网络类型	星型	Y型	链型	环型	全通道型
集中化程度	很高	高	中等	低	很低
可能的交流通道数	很低	低	中等	中等	很高
领导预测度	很高	高	中等	低	很低
群体平均满意度	低	低	中等	中等	高
各成员满意度的幅度	高	高	中等	低	很低

表10.1中的第一条标准是"集中化程度",也就是某些成员比另一些成员能占用更多交流通道的程度。星型网络可说是集中化程度最高的,因为所有的沟通流向或流离一个人(即A)。全通道型网络则是最不集中的,因为任一成员都能跟任意其他成员同时与所有其他成员进行信息交流。

第二个标准"可能的交流通道数",它与集中化程度的标准密切相关,但方向相反。这一标准是指占用交流通道的成员数的增加速度。把全体成员当作一个整体来看,星型网络可能的交流通道数是最少的,全通道型网络则最多。

"领导预测度"的标准是测量能预计哪个成员可能会脱颖而出,成为群体领导的能力。从图10.2来看,下列诸人多半会成为领导,这就是星型网络中的A;Y型网络中的A;再有可能的,便是链型网络中的A了。

在这三种网络里,那个预计可能会当上领导的人,比起其他成员来,掌握的信息要多些,对信息、建议等这类东西的散布的控制力也大些。

表 10.1 中第四和第五条评价标准,是度量在每种网络中把全体成员当作一个整体来考虑时,群体的平均满意度以及各成员之间满意度的相差幅度。这两条标准之间有一些有趣的联系。跟其他网络相比,星型网络的成员平均满意度是最低的。可是它的每名成员满意度的相差幅度,相对于其他网络来看,又是高的。为什么呢? 因为在星型网络中,A 处于大家注意的中心,对群体具有相当大的影响力,当然会觉得该网络最能令自己满足,可是其他成员却十分依赖于 A,在决策中,只能起到 A 的配角的作用。满意度当然低。因此,作为一个整体来说,其平均满意度多半也是较低的。与此相对照的是全通道型网络的情况。这种网络,若从全体成员的兴趣及他们对群体作出贡献的能力来看,为全体成员更多地参与创造了潜在的可能性。所以,它的群体平均满意度相对来说可能较高,而且每个成员的满意度的差异程度较小。

(三) 应用准则

同其他企业管理准则的讨论一样,应用以上的以及其他有关沟通网络的研究结果,不能像一个简单的菜谱配料单那样,可以适用于一切情况。从根本上看,沟通问题可以分为简单与复杂两类。简单问题在信息收集、目标确定、方案选择、任务协调等方面对成员们很少提出要求。而复杂问题则在这些方面提出较高的要求。星型网络多半可以有效地应付简单问题,而全通道型网络则往往对应付复杂问题更为有效。另外有一个影响因素,就是完成群体任务时所需要的成员间相互依赖的程度。在有些复杂问题中,成员间的相互依赖很少,这就可以通过集中化程度较高的交流网络之一,予以有效地解决。至于要求成员相互间高度依赖的复杂问题,则全通道型网络可能是有效的了。

从上述关于沟通网络的讨论中,可以得出几条供企业管理者借鉴的启示。

1. 对于一个任务和目的多样化的工作群体来说,是没有一种单一的网络能适用于一切情况的。星型网络固然看起来效率高而成本低,但一个工作群体要是只用这一种形式,那么实际上就会机能失调。成员们的满意度会变得如此之低,以致许多人离开组织或丧失献力报效的积极性。

2. 由于不让大家充分地共享信息,对供选方案的考虑欠周,以及诸如此类的情况,也会使那种要求成员间高度相互依赖的复杂问题,得不到有效的处理。

3. 对得失权衡或机会成本必须予以考虑。一个只采用全通道型网络的工作群体,在处理对成员相互依赖性要求甚低的简单问题时,效率可能不高。在这种情况下,成员们会对群体的工作过程感到厌烦和不满,因为他们会觉得自己的时间都给白白浪费掉了。另外还有一个抵消因素,就是全通道型网络的劳动成本总是相对偏高的。

三、两种不同的沟通方式

在对沟通效果及改进技巧进行讨论前,必须明确两种有着明显区别的沟通方式:有效的和良好的。当发送者从接收者那里得到预期的效果时,便是有效沟通。在这种沟通中,发送者的目的对接收者发生并产生影响。当接收者的理解和发送者的意图相符时,便是良好沟通,在这种沟通中,理解是要达到的目的。

良好的沟通对于有效的沟通是必要的,但是还不够。例如,接收者能够如同所希望的那样准确地理解发送者想传达的信息,但实际上并不一定这样去做。在这种情况下,沟通是良好的,因为理解完全正确。但它并不一定有效,因为发送者所希望的影响并未实现。另一方面,有效的沟通也在某种程序上依赖于良好的沟通。理解错误将减少接收者按照发送者的要求去做的可能性。因此,尽管管理人员有时渴望获得有效的沟通,而不大考虑良好的沟通,但是认真地考虑那些阻碍良好的沟通并引起误解的因素,将有助于获得有效的沟通。

四、有效沟通的 7 个"C"

1. 可依赖性(Credibility)。沟通应该从彼此信任的气氛中开始。这种气氛应该由作为沟通者的组织创造,这反映了他们是否具有真诚的满足被沟通者愿望的要求。被沟通者应该相信沟通者传递的信息,并相信沟通者在解决他们共同关心的问题上有足够的能力。

2. 一致性(Context)。沟通计划必须与组织的环境要求相一致,必须建立在对环境充分调查研究的基础上。

3. 内容(Content)。信息的内容必须对接受者具有意义,必须与接受者原有价值观念具有同质性,必须与接受者所处的环境相关。一般来说,人们只接受那些能给他们带来更大回赠的信息,信息的内容决定了公众的态度。

4. 明确性(Clarity)。信息必须用简明的语言表述,所用词汇对沟通者与被沟通者来说都代表同一含义。复杂的内容要用列出标题的方法,使其明确与简化。信息需要传递的环节愈多,则愈应该简单明确。一个组织对公众讲话的口径要保持一致,不能多种口径。

5. 持续性与连贯性(Continuity and Consistency)。沟通是一个没有终点的过程,要达到渗透的目的必须对信息进行重复,但又必须在重复中不断补充新的内容,这一过程应该持续地坚持下去。

6. 渠道(Channels)。沟通者应该利用现实社会生活中已经存在的信息传送渠道,这些渠道多是被沟通者日常使用并习惯使用的。要建立新的渠道是很困难的。在信息传播过程中,不同的渠道在不同阶段具有不同的影响。所以,应该有针对性地选用不同渠道,以达到向目标公众传播信息的作用。人们的社会地位及其他背景不同,对各种渠道都有自己的评价和认识,这一点沟通在选择渠道时应该牢记。

7. 被沟通者的接受能力(Capability of Audience)。沟通必须考虑被沟通者的接受能力。当用来沟通的材料对被沟通者能力的要求愈小,也就是沟通信息最容易为被沟通者接受时,沟通成功的可能性就愈大。被沟通者的接受能力,主要包括他们接受信息的习惯,他们阅读能力与知识水平。

第二节 企业内部雇员沟通

企业管理沟通可以大致分为内部雇员沟通和外部沟通两大部分。内部沟通指企业的管理部门和其内部公众(即雇员)之间进行信息交换。外部沟通是企业和外部公众——即消费者、经销商、供应商、新闻媒介、社区近邻等——进行信息交换。企业在发展过程中必然在这两方面都会遇到严重问题。在这一节中我们主要讨论企业的内部沟通。内部沟通是现代公共关系计划的基石,良好的雇员沟通有助于企业激励雇员最大限度的努力工作、发挥自己的技能、保持对公司的忠诚。企业同社区和其他外部公众之间的良好关系也离不开良好的雇员沟通。如果其雇员对组织一无所知或存在误解,企业也不要奢望有良好的社区关系。

一、内部沟通问题的重要性

内部沟通的职能是让管理部门和雇员彼此之间了解对方的打算和意图。在较大的组织中,信息要通过许多权力层次才能从管理部门传递到雇员那里,在传递过程中,常常对信息产生误解。主管人和工人往往不从管理部门的原意而是根据自己的个人态度和经验对沟通作出解释。

在企业的日常工作关系中包含着大量的接触,但有效的沟通取决于相互信任气氛中的令人满意的雇员关系。沟通必须视为领导艺术的基本手段。但在有些企业中,管理部门不愿意解释它的政策和行动。他们或是认为这样做没有什么必要,或是认为这些信息和自己的想法冲突,将对自己有不利影响。如果严重忽视雇员的沟通问题,会对企业的销售、利润和公共形象等产生十分不利的后果,如工作懒散、效率低下、产量滑坡、士气低落、严重缺勤等等。

在雇员沟通的链条中,最薄弱的一环是基层主管人。64%的主管人在调查中回答说,他们的直接上级绕过他们向下级传递来自管理部门的信息,高层管理部门没有把基层主管人当作沟通者,没有把沟通规定为他们的重要职责。因此,主管人、工长和部门负责人不认为与下属的沟通是一件重要事情。这样就在雇员中产生了信息真空。

有的人认为,基层主管人沟通作用差,一方面可能是他们缺乏沟通训练,另一方面可能是管理部门没有想到通过他们向工人沟通信息。他们本人也可能认为有些工作比和下属沟通更为重要。因此,从管理部门向工人沟通的信息流常常遇到主管人个人阻力造成的障碍。

工人们传递给其主管人的信息,一般只是他们认为管理部门希望听到的信息,这样就会使经理对现实有一种歪曲的看法。部门间的对立可能会造成部门间沟通的困难。在沟通效果很差的时候,沟通常常使人造成误解,因而产生猜疑和敌意。某些管理人员不愿意听到下属的意见,雇员由于屡受挫折,他们也不想进行沟通。有些希望提升的管理人可能会有意地抑制认为对个人有利的信息(如有可能增强个人形象的信息),他们甚至害怕下属知道了这些信息会和自己处于一种相同的地位上。

今天企业的竞争让过去这些总裁总经理们不得不放下身段,变成一个沟通者:我们叫做 CCO(Chief Communication Officer,首席咨询官),这个名词在最近这段时间可以说越来越流行,很多企业都谈到,要设置所谓的 CCO,把原来的企业的所谓一个对外的一个发言人,慢慢的提升他的位置,变成公司的总裁,亲自来担任一个公司的沟通者。那么从这一点可以体会得到,沟通在我们企业里面的重要性。

二、企业内部沟通的形式

从信息流动的这一角度,可以把企业内部雇员沟通分为下行沟通、上行沟通、横向沟通和斜向沟通四种类型,一般来说,管理人员在与上、下级以及外部门人员沟通时,花费的时间各不相同。虽然不同的研究对这一时间分配得出不同的结论,但总的来说,管理人员的绝大部分联系时间是在下级与外部门人员之间分配的,与上级联系的时间很少。

(一)下行沟通

下行沟通就是信息从上级领导者流向下级。这种沟通的主要作用和目的是:向下属传递信息和指示;给下属提供有关程序和实务的资料;给下属人员反馈其工作绩效;对职工阐明组织目标,增强其任务感和责任心;提醒对于工作及其任务的关系的了解等等。

从人际关系研究的角度看,自上而下的沟通是非常重要的,因为它为雇员提供指导和控制,还可以协调企业组织各层次之间的活动,进而增大各层次之间的联系。在下一节讨论非正式组织的沟通时会提到,如果信息不灵,那么谣言、闲话或其他小道传闻就将乘虚而入。而有效的自上而下的沟通就能够防止混乱和曲解。

自上而下的沟通也有许多不足之处,主要是:易于形成一种权力气氛,影响士气;对下属人员是一种负担;逐级传递信息有曲解、误解和搁置的现象。特别应该注意的是,当命令下达时,常由于人们对它进行解释,而使它的内容膨胀。在自上而下的口头沟通中,中转环节的数量时常决定信息被曲解的程度。沟通过程中的人数越多,信息膨胀和曲解的可能性就越大。为了解决这个问题,经理必须努力缩短他与执行命令者之间的沟通距离(减少环节),并辅以适当的自下而上的沟通。

一些最典型的下行沟通渠道包括口头沟通和书面沟通等。

1. 上下级之间的口头沟通是最有效的沟通方法，可以更多地了解影响雇员及其工作的问题，是一种迅速的、经济的手段。口头沟通具有快速传递和即时反馈的优点，在口头沟通过程中，雇员可以提问，质疑，澄清问题，因此，他们很喜爱这种沟通方式。但是，口头沟通也存在缺点，信息从发送者一段段接力式传送过程中，存在着巨大的失真可能性。"道听途说"这句成语很贴切地表示出每个人都以自己的偏好对信息进行增减删除，最终造成严重的偏差，在传递过程中，可能会失去某种信息的原意。许多人沟通能力差，不能清楚地表达自己的意思。主管人员可能在口头沟通时按自己的理解说明企业的意图，增加个人情感因素或者有意对雇员隐瞒信息。因此，企业往往通过扩音系统、电话信息系统、座谈会、闭路电视系统等加强企业内部的口头沟通。提高口头沟通技巧也成为管理人员提高管理技能的重要组成部分。

2. 企业也可以利用书面沟通来加强同其雇员的交流，常用的方式包括：部门致雇员的信件、雇员刊物、布告栏、雇员手册和指南、阅览书架等等。这些沟通媒介费用不高，可以在较短的时间内，向较多的人传递信息，可以进行更条理、更完整的描述。书面沟通也有自己的缺陷。相对于口头沟通而言，书面沟通耗费时间较长，缺乏个人感染力、直接性与灵活性。书面沟通的另一个主要缺点，是不能及时提供信息反馈，其结果是无法确保所发出的信息能被接收到，即使接收到，也无法确保接受者对信息的解释正好是发送者的本意。发送者往往要花费很长的时间来了解信息是否已被接收并被准确地理解。所以，综合运用口头沟通和书面沟通可以提高沟通效果。

（二）上行沟通

上行沟通是指信息从下级流向上级。这种沟通的最常见的目的是提供对正在进行的事情的信息反馈。它也使雇员有机会在与其工作、组织政策等有关的问题上表明自己的意见。

我们经常犯这样的错误:在手下还没有来得及讲完自己的事情前,就按照我们的经验大加评论和指挥。反过头来想一下,如果你不是领导,你还会这么做吗?打断手下的语言,一方面容易作出片面的决策,另一方面使员工缺乏被尊重的感觉。时间久了,手下将再也没有兴趣向上级反馈真实的信息。反馈信息系统被切断,领导就成了"孤家寡人",在决策上就成了"睁眼瞎"。与手下保持畅通的信息交流,将会使你的管理如鱼得水。

上行沟通有两种形式:一是层层传递,即依据一定的组织原则和组织程序逐级向上反映;二是越级反映,它指的是减少中间层次,让项目最高决策者与一般员工直接沟通。

自上向下的沟通通常导致信息的膨胀,而自下而上的沟通则是倾向于压缩信息。当信息沿着沟通渠道向上传递时,它要经过编纂、检查和删减,然后上报。表10.2举例说明了这种压缩的情况。可以注意到,好消息常常上报,而坏消息则被滤去。特别是当

表10.2 自下而上的沟通

管理者	接收到的消息
董事长 ↑	管理和工资结构是非常出色的,福利和工作条件是好的,而且会更好。
副董事长 ↑	我们非常喜欢这种工资结构,希望新的福利计划和工作条件将会改善,我们非常喜欢这里的管理工作。
总经理 ↑	工资是好的,福利和工作条件还可以,明年还会进一步改善。
主管人 ↑	工资是好的,福利和工作条件勉强可以接受,我们认为应该更好一些。
工人	我们感到工作条件不好,工作任务不明确,保险计划很糟糕,然而我们确实喜欢竞争性工资结构,我们认为公司有能力解决这些问题。

经理不愿意从下属那里听到坏消息时,就尤其如此。这时,下属就干脆删去或减少他们上报的坏消息数量。这经常导致高层领导人不了解下情,其结果是作出错误决定,克服这个问题的唯一办法是确保所有的信息不管好坏都能被传递上去。另外,高层领导人必须防止对下属送给他们的反馈信息进行挑剔,因为一旦一个经理明显地表现出不喜欢坏消息,有选择的筛选就会发生。

雇员与管理部门之间上行沟通的方法主要包括雇员态度调查;雇员提意见;自由接触管理者;雇员参与管理;与管理者进行非正式交谈等等。

(三)横向沟通和斜向沟通

跨部门的联系常常是提供协调和解决问题方面的信息。横向沟通是指与其他部门同等地位的人之间的联系。斜向沟通指的是与其他部门中不同地位的人之间的联系。

一些人际关系学者认为,对于经理来说,运用横向或斜向沟通是错误的,因为这样会破坏统一指挥。尽管它有道理,但交叉沟通今天仍广泛应用于各种组织,因为它有助于提高效率,跨组织交流可以比正式途径更快地提供和获得信息。现代组织较多地依赖于基层结构,而不是传统的等级结构。因此,有效地进行横向和斜向沟通的技术就显得愈发重要。

"葡萄藤"式交流是上下级以及跨组织之间的一种独特的沟通方式。这是美国南北战争时期出现的一个术语,指电报线挂在一棵棵树上,好像葡萄藤一样。在当今组织中,"葡萄藤"式交流多是口头交流,其内容包括各种社会新闻和与工作相关的新闻,它比大多数正式沟通要准确和快速。"葡萄藤"式交流往往出现于消息炙手可热之时,当消息使人们感兴趣时,每个人都乐于分享一下。尽管它可能是谣传,并可能引起许多不必要的紧张,但"葡萄藤"看来是一种普遍现象和一种非正式组织的表现。因此,无论是对于个人还是组织,它都既可能有益,也可能有害。

三、沟通过程中的障碍

发送者的意图是想原原本本地传送到接收者那里,就必然会遇到一种障碍过程,这个过程使将信息完整地传送到对方几乎不可能实现。这个过程包括发送者的障碍,传播过程中的障碍,接收者的障碍,以及反馈的障碍。

(一)发送者的障碍

发送者的障碍也称为源发性障碍,一般是由于对信息含义有不同理解、表达不够清楚、存在相竞争的信息、不希望得到信息等原因造成。

发送者把希望表达的意图编成信息,而信息并没有清楚地传达所要表达的意图。比如一个人的初衷是要和上司说明工作量超负荷,结果和上司沟通完后又抱回更多的工作;妻子想告诉丈夫正是因为担心他的身体不想让他频频出差,可是对话的结果却因为妻子控制不了自己的脾气起了争执不欢而散……类似的情形我们在生活中经常会遇到。这种事情的发生,往往是因为人们对所使用的词语理解不同。一些沟通理论的专家指出,字的意思不在字本身,而在使用这些字的人。当我们为了沟通的目的使用语言时,对同一个字,我们有时与信息接收者有不同的理解。这时,沟通的障碍就不可避免了。

有时,即使把要表达的意思变为明白易懂的信息,环境中仍可能有许许多多相互干扰的信息。沟通的来源常常比管理者想象的要多。有证据表明,当接收者收到不是用语言表达的无意性信息,而这个信息又与用言语表达的信息相矛盾时,接收者趋向于选择前者。比如,在表示歉意的时候形体语言却表示了同一种压抑着的愤怒(如紧握拳头),一般都被理解为愤怒,而不是悔悟。

在沟通过程中,信息的发送者不清晰、完全地传递信息,沟通障碍就会出现。

（二）传播过程中的障碍

传播过程中的障碍可能是由于信息被媒介物曲解、渠道负荷过重，重点相抵触等原因造成。

信息的传播都需通过一定的媒介，因此传播过程对沟通来说也是一个危险的过程。面对面的口头沟通造成的障碍相对小一些，因为听者能够及时中断谈话提出询问。但是，对于书面信息就困难一些，因为接收者必须用自己的判断决定所给信息的含义和重要程度。而且当同一媒介被频繁使用时，重要的信息会被忽视。

（三）接收者的障碍

接收者的障碍主要指由于环境及接收者的态度、观念、需求和期待等因素而形成的沟通障碍。亨利·福特曾指出，任何成功的秘诀，就是以他人的观点来衡量问题。

接收者方面的障碍主要包括：心不在焉；过早评论；回答非实质性的因素；准备自己的答复而不注意听；曲解等等。这些都对良好的沟通造成威胁。

引起心不在焉有多种原因，其中部分是由于大脑处理信息的能力比讲话人通常陈述的速度要快。注意力不集中，听者只是断断续续地听到讲话人说的话。对听到的概念和信息作出不成熟评价，是武断下结论的代名词。问题在于：讲话人话未讲完，听话人就拒而不听，不再接收信息了。

在别人陈述过程中便作出反应（人们经常在激动的谈话中这样做）会带来类似的效果，即听者并没有理解发送者的信息便作出回答。他忙于准备作出反应，发送者的意见成了耳旁风。最后，听者文不对题，对毫不相关的个人方式或特征作出回答。过分注意讲话者的衣着或其他特点，也可使听者的注意力脱离重点。

即使我们接收了发送的信息，也存在对其含义曲解的危险。我们可能受信息传递时环境中其他一些因素的暗示，比如主管人员的强调语气或漫不经心的态度等，从而对信息产生曲解。这带有潜在的严重后果。

(四)反馈障碍

反馈在沟通中不一定总是出现。不出现反馈的沟通称为单向;出现反馈的沟通称为双向。有研究表明,单向沟通速度较快,较有规律,对发送者威胁不大。尽管如此,双向沟通更准确些,并能促进接收者的自信心。但反馈单纯地出现于沟通中,还须确保它的有效性。反馈中,接收者成为发送者,并将遇到后者的所有问题。此外,如前所述,这位发送者发出的信息还将遇到传递后接收过程中的所有问题。

组织内的沟通是一种复杂程序。事实上,其中只有部分是可以驾驭的。一位管理人员既不能控制沟通的每一个来源,也不能在这些来源进入沟通系统发生失实时对其负责,或具备这样的能力。然而,每一位管理人员都有义务努力熟练地进行沟通,下面将讨论一些改善沟通能力的技巧。

四、改善沟通技巧

上面我们讨论了可能阻止发送者向接收者传递信息的各种障碍。但是这些情况并不一定必然发生,有一些方法可以克服这些障碍,使有效的沟通得以进行。

(一)了解信息沟通过程的步骤

如果一个经理了解信息沟通过程的步骤,那么许多造成沟通中断的问题就可以避免。信息沟通过程共有四个步骤:注意,理解,接受,行动。

1. 注意。只有当听者排除了所有的干扰或其他不能使他专心致志的事时,才有可能引起对问题的注意。消息发送者在传递信息过程中要牢记,许多听者都面临着信息的竞争问题。如果发送者不能保证信息是有趣的并且是有用的,这就给接收者提供了一个胡思乱想的机会,去考虑其他能引起他注意的信息。

2. 理解。理解就是要求接收者对信息有一个全面的认识,懂得真正含义。为了做到这一点,许多经理问他们的下属,你明白我说的是什么吗?但是,这是一个错误的方法,因为下属往往不得不回答"是"。经理们应该问他们明白了什么。这样,听者就必须用自己的话重述一下信息的内容,经理就能判断他们理解的准确程度。

3. 接受。如果接收者同意所收到的信息,这就是接受。下属拒绝按上司的指示去做的情况是很少发生的,通常他们不仔细思考就服从。但是,如果上司的命令有害于他们的利益时,他们会犹豫。在这种情况下,要求别人去做似乎比强迫下属接受更好。

4. 行动。行动就是要求接收者按照信息的要求去做。如果完成了行动阶段,那么沟通过程也就完成了。但有时接收者常常会遇到一些预想不到的困难,使行动不能完成。所以,如果要完成行动阶段,发送者必须随时准备回答接收者的问题,并为他提供帮助。这样,如果出现了问题,接收者就可以求助于别人。行动阶段应确保在遇到麻烦的时候有一个反馈。只要所期望的行为没有完成,发送者的沟通责任就没有结束。

(二)使用简单的和重复的语言

信息越简单,就越容易正确地理解和执行。不幸的是,许多经理并不按照这条简单的规则去做。他们往往匆匆忙忙地沟通非常长的信息。接收者无法弄懂发送者说的每一件事,但是由于发送者非常匆忙,他们又不好打断沟通中途提问或让对方复述难懂的部分。如果进行的是书面沟通,有些发送者往往使用模糊不清的词句,或在一个句子中放进许多内容。当接收者读这个材料时,只有部分信息能被正确理解。

有经验的经理懂得,每一个信息都应该是可理解的。如果问题复杂,沟通就必须分步进行,给听者提问题搞清楚的机会。另外,发送者应该不时地扼要重述部分信息,以使听者能更容易地跟上信息流。

（三）运用移情作用

移情是指一个人假定把自己放在另一个人的位置上,这样可以使他设身处地从他人角度去考虑问题。成功的经理知道什么时候抓工作更重要,什么时候关心人更重要,因为他们能够把自己放在下属的位置并回答这样的问题:"这个人需要什么样的指示?"

移情在沟通过程的接受和行动两个阶段是特别重要的。当经理发出命令而下属不愿意执行时,经理应该设身处地找出这种犹豫的原因。很明显,下属往往不了解事情的重要以及他们的作用。这时经理就需要进一步说明情况。如果一个经理缺乏移情特征,他有可能忽视下属的犹豫态度。明智的经理知道问题应该马上解决。

移情作用在行动阶段也是有用的。当下属执行命令出现麻烦时,富有移情特征的经理,能够很快地给予帮助,他们懂得下属需要及时的帮助,不能让下属失望。相反,缺乏移情特征的经理不去检查下属的成绩,而下属遇到问题时,总是让他们自己去解决。研究表明,富有移情特征的经理比缺乏移情特征的经理工作效率更高。

（四）理解动作语言

动作语言是一种非常重要的非语言的沟通方式。人们用这种沟通方式互相传递信息。尽管在许多情况下,人们这样做本身是无意识的。经理可以通过观察别人眼睛的运动来判断一些事情,特别是当对方受到压力或动感情之时。触摸是另一种非常重要的动作语言信号。人们往往看到,一个想强调命令的经理在发布命令时会抓住雇员的胳膊。而如果一个人想对雇员表示祝贺,他可能会拍这个人的后背。身体位置是动作语言的第三种重要形式。人们站的或坐的位置,也能表示他们与他人的关系。

动作语言是经理们需要长期学习才能运用自如的。最有效的学习方法是注意别人的动作方式,并且不断问自己:这个人这样做是对我表示什么? 在回答这个问题时,经理必须考虑他人和周围的环境(此人所在的房间以及他人的穿着打扮等)。

(五) 学会接受和发出反馈信息

对于经理来说,改善沟通能力的主要方法是了解信息什么时候没有被很好地传递,采取措施以克服信息的中断。另一种方法就是求助于反馈信息。这可用不同的话来开场,如:

"你能为我提供更多的关于……的信息吗?"

"你已经告诉我一些需要考虑的事情,还欢迎你谈谈其他想法。""我认为这个建议是好的,你的看法呢?"

注意在这每一句话中,讲话者都鼓励听者给予反馈,他们之间的沟通渠道是通畅的。当信息发送者威吓或贬低接收者时,反馈的渠道就会被切断,接收者很少会再说什么。当经理开始接收反馈时,保持信息流不中断是非常重要的。这时可以借助一些习惯用语。例如:

"对,继续说下去。"

"我非常欣赏你的话。"

"我可以了解得更详细些吗?"

此外,我们还要考虑如何给人们反馈的问题。有时,下属对那些值得进一步讨论或解释的问题不再提问,这时经理必须知道怎样给人以反馈。可以用下面的话来开场:

"你对我关于……问题的反应感兴趣吗?"

"你也许愿意让我给你一些关于……的反馈信息吧。"

"我喜欢你做的事,把它搁置起来的原因是……"

在这些例子中,发送者(经理)都是从接收者(下属)的角度来处理反馈问题的。总之,一个经理要学会发出和接收反馈,必须分析人们提供的信息,并利用移情作用设身处地地把自己放在接收者的位置上。

（六）培养有效的倾听习惯

有调查表明，倾听活动占据企业职员，尤其是白领职员和管理人员工作日中相当多的时间。雇员间沟通的有效性，在很大程度上受沟通过程中倾听能力的影响。但倾听是一件困难的事。大多数人一分钟能说125个字，却能听600个字。这就使得大脑非常消闲，可有很多时间用来胡思乱想。这样，人们就不能真正专心听别人在说什么，而常常是在考虑怎样对别人提出的问题做出反应。最有价值的人，不一定是最能说的人。老天给我们两只耳朵一个嘴巴，本来就是让我们多听少说的。善于倾听，才是成熟的人最基本的素质。

幸运的是，有效的倾听技巧是可以培养的。这样做的好处是创造一种去听、去理解的激动环境。下面是一些有用的技巧。

（1）倾听者对于倾听要有一定的理由或目的，不要仅从兴趣出发来决定好恶。

（2）倾听者应当暂停判断，至少在开始阶段。

（3）倾听者应该能够抵御精神涣散，如噪音等。可作适当的记录，以帮助集中注意力。

（4）既要听讲话者表达出来的意思，也要听他暗示的含义。讲话者在话中是否试图传递隐含的信息？

（5）不要打断对方发言，完整地听；要把讲话内容综合起来，了解整个讲话的逻辑结构。

（6）通过保持与讲话者眼光的接触给予明确的反馈（如点头，面部表情等），使自己成为一个有反应的听者。

要做到这些并不容易，这就是为什么许多企业中的经理要接受高效倾听训练、学习如何成为一个积极的听者的原因。总之，在很大程度上"听"已经开始被认为是一门科学（不仅仅是艺术），人们能够通过训练和练习改善它。

从上述的论述中,可以得出几条提升企业内部沟通的有效性的启示与对策。

启示一:员工应该主动与管理者沟通。

启示二:管理者应该积极和部属沟通。

优秀管理者必备技能之一就是高效沟通技巧,一方面管理者要善于向更上一级沟通,另一方面管理者还必须重视与部属沟通。挑毛病必须实事求是,在责备的过程中要告知员工改进的方法及奋斗的目标,在"鞭打快牛"的过程中又不致挫伤人才开拓进取的锐气。

启示三:企业忽视沟通管理就会造就无所谓的企业文化。

启示四:打破企业无所谓文化的良方就是加强沟通危机防范。

启示五:沟通是双向的,不必要的误会都可以在沟通中消除。

第三节 企业的非正式组织沟通

套用"行政管理之父"法约尔的话来说,在正式组织中,非正式组织就像灯塔和航标一样指引着人们的行动。企业中的非正式组织对工作中的人的行为起着重要的作用。因此,如果不考虑非正式组织的沟通问题,那么对整个企业管理沟通的讨论是不全面的。

在 1980 年代,美国一些著名咨询公司曾联合发起对 26 个美国和加拿大企业的调查。研究肯定与证实了顶头上司和经理是雇员最重要的沟通信息来源,但是雇员从非正式组织传来的"小道消息"获得的信息量仅次于顶头上司。特别是当由几个重要角色建立的正式沟通渠道不能完全满足雇员的信息需要时,不受控制的、非正式传播网将会派上用场。夹杂着谣言、不完整的信息和流言蜚语的小道消息将成为有关企业经营方针与发展方向的基本信息源。

本节将从正式组织与非正式组织的区别着手,讨论造成非正式组织沟通的原因,非正式组织网络,非正式组织沟通的优、缺点以及如何对付和影响非正式组织等问题。

一、正式组织与非正式领导

在绝大多数企业中,与正式组织并存的往往还有非正式组织,非正式组织一般是一种松散的,相对动态的群体,但它也有自己的领导方式。在正式组织中,领导者是由管理当局任命的。而在非正式组织中,领导者是从群体成员中自发产生出来的。一位正式的领导者如果成果卓著的话,他就会得到提升。一个非正式的领导如果工作出色的话,他只能保留在原先的职位上。但如果他不称职,那么就会被他人取而代之,以帮助实现群体的目标。

比较正式的和非正式的领导者,我们可以看到正式领导者有职权,而非正式领导者有权力。职权是发布命令的权利,它是由上级授予下级的。权力是指影响、劝说或使别人接受自己主张的一种能力。非正式领导者在下列两个方面运用权力:

(1)为达到非正式群体的目标;
(2)为保持他在群体中的领导地位。

正式组织的成员做对了某事,就可能得到奖赏;而一旦做错了什么事,又会受到惩罚。同样,非正式组织也对其成员进行奖励和惩罚。但是,这些通常采取满足或拒绝满足其需要的形式。比如,把某人纳入群体的活动,并为他提供社交的机会;或者排斥某人,使他感到压力和冥落。当然也有人拒不加入非正式群体,因为他们坚信这样能得到更多的东西。

二、非正式组织的沟通的原因

非正式组织最有趣的一个行为方面就是它的沟通形式,通常被称作小道传播,这种小道传播供非正式组织的成员之间传递信息。小道传播起源于社交活动,一般是一种以口头形式而不是书面形式的沟通。组织中的一些人热衷于小道传播,而另一些人处之漠然。但是如果有适当的条件和激励,几乎每个人都会有"小道传播的积极性"。下面是四个引起非正式沟通小道传播的最可能的原因。

1. 如果人们缺少有关某一势态的信息时,他们就会千方百计地通过非正式渠道来填补这一空虚。有时这些活动甚至会导致歪曲事实或编造谣言。比如,一名负责新产品开发的经理被总经理突然召见,而且走时神情严肃。那么他刚离开,小道传播可能马上活跃。如果他迟迟未归,那么谣言会越传越广,说该新产品已遭到失败,该经理将被调职等等。同时,与该产品有关的生产、销售人员也非常担心他们的命运。

2. 当人们感到在某一势态中不安全时,他们也会积极参与小道传播。接着上面的例子,与新产品有关的人员所做的第一件事,就是向知情人去打听流言是否真实。如果得到的回答是新产品推出后非常畅销,该经理被召见是总经理想了解新产品的情况并接受总经理的奖励。于是他们又把这一信息带回到小道中,至此真相大白,有关这件事的非正式沟通也就停止了。

3. 只要人们对某件事有个人利害关系的话,也会导致小道传播。如果某人和上司就某项工作发生争执,那他的朋友很可能是小道传播者。同样,如果管理当局决定解雇 15 名推销员,其余的推销员就会对此事发生兴趣,因为势态的发展和他的利益相关。人们总想分享对他们来说是至关重要的、发生在世界上的任何信息。

4. 当人们得到的是最新信息,而不是旧闻陈迹时,他们就更加热心于小道传播。研究表明,当某个消息刚被人知道时,小道传播得最快;一旦大多数人都知道了这个消息,小道传播活动也就慢下来了。

三、小道传播网

非正式组织的沟通网络主要有单向传播线,闲谈传播线,几率传播线和群体传播线四种。如图10.3所示。

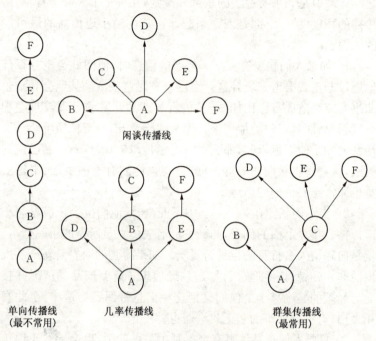

图 10.3 非正式沟通网络

许多人认为小道传播是由人构成的一串长链，链中的前一个把消息传给后一个。这种沟通网形式叫做单向传播线。这是一种最不常用的形式。

沟通非正式消息的另一个方式是由某个人去告诉其他所有的人。这叫做闲谈传播线。它比单向传播线较为常用，但仍是一种使用较少的小道传播形式。

小道传播的第三种方式是建立在随机的基础上的。一个人随意地告诉另一个，而那个人又继续告诉另一个人或两个人。这叫做机率传播线。在以上三种形式中，这是应用最广的一种。

在所有小道传播网中,最常用的是群集传播线。它是这样传播的:一个人告诉两三个人,那些人或是保密,或者又去告诉另外两三个人。结果就由一个人把消息传给了一群人,而那些人又会把消息传给另一群人。

在群集传播线中,处于节点的传播者被称为联络员,因为他们起着连接有消息的人和没消息的人的作用。联络员对他们所用的沟通渠道是非常挑剔的。他们把信息传递给某些人,而对另一些人则回避不谈。但回避一些人并不总是意味着对他们不信任。小道传播网回避的是那些被认为不应该得到某一消息的人。所以,群集传播线是一种选择性的传播网络。

四、非正式组织的优点

每个组织都有一个非正式结构。它一定有着某些重要的优点,否则就不可能存在。非正式组织存在的一个最重要原因就是大多数人,包括工人和管理者都喜欢它、需要它、利用它,还从中得到好处。下面是非正式组织的七个主要好处。

（一）有助于完成任务

非正式组织最基本的优点之一就是它辅助正式组织去完成工作。比如生产车间需要某个配件,仓库存货已用完,需要通过采购部门从外部供应商处购买。没有非正式组织的话,每个人都要通过"正常渠道",那将会面临不得不同繁文缛节打交道,要花费很长时间才能做成一件事。如果生产车间的负责人和采购部门负责人是好朋友,那么通过一个简短的电话,打一下招呼,就可能使原本需要一个星期才能采购来的配件一两天内送到。在这里,非正式的沟通为提高效率提供了方便。

（二）减轻管理者的沟通压力

非正式组织的另一个好处是减轻管理者的沟通压力。当经理们意识到在他们之中存在着非正式组织时,他们更愿意授权给下级,依靠下级完成任务。这会导致更宽松、更宽宏大量的控制,在工人之间产生一种信任感,工人反过来又向管理者表现出他们的确是值得信赖的。结果是达到更高的生产率。

(三) 提供工作满意感

"工作满意"这个词与人们对他们的工作喜好与不喜好有关。满意是个相对概念,因为人们满意与否决定于他们的期望与他们的所得之间相符合的程度。

工作满意感还同缺勤率、人员流动率和生产率有关。满意感越高,缺勤和人员流动的可能性就越小,同时生产率也就越高。当人们对工作满意时,感到工作有意义,也就愿意留在工作岗位上。这种满意在很大程度上还同这项工作所处的社会环境有关。因此,非正式组织有助于创造一个有利于高生产率的气氛。

(四) 满足情感需求

非正式沟通的产生可以说是人们天生的需求。例如人们出于安全感的需求,乐于去刺探或传播有关人事调动或机构改革之类的消息,而好友之间彼此交流和沟通则意味着相互的关心和友谊的增进,借此更可以获得社会需求的满足。

通过非正式渠道,职工可以畅所欲言地吐露内心的看法,真实思想,而不会像在正式渠道面前那样,心存戒备,从而让管理者从不同侧面捕捉到职工的真实需求。

(五) 雇员情绪的安全阀

小道传播还起着雇员情绪安全阀的作用,它让工人发泄怨气和减轻工作上的某些压力。当一个人对某事很气愤时,他需要发泄心中的烦恼和怨恨,这时非正式组织就起作用了。例如,下级非要和上司争个水落石出的话,他留给上司的印象就会很坏。现在,他只是对他的同伴发牢骚,把自己的困难告诉别人。这既发泄了被压抑的怨愤,又不威胁他的工作。同时,出了这口怨气之后,这个问题对他来说就已无关紧要,现在他又可能把视线转到工作上来了。

(六)提供反馈

非正式组织最大的好处可能就是为管理者提供反馈了。尤其是小道消息,反映了工人对公司、对经理和对工作的感觉。通过利用非正式沟通,管理者可了解当时状况如何。如果一名管理者作了错误的决策或不知道怎样适当地监督他的下属,小道信息就可能把这个情况最终带回给他的上司。因此,通过小道消息了解问题之所在,并及时改正,从而保住自己的工作,而不必等上司过问追究,这岂不是最得体的办法吗?

(七)弥补正式通道的不足

有些消息往往不便于通过正式渠道传播,此时,组织的管理者就可以充分利用非正式渠道,充分发挥其作用。同时也可以防止某些管理者滥用正式通道,有效防止正式沟通中的信息"过滤"现象。

五、非正式组织的缺点

尽管非正式组织有潜在的优点,但也有缺点,最常见的是:抵制变革;目标冲突;从众性;谣言。

(一)抵制变革

非正式组织最大的缺点就是它抵制变革。这种组织常是故意无视或只是部分地执行诸如关于实行新工作程序或规则的命令。许多非正式组织压倒一切的信条是"待人宽容",他们不想让现状发生变化。

非正式组织抵制变革的原因之一是工作标准或定额经常提高。在许多情况下,变革意味着新的工作要求,它的目的是追求更高的效率(或至少试图达到高效率)。非正式组织抵制这种提高效率的努力有三个原因:

1. 人们安于现状,并相信任何变化都会打乱他们那种愉快的工作环境。

2. 如果他们服从了从而做更多的工作,管理部门就会以为只要他们觉得需要，随时都可进行变革。通过抵制，非正式组织能促使管理当局在引进变革时牢记人的因素。

3. 非正式组织的许多成员认为管理当局引进高效率的方法，而把利润全部给公司，这是不公平的。

当然，这样想法并不总是公平的，但由于不能得到充分的财务数据，大量非正式组织就只能假定工作环境的变化给企业带来利润而对自己没什么好处。

（二）目标冲突

当某人被要求去追求两个互相矛盾的目标时，就发生目标冲突。例如，某人想成为非正式组织中的一员，同时又想完成管理当局的规定的工作定额。而非正式组织的定额只是公司定额的80%，显然，此人不可能同时忠于双方。

管理当局必须小心地同非正式组织培养共同的兴趣，以使双方目标能结合起来。需要指出的是，在这方面，企业不是总能做到完全的协调的，因为正式和非正式组织之间总有些差别，但管理当局必须把这个差别减少到一个"可接受"的水平。

（三）从众性

同目标冲突紧密相关的是从众性问题。群体的规范和制裁被用来劝说人们去接受非正式组织的目标。有时这些规范和制裁的力量是如此强大，以致个人感到尽管他们有自己的意愿，但还不得不被迫去附和群体。但更多的情况是非正式组织日益成为雇员工作生活的一部分，以致他们都意识不到它的存在。结果，他们对这些行为不再反复权衡就予以响应，甚至经指出他们行为的从众性，他们也不愿意去偏离这些非正式的规范。

（四）谣言

谣言是非正式组织的最不受欢迎的特征。许多人把这个词完全当成小道消息的同义词。但事实并不如此。谣言是小道消息中未经证实或不真实的部分。沟通理论经常把谣言解释为是兴趣和情况不明的结果：

$$谣言 = 兴趣 \times 情况不明$$

这个公式后面的逻辑非常简单。

(1) 除非话题能使某人产生兴趣，否则就不会有谣言。

(2) 如果某一势态的全部事实都已知的话，也不会再导致谣言的产生。

谣言通过选择性过滤和加工而被保留和夸大。选择性过滤就是对谣言进行筛选，一部分被保留，余下的被舍弃。保留的通常是对复述谣言的人有最大兴趣的部分。然后再对它进行加工，加上调料，并重新编排以附和一些人的观点。

六、怎样对付非正式组织

在对付非正式组织方面，管理者必须做两件事：

(1) 承认非正式网络的不可避免性；

(2) 试图影响它的方向，使正式和非正式组织的目标互相协调。

（一）承认非正式组织的不可避免性

有些管理者认为非正式组织的弊大于利。因此，他们试图"把它毁灭"。但这种方法从未真正奏效过。从某种意义上说，小道传播是人类生而有之的权利，是非正式组织的象征物，组织不能"开除"小道传播，因为他们从未信任它，而它就是存在着。

非正式沟通自发地存在于组织内部，并且它的存在是一种必然，我们没有必要也没有办法将它从组织内部彻底根除。作为组织管理者，应该正视它的存在，并注重因势利导，充分发挥它形式灵活、渠道广泛、及时准确、参与面广的优点，从而使它更好地为组织服务。

其次，管理者还要不断完善信息沟通的网络结构，改善沟通渠道的状况，如扩大渠道容量、增加渠道数量和开放时间，从而避免非正式渠道过于泛滥。只要有畅通的正式沟通渠道存在,非正式沟通给组织带来的负面影响就能降到最低程度。

(二)影响非正式组织的方向

管理者影响非正式组织的一个最直接的办法,是利用小道传播渠道了解正在传播的内容,然后把组织上的信息输入这个渠道以纠正一切起消极作用的谣言。要做到这一点,只要先了解谁是非正式网络的联络员,然后利用他们作为进口。

当然,如果管理者一开始就把谣言或不完全真实的信息输送给小道,联络员以后就会或者修改或者干脆拒绝递送组织上的信息。管理者不能用谣言去反对谣言。他必须确定小道所传播的信息是对是错。如果是错的,就必须用正确的信息去代替。管理者不是旁观雇员们通过小道传播什么消息,相反,他们应该利用这种非正式渠道来传播自己的消息。

由管理当局发送这些信息的目的,应当是为正式的和非正式组织间的更好的合作铺平道路。管理者的目标应是创造一个能使两个群体的目标趋于一致的条件。这样做之后,管理者将会发现对变革抵制减少到最低限度,谣言减少了,全面的组织合作达到了。

影响非正式组织的方法很多,尤其有三件事更为重要:

1. 当你与非正式组织沟通时,要始终强调你提供的信息是非常重要的,沟通时停顿的时间不要太长,否则听众的注意力就会转移,而你要再把它拉回来就很难了。

2. 说话要带权威性和自信。不要用问号来结束你的话。你的措词要符合实际,又要能准确代表你的观点。如果你能使它们听上去像另一方也必须接受的观点,就更好了。

3. 不要给别人太多的机会来反驳或证明你是错的。这会使你的努力付诸东流。记住,如果你减少选择余地,你就有可能更有效地对付非正式组织。

在对付非正式组织时,要采取主动——掌握控制权并坚持到底。

第四节 企业的外部沟通

外部沟通是管理部门与各种外部公众之间进行的沟通,在外部沟通中存在着与内部沟通类似的问题。人口的增长和城市的扩大使许多社会组织的规模扩张,也使沟通问题越来越多。尽管信息的自由流动存在障碍,企业同消费者、供应商、社区、新闻媒介等外部公众之间进行的沟通在数量和效率方面仍不断增长。许多组织在公共关系部门中配备了有沟通技能的专家,除了有沟通专家的管理部门提了建议外,不计其数的书报杂志在不断讨论如何改进沟通技术。许多公司尽量使雇员了解本公司的政策和措施,以便他们更有效地同外部公众进行沟通。

一、企业与消费者的沟通

就顾客就是"上帝"的商品经济的市场法则来说,最终决定一个企业组织成败的是消费者公众。企业失去了顾客的信任,它的生命力也就停止了。企业要是能在消费者中树立良好的形象,那组织必然会从中受益,而这离不开与消费者进行良好的沟通。

企业与顾客的关系也可称为消费者关系,它不仅包括市场上生活资料的消费者,也包括生产资料购买者和消费者,以及某种服务和精神产品的消费者。和数目庞大的消费者公众建立良好的关系,是一项工作量极大的任务,对于规模较大的公司来说更是如此。但是,消费公众本身可以划分为各种各样的群体,这些群体左右着不同的利益。根据这种特点,可以为与消费者进行良好的沟通提供某些解决方案。这些消费者群体可以按照年龄、性别、职业、利益等等来划分。公司在制定消费者沟通计划时,可以确定哪些必须得到其好感和支持的消费者群体类型,缩小必要的消费沟通范围。

良好的消费者关系的基础是企业向消费者提供的产品、服务的质量和价值以及企业表现出来的社会责任心。公司声望与产品价值密切相关,而良好的沟通就是连接两者的桥梁。与消费者沟通的目标是在企业的消费者政策中规定下来的,消费者政策从总体上指导管理部门处理与消费者关系和向消费者公众提供信息。对于不同规模的企业来说,下面这些沟通目标是相同的:

(1) 确定消费者对公司政策、产品、服务的看法和评论;
(2) 争取使消费公众接受公司的产品和服务;
(3) 向消费公众传播关于公司的新产品、服务和政策的信息;
(4) 回答消费者关于公司、公司产品、服务及其用处提出的各种问题;
(5) 帮助消费者选择、使用公司产品,使消费者获得最大的满足。

在与消费者沟通的过程中,企业雇员承担着最主要的责任。不同的工作岗位雇员在其业务或个人接触中,都有无数创造良好的公司形象的机会。企业中的销售部等与消费者接触密切的部门也负有执行企业消费者沟通计划的责任。国内外一些生产家庭消费品的大公司更是设立了消费者联谊会、消费者意见处理小组等专门的公共关系部门来加强与消费者沟通的工作。

企业往往先通过研究消费者舆论和评价企业的政策及实际做法,为确定沟通内容和制定沟通计划做准备。在此基础上进一步选择同消费者进行沟通的媒介。主要的沟通媒介包括口头沟通、视听沟通和书面沟通。

口头沟通是使消费者公众了解企业政策和实际情况的最有效的方法。从逻辑上说,对公司的情况了解最多的人,同时也就是易于向消费者作出说明的人,这种人就是雇员。虽然公众一般相信雇员关于公司的言论,但雇员并非天生就能成为一名好的沟通者。因此,企业有必要对其雇员进行消费者沟通训练,经常用简明易懂的言辞向他们通报企业的信息。广播和电视是许多大公司同消费者进行沟通的基本媒介。这包括付费的商业性广告及免费的和非营业性的教育、专题节目。视听沟通还包括伴有学术讲座和音像设备的展览。书面沟通常和口头沟通一起运用,其形式比较普遍,包括宣传材料、出版物、通信、邮寄广告等。

二、企业与经销商的沟通

对于制造性企业来说,其大多数产品是通过零售商和批发商销售出去的,他们是企业商业方面的公众,也是企业成功的一个基本因素。

制造商和经销商都承认彼此理解和合作的重要性。在国外的大公司中,为了改善同经销商的沟通,通常由公司的董事会任命一个经销关系委员会负责管理这方面的问题。为了改善沟通,加强和经销商的合作,福特汽车公司于1956年成立了一个五人组成的经销商政策委员会,由一位公司董事兼副总经理任委员会主任。该委员会的责任是了解与公司政策、关系有关的经销商问题,并全力以赴去解决这些问题。该委员会广泛考虑福特公司的所有经销商可能提出的任何观点、建议、指责或问题。

制造商和经销商进行双向沟通的目标多种多样,主要取决于有关的经销商的数目、类型及制造商的类型和产销政策。这些目标概括起来有下列一些内容:

(1) 建立和经销商在产品销售方面的伙伴关系;

(2) 听取经销商关于销售和广告方面的意见并制订出解决方案;

(3) 使管理部门充分了解与公司政策和各种关系有关的经销商方面的问题;

(4) 考虑经销商可能会提出的意见、建议和指责;

(5) 帮助经销商改进服务设备、训练服务人员、制订开明的服务政策,保证为用户提供更好的商业服务。

一般来说,销售部门最终负有执行与经销商沟通计划的责任,因为他们的业务经常和经销商发生联系,而具体与商业组织的沟通活动主要是通过推销员、销售经理、广告人员和推销宣传人员进行的。

制造商与经销商的沟通有个人沟通、群体沟通、口头沟通、书面沟通等多种形式。推销员、销售管理人员、市场经理等的言谈话语是将制造商的信息传递给经销商的最普遍、最有效的方法。但是,与经销商直接交谈的这些人必须不断地得知制造商的政策、经营活动和计划,才能使这种方法真正奏效。

精心安排的会议是同经销商进行沟通的最迅速、最经济的一种群体沟通方法。公司管理部门在这种会议上向经销商说明公司的计划、政策和各种具体方案,经销商也可以利用会议中的提问时间和圆桌讨论表明他们的意见和反应。

企业用来向经销商沟通信息的大众传播媒介包括商业杂志、商业刊物广告、经销商管理手册、小册子和宣传品、通信、年度报告、展览和展销等。这其中,商业杂志因其篇幅较大,封面引人注目并定期出版等优点显得更为重要。其他手段也各有其特点,企业可以根据不同的沟通用途加以自由选择。

三、企业与供应商的沟通

企业的相互依赖性是现代经济社会的特点之一。这种关系使工业界可以灵活地大量生产各种各样的产品。在企业这种相互依赖的关系中,供应商的地位越来越重要,与供应商之间进行有效的沟通也逐步成为企业管理沟通中的重要一环。

供应来源很多的制造商一般委派公共关系部或其所辖的供应商关系处(科)负责处理与供应商的沟通。当公司的采购工作采用分权方法时,地方采购部门或工厂管理部门负责执行供应商沟通计划。当公司的采购工作采用集权方法时,则由公司总部的采购部门承担这种责任。无论是哪一种措施,在执行供应商沟通计划方面,采购部门都有不可推卸的责任,因为他们和供应商的联系比其他任何部门都多。

企业的公共关系部门一般负责研究供应商对公司的态度。为了制订有效的供应商沟通计划,通常先进行舆论研究,了解供应商对公司的有关政策和做法有何想法,掌握当前供应商态度的趋势。除了进行外部研究外,还需对公司内部的购买程度和体制进行研究。在此基础上,制订和准备同供应商进行沟通的计划,提出适用于其他有关部门的处理供应商沟通关系的政策和方式。这个供应商沟通计划通常需要达到下列目标:

(1) 建立并加强供应商和购买者之间的共同利益;

(2) 向供应商说明如何才能改进他们的生产方法,提高投资收益;

(3) 确定供应商对公司政策和实际工作的基本想法;

(4) 在解决生产和供应问题上,和供应商作为友好的伙伴加强真正的合作;

(5) 公平对待供应商的代表,保持友好关系。

企业与供应商的沟通也可以分为口头沟通、书面沟通和视听沟通三种媒介。口头沟通一般包括个人谈话、供应商会议、访问供应商的工厂、邀请供应商参观等形式。书面和视听沟通的形式则有印刷品、期刊、广告、年度报告、专题片、通信、宣传材料和奖励等。

四、企业和社区的沟通

社区是生活在同一地区、受同一个政府管辖、有着共同的文化和历史遗产的人群。企业组织就是一种比较重要的社区组织,它和社区中的人以及其他的组织有一种相互依赖的关系。随着社会经济、文化的不断发展,这种相互依赖的关系也越来越显得重要。

1. 不少企业已经逐渐认识到,自己的组织可以从良好的社区关系中得到不少好处。比如,如果它们在社区中有"努力为社区服务"的良好声誉,招聘雇员的工作就会很顺利。而且,如果一个企业在社区中有较好的声誉,它的产品在社区中可能会很畅销,其他一些方面的工作会很顺利。因此,现代企业往往设立专门的组织保障与社区之间的沟通活动。通常在较小的工厂中,由一名社区责任经理辅助地方工厂经理负责社区沟通,或由人事管理者承担一部分社区关系责任。在较大的工厂里则可能成立专门的社区关系委员会来行使这一职能。

2. 在企业的社区沟通活动中,雇员起着至关重要的作用。因为企业雇员本身也是社区居民,他们既是公司政策的最好的宣传者,也是社区舆论的代言人。因此,他们的言论和行动对公司有很重要的影响。通过了解雇员对雇主的态度,公司不仅可以了解到雇员对公司的看法,而且也可以了解到社会对公司的看法。如果雇员对公司持肯定赞成的态度,如果他们积极参与社区活动,如果他们向别人说明公司的政策、业务和对社区福利事业的贡献,就会给公司的社区沟通活动奠定一个坚实的基础。

3. 企业在开展同社区的沟通活动前,普遍的做法是先进行一次具体调查。通过这种调查,可以发现社区居民的态度、确定社区沟通计划的目标、需要进一步寻找的信息、有待纠正的误解和公司可以作出重要贡献的领域。管理部门可以根据调查结果,批评性地考察企业的政策和措施,重新评价公司的社区沟通活动的方式和影响,进一步确定社区沟通计划的长期目标和短期目标。

4. 为了搞好社区沟通,企业还必须认真选择通报企业目标、贡献和经营活动的沟通媒介,并具体安排一些沟通活动。社区沟通的主要媒介和活动包括报纸宣传、组织现场参观、公开演说、社区访问、展览、企业的各种印刷品等。

五、与新闻媒介的沟通

大众传播媒介在西方社会被称为"无冕之王","三权"之外的"第四权力"。太阳神、正大、巨人等公司的危机,也多与媒介的连续的批评报道有关。企业与新闻界的关系主要是媒介关系。但新闻界对企业来说具有双重身份和人格。新闻界是实现该企业公共关系目标的主要媒介;新闻界又是企业公共关系的公众,而且是特殊的公众。因为它代表了社会舆论,也代表了顾客的意愿,因而成为企业界必须争取的重要公众。企业必须正视、利用新闻界的这两重身份。

新闻界控制着最重要的公共沟通渠道。企业要得到满意的新闻报道,必须同编辑、记者、社论撰稿人、摄影师、专栏作家、广播员等保持良好的沟通,了解他们的需要。企业同新闻界的沟通曾经较为简单,某个公共关系人员同几个新闻界的朋友相互交往,但是,当新闻媒介数量日益扩大和日益专业化,版面和时间的竞争日益激烈,宣传在企业的公共关系方面的作用日益重要时,这种沟通关系变得越来越复杂。

同记者、编辑、撰稿人、专栏专家等保持良好的沟通是企业进行宣传的重要保证,但要想争取编辑和记者的合作,让他们进行公正、准确的报道,必须了解他们的工作要求和观点。记者的主要目标是寻找有关新闻报道的事实,尽可能快地赶在竞争对手之前在自己的报纸上刊登或由自己的电台或电视台播放新闻。

记者关心的只是事实,而不是某一篇报道是否对有关的组织有利或不利,他们所反感的是只向他们提供好的消息。他们在某种信息是否重要的问题上和公司代表的见解不同。如果所提供的材料没有新闻价值,报社、广播电台或电视台则不会刊登或播放,任何时候都不要要求一名记者或编辑扣押一篇报道。

保持和新闻界的良好沟通需要遵守一些简单的原则,例如:

(1)坦率、诚实是基本原则,不要含糊其辞;

(2)始终愿意接受新闻报道;

(3)在讲话时,要时刻想起,你的话可能会被引用,因此要慎重、准确;

(4) 不要指责不严重的印刷错误或报道错误；

(5) 不要引起记者的误解,如有不能讲的事情则直言相告；

(6) 有利的新闻和不利的新闻对公司都有帮助。

企业可以通过许多方式同新闻界进行沟通,包括：

1. 个人联系。宣传人员或公关人员通过这种个人联系的形式,可以了解到记者、编辑的需要,熟悉节目和专栏的具体要求。同时,可以有机会表明提供服务的意愿,处于争取新闻界人士合作的有利地位上。

2. 记者招待会。这种形式只在有重要消息非这样做不可的情况下才召开,记者招待会有一定的时间安排,保证记者能进行广泛的报道。可以根据会议的意图,允许记者拍照或分发准备好的新闻稿和背景材料。

3. 新闻预告。在工厂开工、介绍某项新产品或新设备等正式消息公开以前,先对新闻媒介做出预告；企业出面邀请并迎接新闻记者,回答他们的问题,向他们分发介绍新产品或新设备的新闻稿、照片或宣传资料。

4. 午餐会。午餐会用来安排新闻组织的代表和公司的管理部门进行会谈,听取新的信息、在公司中参观采访。这种午餐会可能会在每年的股东会议前举行。

其他还有一些沟通形式,或邮寄新闻稿、新闻袋、宣传材料给报社机构等,企业可以根据需要选用。

企业中一般由公共关系部门或宣传部门负责指导企业与新闻媒介的沟通新闻报道,制定沟通计划并向管理层提出有关建议。同时,公关或宣传部门还应该不断地对企业与新闻媒介的沟通效果和宣传效果进行评价,以保证完成企业的沟通计划目标。

本章小结

本章从四个方面对现代企业管理沟通进行了讨论：有关企业

管理沟通的基本问题；企业内部雇员的沟通问题；企业中非正式组织的沟通和与外部的沟通问题。

管理沟通的基本问题讨论了信息的基本过程；个人间信息沟通网络的比较；有效沟通和良好沟通的差别；有效沟通七个"C"的概括。

企业内沟通的讨论分析了这一问题的重要性，比较了内部沟通的四种形式，非正式组织沟通是企业内部普遍存在的、对管理效果无时无刻不起着沟通作用，本章讨论了非正式组织沟通的优缺点和管理者应采取的相应对策。消费者、经销商、供应商、社区和新闻媒介这五个外部公众对企业管理沟通的影响，也进行了讨论。

管理沟通是现代企业管理的重要组成部分，一个成功的管理者在任何时候都会对管理沟通倾注很大的精力。

复习思考题

1. 你认为信息沟通在企业管理中的重要性有多大？
2. 作为一名企业管理者，你认为应该在哪些方面提高沟通技巧？
3. 你如何评价企业中的小道传播对管理效果的影响？
4. 你认为还有哪些外部公众是企业与外界沟通时应该重视的？
5. 你认为计算机等技术在信息产业中的应用会对企业管理的沟通带来什么影响？

第十一章 现代企业控制

本 章 提 要

控制是管理职能中最重要的内容之一,是成功管理中不可缺少的部分。本章首先介绍现代企业控制职能的内涵,回顾控制职能的历史沿革,讨论了控制职能在管理中的重要作用以及现代企业理论对控制职能的再认识。在控制原理中,介绍了控制内容、机构和基本程序。按照不同的标准对控制进行了分类。最后介绍了现代西方企业中先进的控制技术和控制模式,其中一些技术已在我国的一些企业中得到了应用,有些在我国已具备或初步具备了推广及应用的基础与条件。

第一节 现代企业控制概述

控制是现代企业管理中的重要职能。它是企业在动态的环境中为保证既定目标的实现而采取的检查和纠偏活动或过程。它既可以理解为一系列的检查、调整活动,即控制活动;又可以理解为检查和纠偏的过程,即控制过程。控制的根本目的在于保证企业组织活动的过程和实际绩效与计划目标及计划内容相一致,以保证实现组织目标。

一、控制职能的内涵

现代企业的控制职能是指检查和调整企业的一切活动,以便更好地实现企业既定的目标和任务。因此,企业要对其所有活动或某一系列的活动进行控制,其中,最有效的方法是对最核心、最基本的方面进行控制,即集中对财力、人力、物力以及信息情报等资源实施控制,以便高效地组织和协调这些资源,生产和提供最理想的产品和服务。

控制是实现企业系统有目的变化的活动,是保持质的规定性或由一种状态向另一种状态转换的过程。现代企业必须实施控制职能是基于下述三个条件:

1. 企业生产经营和发展具有多种可能性。要改变企业的状态实现控制,先决条件是企业现状必须是可以改变的;而企业发展的多变性具有一定的客观规律,因此要有效地实现控制职能,必须熟悉现代企业管理的客观规律。

2. 控制目标具有选择性。现代企业不仅具有多种发展的可能,而且还必须能在这些可能中通过一定的手段进行选择,达到理想的发展状态和目标。

3. 具备一定控制能力。要使企业向既定的目标状态转变,就需要创造一定的条件,这种创造条件的能力就是控制能力,如接受信息并能有效处理的能力,物质、能量和信息的合理流通能力等。如果缺少控制能力,即使企业有向目标状态转换的可能,但由于缺少必要条件,也不能通过控制活动把这种可能性变为现实性。

二、控制职能的历史沿革

(一) 控制论和现代企业控制

"控制"一词最早出现在古希腊文中,其原意是"驾船术、操航术",即为掌舵的方法和技术。此外,"控制"一词还经常被用来表示对人的管理艺术。后来在拉丁文中这一词还被引申为"调节器"(Governor)。直至1940年代,人们对"控制"主世纪要有三方面的理解:一是指控制机器的调节器,二是指控制机器的人,三是指对人或对国家的管理。

1948年美国数学家、生物学家诺伯特·维纳(Norbert Wiener)采用"控制论"(Cybernetics)这一名词来赋予了控制以崭新的内涵和内容。维纳的"控制论"含义是指打破机器、生命、社会的界限,揭示生物系统和非生物系统中所存在的具有共同特性的通讯、调节和控制的一般性规律的科学。

维纳的控制论最早是用于解决生物和机器动态系统中的信息和控制问题,后来在此基础上发展了许多分支。前苏联和东欧的一些经济学家提出了"经济控制论"。他们应用经济控制论建立起国民经济自动控制系统、数据处理系统,进行经济预测、经济结构分析、评价经济决策的经济效果。

经济控制论为现代企业控制奠定了理论基石。现代企业是一个动态发展的经济系统,内部有信息流的输入、加工、输出和反馈。规划、计划、指令、资源(包括原材料、燃料、动力、设备、技术、人员、资金等)属于信息过程的输入,经过生产加工制成产品,转向输出,并将结果进行反馈。为了达到最好目的的最优方案,保证系统工作状态正常,符合既定的方向,纠正偏差,就必须进行控制。

现代企业内部的控制包括:目标计划的控制,经营方向、目标、方针、决策方面的控制,生产过程的控制,作业的控制,物资消耗的控制,库存控制,质量状态的控制,人员的控制,设备和技术装备的状态和数量的控制,资金和成本的控制等多方面。

(二)西方控制职能的发展

在19世纪以前,西方还没有形成一个完整的企业管理的科学管理体系。直至20世纪,随着生产力的高度发展和科学技术的飞跃进步,管理才作为一门科学蓬勃兴起。西方管理理论和实践的长期发展可以划分为四个阶段:古典管理阶段、科学管理阶段、行为管理阶段、现代管理阶段。在这四个阶段控制职能也各有其特点。

古典管理阶段主要是解决分工协作,保证生产过程正常进行;充分利用人力、物力和财力,减少资本的耗费,以取得更多的利润。因此控制职能侧重于进行生产、工资和成本控制。英国的查尔斯·巴比奇(Charles Babbage, 1792～1871)提出了用数学方法来对设备和原材料进行控制。在瓦特开设的蒸汽机工厂里,对于控制材料和零件的存量非常重视。

在科学管理阶段,控制职能向标准化、科学化发展。在企业管理的操作规程、劳动定额、生产组织、作业计划和成本核算等方面都发挥了重要作用。弗雷泰罗德里克·泰罗(Frederick W. Taylor, 1856～1915)提出了管理控制原理,强调高层管理者应把例行的一般日常事务授权给下级管理者去处理,自己只保留对重要事务的决策权和监督权。亨利·甘特(Henry Gantt, 1861～1919)提出和发展了控制技术,创造出有名的甘特图表,即生产计划进度表,通过对每个工人或一个单位的生产时间和产量的表示来控制计划和生产的进度。亨利·法约尔(Henri Fayolr, 1861～1925)明确阐述了控制作为管理要素的重要性。

科学管理的重点是提高生产率,完成生产任务,对人员的控制是硬性和粗暴的,甚少考虑从人的感情方面去充分调动工人的积极性。行为管理阶段强调对人力资源进行软性的控制,他们从人的作用、动机、相互关系和社会环境方面,研究对管理活动及其结果的影响,研究如何处理好人与人之间的关系,做好人的工作,协调人的目标,激励人的主动性和创造性,以提高人的效率,保证企业取得较高的利润。

随着第二次世界大战以后企业规模的进一步扩大,生产社会化程度更加提高,生产协作更加广泛,竞争日益激烈,现代企业必须进行更加精细的控制。控制的内容更加扩大化,不只限于降低成本方面,其重点已逐步向经营转移,控制市场、控制销路;控制方法定量化,用统计决策、线性规划、统筹方法等数学方法来合理地组织生产,节省资源,取得更多利润;控制手段自动化,现代企业要求对大量的数据进行加工和处理,以及迅速地完成许多复杂的运算,从而进行定量分析,找到最优方案,因此现代控制要求广泛使用计算机。

三、控制职能的作用

在现代企业管理中,控制之所以必不可少,在于以下几个方面的原因。

(一)组织环境的不确定性

企业的目标和计划是企业对未来一定时期内的奋斗方向和行动步骤的描述,任何组织的目标和计划都是在特定的时间、环境下制定的,如果组织实际活动能按计划进行,那么也就无须进行控制,但这种情况只会发生在静态环境中。变化乃是亘古不变的规律,现代企业所面临的环境大都是复杂多变和不确定的。而且在计划实施过程中,组织内部的相关因素也有发生变化甚至发生重大变化的可能。为了保证目标、计划更符合实际的组织环境,为了使目标、计划适应变化了的环境,为了保证组织目标、计划更好地实现,组织就必须通过控制来及时了解环境变化的程度和原因,通过控制来准确把握计划方案与实际发生差异的程度和原因,从而采取有效的调整和修正行动。

(二)组织活动的复杂性

随着社会生产力的不断发展,现代各种组织的规模和内部结构也日趋庞大与复杂。每一个组织要实现自身的目标,都必须从事一系列极其艰巨的活动或工作,而每一项活动又都可能涉及到组织的各个部门,因此组织不仅要制定明确的目标并把总目标分解,而且在实施过程中要进行大量的组织协调工作,为了避免本位主义,使各部门的活动紧紧围绕着组织目标,保证每一项具体活动或工作的顺利进行,组织都必须进行大量的控制工作。

(三)管理失误的不可避免

任何组织在其发展过程中,都不可避免地会犯一些错误,出现一些失误。认识并纠正错误是管理水平提高的重要标志,也是组织发展的必要前提,而控制是任何组织发现错误,纠正错误的有效手段。

通过对实际活动的反馈,管理者可以及时发现失误;通过对产生偏差的原因的分析,可以使管理者明确问题之所在,从而采取纠偏措施,纠正偏差。因此控制是改进工作,推动工作不断前进的有效保证。

控制贯穿于管理过程的各个方面。管理者通过他人完成任务,并负有最终的责任。为此,管理者就要建立控制系统,以便使自己可以自始至终地掌握他人完成任务的情况和进度。一般地说,企业管理程序中的第一步是制订计划,然后再是组织和领导计划的实施。控制职能与其他管理职能之间存在着密切的关系。

1. 控制以计划、组织、领导职能为基础。计划确定企业发展和资源分配的方向,组织是在计划的基础上对人力资源和物质资源进行具体的组合和搭配,领导是在计划和组织的基础上对使用物质资源的人员进行指挥,而控制则是在三者的基础上对具体组织活动的实施进行一定的检查和调整。离开了一定的计划、组织和领导,控制就无法正常地进行。尤其是计划,它所规定的目标、任务、政策、规章等,往往就是组织控制的标准和依据。控制与计划紧密相连,反复往回循环,彼此制约。

2. 控制是计划、组织、领导有效进行的必要保证,离开了适当、必要的控制,计划、组织、领导都可能流于形式,得不到实效。例如当企业预期目标没有达到时,就需要对未完成预期计划指标的原因进行综合分析以决定是实际工作不够努力所致;还是计划指标本身订得过高,不够现实;或者环境因素发生了变化等等;并在分析的基础上采取相应的调整和修正措施。如果是因为环境因素发生变化而使原计划目标难以实现,就需对计划指标进行修正,适当加以调低。

3. 控制工作本身也需要计划、组织和领导。离开适当的计划、组织和领导,控制工作将寸步难行,更谈不上控制的真正效果了。

四、现代企业理论对控制职能的再认识

按照经济学的观点,企业是行政协调机制对市场协调机制的替代。美国学者钱德勒在其名著《看得见的手——美国企业的管理革命》中详细考察了现代企业组织的成长过程。正是由于生产力的发展,推动了大规模生产和大规模分配的发展,并且促进了两者的结合,从而导致企业由古典组织向现代组织的迈进。

现代企业组织与传统的业主制和合伙制相比具有以下三个特点:

(1) 通常规模较大,具备多种经济功能;

(2) 企业的高、中级决策者不再是资本所有者,成为专门的支薪管理人员,资本所有权与管理权发生了分离;

(3) 企业内部形成多层次复杂的决策层级。

当企业创立和发展的资金来源更加分散和多元化时,所有权与管理权之间的关系就发生了变化。两权分离使企业管理中的控制职能更加突出,也赋予了控制职能更新的内涵。

企业的控制职能首先表现在所有者和管理者之间。由于现代企业的所有权分散化,所有者并不具备参与高阶层管理的影响力、知识、经验或义务,管理者既管理短期经营活动,也决定长远政策,并支配中低阶层和高阶层的管理。因此,在所有者和管理者之间形成一种"委托—代理"的合同关系。由于所有者与管理者所面临的目标、风险、利益与动机存在着差异,作为委托方的所有者就必须对作为代理方的管理者进行控制,使之能更好地代表委托方的利益。这就是现代企业中控制职能的真正发源地。

控制职能又表现在现代企业管理内部。现代企业是在行政协调比市场协调更有效率和更有利可图时才发展起来的,这就要求把企业内部众多部门的活动协调统一起来,而这种协调机制只能等到建立起管理层级制以后才能实现。并且,管理层级一旦形成并有效的实现了它的协调功能后,层级制本身也就变成了持久性权力和持续成长的源泉。因此处于企业管理层级制高层的管理人员必须对下层管理人员实行有效地控制,以维护现有的管理层次。

由于处于不同层次的管理人员面临的目标、风险、利益与动机均不相同,高层管理人员与下层管理人员也形成一种"委托—代理"的合同关系,前者通过实施控制职能来促使后者更好地代表委托方的利益,实现高层管理人员的目标。

第二节 现代企业控制原理

现代企业是一个复杂的耦合运行的系统,它是为了达到一定的目的,由许多相互关联的生产要素、生产环节、经营管理部门以及外部环境等组成的,并依靠因果关系链接在一起的集合体。控制职能就是按照企业目标对被控的系统在状态空间中的各种可能状态进行选择,使企业系统的运动达到或趋近于被选择的状态,从而使企业系统整体接近最优目标。

一、现代企业控制的内容

现代企业是与社会资源、外部环境紧密相联的开放系统,因此如图 11.1 所示,企业的控制职能也涉及诸多方面。

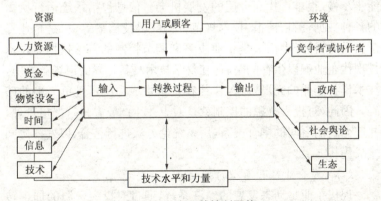

图 11.1 企业的控制职能

这些方面可以划分为三个部分:对投入资源的控制、对企业经营活动的控制和对外部环境的控制。

(一) 对投入资源的控制

企业存在的前提条件是满足资源配置最优的要求。在竞争日益激烈的今天,企业必须首先加强对投入资源的控制,对生产要素进行整合、优化并使其具有动态适应性,才能满足市场需求,以最小的投入获得最大的产出,在市场竞争中谋得一席之地。

投入资源包括许多方面,其中最重要的因素是人力资源。企业的一切生产经营活动都是以人为主体来进行的,只有合理用人,充分调动人的积极性和创造力,才能提高企业的经营管理水平,实现企业的预期目标。资金包括企业的各种投资、流动资产、固定资产、工资等企业资金,这是企业经济活动的财源保障。物资设备指从事企业系统活动所需的原材料、能源、半成品、成品、管理用消耗品、各种主体设备、辅助设备、车辆、工具、仪器仪表以及管理用具等,它们是企业活动的物质技术基础,是企业的生产发展和技术进步的重要保证。时间是现代企业也必须正视的一种资源,企业的生存发展都是在特定的环境和特定的时间下进行的,一步慢,就可能步步慢,很难再找到合适的发展机会。信息包括系统运行所需的各种数据资料、情报、技术规范、图表、科技档案等,它是企业经济活动的"神经中枢",是企业决策和调节控制的科学依据。技术是现代企业赖以生存的基石,在科学技术日新月异的市场竞争中,技术作为企业的无形资产,往往在竞争中成为决定胜负天平的砝码。因此,对投入资源的控制就是对上述生产要素进行严格管理,并遵循它们之间的耦合关系,用系统论方法进行整合,以发挥协同作战优势。

(二) 对企业经营活动的控制

现代企业是动态发展的经济系统,通过对投入资源的加工转化,输出产品或服务,并进行信息反馈,因此现代企业都有其独特的输入输出转换过程。在这一过程中,物资流、资金流和信息流不断循环运动,实现企业目标。对经营活动的控制正是为了保障企业发展符合经营战略,所以它成为企业控制职能的重点指向。

在企业整个经营活动中,主要应对生产活动过程的控制,劳动力使用和消耗过程的控制,物资库存和流转过程的控制,资金与成本的控制等多方面加以重视。

1. 企业生产活动过程的控制包括生产作业控制、设备控制、质量控制等。生产作业控制是在计划执行过程中,对有关产品(零部件)的数量和进度的控制。按其主要内容,又可区分为投入进度控制、产出进度控制、工序进度控制和生产调度等。设备控制主要是对生产活动中的设备使用与更新过程的控制。质量控制是指对产品质量及其形成过程所进行的控制。主要生产活动过程控制的作用在于调节与控制产品生产活动过程进入预定系统状态,使其所表示的状态在状态空间保持一定的许可范围之内,达到原定的控制标准,实现被控对象的预期目标。

2. 企业劳动力使用和消耗过程的控制包括劳动力数量控制、劳动力增值幅度控制、劳动生产率增长幅度控制、劳动定额水平控制、劳动者工作效率控制等。它的作用在于调节和控制企业劳动力的使用和消耗过程进入所预定的状态,达到合理使用劳动力和节约活劳动消耗,提高系统整体的工作效率和经济效益。

3. 企业物资库存和流转过程的控制包括物资库存控制、在制品占用量控制、半成品储备量控制、物资单耗控制等。它的作用在于调节和控制企业物资库存与流转过程表示的状态纳入所规定的状态空间运行轨道,达到最有效最节约地利用物流资源,提高企业的经营效率和效益。

4. 企业资金与成本的控制包括企业筹资与投资控制、固定资产与流动资产控制、盈利收入控制、资金耗费控制等。它的作用在于调节和控制企业资金运动过程(即资金取得、投放、耗费、收入和分配的循环运转过程)所表示的状态或输出的管理特征值,限制在原规定的控制标准范围之内,达到最有效地利用财力资源和最合理的费用开支,提高企业经营目标的经济效益。

此外,企业经营活动控制的内容还有新产品开发过程的控制、企业技术改造过程的控制、产品销售与售后服务过程的控制等内容。

(三) 对外部环境的控制

现代企业是与环境密切相关的开放系统,如果企业把自己看成与世隔绝的封闭式组织而忽视外部环境影响,一定会遇到麻烦。环境包括企业所处的一般环境、任务环境和内外环境之间的相互作用。环境因素有时成为企业成败的决定性力量,并且往往是企业的不可控部分。但企业不仅能够主动适应环境,而且可以在一定程度上改变环境因素以利于其目标的实现。从某种意义上讲,对外部环境的控制应该是对外部环境施加影响,但其结果不像前两种控制那样清晰,易于为企业所预见。

1. 企业所处的一般环境是指可以对这个企业组织的活动产生影响的周围环境的因素,它们包括经济、文化、政治、法律和国际等方面。这些环境因素是超越企业的控制范围的,但是企业通过对自己拥有的经济实力和条件的控制可以使自己更好地适应这些因素。例如在垄断市场中的企业就应该控制自己的垄断地位,以谋取垄断地位带来的超额利润,控制垄断的同时也就控制了市场,影响了经济环境。同样,企业也可以通过游说、赞助等形式与政府部门搞好公共关系,从而使政策法律的制订和执行更有利于企业目标的实现。

2. 企业所面临的任务环境是指包括某一具体组织在内的将会对这一组织构成影响的因素,如竞争者、供应商、销售商、顾客、社会公众等等。任务环境比一般环境能更直接地提供有用的信息情报,因此企业比较容易鉴别任务环境因素,也相对易于控制这些因素。

3. 在日益激烈的市场竞争中,企业必须对竞争环境保持清醒的头脑,要尽可能地获得有关竞争的信息情报,如商品价格、新产品开发、广告支出等,采取相应的战略策略,使竞争态势向有利于自身目标实现的方向进行,扬己之长,避己之短。另外,企业要主动寻求与竞争者合作的可能性,说服竞争者共同"把蛋糕做大",共同获益。特别是市场上的领先企业,当市场总需求扩大时会因其占有较大的市场份额而获得更大的利益。

企业生存发展目标是通过顾客来实现的,因此市场导向应成为企业经济活动的指导思想。在产品丰富、产品生命周期越来越短、产品信息越来越多的市场竞争中,顾客不可能完全有理性的选择商品或服务,所以企业必须通过市场调查研究、消费渠道以及推销人员来全面了解顾客的消费心理和行为,进而有针对性地进行诱导和刺激顾客需求,寻求"企业能提供什么"和"顾客需求什么"的结合点,吸引新老顾客。

供应商和销售商是企业经济活动的合作伙伴,双方有共同利益。企业首先要对供应商和销售商的资格进行审核,确定合作期限和方式。并且为了避免单个供应商或销售商可能因意外事件中止合作关系而蒙受损失,企业必须选择多个供应商或多个销售商。企业应该重视对自己在合作关系中地位的控制,努力使自己成为主导方,遵循"双百分之二十原则",即任何一个供应商或销售商在企业的供应或销售中所占的份额均不能超过20%。同时,企业可以同供应商签订固定价格的长期供货合同,成为供应商长期依靠的大顾客。许多企业正是出于对供应和销售的控制的重视,实行前向一体化或后向一体化战略,把供应商或销售商吞并过来,成为企业内部的一部分,实施更有效、有力、直接地控制。

二、现代企业控制的基本机构

对企业实施控制需有一个控制系统。它是由控制部分和被控制对象两部分构成的。被控制的对象不是单一的,而是泛指该对象中相互关联的各个组成元素,包括以上所涉及的控制内容的诸多方面。控制部分又称控制器,是通过控制机构对被控对象施加控制作用,以影响企业系统的行为而保证系统既定目标的实现。

企业经济活动控制机构的主要功能是对被控对象进行调查或测定,求出该对象所表示的状态和输出的管理特征值,并与预期目标值相互比较,通过比较找出差距,进行分析判断,采取适当的行为予以调节和控制,以求得企业经济活动的最优效果。控制机构执行着"控制器"的特定效应,能把不符合要求的系统状态或活动拉回到受控轨道上来。控制机构的功能示意图如图11.2。

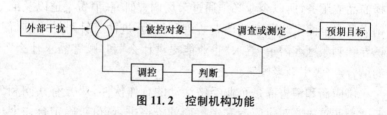

图 11.2　控制机构功能

被控对象通常是以一系列技术经济指标来反映的,并根据这些指标的特征值来表示被控对象与预期目标之间的关系。常用的指标有:工作效率、劳动工时、产品产量、物资质量、设备可靠性、设备利用效率、物资库存量、原材料消耗量、投资目标、成本目标、财务目标、利润目标、环境标准、劳动生产率等等。通过对管理特征值与预期目标值进行对比,可以对被控对象实施调节或控制,引导系统状态处于状态空间的平衡轨迹之中。

由于企业是一个开放式系统,企业计划出现偏差,不仅有内部的原因,还可能有外部的原因,需要经常输入诸如产品市场、资源市场以及科技发展动向这样一些外部情况的信息,为调整企业的组织行为和适当修改计划,以适应环境干扰的变化提供对策依据,才能使被控对象沿着预期目标的轨道发展,发挥控制器应有的控制作用。

企业经济活动的控制机构实质上是个信息反馈机构。信息反馈是实施控制的"神经中枢"。其信息来源,一是来自被控对象内部的调查或测定的数据资料,二是来自外部环境干扰的消息情报。控制机构就是通过反馈的信息来发现偏差和纠正偏差,以确保工作绩效达到系统控制的预期目标。

在实际工作中,企业控制机构与企业管理组织机构相融合。企业管理组织机构在执行控制功能时,一般应遵循以下几个原则:

(1) 控制标准要明确、具体,以便及时发现偏差,采取适当的系统行为纠正偏差;

(2) 控制目的要确保预期目标(或计划目标)的实现,并尽可能求得最佳的经济效益;

(3) 控制程序要适应企业的组织机构,不同形式的组织机构应采用不同的具体控制程序,以便组织机构更好地执行控制功能;

(4) 控制方式、方法要灵活多样,并选取适当的控制点;控制点可以是实施控制的关键区域,也可以是被控对象的关键的状变量(或参数);选准控制点并采取灵活多样的方式方法,才能适应情况的变化,抓住关键进行调节控制。

三、现代企业控制基本程序

现代企业控制的类型和程序虽然不同,但一般的控制程序都有如下五个步骤。

1. 制订控制标准。制订控制标准是指确立为进行调节、控制所需要的各种标准。所谓控制标准,是对企业中的人力、物力和财力,以及产品质量特性、工艺技术参数等所规定的数量界限,它是实行控制的定量准绳和衡量工作效果的规范。控制标准可以用实物数量来表示,也可以用货币数量来表示。企业制订的控制标准必须有利于企业目标的实现,对每一项工作的衡量都必须有具体时间幅度、具体的衡量内容和要求,而且还应该与未来的发展相结合。

2. 衡量实际绩效。衡量绩效,就是以被控对象所表示的状态或输出的管理特征值(即实际执行的结果)与原来标准(即预期目标值或计划指标值)进行对比分析,及时发现脱离控制标准的偏差,并据以分析判断企业经济活动的绩效。

衡量绩效时,要以实际测定值来检查衡量有关人员工作的完成情况和其实际表现,这种检查是持续的。即使在许多工作中对有关人员和他们的工作绩效或表现难以衡量时,也要按工作进展分阶段来进行,因为只有建立有效的衡量才能做到有效的控制。

3. 比较实际绩效与控制标准,进行差异分析。管理者在以既定标准同实际工作完成情况进行比较时,必须充分发挥自己的分析和判断能力,对两者的比较作出正确的鉴定;善于发现其严重的偏差,从偏差中分析产生差异的原因;并提出多种解决方案和行动措施,从中选择出最优方案。

4. 采取必要的校正措施。按照选择的方案中确定的纠偏措施,逐项贯彻执行,并在执行过程中及时加以监督检查。方案实施后,还必须考核其经济效益是否达到预期目的。例如如果原来规定降低成本4％,而实际工作完成1％的话,就应该采取相应的措施——通过激励,使职工更加努力;或者是调换先进的机器设备,以提高生产率,降低消耗,使降低成本的工作纳入正常的轨道。

5. 反馈、修订标准和计划。采取纠偏措施以后要不断反馈,要衡量标准和计划是否需要修正。在通常情况下,企业要根据实际情况对原来的标准作出适当的变动。在有的情况下原来的标准仍是合理的,但是由于环境情况发生了变化,也要进行适当的改变。然后再进入下一阶段的控制循环。

第三节 现代企业控制分类

按照不同的分类标准,现代企业控制可分为多种类型。

一、按控制的结构分

1. 集中控制。集中控制的特点是由一个集中控制机构对整个企业系统进行控制。在这种控制方式中,把各种信息都集中传送到集中控制机构,由集中控制机构进行统一加工处理。在此基础上,集中控制机构根据整个企业的状态和控制目标,直接发出控制指令,控制和操纵所有子系统的经济活动。

集中控制方式比较简单,指标控制统一,便于整体协调。当企业规模不很大且信息的获取、存贮、加工和处理方面的效率和可靠性很高时,能够进行有效的、及时的整体最优控制。

但是随着系统规模扩大及复杂化,集中控制方式就会暴露出不少弊病。由于信息量增加,会增加传输费用,导致决策的延迟和失误。而且缺乏灵活性和适应性,机构的变革和创新很困难。

2. 分散控制。分散控制方式的特点是由若干分散的控制机构来共同完成企业系统的总目标。在这种控制方式中,各种决策及控制指令通常由各局部控制机构分散发出,各局部控制机构主要是根据自己的实际情况,按照局部最优的原则对子系统进行控制。

二、按控制的时效分

1. 事后控制方式。事后控制是指根据企业当期经营成果与计划目标的分析比较,提出控制措施,在下一轮经营活动中实施控制的方式。它是利用反馈信息实施控制的,控制的重点是今后的生产活动。其控制思想是总结过去的经验与教训,把今后的事情做得更好。经过几轮的反馈控制是可以把事情做得越来越好。有人称它为负债管理,意指今天的管理是为昨天欠下的债所做的。这种方式在我国企业中有着广泛的使用,例如在质量控制与成本控制中到处可见。特别是成本控制,大量沿用这种方式。事后控制的优点是方法简便,控制活动量小,控制费用低。但其缺点也很明显,不良结果一旦发生,损失已经造成,无法挽回了。它的控制要点是:

(1) 以计划执行后的信息为主要依据;

(2) 要有较完整的统计资料;

(3) 要分析内外部环境的干扰情况;

(4) 计划执行情况分析要客观,控制措施要可行,确保下一轮计划执行的质量。

2. 事中控制方式。事后控制起到亡羊补牢的作用,难免有为时已晚的缺憾,能否在企业经营活动进行之中对其实施有效的控制？质量控制图法在质量管理中实现了这个想法,标志着事中控制方式的问世。它是一种对进行中的生产系统作日常性控制的控制方式。它也是利用反馈信息实施控制的。通过作业核算和现场观测获取信息,及时把输出量与控制目标进行比较分析,作出纠正偏差的控制措施,不断消除由干扰产生的不良后果,确保计划目标的实现。事中控制活动是经常性的,每时每刻都在进行之中。显然,它的控制重点是当前的经营过程,要把被控对象置于严密的控制之中,保证计划的顺利执行。有人形象地称之为消费管理,意思是对今天所花费的人力物力所做的管理。事中控制可以避免完不成计划的损失,但是频繁的控制活动本身也需要付出代价。这种控制方式的要点是:

(1) 以计划执行过程中获取的信息为依据;

(2) 要有完整的准确的统计资料和完备的现场活动信息;

(3) 要有高效的信息处理系统;

(4) 决策迅速,执行有力,保证及时控制。

3. 事前控制方式。企业控制出现了事中控制以后,人们自然提出是否可实行事前控制,防患于未然。人们从目标管理中得到启示,创造了事前控制方式。它是在生产活动之前进行调节控制的一种方式。利用前馈信息实施控制,重心放在事前的计划与决策上,即在经营活动开始以前根据对影响系统行为的扰动因素作种种预测,制订出控制方案,这种控制方式是十分有效的。例如,在产品设计和工艺设计阶段,对影响质量或成本的因素作出充分的估计,采取必要的措施,可以控制质量或成本要素的。有人称它为储蓄投资管理,意为抽出今天的余裕为明天的收获所做的投资管理。它的控制要点是:

(1) 对扰动因素的预测作为控制的依据;
(2) 对企业运营系统的未来行为有充分的认识;
(3) 依据前馈信息制订计划和控制方案;
(4) 尽可能控制住扰动因素。

企业在实际操作中,三种方式一般是结合起来使用。事后控制是最基本的最普遍的一种方式,但效果不如事中和事前控制好。在可能的场合应该更多地采用事中控制和事前控制。台湾咨询师陈燕坦作过分析,中国企业以事后控制为主,经营效果最差;美国企业以事中控制为多见,经营效果较好;日本企业以事前控制见长,效果最好。

三、按有无信息反馈分

1. 开环控制。开环控制的控制程序对系统的干扰影响和控制系统的未来行为都是预先认定的,不考虑实施程序中出现的外界干扰,这种控制方式缺乏适应力和应变性。开环控制的输出实际上是由指令和干扰两种输入共同决定的。当没有干扰影响时,被控部分就能完全按指令要求去行动;当干扰出现后,指令如果不作相应调整,那么被控部分的发展变化就会偏离目标;如果在下达指令时,把干扰的影响预计在内,在指令中加入排除未来干扰的因素,那么被控对象基本上能保持目标状态发展变化。

2. 闭环控制。闭环控制的控制程序考虑到系统被控量的信息反馈过程,并根据结果反馈,对实施程序中出现的各种干扰影响,采取措施及时纠正偏差,从而起到良好的调控作用。当控制部分为某种目的对被控部分发出指令时,被控部分在指令和干扰的共同作用下发生变化(输出);监测机构从输出端了解到被控对象当前状态,并报告给控制部分;控制部分把这时被控对象的状况与目标状态进行比较,如果一致(无偏差),说明控制有效,如果不一致(有偏差),就需要修正指令,促使偏差缩小直至系统状态与目标状态完全一致(见图11.3)。

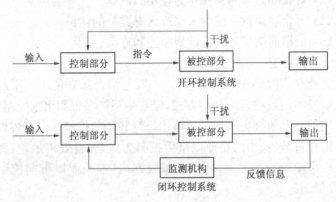

图 11.3　开环闭环控制系统

开环控制系统与闭环控制系统的区别在于后者有一个测量装置,通过它可以把被控对象的状态反馈给控制部分,从而影响其控制指令的修正。

四、按控制所依据的原则分

1. 以时间确定系统状态的规划控制。规划控制是指在已知系统的状态变量和控制变量的前提下预先确定出控制变量的时间序列,保证系统状态的时间序列沿着既定的步骤运行的一种控制方式。实施规划控制的过程一般分为三个阶段:确定标准的控制目标,编制控制程序,实施预定的程序。在企业系统中,生产活动的各种施工计划、投资计划、生产计划、工艺规程、发展规划等都是以时间确定系统状态的规划控制。

2. 以某参数确定的随动控制。随动控制是指不直接根据输出的变化来调节输入,而是通过一个参数来调节输入,以改变被控系统状态的一种控制方式。这种控制方式的参数是随着外来的信息变量而变化,其控制系统从外部输入信息,预先没有设计好的行为程序,而是以控制目标、控制变量和状态变量为限制条件进行控制。随动控制过程较为简单和易于处理,但只有当输出发生以后,输入才能根据参数进行调节。

3. 以以前控制为基础的适应控制。适应控制是指发生在没有明确先行量的情况下,以系统前期或即刻已达状态的输出变量来主动改变控制系统中的控制变量,以保证系统达到期望的最优状态的一种控制方式。这种控制方式的一个重要内容是学习过程,这个过程是按照系统自身运行过程中的"经验"来得出实施何种程序才能使系统达到预定的最优工作状态。适应控制能适应控制系统可能面临的各种难以预测的变化(包括产生于系统本身或者来自于系统环境的各种影响),不断地自动调整其自身控制结构和行为参数,使系统在受到外界环境和内部参数发生变化的条件下,企业能得到一种满意的控制效果。

第四节 现代企业控制技术

现代企业控制是一项复杂的系统工程,随着市场竞争的日渐激烈,它也受到企业家的愈加关注。现代企业控制技术与计算机管理系统密不可分,但要达到预定的管理效果,必须首先熟悉相应的管理模式和控制技术。本节主要介绍现代西方企业中的控制技术,其中一些技术已在我国的一些企业中得到应用,有些在我国已具备或初步具备推广及应用的基础条件。

一、控制降低库存成本的物料需求计划——MRP

世界上制造产品的企业一般可以分成三类生产方式:

(1) 企业直接从原材料市场购买所需的原材料,加工成元器

件再组装成产品;

(2) 企业从专业化生产元器件的厂商或市场上购买元器件,组装成产品;

(3) 综合上述两类,即企业购买一部分所需的元器件(或零件),也购买一部分原材料,再加工成所需的元器件,最后组装成产品出售。

无论何种类型的企业,为了确保生产的不间断地、均衡地进行,企业从采购物资开始,投入生产制成半成品,直至制成成品的过程中,各个环节之间都需要有一定数量的物料存贮。这些存贮物料是一种占用资金,是一项必不可少的投资,同时由于它是具体的实物,需要有地方存放,有人保管、运输和发放,即需要支出库存保管费用。为了降低产品的生产成本,减少企业的库存积压和加速资金周转,企业就必须通过科学的控制技术来控制物料库存。

MRP(Material Requirement Planning)就是这样一种科学的面向制造业的物料管理方法。它用系统的观点,以控制库存量为目标,统筹地为制造业的管理者提供满足生产计划的物料控制系统。MRP 是在 1960 年代发展起来的,它主要被用来改善和克服制造业较普遍存在的问题,如库存量较大,资金周转周期长,零部件不能准时装配,原材料不能及时供应等。

基本的 MRP 系统一般需要三种输入信息。

1. 主生产过程(Master Production Scheduling),这是在考虑市场需求、企业负荷能力之后,所制订的生产计划框架下更详细的生产计划的过程,是物料控制的依据。

2. 产品结构表(Bill of Material),这是一个多层次结构的产品组成表,最低层是零部件级,最高层是产品级,中间的层次则是一些半成品或半组装件。

3. 库存状况,指的是为生产产品而提前购买的原材料零部件或已组装的成品半成品的库存数量等信息。

基于上述三种输入信息，MRP 系统可以为企业的物料控制提供有效的参考决策方案，如何时应外购哪些原材料、外购的数量以及何时生产多少半成品等。这一控制过程如图 11.4 所示。

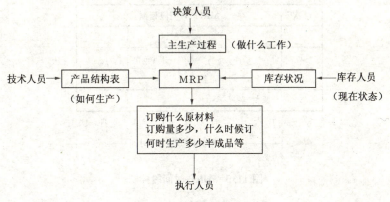

图 11.4　MRP 的输入与输出

MRP 是从企业出发来制订有关的计划，它考虑的是从购买原材料到生产出最终产品这一整个时间段中的统筹控制问题。

产品是列在计划进程中的零层次上，根据产品结构表，主计划进程中的内容可以扩展到层次 1 的半成品级上，MRP 将检查库存的半成品数量，若半成品数量所制造出的产品可满足生产计划，则 MRP 在层次 1 上中止。

若半成品数不能满足生产的需要，MRP 要找出短缺的差值，计算出层次 2 上的元器件的需求量，MRP 检查库存的元器件数量，看其是否能满足组装成半成品的需求量。若满足需要，MRP 中止，若不满足，MRP 将向管理者提供需要外购原材料的报告。

MRP 不仅对所需的半成品、元器件和原材料在数量上是追踪管理，而且还对生产、组装这些半成品、零部件的时间进行追踪。MRP 每深入一个层次，就要扣除在这个层次上的半成品或零部件组装加工时间。在上述例子里,如果需要外购原材料,则应该在一月份购买短缺的材料,以满足七月份主生产过程中的产品生产数量。

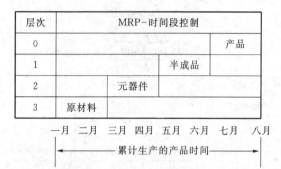

图 11.5　MRP-时间段控制

MRP 系统控制的物料库存量按其数量和作用不同可分为四种:

(1) 经常使用的库存量——保证日常生产正常进行所经常使用的库存量需要的库存量,通过对日常实际使用量进行预测,求得物资的平均每日需用量,并根据从订货到物资入库所需的时间的推算,确定物资两次供应间隔天数的基础上设置的库存量;

(2) 保险库存量——为了预防发生意外而设置的库存量;

(3) 订货点库存量——告诫企业要按时订货的信号;

(4) 最大库存量——预先规定的最大限度的库存数量。

各种库存量的相互关系如图 11.6。

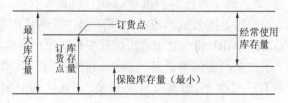

图 11.6　库存量相关图

为了能不断地保持生产与库存的平衡,将订货数量与产品的需求量进行比较,一旦发生不平衡,则向企业管理当局提供适当的订货采购意见,如延迟订货、提前订货、取消订货等。

MRP 正是根据市场的需求变化来控制外购物料的数量和时间,从而达到提高生产率,减少库存量的目的。

总而言之,MRP 的目标是减少产生库存的投资,保证生产顺利进行,其主要方法是在生产过程中不断进行需求上的平衡控制,计划新的订单和发放时间。MRP 适应具有多层次生产结构的制造业,典型企业包括大型机电设备、汽车类、航空、计算机制造以及家用电器、纺织机械和办公设备的制造等领域。

二、控制企业资源和生产过程的制造业资源计划——MRP Ⅱ

MRP 主要用于物料需求方面的控制,在 1970 年代中后期,人们逐渐认识到不仅物料需求控制,而且生产能力负荷控制、生产车间的工况控制等都可以利用 MRP 系统,由此产生了闭环 MRP,即以整体为出发点,利用"计划—实施—评价—反馈"的控制模式评价全面地、系统地管理企业的生产过程。为了区别于物料需求计划 MRP 这种把企业中的人力、资金和设备等均看成资源的制造业计划(Manufacturing Resource Planning)被称为 MRP Ⅱ。在 1980 年代,MRP Ⅱ 的原理与技术框架很快被企业界和计算机软、硬件制造商所接受,并得到了广泛地推广和应用。

MRP Ⅱ 在闭环 MRP 的基础上,以企业的原材料、人力、资金和机器等全部资源为管理对象,全面地规划和控制这些资源。其框图如图 11.7。

1. 上层管理,是控制的依据:

(1) 商业计划——包括市场、生产和利润达到一定程度的计划;

(2) 销售计划——预测市场需求(包括成品库存的计划);

(3) 生产计划——指生产每种产品的数量和需要相应的资源数量。

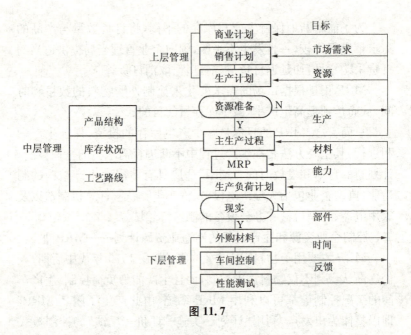

图 11.7

2. 中层管理:

(1) 主生产进程——以周为时间单位的生产计划;

(2) 生产负荷计划——为完成主生产进程,有关详细的人力、机器设备等的需求计划。

3. 下层管理:

(1) 外购计划——外购物料的订货策略,订单的发放时间和数量等;

(2) 车间控制——将车间中相近的一组机器或作业组成一个工作站,它们之间有正式的转移手续,责权明确,以便分批、分步地工作且成本能精确计算;

(3) 性能测试——用不同的周期来对以上各种计划进行检查控制,上层管理以月为周期,中层管理以周为单位,下层管理以日为周期检查。

在 MRP Ⅱ 系统管理下的企业,要不断检查企业的各项指标。首先需要确定去检查哪些指标,以及测定的方法和负责测定的人员。对于所测定的性能最好公开,使每个关心此项的人都知道这些指标代表的是什么,以及取得哪些成绩,还存在哪些问题等。第一线工作人员必须知道他们所做的工作进程如何,遇到问题能知道如何去克服或向谁立即报告等。例如,供应部门应知道有多少外购订单,还要有较充足的提前量等。性能指标的控制非常重要,这将改进和增强管理的功能。当性能指标达到所要求的水平后,监控工作不仅不能取消,而是应该随着生产进程,周期性检查。在企业中,必须指定专门人员负责对各个方面的性能指标进行监控,这些问题包括:主生产进程执行到哪里了?在 MRP Ⅱ 框架中,谁负责订单的发放?谁负责库存记录的修改?谁负责记账等。又因为 MRP Ⅱ 是一种全面的控制系统,如果各级管理部门各自为政,只顾自己的目标,那么是不可能成功地实施 MRP Ⅱ 控制的,所以管理人员、生产人员、销售人员、制造人员和财会人员应该进行协商管理,讨论制订共同的目标和实施方案。

三、控制供需链的企业资源计划——ERP

ERP 是英文 Enterprise Resource Planning 的缩写,中文意思是企业资源计划。它是一个以管理会计为核心的信息系统,识别和规划企业资源,从而获取客户订单,完成加工和交付,最后得到客户付款。

换言之,ERP 将企业内部所有资源整合在一起,对采购、生产、成本、库存、分销、运输、财务、人力资源进行规划,从而达到最佳资源组合,取得最佳效益。

ERP 的概念有一个发展的过程,企业最早关注的只是物料、库存(MRP),后延伸到生产计划和制造(MRP Ⅱ)。随着管理外延和产品功能的不断发展,一个比较完整的制造业 ERP 系统应该包含了 MRP 和 MRP Ⅱ,不过今天的 ERP 的概念外延可能更加广泛,几乎是企业信息化的代名词。

ERP 的核心管理思想是供需链管理。供需链按原文 Supply Chain 直译是"供应链",但实质上链上的每一个环节都含有供与需两方面的双重含义,供应总是因为有了需求才发生的,因而用 Demand/Supply Chain 更为确切。作为供应系统,通常是指从采购到销售的环节,而供需链则是从需求市场到供应市场。

企业为了保持和扩大市场份额,先要有相对稳定的销售渠道和客户,为了保证产品的质量和技术含量,必须有相对稳定的原材料和配套件以及协作件的供应商。企业同其销售代理、客户和供应商的关系,已不再简单的是业务往来对象,而是利益共享的合作伙伴关系,这是现代管理观念的重大转变。这种合作伙伴关系组成了一个企业的供需链,是"精益生产"(Lean Production)的核心思想,当遇到有特定的市场和产品需求时,企业的基本合作伙伴不一定能满足这类新产品开发生产的要求,这时,企业会组织一个由特定的供应和销售渠道组成的短期或一次性的供需链,形成"动态联盟"(或称"虚拟工厂"),把供应和协作单位(包括产品研究开发)看成是企业的一个组成部分,运用"同步工程",用最短的时间将新产品打入市场,这是"敏捷制造"(Agile Manufacturing)的核心思想。当前,企业之间的竞争已不再是一个企业对一个企业的竞争,而是已经发展成为一个企业的供需链同竞争对手的供需链之间的竞争。ERP 系统正是适应这种竞争形势的需求发展起来的。

目前市场上的 ERP 产品很多,但各个厂家产品的风格与侧重点不尽相同,因而其 ERP 产品的模块结构也相差较大。撇开实际的产品,而是从企业的角度来描述(即 ERP 能为企业做什么),ERP 系统的功能结构主要有以下四个模块。

(一) 财务管理模块

企业中,清晰分明的财务管理是极其重要的。所以,在 ERP 整个方案中它是不可或缺的一部分。ERP 中的财务模块与一般的财务软件不同,作为 ERP 系统中的一部分,它和系统的其他模块有相应的接口,能够相互集成,比如:它可将由生产活动、采购活动输入的信息自动计入财务模块生成总账、会计报表,取消了输入凭证繁琐的过程,几乎完全替代以往传统的手工操作。一般 ERP 软件的财务部分可包括应收账管理、应付账管理、总账管理、财务报表、固定资产管理、工资管理、银行对账管理和成本管理等八个子系统。

企业财务管理的业务数据流程如图 11.8 所示。

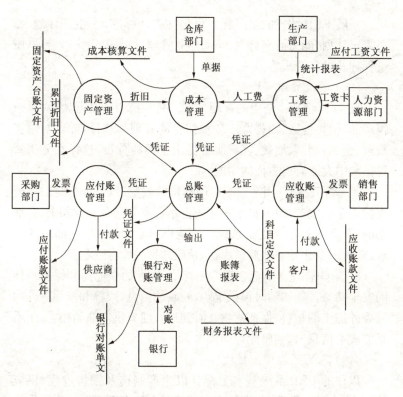

图 11.8 企业财务管理业务数据流程图

(二)生产控制管理模块

这一部分是制造业 ERP 系统的核心所在,它将企业的整个生产过程有机的结合在一起,使得企业能够有效的降低库存,提高效率。同时各个原本分散的生产流程的自动连接,也使得生产流程能够前后连贯的进行,而不会出现生产脱节,耽误生产交货时间。

生产控制管理是一个以计划为导向的先进的生产、管理方法。首先,企业确定它的一个总生产计划,再经过系统层层细分后,下达到各部门去执行。即生产部门以此生产,采购部门按此采购等等。

一般 ERP 软件的生产管理可包括制造标准、主生产计划、物料需求计划、能力需求计划、车间作业管理、重复制造生产管理、质量管理及设备管理等模块。

(三)物流管理模块

1. 分销管理。销售的管理是从产品的销售计划开始,对其销售产品、销售地区、销售客户各种信息的管理和统计,并可对销售数量、金额、利润、绩效、客户服务做出全面的分析,这样在分销管理模块中大致有三方面的功能。

2. 库存控制。用来控制存储物料的数量,以保证稳定的物流支持正常的生产,但又最小限度的占用资本。它是一种相关的、动态的、及真实的库存控制系统。它能够结合、满足相关部门的需求,随时间变化动态地调整库存,精确地反映库存现状。

3. 采购管理。确定合理的定货量、优秀的供应商和保持最佳的安全储备。能够随时提供定购、验收的信息,跟踪和催促对外购或委外加工的物料,保证货物及时到达。建立供应商的档案,用最新的成本信息,来调整库存的成本。

(四)人力资源管理模块

以往的 ERP 系统基本上都是以生产制造及销售过程(供应链)为中心的。因此,长期以来一直把与制造资源有关的资源作为企业的核心资源来进行管理。但近年来,企业内部的人力资源,开始越来越受到企业的关注,被视为企业的资源之本。在这种情况下,人力资源管理,作为一个独立的模块,被加入到了ERP的系统中来,和ERP中的财务、生产系统组成了一个高效的、具有高度集成性的企业资源系统。它与传统方式下的人事管理有着根本的不同。

人力资源管理的有关业务包括人事管理、人力资源计划管理、工作分析、招聘管理、培训计划管理、业绩评估及薪酬管理等。

四、控制企业流程结构的业务流程重组——BPR

ERP是现代管理思想的产物,它将许多先进的管理,如敏捷制造、精益生产、并行工程、供应链管理、全面质量管理等体现在ERP软件系统中,成为崭新的现代企业的管理手段。ERP这种反映现代管理思想的软件系统的实施,必然要求有一相应的管理组织和方法与之相适应。因此,ERP与业务流程重组的结合是必然趋势。

业务流程重组(Business Process Reengineering,BPR)是指利用数据仓库技术,发现并纠正企业业务流程中的弊端的一项工作。

业务流程重组是1990年代由美国MIT教授哈默(Michael Hammer)和CSC管理顾问企业董事长钱皮(James Champy)提出的,1993年,在他们联手著出的《企业重组——企业革命宣言》一书中,哈默和钱皮指出,200年来,人们一直遵循亚当·斯密的劳动分工的思想来建立和管理企业,即注重把工作分解为最简单和最基本的步骤;而目前应围绕这样的概念来建立和管理企业,即把工作任务重新组合到首尾一贯的工作流程中去。他们给BPR下的定义是:"为了飞跃性地改善成本、质量、服务、速度等现代企业的主要运营基础,必须对工作流程进行根本性的重新思考并彻底改革。"它的基本思想就是——必须彻底改变传统的工作方式,也就是彻底改变传统的自工业革命以来、按照分工原则把一项完整的工作分成不同部分、由各自相对独立的部门依次进行工作的工作方式。

对于一个企业来说，BPR是一个重大而复杂的系统工程，在项目实施过程中涉及到多方面的活动和工作。参与企业信息化的成员在整个BPR过程中，不但应当知道如何进行BPR，由谁来进行BPR，而且还需要了解一些进行BPR的方法和工具。参加BPR的成员们如果能够有效地利用现代的BPR工具，就可以更有效地对企业中的问题流程进行改造，将BPR的各个阶段的工作有机地协调起来。

在BPR中可以用到的技术和方法有很多。下面介绍一些常用的技术。

(一) BPR的常用方法与技术

1. 头脑风暴法和德尔菲法。在讨论企业战略远景规划、决定企业再造时机过程中，头脑风暴法和德尔菲法是两种有用的方法。在运用头脑风暴法进行讨论时，鼓励与会者提出尽可能大胆的设想，同时不允许对别人提出的观点进行批评。运用头脑风暴法有助于我们发现现有企业流程中的弊病，提出根本性的改造设想。一些软件工具也可以用来支持这种讨论，与会者可以同时和匿名地对讨论议题提出他们的建议和意见，根据关键字来进行存储、检索、注释、分类和评价。德尔菲法则经常用来论证企业再造方案的可行性。可以将初步的再造方案发给若干事先选定的信息系统专家，征求他们的意见。然后将各位专家的反馈意见经过整理和分析后，第二次再发给专家，让他们考虑其他专家的看法，对有分歧的地方进行更深入的思考。这样，经过几轮征集，最终可获得比较一致的意见。这对于减少BPR的风险、设置正确的信息化战略是十分有用的。

2. 价值链分析法。在对企业的流程进行分析并选择被改造流程时,可以采用哈佛大学波特教授提出的价值链分析法。价值链分析法是辨别某种"价值活动"是否能给本企业带来竞争力的方法,这一理论最早发表在波特的一篇关于如何将价值链分析与信息技术结合起来的论文中,后来被发展成为企业战略分析的重要手段,对企业信息化建设也有很重要的应用价值。波特认为:在一个企业中,可以将企业的活动分为主要活动与辅助活动两种。主要活动包括采购物流、生产制造、发货物流、市场营销、售后服务等,辅助活动包括高层管理、人事劳务、技术开发、后勤供应等方面的活动。以上各项活动因企业或行业不同而具体形式各异,但所有的企业都是从这些活动的链接和价值的积累中产生了面向顾客的最终价值。因此,将一个企业的活动分解开来,并分析每一个链条上的活动的价值,就可以发现究竟哪些活动是需要改造的。例如,可以按照某项业务将有关的活动细分为几个范围(如将产品销售分解成市场管理+广告+销售人员管理+……),从中发现可以实现差别化和产生成本优势的活动。

3. ABC成本法又称作业成本分析法。主要用于对现有流程的描述和成本分析。作业成本分析法和上述价值链分析法有某种程度的类似,都是将现有的业务进行分解,找出基本活动。但作业成本分析法着重分析各个活动的成本,特别是活动中所消耗的人工、资源等。

4. 标杆瞄准法。标杆瞄准法可用在设立改革的目标和远景、确定流程再造的基准等方面。在许多行业都有一些成功的企业,这些企业的做法可以为行业中的其他企业所效仿,因此,也可以将这些企业的一些具体的指标作为其他企业的标杆。丰田汽车的投资回报率(ROI)曾被作为日本汽车行业的标杆。当日产企业发现自己的投资回报率还不到丰田的一半时,他们就意识到问题的严重性。通过分析自己的业务流程,他们最后决定关闭了这间工厂。

5. 流程建模和仿真。对企业现有业务流程的分析并提出改造的方案可以用计算机软件的方法来进行,这就是企业信息流程建模。目前已经有许多企业信息流程建模方法和相应的软件系统问世。ARIS(集成化信息系统架构)方法和工具是由德国萨尔大学企业管理研究所所长及 IDS-Scheer 企业总裁 Wilhelm Scheer 教授所提出。其设计理念是希望提出一个整合性的框架,将描述一个企业流程的重要观念尽量纳入到模型之中。IDEFO 方法是 ICAM DEFinition Method 的简称,是美国空军在 1970 年代末、1980 年代初在 ICAM(Integrated Computer Aided Manufacturing)基础上采用 SADT 等方法发展起来的一套建模和分析方法。1990 年代初期,IDEF 用户协会与美国国家标准与技术学会合作,建立了 IDEFO 标准,并在 1993 年公布为美国信息处理标准。目前 IDEFO 是多种国际组织所承认的标准。为了减少项目的复杂性,使项目得以顺利进展,项目实施小组可以运用基于计算机软件的建模分析工具,如 BPWIN 等来建模。使用这些方法对企业业务流程建模后,不但描述企业现行流程,进行流程诊断和设计新流程,还可以对企业业务流程进行有关成本、效益等方面的模拟和分析。

在上述的这些方法中,头脑风暴、德尔菲法、价值链分析和竞争力分析都是经典的管理方法和技术,而 ABC 成本法、标杆瞄准法、流程建模和仿真则是比较新的方法、尤其是流程建模和仿真,为 BPR 项目提供了有力的工具。将上面这些的方法和技术综合在一起,就为 BPR 团队提供了一整套有力的工具,可以在整个业务流程再造过程中运用。

(二)企业实施 BPR 的原则

BPR 是企业重构业务流程的方法论,实施 BPR 将会牵涉到企业的各个层面,是一项系统工程。在具体操作时,应针对企业的 KRA(支撑企业目标实现的关键结果领域:Key Result Area)选择相对薄弱的流程作为改革的切入点,并对组织作相应的调整。通常,IT及制造型企业可以从核心业务流程着手,比如:产品开发流程、市场营销流程、订单履行流程、工程项目管理流程、供应链管理等业务流程。同时,企业的评价体系也应随之调整,保障流程的有效实施。从实践的角度出发,企业实施BPR应注意以下几个原则:

1. 实现从职能管理到流程管理的转变。BPR强调管理要面向业务流程。因为,为顾客创造价值(最终为企业创造价值)的是流程,而不是互相割裂的部门。面向流程就是要打破部门之间的界限,以流程的产出和顾客(包括内部顾客)为中心,协调相关部门的资源和活动,减少无效劳动和重复劳动,降低无效支出,提高效率和对顾客的响应速度。

2. 着眼于整体流程最优。在传统的职能管理模式下,业务流程被分割为各种简单的任务,各职能部门只负责本部门相应的任务,势必造成职能经理们只关心本部门的局部效率,而忽视了流程的整体效率。BPR强调的是流程全局最优,以及整个企业范围内核心业务流程的综合最优。

3. 实施BPR伴随着组织的调整。BPR要求流程适应"3C"(顾客、竞争和变化)的需求,而不是适应原有组织运作的需求,组织只是流程有效运作的保证。因此,流程的建立或重建通常会引起组织的重新设计或调整。

4. 员工的评价体系是使流程高效的保障。再优秀的流程也需要人来操作,充分发挥个人的能动性和创造性无论何时都是至关重要的。面向流程管理需要落实到考评体系上,牵引员工为整个流程的效率负责,而不是局限于传统职能部门的有限的职责范围内。

5. 流程应涵盖客户和供应商。企业的活动总括起来就是整合内外部资源,通过高效的流程满足客户的需求。因此准确了解并定义客户的需求是流程的出发点。另外,企业的资源都是有限的,外部资源必不可少,同时,相对于内部资源来说外部资源(包括供应商、分包商及其他外部资源)是不可控的,更需要在流程中充分重视,重点控制。

6. 重视 IT/IS 支持。流程运作离不开信息的及时传递。高效的信息系统(IS)保证信息的及时采集、加工、传递,实现信息的合理、及时共享,提高流程的运行效率和对外部变化的响应速度。

五、控制产品装置的"丰田生产方式"

MRP、MRP Ⅱ 和 ERP 在美国得到了广泛讨论、分析和实行,在日本大部分汽车制造厂、在为汽车制造厂提供零部件的工厂,以及在其他行业中实行的生产过程和库存管理,通常采用的控制模式称为"丰田生产方式"。该名称的得来是因为丰田汽车企业副总经理大野耐一先生首先创立了这一方式。

丰田生产方式不仅仅是一种生产和库存的计划与控制制度,还包括生产和库存流程的所有方面,如生产过程设计、作业设计和作业标准化、经济批量和加速改装时间、准时生产(Just-in-time Production)、自律化(Autonomation)、看板(Kanbna)、"自动化"(Jidoka)、"行灯"(Andon)和"准备、放、走"(Yo-i-don)。

准时生产就是生产的平稳,即零件、部件或部分装配的生产作业像总装线那样平稳。"自律化"是丰田创造的词,意思是如果出现有缺陷或不合格的零件,自动或手动装置会停止生产作业。"看板"是利用卡片制度,不仅仅控制在制品的库存,而且也控制零部件供应厂的生产流程和库存流动。"自动化"是关于生产问题警报系统的一个日语术语,其含义是通过高悬在生产车间和装配车间上面的一组指示灯警报每一将要发生的问题。这组指示灯叫"行灯",当作业发生问题时,指示灯将变成黄色或红色;黄色灯是指示出了问题或短时延迟;红色灯说明由于发生较严重的问题实际生产或装置停工。"准时、放、走"这个日语术语用于协调两种或两种以上的零件或部分装配件的生产,使总装线、局部装配作业同时进行。"自动化"—"行灯"这套指示灯方法用于识别在协调全部生产作业中出现的问题。如图 11.9 所示。

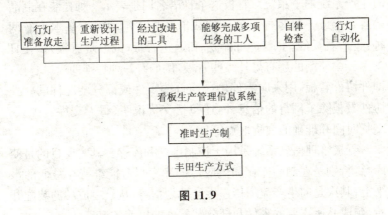

图 11.9

丰田生产方式最关键和最重要的内容是准时生产。即零件、部件或部分装配件都必须准时完成,早一点或晚一点都不行。准时生产是用后一道工序"拉"零部件的方法代替传统的前一道工序"推"零部件的方法。在物料需求计划 MRP 和 MRP Ⅱ 中,成品生产时间表是"分解式"的,为了确定组装成品所需要的全部零件和部件,必须考虑到适当的生产提前期。因为许多生产阶段的任何一个生产环节都可能出现误期的情况,生产时间表通常留有缓冲的时间或缓冲的库存,以保证成千上万个零件中某些误期不致延误成品的总装。

"拉"方式的全部零件生产和部分装配作业是用"链式树"连接在一起的,每一个上道工序都有自己的上道工序,每道工序都从自己的前道工序领取数量准确的库存,这样一步步上溯到零部件的交货阶段。把每一份订购成品单分成若干步,将每一步都安排到生产作业链式树当中。全部生产作业和部分装配作业的连接线能够使整个生产和总装厂进行准时生产,不需要高成本的和全面官僚化的生产程序。

看板控制库存法是实行准时生产的重要手段。看板制度是准时生产系统的子系统。看板这个日语名词是表示一种挂装在制品的容器上或一批零件上的标签或卡片。常用的看板基本上有两种：生产看板（或生产通知看板）和运送看板（或取货看板）。在日本工厂中使用的还有另外一些看板，例如有一种特殊的运送看板，即外协件看板，用来向零件供应商订购零件或部分装配件的。外协件看板除了例行的信息外，还包括交货说明（每天交货的次数、交货时间和准确的交货地点等）。

看板管理信息系统是用于控制生产和库存。其主要目的是使库存，特别是在制品库存和供应厂的库存尽可能维持在最低的水平上；其次是向生产流程传递生产计划信息，从最终成品的装配开始，到成品所需要的零件和部分装配件的以前各道工序。

自律化这个词是丰田的工程师为表示自律过程所创造的，在某些情况下是指自动识别生产过程中的缺陷。准时生产制依赖于没有延误的生产过程，由于没有应付生产停顿的缓冲库存，因不合格的零件导致的停工将会造成生产混乱。因此在一系列自动作业或人工作业中有许多自动检查装置。每当发生缺点时，自动化就开始工作。它停止作业、启动开关，使高悬在车间的指示灯变成红色，这种指示灯叫"行灯"。行灯提醒工人注意问题，不只是一两个人的责任，而是该工作地附近全体职工的责任。

为了协调各方面的作业活动以保证全部零部件和部分装配件准时到达总装阶段，丰田生产方式利用"准备-放-走"进行控制，其目标是使每一个人在规定的时间内完成任务，从而消除所有的延误，至少是把延误减到最低限度。

丰田生产方式主要适用于装置产品工业，如汽车制造、电子消费品和商用设备制造以及工业用机器制造业，不适用于炼油、轧钢和化学工业。丰田生产方式可以把在制品库存和零部件供应厂生产的库存减到相当低的程度,大大缩短生产零部件或部分配件所需要的提前期,而且由于库存水平低,降低了维护库存的费用,减少了存放在制品所需要的仓库面积。

要实行丰田生产方式必须改造企业的生产设备,由于在整个生产过程中,不允许有一道工序停工,每道工序必须按时交付它的产品,所以日本通过定期和严密的预防性维护计划来消除生产作业停工。此外,由于能够把机器从一种生产作业迅速改为另一种作业,遇到长时间停机时,通常把可供该工序选用的机器进行改装。如果没有可供选用的机器,技术熟练、一人多能的工人可以迅速排除机器故障,不使在制品库存流程中断。

除了对生产设备进行控制以外,还要对生产操作工进行多项作业的培训。由于频繁地改装设备,生产操作工必须是可以应付多种作业的相当能干的多面手。此外,操作工还必须接受过改装自己设备方面的培训。

六、控制人力资源的无缺点计划

现代企业越来越重视人力资源的作用,因此对人力资源的控制也日益突出。在此背景下,产生了重视个人因素的无缺点计划。无缺点计划把企业看成是由一个个的人组成的,依靠从业人员人人注意,人人想方设法消除工作缺点,依靠高度的产品(或服务)可靠性、较低的成本和严守交货期,使顾客更加满意,并为此而不断赋予从业人员发挥主观能动性。无缺点计划的实质是控制从业人员正确进行工作的动机,而不是像历来的方法那样来赋予他们正确工作的方法。

无缺点计划从最初出现到现在不过三十年时间,起源于美国佛罗里达州马丁·马里塔企业的奥兰道事业部。美国通用电气企业1963年开展无缺点计划,使之形成一种方法,一种体系。到今天已很难找到没有实行这种计划的工厂。

无缺点计划使人们克服"人非圣贤,孰能无过"的想法,赋予每一个从业人员不断努力求全的动机。无缺点计划通常需要实施如下的步骤:建立组织、设定目标、评价成绩和表彰。

1. 建立无缺点计划的组织。通常要物色一个合适的人选作为无缺点计划领导人,然后成立以该领导人为中心的向全企业推进无缺点计划的委员会,该委员会负责根据本企业的规模、组织、结构将企业所有的从业人员划分成若干个无缺点计划小组。这样每个小组作为无缺点计划组织的最小单位,负责无缺点计划实施过程中的具体工作。随后做好人员方面的培训工作。

2. 进行目标设定。这主要由全体组员根据从前的数据加以确定。此外,还要安排好无缺点计划的日程,制订计划开始时间、开始前的日程安排,消除错误提案,制订成绩评价和表彰制度等草案。

在无缺点计划的具体实施中,不像以往的管理方法以管理为中心,侧重于物的方面,而是从心理方面来考虑,以工人为中心,通过以赋予工人动机为中心的管理来消除生产过程中的缺陷。把工人划分成无缺点计划小组应遵循以下原则:

(1) 各单位应编成容易测定的小组;
(2) 工作内容完全相同的小组不应分开;
(3) 按工作场所的共同目标进行编组。

3. 评价成绩。为了了解工作完成情况,无缺点计划执行情况,一定要以某种形式来评价成绩,成绩的评价要跟小组和个人的责任联系起来,只有明确了小组和个人为完成任务和作出贡献应该做什么,才能评价该小组和个人为达到目的而努力的完成程度。

成绩评价通常通过计数的形式来进行,即用数值来测定。由于评价计数是为了赋予小组及个人动机,使其自主地进行作业管理,所以计数期可能并不统一,要视各小组的工作性质和工作任务而定。又因为评价计数不是技术资料和操作数据,所以对技术精度的要求相对较低。为了保证评价计数的客观性,最好由第三者测定,而且时常更换计数评价及其表现形式,避免从业人员产生厌烦而引起的效果下降。

评价计数表明该组织努力的实际成绩的数值,最好是一种该组全体成员最容易懂,而且能够刺激心理、产生热情的表现形式。其测定方法是:

(1) 设定的计数是根据什么数据得到的,要对其现状逐项核对;

(2) 资料不适应时,决定收集这种数据的提纲:什么时候,由什么人,在什么地方,收集什么;

(3) 决定谁负责测定这些数据;

(4) 决定作为计数基础的测定频率。

虽然无缺点计划是要控制个人在工作中的差错和失误,但它们客观上是不可避免的,一旦出现,无缺点计划要求从业人员能对构成故障的错误的原因提出建议,进而采取改进措施。

4. 表彰。表彰达到无缺点计划目标的小组或者对实现目标做出贡献的个人,是为激发从业人员实行无缺点计划的热情,通常也是赋予动机的无缺点计划的结束。无缺点计划的表彰制度同以往的表彰制度不同,只要能无误地、没有缺点地完成已决定的事情,即使对经营没有直接贡献,也可以受到表彰。

无缺点计划的表彰制度通常采取小组表彰和个人表彰相结合的形式。对于小组,凡达到小组目标者都可作为表彰对象。对于个人,凡被认为对小组目标的完成有贡献的人,都可作为表彰对象,贡献大小通常是通过消除错误原因提案的内容和件数来衡量。表彰程序一般先由组长申报,再由无缺点计划委员会按照一定的审查标准进行审查。表彰方法采取物质奖励和精神奖励相结合的方法。

与其他注重外在表现的控制技术相比,无缺点计划更重视个人因素,认为每个从业人员都是左右无缺点计划的"成功的关键"。无缺点计划根据心理学理论,研究赋予人动机的条件,预测个人在某种条件下会采取什么样的行动,从而使个人的行为因条件的变化而变化,以此来达到无缺点计划的目的。因此无缺点计划偏重于精神和思想方面,体现了现代企业对人力资源控制的高度重视,其优点是花钱较少,成本显著下降,提高产品的可靠性,而且使全体从业人员对工作的关心增强了,提高了全体人员的工作能力。

七、控制资源配置的"一个流"生产方式

"一个流"是对生产过程中物流形态的一种形象叫法,各工序从毛坯到制成品的整个加工过程始终处于不停滞、不堆积、不超越的流动状态,按节拍组织生产。"一个流"生产方式的实质是控制资源投入,不断减少资源(人、财、物、时间、空间等)浪费,用系统的观点将生产要素在产品制造过程中进行优化组织,从而用最少的人力、物耗、资金、时间完成必要的工作。

与传统生产方式相比,"一个流"生产方式控制重点在于资源的优化配置,将各种矛盾、问题和浪费明显化,迫使人们去解决,从而从传统生产方式的"维持型"转变为"一个流"生产方式的"改善型"。其工作重点是"三现主义"(现场、现物、现策),主动解决现场中存在的各种问题,为现场创造提高质量、降低成本、保证交货期的环境和条件。

1. "一个流"的基本控制方法是:首先从现状调查入手,强调"用数据说话",充分把握问题和原因。其次是确立改善的目标和内容,接下来制订出计划。第三按管理标准和程序进行改善的循环。第四当目标实现后要确立新的改善目标,进行下轮的循环以不断改善管理水平。

2. "一个流"生产方式的控制目标之一是大量压缩在制品,保持现场文明整洁和建立正常的生产秩序。在现场指定专人绘制在制品动态管理图(见图11.10),通过缩短生产周期来减少在制品

占用量。

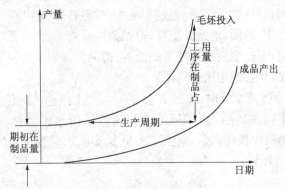

图 11.10 动态管理图

3. "一个流"生产方式改变了传统生产方式大批量、少批次的特点,组织小批量、多批次生产,对原来用季投、月投的零件改成半月投、周投使生产趋于平衡,同步化。为了保证小批量、多批次必须组织快速换模。通过对换模操作实施标准管理来压缩换模时间。

在生产现场,为了达到人、物、现场三者处于最佳结合状态,有必要对现场所有物品,按 ABC 分类,分区域标志,定位摆放。对现场的零件,要划分成首工序毛坯区、半成品区、成品区、返修品区和废品区。其中,毛坯区、半成品区和成品区要根据储备定额数来确定其区域大小,达到存放定额,就要暂停投料或生产。工具箱摆放在工作取拿方便的地方,箱内的工具也要根据精度、使用频率,分层定位摆好。总之,生产现场控制中必须做到有物必有位,有位必分类,分类必标志。

早期的科学管理理论重视对动作时间的研究,推行规范化操作程序,这一管理思想在现代企业中也重新焕发了青春。"一个流"生产方式要求操作者的各种动作都是生产过程中的必要动作,最大限度地减少无效劳动,这对工艺控制提出了更高的标准。

在工艺设计中,流水线要力求简单,遵循移动距离最短与流向合理原则,避免物流停滞、超越和堆积;遵循有效利用空间原则,充分使用空中、地面、地沟的配置;遵循柔性原则,工艺布置应有利于产品变更,有适应发展和变更的能力;遵循保证安全与便于工作原则,避免操作者产生厌烦情绪。

1. 布置流水线时,直线式会使工人产生路途上的浪费,并产生大量中间在制品,U字形工序管理就适用于多品种、中、小批量。它能减少操作人员,减少工人的多余劳动,增加工人的生产兴趣(见图11.11)。

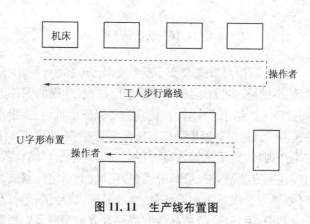

图11.11 生产线布置图

2. 在推行"一个流"生产方式中,工艺部门应该编写规范化的"作业编程",对操作人员进行培训,改善现场管理。其基本步骤如下:现场调查→把握问题点→设定改善目标因→因果分析→制定改善方案→实施改善计划→评价改善成果→标准化、规范化。

3. 在实行"一个流"的生产方式后,由于工序间在制品的减少,一条生产线内,只要有一台设备因故停工,就会导致全线停顿。因此"一个流"生产方式对设备控制提出了更高的要求:

(1) 使设备不发生故障或少发生故障——防火体制；
(2) 设备若发生故障，应及时排除和修理——消火体制。

4. 消火体制由四个方面控制组成。

(1) 设备故障控制，针对突发故障的处理，采用标准程序处理；

(2) 重点设备控制，根据突发故障频次、长时间故障频次、最大单次故障停工时间、致命故障影响程度、不良品发生情况、设备精度对品质影响程度六个因素确定重要设备，对其进行定期点检；

(3) 备件控制；

(4) 修理技能控制，对维修人员进行业务轮训。

5. 防火体制不仅减少故障修理时间，而且降低故障频率，防止故障再发生。防火体制由五方面内容组成。

(1) 润滑控制，包括润滑措施控制和润滑油料控制；

(2) 点检控制，设立专职点检员，固定点检区域，进行度量、定周期、定计划表、定记录、定业务流程的控制；

(3) 设备精度控制，包括检测工具控制和精度数据控制；

(4) 计划预修控制，安排设备预防性维修计划，进行预先修理，以保全设备，避免突发故障的发生；

(5) 工具集配控制，对工具进行集中送配，改变工具控制的服务方式，减少工具非正常损耗。

综上所述，"一个流"生产方式是要使企业的职工、机器、材料、环境、物流等生产要素在生产过程各阶段、各环节，在时间和空间上达到最佳组合，是一种高度简练、高度协调的现场综合控制机制。在推行"一个流"生产方式中，对工资要进行定额定员的控制，使工资奖金起到优化劳动组织，充实作业和提高劳动生产率的作用。

八、控制管理人员的目标管理

目标管理(Management By Objective，简称MBO)是把目标

作为控制的手段,规定所有机构都按照目标进行管理和控制,使其对象行为状态被约束在一定的计划标准状态中,保证预期目标实现的一种现代控制方式。因为目标管理特别适于对管理人员的管理,所以也称为"管理中的管理"。

目标管理最早产生于1950年代的美国,由企业管理学家P·F·德鲁克,E·C·施勒和R·利克特等人创立,他们认为目标管理能激发职工去发现工作的兴趣和价值,从工作中满足其自身实现的需要,实现"自我控制"。

(一)目标管理的基本原则

目标管理的基本原则是以目标作为各项管理活动的指南,根据工作目标来控制每个部门、每个职工的行动,以目标的实现程度来评价贡献大小和分配报酬,通过目标的制订、展开、实施和"授权"、"自我控制"充分发挥职工的能动作用,调动职工的积极性,实现企业的总目标。德鲁克说:"目标管理方式所起的最大作用,实际上就是以自我控制管理方式取代上级统一支配的管理方式。"在目标执行过程中,目标承担者实行自我检查、自我分析、自我制约和自我校正的控制方法,靠自我控制进行工作,"我要干"而不是"要我干",而且要保质保量地完成目标。

(二)目标管理的主要内容

目标管理的主要内容是企业目标和保证措施。企业目标是指企业在一定时期内,各项经营活动所要达到的预期效果,它必须是一系列量化的指标。保证措施是为实现目标而制定、采取的主要对策和措施,其作用是对偏离企业目标的各种活动进行控制使之回到促进目标实现的轨道上来。

(三)目标管理实施过程

一般可分为三个阶段:目标的制定和展开,目标的实施,成果的评价。

1. 制定目标前先要收集信息资料,做好准备工作,这些准备资料包括国家计划,市场动向和消费倾向,企业的长期规划,同行业的生产技术发展趋势,能源、资金、原材料的供应情况,国家的经济政策,企业上期目标完成情况,经营管理现状和存在的问题等等。最高决策层通过征询各方面意见,确定企业的目标方案。然后将企业目标从上往下层层分解,层层落实。把上级目标细分化和保证措施具体化,化"大"为"中",化"中"为"小",一直分解到班组、个人。下级目标是上级目标的组成部分,下一层支撑着上一层,形成一个金字塔形的目标体系。展开目标时必须明确划分各部门及个人之间的职责范围。

2. 目标控制的关键性阶段是目标的实施。

(1) 建立目标责任制,落实经济责任,明确各自职责,制订具体措施,把目标责任与自主权和经济利益挂钩,调动职工的积极性和创造性。

(2) 进行授权。在目标控制体系中,上级对下级不再事事监督,管得太细。下级对上级也无需事事汇报,时时请示。因此上级应该根据目标责任量的大小,授予目标承担者一定的权力。由于目标制订时一般都高于原有水平,因此上级应大胆地对每个人授予适当超过能力的权限。

(3) 成立目标控制中心。实行授权,对上级来说,不等于撒手不管。为了保证各项目标的实现,必须组成一个协调整个企业或部门的控制中心,负责目标实施工作的组织指导。目标控制中心从总体上进行调控,深入基层,了解和检查目标实际进程,对下级目标管理的情况进行必要的指导、帮助和检查,同时给下级充分的信任,采用"支持、商议、劝告"的方法,促进下级自主地行使权力,积极地进行自我控制。下级也应该及时地将目标控制情况向上级汇报。

(4) 实行自我控制和组织控制。在目标的执行过程中,不可避免地要遇到这样或那样预想不到的问题,需要及时进行控制,纠正偏离目标的行为,这种控制的主要方法是进行自我控制。所谓自我控制,是目标承担者本人把自己执行目标的实际结果,与目标进行对照、检查。通过自我检查,自我分析,自我制约和自我校正,找出出现偏差的原因,总结经验,吸取教训,克服困难,实现目标。

虽然实行目标控制主要依靠目标承担者的自我控制,但并不排斥上级组织控制的目的是领导的监督和检查,这就是组织控制,组织控制的目的是帮助下级目标承担者按目标要求展开工作,按期完成目标。通过定期地检查和考核目标值的完成进度、目标完成质量、实现目标采取的措施和目标管理的均衡协作情况可以及时地发现问题,帮助目标承担者采取措施,完成目标。通过计划、措施、方针、财务等方面的必要的监督,保证目标的顺利实施和目标承担者按政策办事。

3. 成果评价是目标控制中最后一个环节。只有目标的制定和实施,而没有考核评价,目标将形同虚设。目标成果的评价实质上是在达到目标控制的预定期限时,上下级共同用科学的测定方法实事求是地对目标控制的实行情况作出评价。评价的原则是:

(1) 实事求是,公正评价,不能弄虚作假,随意提高或降低既定标准;

(2) 有章必循,奖优罚劣,以鼓励先进,鞭策后进;

(3) 民主评价,不能由个别人盖棺定论,而应由组织和相应部门共同作出结论;

(4) 坚持目标评价标准,把目标完成情况与规定的目标比较作出客观的评价。

成果评价一般采用自我评价和上级评价相结合的方法。首先,目标承担者对自己的目标管理成果进行自我评定,填写目标评价报告,主要说明目标的完成情况,实施方案、手段是否得当,内外部条件变化程度,自己的努力程度等,上报给主管部门。其次,企业有关部门根据目标承担者的目标评价报告和自我评价结论,通过个别协商和联合讨论,征求各方面意见,按照目标标准进行评价,最后做出恰如其分的结论。

成果评价的常用方法是成果评价表法。这种方法主要考核三个要素,即目标达到的程度、外部条件变化的复杂程度和主观努力程度。首先确定三个因素的重要程度权数,然后计算评定每个因素的具体分数,最后求出加权综合评价值。其数学公式是:

$$M = \sum_{i=1}^{n} K_i X_i$$

式中:M——综合评价值,单位为分

K——各因素的权数

X——各个因素应得分数

n——因素个数

在目标成果评定以后,要根据评定结果作出相应处理,按照责权利相结合的原则,根据评定结果进行奖惩,并作为以后升职提薪的依据。

实行目标控制对于加强企业管理,提高经济效益和竞争能力具有重要意义。

(1)目标管理是一种民主管理,提倡自我控制,目标评价以自我评价为主,协调了生产中上下、左右之间的关系,且责权利相结合,能最大限度地调动职工的积极性和创造性。

(2)实行目标管理一切活动都围绕着目标展开,使全体职工念念不忘企业目标,时刻关注企业的发展趋势。

(3)目标控制中通过授权使目标承担者具有一定的独立自主权,使他们对于生产、经营活动过程中出现的大量随机问题,可以相机而行,从而缩短了应变时间,提高了应变能力。

九、控制产品质量的全面质量管理(TQC)

产品质量是指适合一定用途,满足社会的生产消费和生活消费所具有的自然特性。其内容包括适用性、经济性和安全可靠性三个方面。适用性是指产品在使用时适合用户要求的性能,如耐用、方便、美观等。经济性是指产品制造或使用时的费用要求,如油耗、电耗、维修费用等。安全可靠性是指产品在一定时间和条件下按规定功能工作时的可靠程度,如单位时间的故障率等。

在市场营销学中将产品区分为核心产品、形式产品和延伸产品,因此产品质量不仅包括产品的适用性、经济性、安全性,而且包括外观质量(又包括了消费心理因素)、包装质量和运输保管质量等等,这就要求企业进行全面质量管理(简称 TQC)。

TQC 是把企业作为产品生产的一个完整的有机体,以提高和确保质量为核心,动员和组织企业各个部门及全体人员,建立一套科学、严密、高效的质量保证体系,运用各种专业技术、管理技术和行政管理等手段,分析并控制影响质量的因素,以优良的质量、经济的方法和最佳的服务向用户提供物美价廉的产品而进行的一系列管理活动。简单地说,全面质量管理是由企业全体人员参加,用全优的工作质量去保证生产全过程质量的管理控制活动。

全面质量管理是全员、全面、全过程的完整体系,具有如下特点。

(一)从事后检验转变为以事前预防为主

产品质量问题的立足点是:好的产品是制造出来的,不是只靠检验出来的。全面质量管理把预防和把关结合起来,变被动为主动,防患于未然。从产品设计、原材料和外购件的供应,一直到制造销售过程中所有影响产品质量的因素都进行控制。这包括研究、试验、设计、制造、使用、维修整个生产过程加以控制,对基本生产、辅助生产、生产准备、生产服务、销售、包装、发送、运输和保管等各个环节加以控制;还要对生产、技术、物资、人员、设备、工具、环境、检测手段等八个因素都加以控制,以保证产品的质量。

(二)从靠感觉器官判断变为用科学方法控制

产品质量不仅可以通过人的感觉进行判断,更要通过一定的工具进行检验和测量。要进行预先的控制和预防,就必须有一整套科学理论、方法、手段和数据。要有一套完整的技术指标,数理统计方法,检测手段,先进的控制系统和反映质量特性的原始记录及统计资料,一切用数据说话,而不是单凭感觉判断,凭经验和印象办事。把产品质量特性加以定量化、科学化和逐步实现自动控制化。例如,在零件切削过程中,采用质量控制图和电子反馈自适应系统,自动控制进刀、退刀、切削和停止,保证产品质量。

(三)建立质量信息反馈系统

质量信息反馈系统是指有关质量的情况、问题、用户意见等进行收集、积累、整理、贮存等一系列工作。它是全面质量管理体系的神经系统和重要支柱。质量反馈系统包括厂外反馈和厂内反馈两个方面。厂外反馈是指用户通过产品使用后提供的质量反馈意见,以及市场上同类产品技术发展的情报。厂内反馈是指厂内质量信息的传递和流通。例如,在产品加工和装配过程中出现的质量问题。反映给设计部门,工艺部门。加工过程中出现的材料缺陷,反映给材料供应部门等。通过质量反馈,改进产品质量和改进为用户服务的工作。

(四)管理业务标准化和管理流程程序化

质量管理业务标准化是指根据质量管理工作的规律,将各类管理业务分类归纳,订成标准,纳入制度,成为职工例行工作的准则。质量管理流程程序化是指将质量管理业务处理过程的各个环节和内容,画成图表,订为标准的管理程序。这有利于质量管理工作的条例化、规格化和专职化。

全面质量管理是一个不断循环、不断前进的整体,称为循环,也叫戴明环。一般分为四个阶段、八个步骤。

PDCA 的四个阶段是:

1. 计划阶段,即制定质量计划,提出质量目标,落实到各部门,各环节。主要包括:质量目标、质量指标计划、质量赶超计划、质量改进计划等。在计划中要落实:为什么干?干什么?什么时候干？由谁来干？在哪里干？如何干？使质量目标和所要解决的质量问题落到实处。

2. 执行阶段，按照已经制定的计划和措施具体地组织实施和执行。

3. 检查阶段，即对执行结果进行必要的检查和测试，找出存在的问题，肯定成功的经验。

4. 处理阶段，即把经过实施检查后的各种问题进行处理，正确的加以肯定，总结成文，纳入标准，加以贯彻和使用；把工作中的教训记载下来，避免今后工作重新再犯；把没有解决的遗留问题，转入下一个管理循环，作为下次制定计划的一项目标。

PDCA 的八个步骤是：

(1) 分析现状，找出问题；

(2) 分析各种影响因素，找出薄弱环节；

(3) 找出主要影响因素；

(4) 针对主要影响因素制定措施：包括为什么要制定这个措施，制定措施的目的，在什么部门或地方执行，在什么时间执行，由谁来执行，用什么方法来执行等等；

(5) 执行措施；

(6) 调查、检查工作效果；

(7) 巩固措施，制定标准；

(8) 将遗留问题转入下一个循环。

(五)质量控制工具

著名的 QC 七种工具，如因果图、排列图、直方图、散布图以及其他各种图表与方法。在现代企业中，新七种工具是对 TQC 旧七种工具的补充，正得到越来越广泛的应用。

1. 关联图法。对于原因、结果、目的手段等关系纷繁复杂相互纠缠在一起的问题(事项)，把各因素的因果关系有逻辑地连接起来而绘制成关联图，进而以综合性的观点掌握问题(事项)并找出适当解决对策(见图 11.12)。

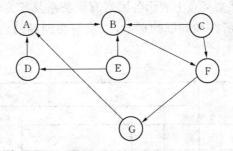

图 11.12 关联图法

2. KT法。对未来、将来的问题,未知、未经历领域的问题,把与之有关的事实或意见、构思等作为语言资料收集起来,根据它们相互之间的亲和性进行集中,并绘制成图,以期明确应解决的问题所在和形态。

3. 系统图法。为了达到目的、目标所必须的手段、方法系统地展开并绘制成系统图(见图 11.13),据此一览问题的全貌,明确问题的重点,寻求实现目的、目标的最佳措施和手段。

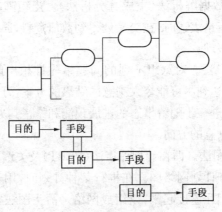

图 11.13 系统图法

4. 矩阵图法。从当作问题的事项中,找到成对的因素排成行和列,在某交叉点上表示各因素有无关系及其关联的程度,从而探索问题所在和问题的形态,以及解决问题的启示和着眼点(见图 11.14)。

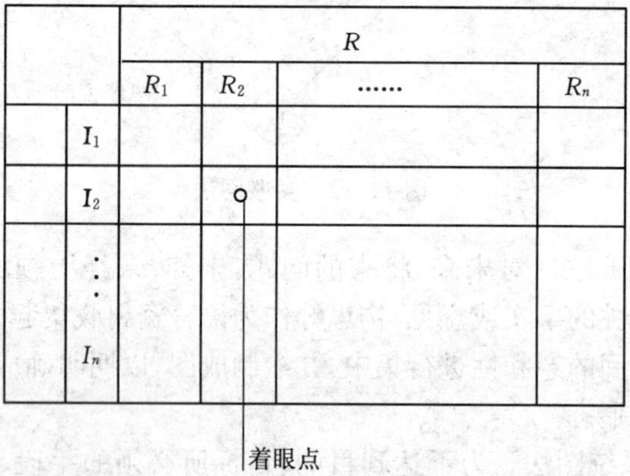

	R			
	R_1	R_2	……	R_n
I_1				
I_2		○		
⋮				
I_n				

着眼点

图 11.14 矩阵图法

5. 矩阵数据解析法(主成分分析法)。当矩阵图中各因素的关系可以用定量表述时,在交叉处得到数值资料,通过计算机对这些数据进行整理。

6. PDPC 法。对意想不到的问题事先推想出能够想到的各种结果,提出达到尽可能令人满意的结果的方案,万无一失地预先采取措施,并进一步随着事态的进展预测和修正其方向,把结果尽量引向令人满意的方向。

7. 箭头图法。即在计划评审法(PEPT)及关键路线法(CPU)中使用的日程计划网络图。在推行某种计划时,用若干个因素把必要的作业相互连接起来,以组成网络。箭头图法常见于日程计划、进度管理中(见图 11.15)。

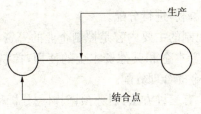

图 11.15　箭头图法

十、控制资金效率的财务控制

任何企业要进行生产经营活动,都必须拥有一定数量的资金,企业资金是指企业为了保证生产经营活动正常进行所拥有或控制的各种经济资源(包括有形资产和无形资产)的货币表现。资金的静态表现为资金的占用。资金的动态表现为资金的循环和周转(参见图 11.16)。

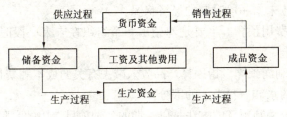

图 11.16　资金的循环和周转

企业资金运动从一定来源(国家投资、银行借款、企业自筹等)取得货币资金开始,在供应阶段,用货币资金购买和建置生产资料,企业资金的绝大部分由货币形态转换为材料储备和固定资产形态;在生产阶段,劳动者使用劳动工具对劳动对象进行加工,制造产品所消耗的储备物资和固定资产,以及对于支付职工工资和其他费用的货币资金,便转换为在产品、半成品形态,随着产品制造完工,它又转换为产成品形态;在销售阶段,将产品销售出去,资金又从成品实物形态转换为货币资金形态,最后对货币形态资金增值部分(企业盈利)进行分配。

企业资金控制的主要内容是控制企业的筹资与投资,控制固定资本金、流动资本金和其他资本金的使用,控制企业的盈利收入,控制企业资金的合理分配。

资金控制共有三种方法:财务预算、财务分析和财务审计。财务预算具体体现了一个组织在某一时期年内从何处获得资金以及对这些资金的安排使用。财务预算共有五个方面的内容。

1. 现金流量预算。即把每月(每周),甚至是每天的现金收入和支出列出细目账,以便于管理者能确保某一时期目标的实现。

2. 基本建设费用预算。指购买新厂、新机器设备或地产等方面的费用,由于基本建设项目一般都要花较多的钱,因此必须特别关注基本建设费用预算。

3. 销售收入预算。指预算产品的销售收入,以帮助管理者了解本单位未来一段时期的经济状况。

4. 费用预算。主要是勾勒出一个组织在未来一段时期内的消费资金。

5. 利润预算。指预算产品收入减去有关的成本和费用(工资和有关的水、电费)尚余的部分。

传统编制预算的方法是以基期的各种项目费用的实际开支数为基础,然后再根据将期间各种变动因素的情况增加或减少预算来确定各项费用。1970年代初提出的零基预算(Zero-base Budgeting)改变了这一传统,它的基本原理是对任何一个预算计划期,任何一种费用项目的开支,都不是从原来的基础出发,即根本不考虑各基期的费用开支情况,而是一切都以零为基础,从零开始考虑各费用项目的必要性及其预算的规模。零基预算能充分调动和发挥各级管理人员的积极性和创造性,促进各基层管理人员精打细算,量力而行,合理地使用资金,提高资金的使用效率。

资金控制的第二种方法是财务分析,又称为财务比率分析。

它通过对资产负债表和损益表各项目之间进行分析比较来确认资金的运作状况。资产负债表表述了一个企业在某特定时间的资产与负债情况,而损益表则体现了一定时期内收入与消费之间的关系,常用的分析指标是:

$$流动性比率 = 流动资产 \div 流动负债$$
$$负债比率 = 负债总额 \div 资产总额$$
$$资产报酬率 = 税前利息前净益 \div 资产总额$$
$$投资报酬率 = 税后净利 \div 资产总额$$

前两个指标表明企业的偿债能力,后两个指标是选择投资机会和项目的依据。此外,财务分析时还通过盈亏平衡分析来进行财务控制。

资金控制的第三种方法是财务审计。财务审计就是对企业的财务、结算账目和经营系统进行独立地检查审核,既可以聘请非本企业的专门审计人员对本企业的财务程序和财务经济往来进行有目的的综合检查审核,又可以由本单位的财务人员负责进行,还可以设立专门的审计人员来实施财务审计。为了提高资金控制的效率,财务审计必须规范性、定期化。

十一、控制适应能力的风险控制

风险控制是现代企业对生产、经营过程中可能出现的风险因素,采取预防或消除措施,以及在危险发生以后采取弥补措施的科学控制方法。它力求以最小的劳动消耗获得企业安全经营的最大保障。风险控制发端于美国,被形象地称为企业的"救生圈"。

企业面临的风险是不可避免的。由于事物自然状态的出现是不确定的,企业作出决策时,只能按人的经验和主观意志用一定的方法来进行,这种决策是不确定的。从企业所处的环境分析,由于环境的多变性,依据一定条件的决策就具有风险。威廉斯和汉斯所著的《风险管理》一书就认为环境的风险因素包括行政方面、法律、经济、社会、技术、价值观、环境、信息和人的因素九个方面。

(一) 风险不等于保险和危机

保险是指事故发生后处理损失分配的方法,仅仅是处理损失的工具和手段。危机是企业处于由意外事件所引起的危险和紧张的状态。风险控制的本质是:运用管理原理处理有关各种资源和组织的活动,以使这一组织及其周围环境的意外损失降低到最低限度,它包括对事故发生后的处理,同时还包括事故发生前对损失的防止和控制。

(二) 风险具有的特点

1. 从危害性看,风险会带来损失,如果处理得当,损失可以很小,甚至没有损失。风险也可以带来机会,甚至有时可以带来巨大的利益。

2. 从可控性看,风险在大范围内是经常会发生的,有时带有较强的必然性。

3. 从紧迫性看,风险到危机持续时间长,企业有一定的适应时间。西方企业根据自己的实践,对风险类型作出了精辟的划分。它们认为,企业风险大体上有销售风险、财务风险、人事风险、技术风险、质量风险、投资风险、利率汇率风险等。

(三) 风险控制的功能

无论何种风险,风险控制均是为了达到下述功能:

(1) 使企业全体成员产生安全感,对企业有依赖性和依附欲;

(2) 减轻企业年度收益和现金流的波动;

(3) 为预测未来事态做好准备,及时捕捉有利的时机,扩大企业的经营规模;

(4) 提高管理人员的管理水平和能力;

(5) 提高企业竞争力;

(6) 在未发生损失之前,对企业保险进行计划和监督,对已发生的损失进行检查和分析,在保险责任范围内,力争损失最小,保险价值补偿最大。

(四) 风险控制通常具有的三个环节

1. 建立风险控制程序,这些程序包括:

(1) 分析企业风险结构,集中力量抓关系全局的主要风险。对于次要风险,或不予理睬,或以较小精力应付;

(2) 预测风险发生的概率,一般是根据历史实绩统计来推算风险发生的概率。在缺乏历史资料或历史资料不足的情况下可采用合理假设标准,而且应该考虑决策者的风险倾向来确定风险的概率值;

(3) 预测风险程度;

(4) 预测预算期内实际发生损失的可能性;

(5) 采取切实可行、行之有效的风险控制对策和方法,检查评价各个控制的实施结果。

2. 风险控制的第二个环节是确定风险度量和风险补偿的方法。风险度量主要是用速动比率、流动比率等财务指标来进行衡量。同时还通过期望值与实际值的差来综合反映企业的风险。

3. 风险控制的第三个环节是选择切实可行的风险对策和风险处理方法。常用的风险对策和风险处理方法有:

(1) 提高经营安全率。

(2) 通过多种经营提高企业的竞争力。

(3) 搞好决策的灵敏度分析。灵敏度分析就是研究自然状态概率变动对决策方案的影响。如果概率稍有变动,方案的损益值就发生大幅度变化,则认为决策方案的灵敏度较高,反之灵敏度较低。对灵敏度较高的决策方案,如果其自然状态概率发生变动,对方案不作相应调整或追踪决策,企业经营就可能遇到较大风险。因此,灵敏度分析是减少决策风险的有效步骤。

(4) 恰当应用风险处理的常用方法。风险处理的常用方法有回避风险、减少风险、接受风险和转移风险四种。

对风险太大的决策方案必须加以回避。把资金投向信誉好,实力强的区域和项目,接受保险就是承认风险,并采取相应的防范措施。或者是按时存放备用资金以防意外灾害或事故进行自我保险,或者是参加保险企业进行保险。

转移风险的对策很多。现代企业常常进行跨国经营,一方面增加了风险,另一方面为风险控制对策提供了一展身手的舞台,例如国别多样化、债务种类、期限多样化、货币多样化,寻求合适的担保者、服务中介等等。

十二、控制客户关系的客户关系管理(CRM)

客户关系管理(Customer Relationship Management, CRM)是现代管理科学与先进信息技术结合的产物。从管理科学的角度来看,它源于市场营销理论;从解决方案的角度考虑,CRM 是将市场营销的科学管理理念通过信息技术的手段集成在软件方面,得以在全球大规模普及和应用。但是不管是从营销学的角度还是从管理学的角度,都离不开以客户为中心的思想。

(一) CRM 的定义

CRM 由全球著名的 IT 分析企业 GARTNER GROUP 于 1990 年代中期提出。其认为:"CRM 是指通过围绕客户细分来组织企业,鼓励满足客户需要的行为,并实现客户与供应商之间联系等手段来提高盈利收入和客户满意度的,遍及整个企业的商业策略。"在其发展过程中,对 CMR 的理解越来越丰富和深刻。CRM 是一种旨在改善企业和客户之间关系的新型管理机制,其定义可以从以下三个方面来阐述:

1. CRM 是一种先进的经营管理理念。它起源于西方的市场营销理论,产生和发展在美国。以客户为中心,视客户为资源,通过客户关怀来提高客户满意度是 CRM 管理理念的核心所在。

2. CRM 是一整套的解决方案。它集合了当今最新的信息技术,包括:Internet 和电子商务、多媒体技术、数据仓库和数据挖掘技术、联机分析处理、专家系统和人工智能、呼叫中心以及相应的硬件环境,同时还包括与CRM相关的专业咨询等。

3. CRM是一个应用软件系统。它固化了科学的管理方法,对业务流程进行重新设计,对原有的客户关系进行新的定义,其中包括市场营销、销售和客户服务与支持等。

CRM的核心思想是"以客户为中心"的企业发展战略思想,其宗旨是要树立以客户为中心的发展战略,改善企业与客户之间的关系,以达到提高企业核心竞争力的目的,它的实践是现代管理科学和先进信息技术相结合的软件系统。它为企业提供全方位的客户管理视角,赋予企业完善的客户交流能力,提高客户满意度和忠诚度,最大化客户的收益率。

(二) CRM 的主要内容

CRM的主要内容包括五个方面:营销自动化(Marketing Automation, MA)、销售团队自动化(Sales Force Automation, SFA)、客户服务、产品与交货执行管理以及呼叫中心等。这五个方面是影响商业流通的重要因素,并对CRM项目的成功起着至关重要的作用。一个完整的CRM的运作模式如图11.17所示。

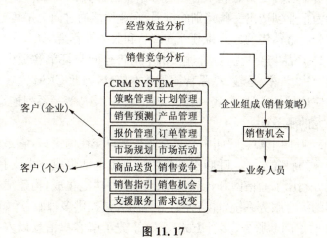

图 11.17

1. 营销自动化。传统的数据库营销是静态的,经常需要好几个月时间才能对一次市场营销活动的结果做出一个分析统计表格,许多重要的商业机遇经常在此期间失去。新一代的营销管理软件建立在多个营销活动交叉的基础上,能够对客户的活动及时做出反应,实现营销自动化,才能够更好地抓住各种商业机遇。

2. 销售团队自动化。销售团队自动化(SFA)系统使销售专业人员,包括现场人员和内部人员的基本业务活动自动化。SFA解决方案包含了内容广泛的基本功能,能帮助销售部门有效地跟踪众多复杂的销售路线,用自动化的处理过程代替了原有的手工操作过程,这样既缩短了销售周期,又减少了许多错误和重复性的工作,可使销售过程自动化并赋予销售管理人员和专业人员生产效率更高的工具。

3. 客户服务。由于在多数情况下,客户忠实度和是否能从该客户身上盈利取决于企业能否提供优质的服务,因此客户服务和支持对许多企业就变得十分关键。完善的服务与支持,不但能为企业赢得美誉、为产品树立品牌,还能帮助将其客户服务机构由成本耗费中心转变为盈利中心。与呼叫中心和其他环节相整合,它还能为企业创造出一些特别的机遇,企业便能通过向上销售、交叉销售和后继销售的方式将额外的产品和服务推荐给客户。

4. 产品与交货执行管理。由于销售合同与订单管理中还涉及到交货、价格、运输、产品特征等基本信息,因此 CRM 为客户提供的应该是从产品、市场、销售、交货、服务、支持等一系列连贯的、一条龙的服务。

5. 呼叫中心。呼叫中心是企业与客户交往的窗口,它最能反映企业的服务水平。呼叫中心是由计算机电话集成技术支持的,它充分利用了通信网和计算机网络的多种功能集成,构建成一个完整的综合服务系统,能方便有效地为客户提供多种服务,如 7×24 小时不间断服务、多种方式交流,事先了解客户信息以安排合适的业务代表访问客户、将客户的各种信息存入业务数据仓库以便共享等,能够随时为客户排忧解难,同时还可将销售、服务、市场和交货情况等信息及每个客户的交易集合在一起,为各部门的人员提供实时的信息。它还能提供客户投诉记录、解决情况,以及产品和服务的质量情况等等。

(三) CRM 的具体技术

要实现以上内容,CRM 在具体技术上有以下几个方面:

1. 客户为中心的企业管理技术。即以客户为企业行为指南的管理技术。在这种管理技术中,企业管理的需要以客户需要为基础,而不是以企业自身的某些要求为基础。这是一种把企业与客户一体化的管理思想付诸实施的管理技术。

2. 智能化的客户数据库。要实行以客户为中心的企业管理技术,必须有现代化的技术,原因就是现代企业所处的是信息时代。客户为中心的企业管理的中枢,智能化的数据库是所有其他技术的基础。从某种意义上说,智能化的数据库是企业发展的基本能源。

3. 信息和知识的分析技术。客户为中心的管理思想的实现,是建立在现代信息技术之上的,没有现代信息技术,就无法有效地实现客户为中心的管理技术。为了实现这种管理技术,企业必须对智能化的客户数据库进行有效地开发和利用,这种开发的基本与核心技术就是信息和知识的分析处理技术。只有经过分析和处理的信息,才是企业需要的知识。使用 CRM 概念和技术,企业能快速搜集、追踪和分析每一个客户的信息,进而了解整个市场走势,并确切地知道谁是客户、谁是客户的客户、什么是客户需要、客户需要什么样的产品和服务、如何才能满足客户的要求,以及满足客户要求的一些重要限制因素。

CRM 使企业逐步从传统的营销、销售和服务模式,进化到以 Internet 为中心的模式来完成增加市场份额、改进客户服务以及增强产品和服务的个性化。CRM 的研究和应用,对于加强企业竞争能力,提高企业的运作效率,增加经济效益具有重大意义。

本章小结

控制是管理的一个基本职能。它是企业在动态的环境中为保证既定目标的实现而采取的检查和纠偏活动或过程。现代企业理论用"委托代理"关系来认识控制职能的实质。控制内容不仅包括对投入资源的控制、对企业活动过程的控制,还包括对所处环境的控制。控制具备五个基本程序步骤,可以按不同标准进行分类。在西方企业中实行了许多先进的控制技术和控制模式,它们包括:物料需求计划(MRP)、MRPⅡ、企业资源计划(ERP)、业务流程重组(BPR)、丰田生产方式、无缺点计划、一个流生产方式、目标管理、全面质量管理(TQC)、财务控制、风险控制和客户关系控制等等。

复习思考题

1. 控制职能的内涵是什么?管理学发展中对它的认识有什么标志性的人和事件?现代企业理论如何再认识控制职能?

2. 控制职能与其他职能的相互关系如何?控制职能在管理中具有什么重要作用?

3. 控制的内容有哪些?为什么必须对环境加以控制?企业能否真正控制环境因素?

4. 常见的控制可以分为哪些类型?各有什么特点?

5. 西方企业中先进的控制技术有哪些?简述这些技术的基本原理。

6. 选择你印象最深的一种控制技术,说明在我国运用和实施它的可能性及实施方法步骤。

第十二章 现代企业创新

本章提要

现代企业创新,不仅是创造新技术,而且也包括创造新主意、新制度、新技术、新市场、新的管理方式方法等。创新不仅是构想出新东西,而且要构造出新东西。由于现代企业生产经营环境的不断变化,对现代企业来讲,不断创新已成为企业取得持久的战略优势的基本条件,创新是企业家精神的核心。企业家通过创新可以产生新的资源来创造财富,或者使现有资源具有更大的创造财富的能力。本章主要介绍企业创新的含义,企业创新体系的构成,企业创新机会的来源,企业创新管理的原则;在简要介绍企业观念创新、技术创新、组织创新和市场创新的基础上,将着重讨论现代企业管理创新的领域、动因和要求,介绍了最新的基于价值创新的蓝海战略,以及作为创新主体企业家的作用,激励方法,对企业创新活动的组织以形成企业家精神。

第一节 创新的涵义和创新的体系

在当今世界里,经济、市场、技术等方面的环境变化迅猛,动荡急剧、竞争激烈。经济关系的日益国际化及新技术革命的突飞猛进,更好像两副催化剂,使得本已十分激烈的竞争更趋白热化。处在这样一个严峻的社会环境中的企业,适者生存,所以,创新就成为现代企业管理的一个重要方面。

一、企业创新的涵义

创新这一概念是著名经济学家熊彼特于1912年出版的著作《经济发展理论》中首先提出的。熊彼特认为,经济增长的过程是经济从一个均衡状态向另一个均衡状态的移动过程,虽然经济以外的力量如战争、自然灾害也能打破旧的均衡,但是,从经济本身的角度来说,只有"创新"才是打破旧的均衡并达成新的均衡的力量。也就是说,创新导致了经济增长。

当经济处于静态均衡的状态时,各行各业的生产者都没有超额利润,也没有损失,而只有相当于"管理工资"的正常利润,整个经济处于停滞状态。这时,如果某个企业家通过"创新"获得了超额利润,那么,其他企业就会群起而模仿,这样,由创新而获得的盈利机会又会逐渐消失,于是,经济又在一个新的高度上达成均衡。可见,熊彼特的创新就是企业获取超额利润的手段,熊彼特把这种创新定义为:企业家实行对生产要素新的组合。它包括以下五种情况。

(1) 引入一种新产品或提供一种产品的新质量;
(2) 采用一种新的生产方法;
(3) 开辟一个新市场;
(4) 获得一种原料或半成品的新供给来源;
(5) 实行一种新的企业组织形式。

但是,能打破静态均衡的力量并不限于此五个因素,事实上,熊彼特列举的这五个因素只是企业获取超额利润的内在因素,除此之外,随着诸如政府经济政策、经济法规乃至政治经济制度等外在因素的变化,即使企业不采取任何行动,原先的静态均衡也必然会被打破,因此,经济制度、政府的经济政策、经济法规等因素都是影响经济增长的重要因素。

在分析了熊彼特提出的创新概念以后,我们可以给出关于创新的一般定义。即企业创新是指企业在生产经营过程中建立新的生产函数,或将各种经济要素进行新的组合的经济行为。创新不仅是寻求新技术,而且也包括寻求新主意、新原料、新市场、新管理制度和新的管理方法等。创新不仅是构想出新东西,而且要着实地做出新东西。

二、企业创新的特点

企业创新是一种特殊的社会实践活动,它不同于一般的传授知识,虽然传授知识也需要一定的创造性和艺术性,但它主要是将已有的知识通过某种方式传授给受教育者。创新也不同于生产实践活动,在生产过程中,虽然也要对设备、能源、材料及工艺进行有效的控制和改进,但主要是根据已有的技术手段去生产相应的物质产品,以满足人们物质文化生活的需要。而创新的任务和目的在于创造出新的理论、观点、方法、思想,创造出新的技术原理和手段,揭示出未知的自然奥秘,以推动人们认识世界和改造世界向深度和广度拓展。

1. 创造性。创新的创造性是指创新所进行的活动与以前所进行的活动相比,具有显著的进步,创新首先是创造性构思的结果。创新的创造首先表现在其所应用的技术是以前未使用过的新技术和现有技术的改进技术,应用效果有明显提高;其次表现在创新过程中企业家对生产要素进行了新组合。从另一方面来说,创新的创造性体现在:一是新产品、新工艺上或是产品、工艺的显著变化上;二是组织机构、制度、管理方式上的变革。

2. 风险性。创新活动涉及许多相关环节和众多影响因素,从而使得创新的结果呈现出不确定性。一个创新方案的提出和实施就是一种决策行为,凡是决策就不可避免地具有一定的风险性。同时创新特别是技术创新需要相当大的投入,这些投入能否顺利实现价值补偿,受到许多不确定因素的影响,既有技术本身的不确定性,也有来自市场、社会、政策的不确定性,这些众多的不确定性,也就意味着创新带有较大的风险。如美国的一份研究报告曾经断言,美国的每10个专利,只有1个能变成创新。企业新产品开发成功率也只有20%～30%。

3. 高效益性。企业创新的目的是要增加企业的经济效益和社会效益,由于创新具有高风险,而在经济活动中高风险与高收益是并存的,所以企业创新具有高效益性。通过创新来获取高额收益并使自己迅速壮大的最成功的例子就是微软(Microsoft)企业。比尔·盖茨1975年创办微软企业时,仅有3人,年收入仅为1.6万美元,但由于比尔·盖茨等人的不断创新,使得微软企业一跃成为风靡全球的巨型高科技企业,获得了巨大的经济利益,到1995年,其年收入达60亿美元,所实现的利润比另外十大软件企业的利润总和还多。1998年,其市场价值高达2 000亿美元,相当于通用汽车企业市场价值的4倍,而其总资产只有通用汽车企业总资产的5%。

4. 系统性和综合性。企业是由多种要素构成的综合体,其生产经营过程是由多个环节构成的,企业创新涉及市场调查、预测、决策、研究开发、设计、安装、调试、管理、市场营销等一系列过程的系统活动。同时企业创新是由许多人共同参与、共同努力的结果,创新既需要企业家冒险精神和组织管理能力,也需要科技人员的理论知识和技术,还要创新活动具体执行者密切配合,因此创新具有系统性和综合性。

5. 时效性。创新的时效性首先表现在产品的替代过程中,由于消费者的偏好、变化或生产技术更新都会引起产品的更新换代。因此进行产品创新有时效性,另一方面,时效还表现在不同创新类型的先后顺序上。由于一种新的市场需求总是首先表现为产品要求,因而,在创新初期,企业的创新活动主要是产品创新,其次为降低生产成本、改进品质、提高生产效率。在该阶段,企业就会集中精力进行工艺创新。当生产规模上去时,企业的创新注意力逐步转移到市场营销创新上,以提高市场占有率。在这些创新重点的不同时序上,还会伴随着必要的组织创新。

6. 实用性。企业创新需求必产生于当企业的内部或外环境发生变化时,企业为适应环境的变化,通过创新将使企业适应于新的环境,能够促进企业发展而进步。创新是为了发展进步,只有真正能够促使企业发展和进步的创新,才是真正意义上的创新。

7. 创新是知识流动的过程。创新是在独立见解交流的基础上才能完成的,因此,需要各种知识。创新的关键在于通过大量的学习和交流,使大脑里的各种知识进行交融,从而使发明变成物质财富和精神财富。

三、企业创新体系

从总体上看,企业创新体系由以下五个方面的内容构成。

(一)观念创新

观念创新是企业一切创新活动的前提。思路决定出路,观念就是财富。许多企业苦,苦在观念旧。因为想不到,所以做不到;因为想不通,所以做不通。不同的观念产生不同的效果。行动从思想来,观念支配行为。机器、厂房、产品等企业的有形资产终究是有价之物,无形观念是企业的无价之宝。因此,企业成功取决于观念的更新,落后的观念只能把企业引向死路。观念是构成管理者素质的重要组成部分。据美国企业管理协会调查表明,对于一个高层管理者,在管理技能中概念技能是最为重要的(概念技能占47%,人际技能占35%,技术技能占18%)。有关管理专家认为,模式不是主要的,关键是要形成一个新的观念,有了新观念,可以找模式,创造模式。

所谓观念创新,是指形成能够比以前更好地适应环境的变化并更有效地利用资源的新概念或新构想的活动,它是以前所未有的、能充分反映并满足人们某种物质或情感需要的意念或构想,来创造价值的活动。管理者应该自觉进行观念创新,以适应迅速变化的企业内外环境。同时,观念创新是没有止境的,现在的新观念,经过几年之后可能就变成了老观念。因此,只有不断地进行观念创新,不断产生适应并领先时代发展的新思想、新观念,并具体落实在管理活动上,组织才能得到良好发展;否则,就会被无情的市场竞争所淘汰。从这个意义上来说,观念创新,是组织成功的导向,是其他各项创新的前提。

不论是企业家的观念创新还是企业经营观念的创新,都需要一定的前提条件,也都会存在着各种各样的风险。在观念创新的前提条件中,最核心的一条就是不断学习。观念创新要有充分的准备,它是一个充分积累、学习的过程。学习既包括对前人、别人的思想和经验的学习,也包括在主体本身实践中的思考和学习。目前国际上,"组织的学习"和"学习的组织"已成为热门话题。所谓"组织的学习",是指组织为适应环境变化和自身发展的需要,不断的吸收、处理外界信息,调整自己的生存结构、方式和内涵,以最大限度地形成面对环境的应变能力和面向未来的发展能力。组织的学习不是孤立地单指组织成员个体的学习,而是指组织作为整体,包括从体制、机制到群体组合在内在系统活动。个体的学习不是组织学习的全部要求内容,而是实现组织学习的途径和表现。组织的学习不等于单个成员学习的简单相加。所谓学习的组织,是指已经形成有效学习机制的组织。

除了前提条件外,尤其需要强调的是,观念创新面临着巨大风险。观念创新的风险来自于两方面:

1. 观念创新往往是摒弃了原来社会环境下的思想,而创造一种前所未有的观念,可以说是一种"反叛"现实的观念。这样,新观念必然被指责为一种"异端邪说"。由于这种新的观念产生于原来的环境,并在原来的环境下生存、发展、完善直至成熟变为行动,所以在此过程中必然会遭到原有社会各个方面的排斥和打击。因此,创新观念所面临的风险是很大的,有时是需要付出极大代价的。中世纪时期,教会的思想在欧洲占据统治地位。"地球中心说"一直是人们所普遍认可的说法。但就在这时,出现了一种"叛逆"的思想——哥白尼提出了"太阳中心说",但是他知道如果按科学的态度立即发表的话,会遭到什么样的迫害,所以,他直到临死前才把观点公诸于世。

2. 当创新者首次提出创新观念时,只是对改变现状、走向未来的一种假说,往往没有什么证据能够证明他的观念的正确性和合理性。创新本身具有风险。

决策理论告诉我们,组织决策有三种类型,即确定型决策是指决策者掌握了与决策相关的各种决策方案的全部条件,可以准确预测各方案的后果,并从中选择最有利方案的决策。风险型决策是指与决策相关的条件是已知的,但不能完全确定决策的后果,只能根据经验和相关资料估计各种结果出现的可能性。这时,决策具有一定的风险,故称为风险型决策。不确定型决策是最难以作出的决策。因为这类决策会导致什么样的后果事先无法确定,只能根据决策者的经验、直觉和估计来做出。创新是属于不确定性决策。这种不确定性可以从以下几个方面体现出来。

1. 创新特别是产品创新的风险事先是未知的。从事产品创新的人们经常碰到的情况是,"需要干点什么"人人都知道,但到底"应该干什么",却没有一个人清楚。更具体地说,就是企业中人人都知道应该不断开发市场需要的新产品,以保证企业增强竞争力。但是,开发什么样的新产品、怎样开发新产品却谁也说不清楚。这种情况无法避免,因为现代企业具有处理风险的机制,它可以发现风险、分析风险、评价风险,并在风险中经营,但是,它却不善于面对不确定性问题。产品创新依赖技术,而技术可行性存在不确定性,这是创新者无法预计的。

2. 其他人或其他企业已经或正在干些什么具有不确定性。创新是要付出极大代价的,包括物质上、精神上的代价以及时间上的损失。然而,经常令人感到不安的是,由于信息的不对称性,自己费了九牛二虎之力已经或即将搞出的创新,却发现只不过是步他人的后尘,失去抢占市场的先机。更为恐惧的是,企业煞费苦心的创新可能最终被证明是毫无价值的。例如,为了抢占高清晰度电视研制的先机,日本人用了20年时间投资了16亿美元,以模拟电视技术为基础来研制,结果是所有的努力都付之东流了。因为日本的产品与美国的全数字技术生产的高清晰电视相比,技术档次和质量水准都差了许多。

3. 创新的经济价值不可预测。成功的发明能导致利润丰厚的创新吗?这是谁也无法预先确定的,人们寄予厚望的创新常常得不到企业希望的利润,甚至"竹篮打水一场空"。这就说明创新要面临极大的风险甚至是完全失败的风险。

(二)组织创新

组织创新是指随着生产的不断发展而产生的新的企业组织形式。组织是对资源的一种配置方式,它包括对人力、物力与财力资源及其结构的稳定性安排。组织的基础是其目标的认同性,而这种认同必须建立在对其成员责、权、利关系的合理界定上。作为资源配置的另一种基本形式,市场是具有不同目的的个体之间进行各种交易的协作体系,这种协作是一种相互有利的过程。它能使各个体更好地实现各自的目的。由于组织具有相对的刚性,而市场富有较大的弹性,两者彼消此长,因此无论是怎样的经济制度,要想有效地开发利用资源,都无法单独依赖组织或者市场作为其配置资源的唯一方式。由于在不同的经济发展阶段对资源配置的要求不同,因而合理地选择和安排好两者的主次和轻重关系,对推动经济进一步发展有决定性的作用。由于组织与市场的资源配置性质迥异,因此创新往往意味着资源组合方式的改变,在组织与市场中表现出不同的特征。组织形态的演变,由家庭的"纵向一体化"到分料到户制,到工场作坊,到简单的工厂制,到合股企业、股份企业,以及股份企业的横向一体化即法人互相持股,都是企业组织创新的结果。

组织创新的类型有三种:市场交易型(A型)、行政指令型(B型)和混合型(AB型)(指市场交易与行型组织政手段相结合)。A型组织的创新主要依靠个体利益的诱导,当个体认为参加新的组织能大于他之前所得利益时,A型组织创新就会出现;B型创新主要依靠权力的驱动,当权力上层重构组织能实现整体的新目标或使目标更好地实现时,B型创新就会出现;AB型创新介乎其中,它广泛存在于组织与市场共存的相互作用体系中。

虽然组织创新在不同经济体系下有不同的主导形式,但其完成的手段无非有三个:

(1)兼并,包括横向的,纵向的和全方位的成员合并;

(2)分割,主要是将目的不同的成员分开,并在必要时为维护整体目标的实现而丢弃部分不相适应的成员;

(3)创建全新组织,往往是在某一新目标的驱动下,不同的成员相聚集,形成新的组织,这种新目标可以是更好地实施控制,也可以是属于展开一系列共同的技术创新项目。

创设一个新的组织体系并使之有效地运转是组织创新的主要任务。组织是企业管理活动及其他活动有序化的支撑体系。一项组织创新如果不能有效地实施与运转,则不是实实在在的创新。组织创新主要包括三大领域:企业制度创新、组织机构创新与管理制度创新。

1. 企业制度创新。所谓企业制度创新,是指随着生产的不断发展而创立新的企业组织形式。强调制度建设与制度创新不是说人不重要,强调以人为本的管理也不等于制度不重要。恰恰相反,人本管理需要在科学的制度前提下来发挥人的作用。没有经过严格制度管理的过程,一开始就实行人本管理是要坏事的。人与制度的关系是管理中的一个难题,强调人的时候忽略了制度,而强调制度时又把人捆得死死的。事实上,在一个组织中,组织成员是

"灵魂",组织体系是"躯体",只有两者有机地结合起来,才能形成一个现实的组织,发挥组织的功能。忽视组织成员而只注重于组织体系,组织就会像没有"灵魂"的"僵尸"一样毫无生机;只重视组织成员而忽视良好的组织体系的建立,组织就会像没有"躯体"的"幽灵"那样飘泊不定,成为一盘散沙。

2. 组织机构创新。在组织结构创新过程中,组织结构与外在环境的关系必须受到重视,原因在于组织的生存、发展与创新要依赖外在环境的支持。组织必须顺应环境的变化进行各种必要的自我调整,适时变革自身的结构。

要想顺应环境的变化,就必须能够预见到环境的变化。如果环境总是在动荡变化之中,则组织必须保持高度敏感,随时根据环境的变化,作出迅速反应,相应调整组织结构。当然,环境与结构的关系不是绝对的。组织本身对环境变化的消化能力也是适应环境的另一种力量,而不一定必须通过结构变化来实现。因此,组织结构不可能是一成不变的东西,而是一个柔性的有学习能力的有机体。如何从过去刚性的组织状态转变为柔性组织的状态,是组织结构创新的一个重要方面。最传统的组织结构形式是管理者位居组织的顶点,统辖管理部下。职能取向一旦提高,组织形式便改成以管理者为中心点,统率周围具有专业职能的部下。如果是职能横向式的取向加强的话,管理者的位置又会变成小组成员的一员与其他人一起工作,组织朝半自主管理的形式转变。若再变成流程取向的话,就需要形成没有管理者的自主管理型的组织。在这种组织里,强调的是自我管理。当然,还需要整合小组的领导角色,以轮换的方式让全体组员轮流担任领导者,管理者改为顾问性质而存在。这就是现代组织机构形式演变的基本过程。

好的组织结构应该是既严谨但又不规定得过死,具有相当弹性,以适应新情况的变化。在组织结构创新方面,主要的趋势是由金字塔结构向扁平化结构发展,进行虚拟经营,使组织弹性化运作。

3. 管理制度创新。管理制度是企业确立的各种资源整合的行为规范。管理制度创新的目的是为了更有效地整合资源。终身雇用制度、年功序列工资制度与企业工会制度是日本1950年代至1980年代经济腾飞的三大支柱。管理制度的创新对企业管理推动作用是巨大的。管理工作的制度化与规范化有助于巩固管理创新的成果,有助于管理创新成果的推广与传播,有助于创新成果的改善与评价,从而进一步推动管理创新。

管理制度的创新是一个系统工程,一环紧扣一环,环环相关。制度创新的过程是一个持续化的过程,需要反复修改才能逐步趋于完善。管理制度没有最好,只有更好。一项制度应包含有管理思想、具体条文,还要有相应的表格。表格是执行的工具,工具设计不好,便直接影响制度执行的效果。企业管理中各式各样的条文、表格、单据是企业实行管理的灵魂和骨架,它们既是员工执行命令的依据,又是执行过程中的记录,执行结果的分析和分类。在制度创新过程中,应该力求每一个条文、每一张报表、每一个栏目、每一个数字都切实有效。

管理制度创新一般可依据下面流程(图12.2)来进行。

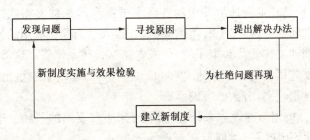

图 12.1 管理制度创新的流程图

在现代企业管理中,管理制度创新领域是非常广泛的,大到人事管理制度,小至车辆管理制度,企业中的每一岗位、每一件事都可以建立相应的管理制度。从建立现代企业科学管理制度的角度而言,主要的是要在劳动用工、工资报酬与业绩考核制度方面有所创新,建立与市场经济相适应的工资制度、用工制度与考核制度。

(三) 技术创新

技术创新是指一种新的生产方式的引入。这种新方式可以是建立在一种新的科学发现的基础之上,也可以是以获利为目的经营某种商品的新方法,还可以是工序、工艺的创新。所谓新的生产方式,具体地是指企业从投入品到产出品的整个物质生产过程中所发生的"突变"。这种突变与在循环流转的轨道中年复一年地同质流动或同步骤的调整不同。它既包括原材料、能源、设备、产品等硬件创新,也包括工艺程序设计、操作方法改进等软件创新。

1. 按创新的技术变化的性质不同,技术创新可分为突变性创新,累进性创新以及根本性创新。突变性创新,是指由于某一创新,使相应的技术领域在短时间内发生质的变化。例如,我国五兆瓦低温核反应堆的研制成功,创新的时间周期短,使核能技术的和平利用发生了跳跃式的进展。累进性创新,是指创新时间周期较长,每一次只产生微小的技术改进,而无质的突破,但随着创新的日积月累,最终可能产生质的跃进。例如,超音速喷气式战斗机的出现,正是在亚音速战斗机的速度渐进提高的基础上完成的。根本性创新,是指技术上有重大突破,并投入了商业化应用的创新活动。例如晶体管代替电子管,集成电路又代替晶体管。这类创新,往往要应用新的科学原理,费时长短不定,创新成果成组出现,且技术含量较高,有大的突破。

2. 按创新的效益来分,创新可带来生产要素的节约。这有三种情况,相应有三类创新:

(1) 资本节约型技术创新,即在创新完成之后,可使商品价值构成中的活劳动凝结的价值比重增大,物化劳动转移价值的比重减小。在这种情况下,商品生产向劳动密集型靠拢。

(2)劳动节约型技术创新,即在创新完成之后,可使商品价值构成中的物化劳动转移价值的比重增大,活劳动凝结的价值比重减小。在这种情况下,商品生产向资本密集型靠拢。

(3)中性技术创新。即在创新完成之后,生产效率提高,商品内含的价值减少,但商品价值构成中,活劳动凝结的价值和物化劳动转移价值所占比重不变。

新的科学技术方法的不断产生和企业环境的变化都给技术创新提供了很大的空间,结合企业实际,提出一些切实可行的管理方法和技术并不是一件很困难的事情,关键在于是否有创新意识和鼓励创新的机制。管理技术创新的领域大致有:

(1)企业生产与管理流程的创新;

(2)新的管理手段的引进,如计算机辅助管理等;

(3)营销、财务、生产、产品开发等方面管理方法的创新,如财务的实时控制、产品开发的并行工程等;

(4)新办公设施的创设和使用;

(5)新的领导方式和方法;

(6)人员的测试与考评方法的改进等。

(四)市场创新

伴随着新技术的出现和新产品的开发,必然带来企业对新的市场的开拓和占领,继而引起市场结构的新变动和市场机制的创新问题。所谓市场创新是指企业从微观的角度促进市场构成的变动和市场机制的创造以及伴随新产品的开发对新市场的开拓、占领,从而满足新需求的行为。

1. 着重于市场开拓。与技术创新不同,市场创新不以追求技术的先进性、产品的精美性为目标,而以开拓新的市场、创造新的需求,提供新的满意为宗旨。能否满足消费者的需求(主要指潜在需求,不同层次的需求、特殊需求、新需求等)是能否开拓新市场的关键。

2. 市场创新与市场营销不同,它不以巩固已有市场份额、提高既有市场占有率为满足,而是把着眼点放在开拓新领域、创造新市场上。

3. 市场创新具有主动进取性。市场创新强调主动进攻,即在企业产品市场形势尚好的情况下,有计划、有系统地革除陈旧的、过时的技术或产品,开发新产品,开辟新市场,而不是等待竞争者来做。

4. 市场创新具有时效性。一次创新能否成功,很大程度上取决于它投入市场的时机。过早地投入市场,由于尚未消除产品的本身的缺陷,或其维修备件尚未备足,或是在市场还没有为某次创新作好准备时,过早投入市场会导致惨重的失败。因此,尽早投入新产品,必须有个限度,即拿到市场去的产品必须在质量上基本过关,并具有新颖性能,从而能使之在市场上处于有利的地位。同样,一味追求新产品的最后一点完美性,而过晚地投入市场,也往往贻误战机,导致前功尽弃,丧失早一点推出产品所能得到的更多的市场。

5. 市场创新无止境。以低价格赢得市场份额,靠营销技巧来增加销售,无论是手段还是前景都是有限的,它要受到最低成本、效益以及现有市场空间的局限。而市场创新却是具有无限前景。从需求角度看,市场需求的多样性,多层次性和发展性,为市场创新提供了无限可能性。从供给角度看,技术进步是无止境的,任何产品质量、性能、规格都是相对的,质量到顶的产品或服务是不存在的。

市场创新可以有效地解决产品的销路问题,就目前对市场大形势的认识而言,我国的产品市场正逐渐成为买方市场。在此形势下,如何更深一层换个角度去看待市场,就对企业的市场创新提出了挑战,正如美国著名经济学家托马斯·彼得斯曾指出一样:在瞬息万变的市场竞争中,不要老想分享市场,而要考虑创造市场,不是取得一份较大的馅饼,而是要设法烙出一块较大的馅饼,最好是烘烤出一块新的馅饼。创新与市场的关系如图 12.3 所示。

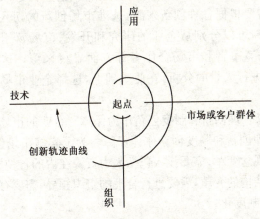

图 12.2　创新与市场的关系

创新的起点始于市场或客户群体,通过技术创新满足市场或客户的需求。而只有客户或市场的需求得到满足,新一轮的创新才能开始,否则创新轨迹将无法进行下去。联想集团的"贸、工、技"战略可谓是这方面的典型代表。进行市场创新主要可以从以下方面入手:

(1) 进行市场创新的战略决策——选择合适的产业。企业市场创新的产业选择实际上指的是企业的经营战略选择。根据现代战略管理理论,企业的经营必须是处在一定的产业之中进行的,因此,企业必须选择一个适于自己经营和竞争的产业,对此作出战略决策。企业所选择的产业是通过一定的产品表现出来的。企业的产品及其创新,不管是有形的物质产品,还是许多无形的服务类产品,都是企业市场创新赖以实现的表现形式,企业的市场创新最终必须表现为企业的产品对相关市场一定的占有,包括企业原有产品进入新的市场,或者通过生产新的产品来巩固原有市场和进入新的市场。

(2) 准确地选择市场创新的切入点。企业在进入市场创新的时候,需要根据各种创新来源,选准市场创新的切入点。企业的市场创新可以分别从企业的研究和开发、市场营销、用户、供应商、市场竞争者和市场合作者等方面寻找来源。这需要对相关的信息进行大量的分析,在此基础上,选择企业市场创新的切入点。

(3) 以管理创新和制度创新作为保障。企业的市场创新需要企业以管理创新和制度创新作为保障。为了实施市场创新、企业需要进行观念变革,需要投入包括人力资源在内的各种资源,需要进行组织结构的变革,需要进行合理的组织领导,需要有效地激励等,并将之制度化。

(五) 管理创新

管理创新是一种更有效而未被企业采用的方式方法的引入。管理创新是指企业在一定的环境下,把新的管理要素(如新的管理方法、新的管理手段、新的管理模式等)或要素组合引入企业管理系统的创新活动。它通过对企业的各种生产要素(人力、物力、技术)和各项职能(包括生产、市场等)在质和量上做出新的变化或组合,以创造出一种新的更有效的资源整合范式。这种范式既可以是新的有效整合资源以达到企业目标和责任的全过程式管理,也可以是新的具体资源整合及新的目标制定等方面的细节管理。管理创新涉及经营思路、组织机构、管理风格和手段、管理模式等多方面的内容。管理创新的原因在于:

1. 现有的管理方式方法不是最优的。在可供管理者进行选择的方式方法中,仍有比现行选择更为有效的管理方式方法。

2. 出现了可供选择的效率更高的管理方式方法,这种新的管理方式方法既可能是企业内部的发明,也可能由企业外部引入。

从外部引入的前提在于企业应当是一个开放的系统,系统内外存在着适当的管理信息传输通道。企业内部发明新的管理方式方法往往也需要外部输入的某些信息的刺激。

3. 既有交易技术结构的改变使管理创新成为必要。新技术和工艺的采用,市场范围的扩大,人口和资本经营的增加,以及自然资源状况的变化都可以导致交易技术结构的改变。例如,技术进步降低了生产成本和交易成本,也降低了管理成本。特别是计算机、传真、移动通信等使信息成本迅速降低的技术发展,使企业管理方式方法出现变化;市场容量的扩大,人口、成本、自然资源的变化使企业经营方式、经营范围、在市场竞争中的地位发生变化,也使得原有的管理方式与企业的实际需要变得不相容了,促使企业进行管理创新。

管理创新至少可以包括五种情况:提出一种新经营思路并加以有效实施;创设一个新的组织机构并使之有效运转;提出一个新的管理方式方法;设计一种新的管理模式;进行一项制度的创新。因此,从这个意义上可以将管理创新分为基于战略的管理创新、基于环境的管理创新、基于资源的管理创新、基于流程的管理创新等等。其中基于环境的管理创新还可以按照组织的背景条件再细分为基于组织的创新和基于市场的创新等等。这些类型的管理创新相互交错,互相作用,共同推进企业的成长。

管理创新是企业不断发展的动力。近代最具代表性的一次管理创新是现代股份企业兴起后,出现的所谓"所有权与管理权的分离"。这种分离导致管理等级制成为现代工商企业的一个显著特征。管理创新的主要目标是试图设计一套规则和服从程序以降低交易费用,因为随着现代化大生产的兴起、专业化和劳动分工程度的提高,导致生产过程中交换次数的指数倍增,大量的资源耗费到了交易费用上。小艾尔弗雷德·钱德勒通过对美国企业发展史的系统考察后指出:"因为新的大量生产,工业成了资本密集型和管理密集型的工业,它引起了固定成本的增加和充分利用其机器、工厂和管理人员的迫切需要……这些大企业的活动已经不仅限于协调生产过程中材料的流动,它们管理的是从原料供应者开始,经由所有的生产和分配过程,一直到达零售商或最终消费者的整个过程。""现代工业企业——今日大型企业的原型——是把大量生产过程分配过程结合于一个单一的企业之内形成的,美国工业界最早的一批'大企业',就是那些把大行销商所创造的分配组织形式同被发展起来以管理新的大量生产过程的工厂组织形式联合起来的企业……这些活动同它们之间的交易的内部化降低了交易成本和信息成本。"大企业出现的必然后果是经理阶层的职业化和科层式管理方式的引入,从而实现了人类历史上最伟大的一次管理创新。

四、企业创新的效应

现代企业创新作为社会化大生产和商品经济发展的产物,具有四个方面的效应。

(一) 企业创新的扩散效应

率先创新者(创新企业)的短期超额利润,驱动众多的模仿者进入创新产业,引起企业创新效应的扩散。在企业创新的四大内容中,组织创新和管理创新不存在专利保护,学习和模仿是不必付成本的,因而组织创新和管理创新的成果往往率先进入创新的扩散链条。而技术创新的吸纳要支付费用,市场创新要耗费广告及其他销售成本,所以技术创新和市场创新的扩散较前两者经常是滞后的。企业创新的扩散是个复杂的过程。不仅具有存在于同一产业部门内的创新的"叠加",而且具有不同产业部门的创新的"联动"。从历史上看,蒸汽机的诞生和电力的使用引发了各种类型的企业创新;而如今,超大规模集成电路和高性能微机被广泛地应用于社会经济的各个部门。一言以蔽之,企业创新扩散分属部门内扩散和部门间扩散两种形式。

(二)企业创新的群聚效应

创新的群聚效应是指创新在时间和空间上都不是均匀分布的现象。在时间轴上,创新时续时断,时高时低,有时群聚(in groups of swarm),有时稀疏;在空间分布的非均匀性表现,属于创新出现的频度在不同的经济部门有所不同,某些新兴部门及相关产业往往是创新的多发地带。

企业创新群聚特征的形成,不仅是因为基础创新所赖以产生的重大科学发现只会在特定的条件和环境中出现,而且还因为基础创新扫清了来自传统产出和习惯势力的对创新的反抗和障碍,带来众多企业效仿。

(三)企业创新的加速效应

随着科学的基础知识的增多,科学与技术在工业中的紧密结合,以及新的组织管理方式不断应运而生,企业创新的速率越来越快。据英国科学家詹姆士·马丁估计,人类科学知识在19世纪每50年增加一倍,20世纪中叶每10年增加一倍,1970年代每5年增加一倍。与此相适应,企业的组织形式,管理方式日益多样化;市场也更加变幻莫测;技术创新的加速性更为明显。

(四)企业创新的更换效应

企业创新总会给创新企业以巨额的创业利润和广阔的市场份额,但由于存在潜在的竞争者和客观上存在的创新生命周期,所以任何一种新的创新都难以永恒化。这就迫使企业创新具有无穷的更换性,永远不能停留在一个水平上。从一定意义上说,企业创新行为是没有边际的。

第二节 创新机会的来源管理

一、现代企业创新机会的来源

大多数创新,特别是成功的创新,是通过企业家有意识、有目的地寻找创新机会来实现的。对创新机会的来源进行分析,这是有目的、有计划的创新的开始。著名管理学家彼得·德鲁克认为企业内部和外部的创新机会的来源可以分为七类,每类来源又有各种不同的情况。

(一)意外的机遇

无论是意外的成功、意外的失败或者是意外的外部事件,都可以成为创新的机会。一般人往往对此不加注意,从而坐失良机。

国际商用机器企业1930年代初为银行设计了最早的会计用计算机,但是由于经济危机,当时的银行都不购买这种新设备。一个意外的机遇拯救了这家企业:当时恰好纽约公立图书馆需要买一台这种机器。由于罗斯福实行的新政,当时各图书馆都比较有钱,企业把原来卖不出去的一百多台机器都卖给了图书馆。15年以后,在人们普遍认为电子计算机是为高级科研工作而设计的时候,国际商用机器企业却意外地发现工商企业也需要购买能够编制会计报表的计算机,它迅速利用了这个机会,从而取得巨大的成功,在4年的时间内占领了计算机市场上的领导地位。

如果某种经过审慎的计划和精心设计而制造的东西遭到意外的失败,这种失败往往意味着基本情况的改变,同时也为创新提供了重要机会。福特汽车企业1957年制造的新车"埃德赛尔"的失败就是一个很好的例子。通过这一意外的失败,福特企业觉察到汽车工业普遍接受的按消费者收入水平分组进行市场细分化的方法已经不适用了,需要用一种新的细分化原则,即根据"生活方式"来划分汽车市场。这个发现使企业在短期内迅速地推出的新车"雷鸟"取得空前的成功。

(二)利用现实存在的不协调现象

不协调是指实际的情况与应当是的(或者人们一致假设的情况)之间的差异。这种不协调是创新机会的一个征兆。在进入20

世纪直至1950年代,造船企业和轮船企业一直在努力提高船只的航行速度和降低它们的燃料消耗。它们虽然在这方面已经取得很大成绩,但是海洋运输业的经济地位却每况愈下,到1950年已面临绝境。问题出自它们的认识错了。轮船的最大的成本并不来自航行,而是来自在港口的停靠等待,这时它不能取得收入,却要为投资支付利息。在澄清了这一点以后,怎样创新变革就有了明确的方向,主要是发展集装箱和整车上船下船。

(三)根据工作过程的需要

工作过程的需要是指存在于企业、行业或服务事业的过程之中的具体的需要。从这种需要出发,创新将使现有的过程趋于完善,或加强其中某些原有薄弱环节,或重新设计旧的原有过程,或填补一个原来是空白的环节,而使整个过程成为可行。上世纪初的许多创新,包括照相机行业中的乔治伊斯曼以胶卷代替笨重的玻璃底片,以及贝尔电话系统设计的自动化交换台等,都是从工作过程需要出发的创新,有了这些创新才使行业随后的迅速发展成为可能。

(四)行业与市场结构的变化

这种变动为创新提供了巨大的机会,同时也要求每个企业重新确定自己的战略。

在市场或行业结构发生变化的时候,原有的领先企业往往对于增长得最快的细分市场不予关注,而外来的创新者可以趁虚而入,很快占领市场并且不冒什么风险。以电话为例,第二次世界大战后美国长途电话的业务发展很快,但是贝尔系统仍按过去的办法,对长途电话收费很贵,利润用来补贴本市电话,但是长途电话的大用户可以享受相当大的折扣。于是在长途电话市场上就出现了一个利用这种折扣来经营长途电话的行业,它们在1980年代初的业务量就已大于10年前整个贝尔系统处理的长途电话数量。多年来美国邮政局最能赚钱的业务被创新者大块大块地夺走,这些业务包括运送普通包裹,航空运送紧急或贵重的商品及信件,但是它却并未作出反应,其原因是整个邮政业务发展迅速使它忽视了这些似乎是次要的范畴。

(五)人口情况的变动

人口变动是最可靠的创新机会之一。观察这种变动并加以利用的人可以取得巨大的报酬,而风险却是很小的。

日本人所以能在机器人制造方面占有领先地位,是因为它注意人口的变动1970年前后发达国家出生婴儿减少,同时也出现了教育膨胀的趋势,高中毕业学生升学深造者已超过一半以上。预计到1990年代初,制造业的传统的蓝领工人将出现短缺,但是只有日本人率先采取了行动。他们在机器人制造方面先走了10年。地中海贝尔俱乐部是一家代办旅游和娱乐业务的企业,它的成功也是利用人口情况变动的结果。在1979年前后,在欧洲和美国出现了大量出身于劳动者家庭,但又很富裕而受过教育的年轻人,他们不满足于老一辈的休假方法,迫切需要有内行来组织他们在假期内的旅游和娱乐。该组织的创办者们在调查这些年轻人的需要的基础上建立了他们的第一个避暑地。

(六)文化和价值观念的转变

这种变化并不改变事实,但是能改变事实的意义。如改变消费者的消费偏好或人们对工作及其报酬的态度。1980年代以前,人们还把电子计算机看成是一种威胁,并且认为只有大企业才会使用,而现在却被看成是一种人们可以买来计算个人所得税的机器,因而出现了个人计算机需求的迅速增长。

(七)新的知识

以新的知识(包括科学的、技术的和社会的)为基础的创新在创新历史中占有很重要的地位。

以新知识为基础的创新比其他类型的创新更需要强调市场经营,因为这类创新最引人注目,在市场引进后会立即出现一大群竞争者,稍有不慎就会落在后面。以科技知识为基础的创新者必须有明确的战略方针才能维持在行业内的领先地位,例如国际商用机器企业对于电子计算机,柯达企业对于照相显影技术,主要都是通过开发完整的系统来维持它们在行业中的主宰地位。而杜邦企业则主要通过为产品创造市场来实现在尼龙用途方面的创新。

二、现代企业创新的原则

彼得·德鲁克在分析创新机会的基础上,提出了六条创新的原则。这六条原则是:

1. 分析创新机会的各种来源,这是有目的,有计划的创新的开始。

2. 走出去观察、询问和倾听,研究潜在用户的期望、价值观念和需求。

3. 有效的创新必须简单集中。它应该只做一件事。

4. 有效的创新开始时要小,只做一件具体的事。例如每个火柴盒一律装五十根火柴,这种自动化设备使瑞典在全世界垄断火柴生产达半个世纪之久。

5. 创新一开始就以充当领导者作为目标,争取成为标准的设计者并决定新技术和新产业部门的方向。

6. 创新需要才干、机智和知识,但是更需要努力和专心致志地工作。

德鲁克特别强调,创新的基本策略是有计划、系统地放弃老产品、放弃正在过时的东西。企业不要为保护过去的东西花费时间、人力、物力和资金。

三、现代企业创新的管理

美国、日本和西欧的创新型大企业,虽然文化传统不同,但是都有惊人的相似之处。成功的创新型大企业的管理方法有以下几点。

1. 有利于创新的环境和气氛。企业的领导必须对未来的发展具有远大的抱负,并使企业的价值观念和气氛有利于支持创新。《追求卓越》的作者托马斯彼得斯指出,创新过程只能通过实验和革新迷们的活动来实现,经理人的任务就是要创造有利于这种创新过程的环境:培育实验者和革新者并使其成为英雄的环境。

2. 面向市场。创新型的企业不仅有远大抱负,并且能把它同市场的实际的现实结合起来。一方面是企业的领导具有很强的市场导向,十分注意预见和解决消费者将要出现的问题;另一方面是技术人员与市场经销人员之间有经常的相互联系。

3. 小型化的扁平型组织结构。最富于创新精神的大企业都在努力减少层次,使整个企业成为扁平型的组织,并把各个项目小组分得很小。各个事业部和各个技术部门的规模也实行小型化,在单位内部一般只需要建立两级管理。如果单位规模过大,管理人员和管理机构就会增加,一个创新项目需要经过许多正式的批准手续,使它不易成活。

4. 研究方法的多样化。创新者在开始时不知道哪种方法在技术上是最好的,而技术发展往往包含许多意外。合乎逻辑的方法是同时走几条不同的路。

5. 分权化的小组织。每个创新能力强的大企业都在仿效小企业的做法,在创新方面采用分权化小组织的形式。

6. 在相互影响中学习。创新型的企业无论大小都是善于学习的,它们积极寻找外部的技术来源,并且尽量依靠用户的能力。

发达国家创新型大企业的成功经验表明:对创新的管理应当采用一种渐进的方法(增量方法),也可叫做"分阶段的程序计划"。因为创新活动不适宜用高度定型的计划制度来进行管理。对于重大的创新最好把它作为一种渐进的、目标导向的、相互影响的学习过程来加以管理。

第三节 现代企业的管理创新

一、现代企业管理创新的涵义及地位

企业管理在西方发达国家成为系统的理论,大约是19世纪末和20世纪初。从发展的过程来看,大体分为三个阶段:

第一阶段,"古典管理理论世纪末"阶段(19世纪初～20世纪初),以美国的泰罗等为代表,主要探讨在工厂中如何提高劳动生产率的问题。

第二阶段,"行为科学理论"阶段(1920年代至"二战"结束),前期有名的是"霍桑工厂的试验",提出工厂是"社会人"等原理,后期主要集中在四个领域:

(1) 有关人的需要,动机和激励问题;
(2) 同企业管理有关的所谓"人性问题";
(3) 企业中的正式组织以及人与人之间的关系问题;
(4) 企业中的领导方式问题。

第三阶段,是在第二次世界大战之后,适应"二战"后科学技术的发展和生产社会化程度提高的新形势,出现一些新的管理学派,主要有决策理论学派、权变理论学派等。伴随着管理理论的发展,出现了大量的管理创新。

所谓管理创新,是指企业通过引入一种更为有效而尚未被众多企业所采用的管理方式和方法,改变原有的生产函数,或建立起新的函数,从而在要素不变的情况下,提高产出水平,或者在用较少要素投入的条件下,获得同样高的产出水平。

在完整的企业创新中组织创新(制度创新),主要是解决企业的产权制度和企业组织问题;市场创新主要是开拓新市场和创造新的市场组合问题;技术创新主要是指采用一种新的方法或采用一种新的技术问题;而管理创新则具有独特的功能,它要把各种生

产要素(包括产权要素)"整合"起来,以建立起新的生产函数。在一定意义上说,管理创新带有"整合"的特征,居于基础地位。从这个角度出发,管理创新是一种新的更有效的整合范式,这种范式既可以是新的有效整合资源以达到企业目标和责任的全过程管理,也可以是新的具体资源整合及目标体系等方面的细节管理。

中国经济改革的实践表明,企业产权制度的变革不能代替企业管理的创新。考虑到中国目前管理薄弱的状况,尤其要妥善处理和协调企业制度改革与加强企业管理的关系。诚然,企业制度改革与企业管理是密不可分的,建立符合市场经济要求的现代企业制度本身就是加强管理工作。但是企业管理还有许多具体的内容。在前几年的改革中,企业管理方面有所放松,程度不同地出现"以包代管"、"以租代管"以及"以股代管"的现象,这是形成我国企业管理水平不高的一个重要原因。实践表明,在企业制度创新的大背景下,必须将建立现代企业制度与管理创新有机结合起来,才能从根本上提高我国企业的管理水平。

二、管理创新的动因

由于人的偏好、技术、产品、市场等变动的永恒性质,与这些因素相关的管理方式方法的效率只能在相对意义上理解。换言之,一旦引入时间概念,就不存在一成不变的最佳的、最有效率的管理。这就要求企业不断地追求更加卓越的管理,而这只能通过管理创新才能实现。

管理创新的动因是指企业进行管理创新的动力来源。按照管理创新的来源,我们将管理创新的动因划分为两类:其一是管理创新的外在动因;其二是管理创新的内在动因。

(一)管理创新的外在动因

管理创新的外在动因是指创新主体(企业家)创新行为所面临的外部环境的变动。

1. 经济体制环境的变动。经济体制环境是指一系列用来建立生产、交换与分配基础的基本的政治、社会和法律基础规则,如产权、合约权利等。回顾在传统计划经济体制下,企业是政府的附属物,企业的生产经营活动都是由上级主管部门决定的。产品统购包销、财政统收统支、工资统一标准。所谓的管理只是如何更好地执行上级的指令,企业缺乏管理创新的激情。现代企业制度的建立,使企业成为自主经营、自负盈亏的市场经济主体。企业进行管理创新的成本、收益都由企业自己承担,这就从产权角度促使企业积极从事管理创新,获取更大的收益。

2. 技术的改变。技术的改变对企业的生产经营活动存在普遍的影响。技术变化可能影响企业资源的获取,生产设备和产品的技术水平;技术进步使企业产出在相当大的范围内发生了规模报酬递增,从而使建立更复杂的企业组织形式变得有利可图。技术创新还降低了生产经营管理的成本,特别是计算机、图文传真、移动通信等信息技术的飞速发展,使适应信息化要求的管理创新成为必然。

3. 社会文化因素的影响。社会文化是一种环境因素,但由于社会文化以其无形的状态深入企业员工及企业的方方面面,故创新主体的主导意识、价值观必然受到其熏陶。在这样的条件下,创新目标、创新行为必然受到社会文化的影响。比如,文化与价值观念的转变,从而可能改变消费者的消费偏好或劳动者对工作及其报酬的态度;知识积累,教育体制的发展,导致了社会和技术信息的广泛传播;这些都减少了进行管理创新的组织、实施成本,促使企业积极创新。

4. 市场竞争的压力。市场可以促使企业进行管理创新。市场通过竞争,会给企业很大压力,迫使企业不断创新。这种竞争犹如一根鞭策企业不断改进管理方式方法的大棒,市场能自动地使企业、个人甘冒创新风险,为管理创新提供动力。由于人的理性是有限的,客观环境是不确定的,管理创新不一定会成功,一旦失败会使企业发展受到影响。许多企业因创新风险而因循守旧,不敢创新。但创新也有巨大的吸引力,管理创新的成功,会使企业获得巨大收益。正是这种对收益的期望,诱使许多人进行创新。这如同"重赏之下,必有勇夫"。市场体系有助于培育创新的主体企业家。企业家是管理创新的组织者。在市场机制下,经过优胜劣汰的选择,一些有才能的企业家会脱颖而出。而在中国传统体制下,只能产生德国社会学家韦伯所说的行政官僚,而不是企业家。

5. 社会生产力发展的要求。表面上看管理创新是为了发展生产力,有效整合资源,似乎只对社会生产力有促进作用。但实际上社会生产力水平状况对管理创新也有所作用。这一反作用主要表现在:首先什么样的社会生产力产生什么样的管理需要;随后才谈得上管理创新。为什么只有在第二次世界大战后才会产生现代管理方法而不是之前或之中,这是因为第二次世界大战后企业生产方式的发展,规模的扩大以及生产力迅速提高的状况对企业管理提出了新的要求,这样便有一批创新主体顺应潮流,经过努力终于创造出了大量奇迹。

(二) 管理创新的内在动因

管理创新的内在动因是创新主体(企业家)创新行为发生和持续的内在动力和原因。管理创新的内在动因并不是单一的,而是多元的。

1. 创新心理需要。根据马斯洛的需求层次理论,人的需求是人行为的主要动因之一。马斯洛认为,人有自我实现的需求,而这一需求是人需求层次中最高的。创新心理需求应该是人需求的最高层次之一。创新心理需求是因创新主体对成就、自我价值、社会的责任、企业的责任等的一种追求而产生。而这些本身也是创新行为的动因。

2. 自我价值实现。创新主体在创新行为之前或过程中,对自我价值实现的追求往往成为其动因之一,因为一旦成功可以表明创新主体自身价值的高低,也可以从中获得成就感,得到一种自我满足。

3. 创新主体对收入报酬的追求的需要往往也是创新行为的动因之一。

4. 责任感。责任感是创新主体的创新动因之一。责任感有两种,一是对社会的责任感,一是对企业的责任感。这两种责任感会使创新主体在思想意识中产生一种使命意识,促使创新主体坚持不懈地努力。

三、管理创新领域

现代企业管理创新领域是指现代企业在管理方面可以创新或应该创新的领域。管理创新领域有下述几个主要方面。

（一）经营思路方面

现代企业要想在变化多端和激烈的市场竞争中生存与发展,成为一流,必须在经营思路上不断创新。现代企业在经营思路方面的创新具体可以有以下一些方面：

（1）新的经营方针及经营战略；

（2）新的经营理念及其推行；

（3）新的经营策略；

（4）资本营运新思路；

（5）产生经营新思路的方式方法。

经营思路的创新对企业来说不是一种容易的事,但一旦实现就会成为企业制胜的法宝。福特汽车企业在本世纪初提出"让工薪阶层都拥有一部车"的新思路,这不仅使福特汽车从此有了巨大的发展,也使这一思路的实质——"价廉物美"、"薄利多销"的管理思想成为日后众多企业学习的榜样。

（二）组织机构方面

现代企业已不再把组织机构看作一个刚性的东西,而是把它看作一个柔性的东西,一个有学习能力的有机体。因为,僵硬的组织机构已不再适应现代世界多变的状态。而从刚性的组织机构到柔性的组织机构,再到学习性的组织机构本身就是企业管理创新的重要结果。组织机构方面的创新主要有以下一些具体方面:

(1) 组织机构的基本形态的发展;

(2) 部门机构职责、权限的发展;

(3) 集权分权的新方式;

(4) 组织机构中信息网络重构;

(5) 组织机构中人际关系安排等等。

通用汽车企业在企业组织机构方面有过重大创新,这就是后来的分权型事业部制机构型式,这一型式现在已成为大多数大企业适应大规模多样化生产经营的典型组织机构型式,它对现代企业管理的发展起了很大的作用。

(三) 管理风格和手段方面

管理风格和手段直接涉及企业资源的有效整合。第二次世界大战后,许多管理学家和企业家把当代科技成果引入企业管理,发展了许多"现代管理方法",如线性规划、价值工程、全面质量管理、预测技术、决策技术、可行性分析技术等。这些方法的产生对企业有效整合资源产生效益起了相当的作用。管理方式方法创新还包括以下一些方面,如:

(1) 新的领导风格;

(2) 对人的管理的新发展;

(3) 生产、经营服务等方面管理方法的发明;

(4) 新的管理手段;

(5) 企业生产组合的创新等。

(四) 管理模式方面

能够结合企业的特点创造出全新的管理并获得成功,这就是管理模式的创新。这是对管理模式大的方面的理解;管理模式的创新实际上还可以在企业某一个方面作出,如生产管理模式,财务管理模式等方面的创新。管理模式的创新可以有以下几个方面。

（1）企业管理综合性创新；

（2）企业管理某一管理方面的综合性创新；

（3）综合性管理方式、方法的创新；

（4）管理方法手段等综合性创新等。

（五）管理制度方面

由于我们将企业产权制度、企业组织变迁都看作是企业组织（制度）创新的考察内容，所以这里所讲的管理制度主要是指企业内部的管理制度，如人事制度、财务制度、生产管理制度、厂规厂纪、领导制度等各个方面。企业管理制度创新应针对制度和普遍性即共性方面，而不是其特性方面。因为特性方面无法获得大家的认可和普遍采用。管理制度的创新可以有下列一些方面：

（1）各类企业管理制度的创新；

（2）管理制度的效用评价；

（3）管理制度的制订方式；

（4）系统化管理制度的创新等。

四、管理创新的新发展——蓝海战略

蓝海战略的概念最初由 W·钱·金教授和勒妮·莫博涅教授于其所著的《蓝海战略》中提出，一经提出就引起了强烈反响。尽管"蓝海"是一个全新术语，但其并非新鲜事物。无论过去还是现在，它都是商业生活的一部分。设想市场空间由两种海洋组成：红海和蓝海。红海代表当前业已存在的所有行业，这是一个已知的市场空间。蓝海代表当前尚不存在的所有行业，即未知的市场空间。自从迈克尔·波特的《竞争战略》和《竞争优势》两本战略管理专著问世之后，"竞争"就成了战略管理领域的关键词。在基于竞争的战略思想指导下，企业常常在"差异化"和"成本领先"战略之间选择其一，确立自身的产品或服务在市场中的特殊地位，以便打败竞争对手，最大限度地占有市场份额。然而，追求"差异化"战略意味着相应的增加成本,而以"成本领先"为导向的战略又限制了企业所能获取的利润率。《蓝海战略》为企业指出了一条未来增长的新路。蓝海战略要求企业把视线从市场的供给一方移向需求一方,从关注并比超竞争对手的所作所为转向为买方提供价值的飞跃。通过跨越现有竞争边界看市场以及将不同市场的买方价值元素筛选与重新排序,企业就有可能重建市场和产业边界,开启巨大的潜在需求,从而摆脱"红海"——已知市场空间——的血腥竞争,开创"蓝海"——新的市场空间。通过增加和创造现有产业未提供的某些价值元素,并剔除和减少产业现有的某些价值元素,企业就有可能同时追求"差异化"和"成本领先",即以较低的成本为买方提供价值上的突破。

从这个意义上说,蓝海战略代表着战略管理领域的范式性转变,即从给定结构下的定位选择向改变市场结构本身的转变。由于蓝海战略的开创是基于价值的创新而不是技术的突破,是基于对现有市场现实的重新排序和构建而不是对未来市场的猜想和预测,企业就能够以系统性的、可复制的方式去寻求它;"蓝海"既可以出现在现有的产业疆域之外,也可以萌生在产业现有的"红海"之中。

(一)蓝海战略的基石——价值创新

是否将开创蓝海作为企业的战略取向,这是区分战略的成功者与失败者的一贯标准。陷于红海的企业遵循传统的战略取向,在已有的行业范围内构筑防御工事,企图赢得竞争。令人惊讶的是,蓝海的开拓者并不把竞争作为自己的标杆。而是遵循另一套完全不同的战略逻辑,将其称之为"价值创新",这也是蓝海战略的基石。之所以称为价值创新,原因在于它并非着眼于竞争,而是力图使客户和企业的价值都出现飞跃,由此开辟一个全新的、非竞争性的市场空间。

价值创新的重点既在于"价值",又在于"创新"。在没有创新的背景下,价值的焦点是规模扩张型的"价值创造",它提供了价值,但并不足以使企业超越市场。在缺乏价值的背景下,创新往往是技术拉动型、市场推广型的,或者是理想主义的,即忽略客户是否愿意接受并支付相应的价格。在此意义上,把价值创新与"技术创新"及"市场推广"加以区分是十分必要的。研究证明,区分蓝海拓展中的成败标准既不在于是否拥有"杀手锏"性质的核心技术,也不在于"进入市场的时机"。尽管某些时候上述两种因素的确存在,但在更为一般的情形下,它们并不重要。只有在企业把创新与效用、价格和成本进行有机结合的时候,价值创新才可能发生。如果企业不能使创新围绕价值进行,则作为技术创新者和市场推广者的企业往往生出了蛋,却被其他企业孵化。

价值创新是开创蓝海、突破竞争的战略思考和战略执行的新途径。重要的是,价值创新对竞争性战略的一项基本教条——价值与成本恰如鱼和熊掌不可兼得——提出了挑战。在传统认识中,人们普遍认为,企业要么以高成本向客户提供高价值,要么以低成本提供相应的价值。在此,所谓战略就是在差异化和低成本之间进行抉择。相反,蓝海的探索者们却同时追求差异化和低成本。

图12.3描述了差异化—低成本之间的动态关系,它们是价值创新的立足点。

图12.3 同时追求差异化和低成本

当企业行为对企业成本结构和客户价值同时带来正面影响时,价值创新就在这个交汇区域得以实现。成本节约通过取消或压缩某些竞争因素而发生,而随着时间的推移,由价值创造所带来的规模效应会进一步促进成本下降。

正如图12.3所示,蓝海的创造是在降低成本的同时为客户创造价值,从而获得企业价值和客户价值的同步提升。由于客户价值来源于企业以较低的价格向客户提供更高的效用,而企业的价值取决于价格和成本结构,因此价值创新只有在整个企业的效用、价格和成本行为正确地整合为一体的时候才可能发生。蓝海战略贯彻于企业的各个职能部门和操作部门。

与价值创新不同,诸如产品创新等其他创新,可以在不影响企业总体战略的子系统内实现。例如在制造环节,企业通过降价,可以巩固其价格领导者的市场战略地位,但不会影响企业所提供的产品效用。尽管这一类创新有助于企业维持甚至提升其在现有市场内的地位,但是这种子系统的创新很少能拓展出一片新市场空间的蓝海。

在此意义上,价值创新就不仅仅是"创新",而是涵盖整个企业行为体系的战略问题。价值创新要求企业引导整个体系同时以实现客户价值和企业自身价值飞跃为目标。如果不能将这两个目标相结合,创新必然会游离于战略核心之外。

(二)蓝海战略的分析工具

1. 战略布局图。战略布局图是建立的强有力的蓝海战略的诊断框架和分析框架。使用战略布局图,可以获取当前市场的竞争状况,了解竞争对手的投资方向,在产品、服务和配送等方面的竞争集中在哪些因素上,以及顾客在相互竞争的商品选择中得到了些什么。图12.4用图形方式将这些信息表达出来。横轴显示行业内竞争和投资所注重的各项因素。

在美国葡萄酒行业的竞争案例中,7个基本因素在起作用:

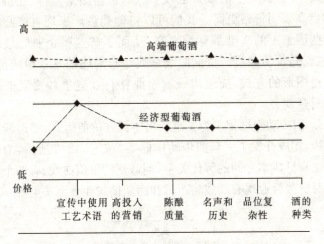

图 12.4　1990 年代末期美国葡萄酒业战略布局图

(1) 每瓶酒的价格;

(2) 包装上的形象标识,包括标签上的获奖声明,神秘的酿酒工艺术语,后者强调制酒的艺术性和科学性;

(3) 高投入的营销方式,以在拥挤的市场中提高该品牌的认知度,并鼓励经销商和零售商为该品牌的酒提供显眼的摆放位置;

(4) 酒的酿造品质;

(5) 葡萄酒园的声望和历史渊源(为此列出庄园和城堡的名称,以及建立酒厂的历史年代);

(6) 酒味道的复杂性和高雅性,包括丹宁工艺和橡木发酵等;

(7) 各种葡萄酿造的不同口味的酒,以满足顾客莎当妮(Chardonnay)到梅洛(Merlot)的不同喜好。

再看看战略布局图的纵轴,它显示了在所有这些竞争要素方面,购买者得到了多少。数值越高表明企业为购买者提供的效用高,在该因素上的投资也较多。对价格因素而言,在价格上分数更高表明价格更高。我们可以将葡萄酒厂家现有产品在所有这些因素上的水准都标绘出来,从而了解这些企业的战略轮廓,也就是价值曲线。价值曲线是战略布局图的基本组成部分,它通过图形的方式,描绘出一家企业在行业竞争各要素上表现的相对强弱。

2. 四步动作框架。为了重新构建买方价值因素,塑造新的价值曲线,相应开发了一套四步动作框架。如图12.5所示,为打破差异化和低成本之间的替代关系,创造新的价值曲线,有四个核心问题对挑战行业现有的战略逻辑和商业模式而言至关重要:

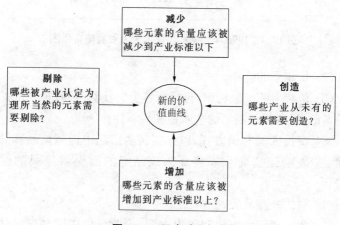

图 12.5 四步动作框架

(1) 哪些行业中被认为理所当然的因素应该被剔除?
(2) 哪些因素的含量应该减少到行业标准以下?
(3) 哪些因素的含量应该增加到行业标准以上?
(4) 哪些行业内从未提供过的因素应该被创造?

第一个问题促使企业考虑剔除在行业长期竞争中攀比的因

素。这些因素通常是想当然的,但其实已不再具有价值,甚至降低了价值。有时候,购买者所重视的价值发生了变化,但企业只顾相互竞争,而没有采取任何行动应对变化,甚至对变化毫无察觉。

第二个问题促使企业考虑产品或服务是否过度设计。如果企业提供给消费者的超过了实际所需要的,那就是徒然增加成本却没有任何收益。

第三个问题促使企业发现和消除消费者不得不做出的妥协。

第四个问题帮助发现购买者价值的新来源,以创造新的需求,改变行业的战略定价标准。

3. "剔除—减少—增加—创造"坐标格。第三个工具也是开创蓝海的关键。这是四步动作框架的辅助分析工具,称为"剔除—减少—增加—创造"坐标格。这种表格要求企业不仅回答四步动作框架中的四个问题,同时要求在四个方面都采取行动,创造新的价值曲线。通过让企业在坐标格中填入在这四方面所要采取的行动,企业马上可以获得以下四个方面的益处:

(1) 促使企业同时追求差异化和低成本,以打破价值—成本之间的替代取舍关系。

(2) 及时提醒企业,不要只专注于增加和创造两个方面,而抬高了成本结构,把产品和服务设计得过了头。许多企业通常会陷入如此境地。

(3) 这一工具很容易被各层次的管理者所理解,从而在战略实施中获得企业上下高度的参与和支持。

(4) 由于完成表格是项有挑战性的工作,这使得企业能严格考察每一项竞争因素,从而发现那些竞争中所蕴含的假设,竞争中的企业往往无意中把这些假设当做是理所当然的。

(三) 蓝海战略的原则

1. 重新构筑市场的边界。蓝海战略的第一条原则,就是重新构筑市场的边界,从而打破现有竞争局面,开创蓝海。这一原则说的是许多企业经常会碰到的搜寻风险。其难点在于如何成功地从一大堆机会中准确地挑选出具有蓝海特征的市场机会。通过研究,重新构筑市场边界的6个基本方法可总结为"六方式分析框架"。这些方式适用于所有行业,并且它们能够引导企业找到有利可图的蓝海领域。简单的说它们是:①放眼替代性行业;②放眼行业内的不同战略类型;③放眼客户链;④放眼互补性产品或服务;⑤放眼客户的功能性或情感性诉求;⑥放眼未来。

2. 关注全景,而非数字。该原则关键是要减少规划风险,避免投入很多精力和时间,但制订的仍是红海战略的计划。在此我们开发了一种取代传统战略计划过程的方法,该方法不是通过撰写文件,而是通过描绘战略布局图,持续地制订和调整战略,使更多的员工提高创造性,拓展企业的蓝海视野。战略布局图更加易于理解,便于沟通,从而使得执行更加有效。绘制战略布局图不仅可以展示一个企业现有市场的战略状况,而且可以帮助企业描绘其未来的战略。通过建立一个围绕战略布局图的企业战略规划过程,企业以及其管理者可以集中他们的主要精力在大的画面上,而不是沉溺于琐碎的数字、术语以及经营细节中。

3. 超越现有需求。作为价值创新的关键因素,这种方法通过汇聚对新产品的最大需求,降低新市场带来的规模风险。企业应关注潜在客户,而不应只着眼于现有客户;应致力于大多数客户的共同需求,而不是注重客户的差异化。这样才能让企业超越现有需求,开辟一片之前未曾有过的庞大的客户群。要超越现有需求,就要先考虑非客户,然后才是客户;先考虑共同点,再考虑差异化;先考虑整合,然后才是进一步细分。

4. 遵循合理的战略顺序。如图12.6所示,企业应按照购买者的效用、价格、成本、适用性这样的顺序来构建他们的蓝海战略。

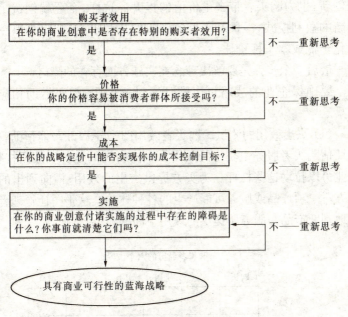

图 12.6　蓝海战略的顺序

在图 12.6 中,起点是购买者效用。产品的效用明确后,接下来就是第二步:确定合适的战略性价格。前一、二个步骤显示的是商业模式获取收益的一方面。它们确保你能为购买者创造较大的净价值,即购买者获得的效用减去所支付的价格。

要确保利润就引出了第三个因素:成本。企业不应当以成本来指导定价,也不能因为高成本而妨碍获利,进而减少了提供给消费者的效用。当无法达到目标成本,要么放弃这一无利可图的创意,要么创新商业模式来达到目标成本。对企业商业模式的运行成本进行控制可以确保它能创造一个较大的价值空间——即产品与服务的价格减去提供其所需的成本。这是效用、战略性定价和目标成本综合产生的结果,它使企业获得了价值创新,也为购买者带来了价值的提升。这样,企业就创造了一种新的盈利模式,一种基于价值创新的盈利模式,即附加值＝差异化＋低成本＋性价比。

最后一个步骤是要解决理念在实施方面存在的障碍。

要确保企业的战略可以顺利通过这四步,需要借助相应的工具。

(1) 杰出效用的测试。购买者效用图(如图12.7)能帮助管理者评估购买者服务中获得的效用。纵向所列的是各项效用杠杆,企业可以拉动这些杠杆。为买方提供杰出的效用;横向列出的是买方对一项产品或服务可能产生的各种体验。这张图让管理者清楚地判断产品与服务所提供的效用空间的大小。

图12.7 买方效用定位图

(2) 战略定价。大众价格走廊,用来帮助经理对有吸引力的产品进行合理定价。这一工具包括两个既有区别,又相互联系的步骤(见图12.8)。

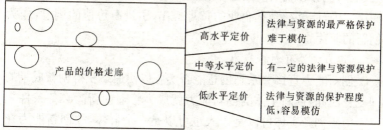

图12.8 大众价格走廊

(3) 目标成本规划。企业应该从价格推导出成本,而不是从成本推导出价格。为了达到成本目标,公司有三个主要的途径:第一个途径,是在从制造到分销的过程中采用流水作业和引入成本创新;第二个途径就是寻求合作伙伴;最后一个途径是改变这一行业的定价模式。

5. 克服关键组织障碍。企业经理人所面对的主要有四重障碍:①认知上的障碍。②资源上的障碍。③动力上的障碍。④组织政治上的障碍。

6. 从一开始,就要让执行成为整个战略的一部分。企业必须超越原来胡萝卜加大棒的激励机制,在战略执行中引入公平操作(fair process)的方法和理念。公平操作与否是蓝海战略成败的关键变量。公平操作的到位与缺位决定了公司战略执行的努力是卓有成效还是徒劳无功。

五、现代企业管理创新的要求

(一)创新主体要具有创新意识

实施企业管理的创新,需要有一个创新主体,而且这一主体应具有创新意识。对一个创新主体而言,创新意识首先反映在其远见卓识上。这种远见卓识就是能够敏锐地判断企业与管理发展的大趋势,能够在现实的问题中找到关键性的问题并能看到其背后深层原因,能够结合本企业的特点提出、引进有价值的创意,作为创新的萌芽。

(二) 要具有创新能力

创新能力直接关系到创意能否实施以便最终获得创新成果的问题。因此,创新主体的创新能力就成为管理创新的必备条件之一。由于创新主体可以是个人也可以是一个群体,故创新能力在个人方面与某个人的天赋有很大关系,在群体方面则与群体中员工智能结构、员工的关系程度,以及组织结构等密切相关。

(三) 要有良好的基础条件

现代企业中的基础管理主要指一般的最基本的管理工作,如基础数据、技术档案、统计记录、工作规则、工序流程安排、会计核算、岗位责任标准等。一个企业基础管理工作好,表明这个企业管理水平较高。管理创新通常是在基本管理较好的基础上实现的。日本企业管理模式创新的成功为什么是在学习了美国企业管理之后才诞生呢?道理很简单,因为美国企业管理中基础管理一环是相当好的,学习美国企业管理的基础环节,为日本企业基础管理方面打下了扎实的基础,使更上一层楼成为可能。

(四) 要有良好的创新氛围

创新主体能够有创新意识,能有效发挥其创新能力与拥有一个良好的创新气氛有关。在好的氛围下,人思想活跃,新点子产生得多而快,不好的氛围则可能导致人思想僵化、思路堵塞,头脑里空白一片。日本企业中实行提案给奖制、提建议有奖制,鼓励员工出主意,想新点子,由此形成了一个创新的好氛围,于是各种创新主意不断涌现。决策方法中有个头脑风暴法,这个方法的含义是创设一个良好的创新氛围,以便专家们可以自由地展开思维和表达自己的各种想法,提出自己的新见解,最终通过几次反复使新点子趋于一致,最后成为创新。

(五)要考虑本企业特点

管理创新并不是一种抽象的东西,而是十分具体的事件。现代企业之所以要进行管理上的创新,是为了更有效地整合本企业的资源以完成本企业的目标和责任。因此,这样的创新就不可能脱离本企业和本国的特点。事实上,创新的成功正是由于这一创新本身抓住了特点。日本企业管理方面的诸多创新是与他们把握了东方文化的特点,日本民族的特点,以及日本企业的特点分不开的。把握自己的特点并加以提炼,往往是创新成功的开始。

(六)要明确创新目标

创新主体要进行创新,没有目标不行,这一目标就是管理创新目标。管理创新目标具体地说,是一次创新活动意欲达到的状态。具体的管理创新目标与具体的管理创新领域相一致。例如,创办连锁店式的商业服务形式是与便利顾客、便利企业(因为企业可以统一进货发货从而降低成本)、争取效益的目标有关。而目标管理方法,则与寻找一个更好的控制与激励员工方法的目标相关。由于创新活动没有明确的创新目标不行,而创新活动本身固有的不确定性使确认创新目标是一件很困难的事。因此,现代企业对管理创新的目标确认多半带有弹性,以解决这一目标本身难以确认的问题。

第四节 现代企业创新主体——企业家

"企业家"一词源于法文,原意带有冒险家的意思。现在,在英语中,企业家一词 enterpriser 意为创建企业并担任经营管理职责的指挥家。准确地说,并不是一般的企业经理就能称之为企业家,只有那些有创新思想并有创新业绩的企业经理才能称得上企业家。
一、企业家形象的历史演变与形成机制
（一）企业家形象的历史演变

世界范围内企业家的形象经过了一个历史的演变过程。

1. 纵向分析。随着资本主义的发展,企业家经历了"换代"过程。大约在18世纪下半期到19世纪中叶的自由资本主义时代,企业家凭着执著的信念,精明的商业判断力和不尚空谈的实干精神以及冒险精神,成为创业者,如钢铁、石油、铁路的创办者就是典型的代表。随着19世纪末至20世纪初垄断资本主义的形成,企业家的创新品质突出化了。为了争夺某一领域的垄断霸主地位,相继崛起了一代竞争型的企业家。在西方的1950年代～1980年代,作为"经理革命"的产儿,既懂得技术又精通管理的一代新型企业家应运而生,他们以经营管理为职业,继承了前辈的创业、竞争、冒险品德,成为创新型企业家。

2. 横向分析。围绕着市场均衡,企业家由单纯的"破坏者"或单纯的创造者逐步发展为兼有创造者和"破坏者"双重行为的主体。熊彼特认为,企业家是从经济内部发起攻势的现行均衡的"破坏者",这种破坏是经济发展的动力所在。而马歇尔则认为,企业家是在市场上协调供需双方以实现均衡的调节者,是市场秩序的"创造者",这种创造是市场运转的条件。

从企业家的演变过程中可以看到：企业家的创新形象越来越丰富、全面。现代经济中,企业家正以旧秩序的破坏者和新秩序的创造者姿态活跃于经济的舞台。

（二）企业家阶层的形成机制

由于经济发展的不确定性,形成了企业家创新的外在压力;而在经济变动中,企业家不断调整自身以求生存和发展,则是企业家创新的内在动力。正是这一压力和动力形成的合力,使创新的企业家阶层形成。

1. 动力机制。现代经济剧烈变动的外部力量来自于竞争,竞争和商战风云起伏,前景莫测。竞争背后的驱动力是利益争夺,无论是古典的企业利润最大化目标,还是经历革命后的企业安全目标,都是利益的派生形式。企业家的生成和发展与企业的生存和发展紧密连在一起,在企业和企业家求生存的背后是企业家的价值观。在对手如林的竞争环境中,企业家只有不断主动出击,以新的产品、新的市场、新的组织、新的技术——即创新,来壮大企业,才能实现自己的社会价值。在计划经济体制的无竞争和按指令操纵的条件下,既不存在企业家,更谈不上企业家创新。企业家创新的动力实现,从根本上说,来源于市场经济,市场经济提供了各种利益较量和不同价值观实践的机会和场所,从而能自发地培育创新,也即,市场机制是一个对创新进行组织的机制。

2. 生长机制。创新型企业家的生成是外因作用于内因,内因能动变化的结果。一方面现代经济联系的日益增加和技术不断进步,给企业和企业家提供了不断创新的机会和条件。这是企业家生成机制的外部条件。另一方面企业家成长取决于企业家对外部环境变化的反应。只有那些对新的成长机会作出积极反应的企业家,才称得上是创新的企业家。创新型的企业家,一般来说,是具有敏捷反应能力,不断学习新的东西,不断更新自己的知识、技能、全面提高自身素质的人。他们通过不断地吸收新的知识,改变自身的智能结构,保持了与外部经济系统的平衡。传统计划体制下成长不出企业家,原因不仅在于外部客观环境一方,也不仅在于企业经营者主观一方,而是双向原因制约的结果。

3. 选择机制。动力、成长机制讲的是企业家生长机理及其在成长过程阶段发生的效应,选择机制则主要说明创新型企业家"长成"后的配置问题。企业家作为一种重要的人才资源,也有一个是否得到合理配置的问题。有效率的配置,会使企业家的创新才能得到充分发挥,不合理的配置,会使企业家的创新功能萎缩,甚至浪费掉人才。企业家创新与企业家生成的良性选择应当是双向、自愿的平等选择。双向,是讲企业家可自由选择适合自己生长的企业,企业可自由选择自己需要的企业家,两者意志的均衡点,就是企业家在经济坐标上应居的位置。自愿,是讲企业家与企业在相互选择中均是出于理性的经济行为,没有超经济的第三种力量介入,比如行政指派企业并不需要的厂长,不允许企业家合理的流动等。平等,是说企业与企业家的双向选择都是做为具有独立人格(包括法人)身份谈判的公正的互利行为。双向的、自主的、平等的企业家选择机制可以使企业家迅速地进入经济生活中的既定位置,发挥自己的创造性功能。

二、企业家与内企业家在创新中的作用

(一) 企业家在创新中的主导作用

无论从创新过程来看,还是从各创新主体之间的关系来看,企业家皆处于一种主导的支配地位。这种支配地位的含义是:

1. 企业家是整个创新活动的控制中心。创新活动是一种经济行为,它总是在企业家的直接或间接控制之下进行活动。

2. 企业家是所有创新主体的"统帅"。包括企业家、内企业家在内的创新主体,是以企业家为领导中心的。

3. 企业家是创新风险的最终承担者。创新的实际操作者固然也有风险,但在企业范围内,其最终责任者是企业家。

从一般意义上讲,企业家在创新中发挥着一般管理者的决策、组织、调整的职能。具体说,在创新决策上,企业家把握着创新"应当做什么"和"不应该做什么"的方向性问题。在组织上,企业家要落实规划、资金、人员等关键问题,要布置各阶段的任务与行动。在调整上,企业家注视着创新的过程,跟踪阶段性与最终创新成果的反馈,随时采取协调行动。可以说,不管创新的具体操作是谁,企业家始终是创新行为的精神和实际的首脑。

(二) 内企业家在创新中的作用

内企业家(intraprenear),即企业内的企业家之简称。它是美国人吉福德体·平肖第三提出的一个概念,是指那些在现行企业制内,富有想象力和有胆量的行为者,冒个人风险来促成新事物出现的大企业雇员。内企业家是现代大企业产物,处于企业最高管理层与基层中间结合部,是连接上面与下面的"过渡层",因此在创新中居于关键地位。

与企业家相比,内企业家创新行为有不同的特征。

1. 隐蔽性。隐蔽是内企业家创新成功的基本保障,在设想还没有发展到更具体的地步之前,尤其如此。否则,过早地公开出去,在企业内部会受到传统力量的抵制,在企业外部会使情报泄露出去。

2. 求实性。内企业家的求实性表现在特别重视市场调查和实验,其本质是面向行动的、求实的。

3. 危险性。创新成果的不确定性本身就威胁着内企业家自己的前途。内企业家的行动常与世俗、习惯相违背,很容易招来非难、嫉妒和干涉,处理不好甚至会被解雇。

三、对创新主体的激励机制

如何才能使创新行为主体致力于管理创新,是从事管理创新研究的人或政府非常关心的问题。按照动机理论,要使人们愿意从事管理创新,必须通过外部的刺激来激发和鼓励管理创新行为主体的动机的形成。

(一) 激励基本原则

激励是指激发人的内在动机,鼓励人朝着期望的目标采取行动的过程。动机理论主要说明了人为什么会采取某种行为的原因。根据动机理论,一个人的行为取决于其动机的强弱,而动机的形成又取决于人的内在需要和外界的刺激。因此,我们可以通过外在的刺激,在一定程度上影响人们的动机,激发其创新的积极性,并通过创造一定的环境条件,使其能够进行相应的创新,最终达到我们所希望的形成持续管理创新行为的目的。

人们有各种各样的生理的、社会的和心理的需求,在一个组织中,组织成员的个人目标就是满足这些需求,因此各个组织可通过一系列针对员工需求的东西如金钱、工作保障、承认等来引导人们从事各种各样的工作。动机驱使人们工作,并且根据其工作业绩得到各种奖励。当员工对这些奖励感到满意时,他会重复其高效率的行为;如果他对奖励不满意,则会变懒,不愿意付出较大的努力。在组织中,激励的基本过程如图 12.9 所示。图中,斜体字均为我们可以采取的激励方法。根据此图,我们可以总结出相应的激励基本原则如下:

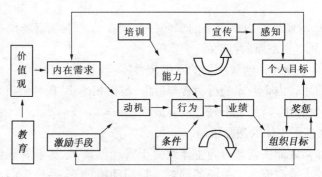

图 12.9 激励机制示意图

1. 调动积极性。激励手段必须针对被激励者尚没有得到满足的需求,并根据被激励者需求的变化而变化。这是促使人愿意做某事的基础。

2. 使人能够做好。通过恰当的培训、合理地布置任务和给予其相应的行动条件,使被激励者能够较好地完成组织所布置的各项工作。

3. 保证把事做对。正确地确定组织目标,并使被激励者清楚地知道组织目标要求和组织目标与个人目标之间的关系,使被激励者保证其所采取的行为的正确性。

4. 使其不断做。根据被激励者行为结果有助于组织目标实现的程度给予其公平的奖惩,而且奖惩的内容必须在一定程度上直接影响被激励者个人目标的实现程度。通过公平奖惩,可以引导人的行为保持在正确的轨道上。

(二) 管理创新的激励模式

根据上述激励原则,结合前面对管理创新行为主体动机的分析,我们可以看到管理创新行为的形成取决于四个方面:行为主体的动机,行为主体的能力,环境的激励,环境的制约。其中,行为主体的创新动机是管理创新行为产生的前提,行为主体的创新能力是产生管理创新行为的必要条件,行为主体的动机和能力一起决定了主体从事管理创新的目的和追求目标。外部的刺激可激发和诱导行为主体的创新动机,并为行为主体实现其创新目标创造条件,而环境的制约则会抑制行为主体的创新动机,并影响行为主体实现其创新目标的程度。四大因素相互作用,决定着管理创新行为的形成。

1. 进行现代企业制度建设。当企业亏损,经营者仍然不用承担多大责任时,经营者对外部的压力会无动于衷,因为亏损与他个人利益无多大关系;当企业盈利,经营者也得不到多大利益或荣誉时,由于经营者的创新需求与经营成果没有多大的关系,经营者从事创新的内在动力也会大为削弱。为了使企业有创新的动力和压力,首先必须加强现代企业制度建设,使企业真正成为自主经营、自负盈亏的经济实体。只有实现所有权、决策权、经营权三权分离,使企业的高层管理者有明确的权力和职责,同时又有明确的利益,才能使企业的经营者真正感受到激烈的市场竞争所带来的外在压力和从事管理创新可能带来的个人需求的满足,从而产生从事管理创新的内在动力。同时,也只有通过现代企业制度的建设,形成一个权责明确、管理科学的内部组织体系,才能使组织中的每一个人明确自己的职责和利益,感受到自己的责任和压力,从而产生积极参与管理创新活动的动力。

2. 完善利益诱导机制。除了通过现代企业制度的建设,使管理创新行为主体明确自己的责任和利益、感受到创新的压力外,管理创新行为的形成还在很大程度上取决于利益诱导机制的形成与完善。

所谓利益诱导机制主要是指通过给予管理创新行为主体和参与者以相应的激励,促使管理创新活动有关的各类人员积极参与管理创新活动。管理创新行为利益诱导机制的功能是:使各类参与者感到参与管理创新活动能实现自身所追求的目标。其实质是管理创新行为的预期收益与各类参与者的个人利益目标相一致。

在前面的动机分析中曾提到,管理创新行为主体的创新动力主要包括生存需要、更大的收入、责任心和成就感,它们都是通过组织业绩的提高和个人目标的实现来反映的。因此,要增强管理创新行为主体的创新动力,就要使行为主体能通过管理创新行为获取较高的组织收益和个人收益。在管理实践中可采取给予从事管理创新行为的人员以各种物质和精神奖励的措施。

3. 加强对管理者的专业培训。管理者是管理创新的行为主体,进行管理创新需要有一批高素质的管理人才和具有风险意识、敢冒风险的企业家。加强对组织中管理者的素质教育,提高管理者的素质,是保证管理创新得以顺利进行的重要条件。

管理创新职能对管理者提出了新的要求,它要求管理人员不仅要有坚实的管理基础知识和合理的知识结构,掌握各类专业管理的基本概念并具有应用这些基本概念的能力,能够综合利用各种信息技术,具有处理涉及面较广的问题的能力,而且要求具有创造性、开拓精神和实干精神,具有经常地不断地重新学习的愿望和应变能力,具有民主意识和合作精神。

从当前来说，鼓励在职人员特别是高层管理者在职进修管理硕士（MBA）课程是十分必要的。我国企业中的管理者上岗前大多数都没有经过职业的管理培训，其中一部分人具有较丰富的管理经验。但从事管理创新，光有经验是不够的，这样难免会使管理创新的效率与效益大受影响，甚至导致失败。因此，要重视对管理者的在岗培训，充实其管理理论知识，从而增强其管理创新的意识和能力。通过学习将有助于管理者发现工作中的问题，提高解决实际管理问题的能力。

4. 致力于组织文化的建设。创新是有一定的风险的，从事管理创新要求人们具有较浓厚的风险意识。所谓风险意识是一种促使和支持人从事风险事业的意识。风险意识包括冒险意识、危机意识和防范意识。冒险意识是一种为了实现远大目标而不顾个人安危的意识，是一种拼搏的意识、进取的意识，冒险意识促使人们为了获得在正常情况下难以取得的巨大利益，在明知存在一定的危险的情况下，下定决心，排除万难，去争取胜利；危机意识是对潜在危机保持高度警觉的意识，危机意识促使人们兢兢业业、居安思危、永不满足。风险意识不仅表现为敢于冒风险，对危机保持警惕，还表现在积极防范上。防范意识是指对风险采取积极主动的态度，防患于未然，使风险消融于萌芽状态。

风险意识可以触发人的潜能，强化责任感，提高整体精神。它是管理创新行为主体的动力之一，也是推动企业管理创新的杠杆，在管理创新的实施过程中具有重要的作用。我们应通过教育、倡导等造就一批具有风险意识的行为主体，注重对各行为主体的非经济利益的诱导，增强其对成就和事业的追求。

由于不同的组织具有不同于其他组织的思维方式、价值观念及传统，它们通过不同的价值取向，对管理创新行为的形成和实现起着促进或阻碍的作用，因此，我们要致力于良好的组织文化的建设，破除传统文化中的消极因素，倡导有利于管理创新行为发展的

价值观念,可从以下几方面着手:

(1) 引导价值观念取向,提倡开拓、进取、奉献的精神,培养起一批有真才实学的敢冒风险、具有强烈竞争意识的企业家和管理者,确立新的风险观,这是构造良好文化的关键。

(2) 强化竞争意识,不断提高人们对时间价值和既激烈竞争又相互合作、利益共享的新竞争特点的认识,培育人们勇于竞争的精神。

(3) 建立和健全相应的一系列规章制度,以规章的手段来约束人们相关的日常活动,逐步形成有利于管理创新实施的行为规范,这是构造相应文化的保证。

环境的创造与管理创新活动的开展有很大的关系。外部环境差,管理创新行为就举步维艰;外部环境适宜,管理创新就能更好更快地实施。

四、企业家对企业组织的创新

企业创新的主体(企业家)除了对自己的工作进行创新,而且更主要的是组织下属的创新。组织创新,不是去计划和安排某个成员在某个时间去从事某种创新活动——这在某些时候也许是必要的,但更要为部属创新提供条件、创造环境。企业家要有效地组织企业内部的创新,应该做到以下几点。

1. 正确理解和扮演"管理者"的角色。企业家必须自觉地带头创新,并努力为组织成员提供和创造一个有利于创新的环境,积极鼓励、支持、引导组织成员进行创新。

2. 营造促进创新的组织氛围。促进创新的最好方法是大张旗鼓地宣传创新,激发创新,树立"无功便是过"的新观念,使每一个员工都奋发向上、努力进取、跃跃欲试、大胆尝试。要造成一种人人谈创新,时刻想创新,无处不创新的组织氛围。

3. 制定有弹性的计划。创新意味着打破旧的规则,意味着时间和资源的计划外占用,因此,创新要求组织的计划必须有弹性。

要求每个部门在任何时间都严格地制订和执行周密的计划,否则创新会失去基础,而永无尝试机会的新构想就只能留在人们的脑子里或图纸上,不能给企业带来任何实际的效果。因此,为了使人们有时间去思考,有条件去尝试,组织制订的计划必须有一定的弹性。

4. 正确地对待失败。创新的过程是一个充满着失败的过程。创新者必须认识到这一点。创新的组织者更应该认识到这一点。只有认识到失败是正常的,甚至是必需的,管理人员才可能允许失败。当然,支持尝试,允许失败,并不意味着鼓励组织成员去马马虎虎地工作。而是希望创新者在失败中取得有用的教训,学到一点东西,从而使下次失败到创新成功的路径缩短。

五、企业家精神

企业家精神是企业家独特的精神特征。所谓企业家精神,是指企业在所处的社会经济体制下,从事工商业经营管理的过程中,在剧烈的市场竞争中和优胜劣汰的心理压力下养成的心理状态、价值观念、思维方式和精神素质。企业家精神通过企业家的行为表现出来,体现在企业家的商品生产和经营活动之中,而且是企业家共有的基本特征。因此,彼得·德鲁克说:"企业家精神是行为,而不是个性特点,其基础在于观念和理论,而不在于直觉。"

(一) 创新精神

尽管企业家的成功之路各有不同,但是他们都有一个共同的特点,这个特点就是具有强烈的创新精神。企业家是专门打翻和瓦解旧有一套的。正如熊彼特所说的,"他们的任务是从事'创造性的破坏'""企业家认为变革是常规,是健康的。"所以企业家的创新精神表现为企业家不甘心满足现状,维持旧秩序,而且不断地追求发展变化,改变现状,打破旧的框架,建立新的事物,是一种创造性的破坏行为。现代企业需要不满足现状的主人。企业家正是由于具有不安于现状的创新精神,才在经营活动中不断去创新,实现创新,从而推动企业不断发展。

（二）冒险精神

创新是实现生产要素的一种前所未有的新组合。这样的创新具有探索性,它既有成功的希望,又有失败的可能,因而具有一定风险性。只有那些敢于承担风险成本的人,才能获取风险的成果。如果一个企业家有眼力,没有魄力,不敢承担风险或者没有冒险精神,将会丧失新的机会,当然不可能实现创新,因而也就失去了企业家的特征或资格。

（三）实干精神

作为企业家,锐意创新,敢于冒险还不够,必须通过创新实践,才有可能实现创新。所以,企业家既是战略家、冒险家,又是实干家。企业家不仅要具有战略家的眼光,能预见未来市场的发展变化,及时制定出企业发展的战略,而且要具有实现战略的勇气、决心和吃苦耐劳的实干精神,把创新落实到实践活动中去,推动创新的顺利进行。日本本田企业领导人久米先生认为,企业家的成功是 1% 的灵感加上 99% 的汗水,而他自己 99% 的时间在工作。

（四）拼搏精神

任何企业的发展都不是一帆风顺的,在发展的过程中总会遇到意想不到的困难,特别是在竞争异常激烈,环境十分复杂和不确定性日益增长的现代市场经济中。不仅企业的整体发展如此,而且它的每一次具体的创新活动,在实践过程中,都会出现各种人们预想不到的困难或者问题。对于创新中出现的问题,缩手缩脚,不敢于、不善于及时处理,必将导致失败。所以,企业家应当具有不寻常的精力和毅力,满怀非凡的勇气和百折不挠的拼搏精神,面对各种挫折和失败,不灰心,不气馁,善于从挫折和失败中吸取经验教训,继续前进。显然,拼搏精神是企业家精神的具体表现之一。

综上所述,企业家精神包括创新精神、冒险精神、实干精神、拼搏精神。这四种精神在具体的企业家身上都应具备,但程度上因人而异。这四种精神是企业家精神的基本内容,是相互不可代替的。但是它们作为企业家精神,各自的地位和作用是不同的,创新精神是企业家精神的核心或精髓,冒险精神、实干精神、拼搏精神是创新精神的补充,在企业家精神中具有辅助作用。因为,企业家的职能或任务是创新,只有实现企业创新的领导才是企业家。因此,创新精神是企业家精神的核心,起着决定性作用。

本章小结

现代企业创新是企业家对生产要素的新组合。创新体系是由观念创新、组织创新、技术创新、市场创新、管理创新构成的。一旦引入时间概念,由于企业生产经营的内外环境都是不断变化的,这也使企业的创新没有止境。

创新机会的来源是多种多样的,从意外的机遇到新知识的出现。成功的企业虽然文化传统不同,但在创新方面都是相似的。

管理创新是采用新的更为有效的管理方式方法。蓝海战略是近两年影响最广的管理创新思想,它的基石就是价值创新。在创新体系中,管理创新带有"整合"的特征,居于基础地位。

现代企业的创新主体是企业家。企业家在企业创新中居于主导地位。而创新精神是企业家精神的核心。

复习思考题

1. 现代企业为什么要不断进行创新?
2. 什么是企业创新的扩散效应?
3. 请你谈谈可以采取哪些方法促进创新。

4. 管理创新的动因是什么？现代企业制度的建立能取代管理创新吗？

5. 蓝海战略的主要分析工具和原则是什么？

6. 管理创新的要求是什么？

7. 企业家应如何组织企业创新？

8. 你是怎样理解企业家精神的？

第十三章 现代企业文化

本章提要

从管理要素的角度来说,现代企业管理的对象可以分为两类。一类是对设备、资金、原材料等的"硬件"管理,一类是注重人的意识、思想、精神及其与行为关系的"软"管理。后者即为现代企业文化的范畴。

现代企业文化理论形成于美国,是世界经济发展和管理变革的必然趋势。现代企业文化是现代企业在长期经营实践中形成的全体员工共同的精神、观念、风格、心理、习惯等的总和。它可以分为物质层、制度层、精神层三个层次,其中以精神层中的价值观念体系最为重要。企业文化有导向、凝聚等五大功能。

现代企业文化的构筑与建设是一个系统工程,需要经过从战略制定到核心观念渗透等四个步骤。在企业文化不能发挥应有作用时,应当进行文化诊断,甚至于文化重塑。

第一节 现代企业文化概述

现代企业是一个经济实体,它从事经济活动,生产出各种有形产品和提供无形的服务,为社会创造财富。但现代企业又是一个组织,是一个由各种各样的人聚集成的集体。而人作为一种社会存在,他们时刻要有一种文化来调节和规范自身的行为。人群的活动必然造就文化,现代企业的经营活动也是如此,相应就产生了"企业文化"。

一、现代企业文化的历史

现代企业文化是对企业管理理论发展的一次超越。那么,这种新的管理思潮是怎么沿革和发展的呢?可以说,企业文化"源于美国,根在日本",即现代企业文化的理论从美国诞生,但在日本企业管理实践中得到最大的体现。企业文化理论是美国的管理学者对美日两国进行比较管理研究的产物,其发展阶段可以分为三个时期。

1. 第二次世界大战后,美国企业在行为科学理论和科学管理理论的指导下,取得令人瞩目的发展,劳动生产率大大提高,企业规模越来越大,成为名符其实的世界头号经济强国。但在1970年代初石油危机爆发后,美国企业竞争力大大削弱,持续增长了二十多年的劳动生产率于1973年停止了增长。但反观战败国日本,不仅在短时间内治愈了战争创伤,以年增10%的速度赶上了一个个西方发达国家,而且在30年后成为仅次于美国的世界第二经济大国。1970年代在工业发达国家因石油危机而普遍发生通货膨胀的情况下,日本依旧保持快速增长。这种巨大的成功后面,是日本企业对企业文化的成功运用与实践。日本企业管理中强调终身雇佣制、年薪序列工资制、团队精神三大法宝,以人作为管理核心,激发职员的工作活力和热情;他们注重树立全体职工共同具有的价值观念,注重强化职工对企业的忠诚性,使其内部凝聚力大大加强,因此促进了经济发展。在理论方面,1970年美国波士顿大学教授M.戴维斯在《比较管理——组织文化的展望》中,率先提出组织文化的概念;1971年彼得·德鲁克把管理与文化明确联系起来,认为"管理也是文化,它不是'无价值观'的科学"。但是,总的来说,从1950年代到1970年代中期,尚没有正式提出企业文化理论。企业文化在日本已经有所实践,故该时期是"现代企业文化的实践阶段"。

2. 第二阶段是 1970 年代后半期,为企业文化理论萌芽期。美日经济出现的反差,引起了美国管理学界和企业界人士的深思。于是出现了 1970 年代后期的美日比较管理学研究热潮。许多学者从"一般管理学"角度,对美日在企业管理的基本思想、观点、体制和风格上的差异进行比较。比较的结果使他们发现,按照美国人引以自豪的旧管理戒条不能解释日本的成功,日本经济成功的秘诀在于他们建立了强有力的企业文化。而美国企业则不像日本那样强调群体意识、企业精神,而过分依靠个人信念和个人创造力。这个阶段,美国学者运用文化研究理论,解剖分析了企业管理的关键症结所在,初步归结出企业文化的内涵。但权威和系统的管理著作尚未出现,因此这一时期可以称为现代企业文化理论的萌芽期。

3. 自 1980 年代以来,企业文化进入了理论的逐渐完善阶段。1980 年,美国"商业周刊"以醒目的标题报道"公司文化"。接着美国多家权威管理期刊,如《斯隆管理评论》、《哈佛商业评论》等以突出的篇幅展开"企业文化"的讨论。至此,企业文化成了热门话题。而其理论体系的建立和完善,是以 1981~1982 年间的几部著作为标志的:《Z 理论》、《日本企业管理艺术》、《公司文化》和《寻求优势》。其中,威廉·大内的《Z 理论》详细分析了美国盛行的 A 型组织和日本成功的 J 型组织各自的特点,提出"Z 型组织"模式,为企业文化理论奠定了基础。而肯尼迪和迪尔的《公司文化》一书通过对近 80 家企业的深入调查,提出了"杰出而成功的公司大都有强有力的企业文化"这一著名论断,从理论上对企业文化的要素、功能、类型等问题给以全面阐述,从而初步建立了现代企业文化的理论体系,标志着现代企业文化理论的诞生。

企业文化由实践到理论的沿革,可以说是对管理主体——人的认识不断深化和完善的过程。现代企业文化理论将对人的研究从个体推进到整体,以人的集合——企业作为研究对象,突破了以个体人为研究对象和出发点的传统管理理论。另一方面,现代企业理论以"全面发展的自由人"作为其人性结构假设。这种人性假设更体现出管理的艺术:管理不仅要靠逻辑和推理,而且要靠直觉和热情。按照麦金锡咨询公司提出的管理"7S"构架,企业的发展依靠7个"S变量"即:战略(Strategy),结构(Structure),制度(Systems),人员(Staff),作风(Style),技能(Skills)和最高目标(Superordinate Goals)。传统管理理论过分强调了三个硬性的"S",即战略、结构、制度;而现代企业文化理论,则在不否认这三个硬因素的前提下,很好地兼顾了四个"软S",因而使企业充满生机。

二、现代企业文化发展的客观动因

企业文化作为一种现代管理理论,从其实践、理论萌芽到体系的形成,是有其客观原因的。

1. 1970年代以来,由于科学技术的迅猛发展,西方企业中劳动的性质和劳动力的构成发生了重大变化。传统的企业中,由于生产力水平较低,生产手段相对落后,企业中简单的、机械的体力劳动占较大比例,员工主体是"蓝领工人"。随着电子技术的发展,特别是计算机的运用,使得大量的简单劳动被机器人和程序指令代替,信息革命使人们的工作方式逐渐发生改变。这些情况使得在现代企业中,体力劳动的成分逐渐减少,以脑力劳动为主的白领人员比例逐渐上升。以第三产业为例,自1980年代以来,一种所谓"新领工人"开始出现并迅速增加,包括办公室工作人员、保险公司代理商、键盘穿孔机操作人员等。他们的工作主要是"使用他们的脑子"(美国麻省大学教授拉尔夫·怀特黑德语)。他们的数量在美国目前已经超过劳联—产联所拥有的1 300万会员,而且将继续增长。与过去的蓝领人员相比,他们受的教育一般来说相对较高,其需求层次也相应有所提高。正是这种管理对象的演变,使得过去那种以严格的制度定额作为主要管理手段的古典管理理论和以鼓励个人奋斗为主的行为科学管理理论黯然失色,追求群体价值的企业文化理论因而日益受到重视。

2. 第二次世界大战后国际经济的一体化,使得现代企业的竞争不再受到地域的限制。面对国内外市场竞争和企业兼并日趋激烈的形势,企业为了生存和发展,不得不形成与发展自己的企业文化,以显示更大的特色,争取自己的市场份额。企业文化的形成有助于企业突出自己的竞争优势。IBM公司向人们宣传的价值观念是"IBM就是最好的服务",杜邦公司则是"通过化学为更美好的生活提供更美好的东西"。这些价值观念的宣传都带来了极好的市场效果。据"欧洲管理论坛"1984年一次调查,各国企业中竞争能力最强的是日本和瑞士。它们都是国内资源缺乏的国家,之所以能在竞争中领先,是由于工人生产率和企业管理效率高。这显然同其企业文化有密切的关系。可以说,凡在竞争中取得胜利的都是那些具有强有力的企业文化的企业。近年来国际上兴起的日美等国比较管理研究,也正是从国际竞争角度对日美企业文化的比较研究。这种企业文化的比较,为企业文化的兴起了示范作用。

3. 随着企业管理实践和理论的发展,人们对企业是人群有机协作体这一点的认识日益深刻和普遍,因而对企业文化也日益重视起来。现代管理理论对人性的假设,从"经济人"到"行为人",再到"决策人"的转变,反映了管理者任务的演变。在"经济人"的人性假定下,企业员工被看成是完全追逐经济利益的人,因而管理者的任务被看成解决人与机器和谐问题,即研究人与机器如何实现高效合作。在"行为人"假定下,管理者的任务就是如何为每个职工创造工作的挑战及自我实现的机会,即解决人与人、人与环境的和谐问题。而在"决策人"的假设下,管理者应视全体员工为一个有机的整体,而并非单个的"个人",因此管理者的任务应当是如何将这些个人的决策与企业目标融合在一起,创造有机协作的个人的和谐。而这正是企业文化所要解决的问题。正如美国经济学家雅各布·马尔夏克所讲的那样,现代企业是一个团队,是由一群具有共同目标的相互依赖的决策者组成的团队。这一认识的深入和普及,也促使了企业文化的兴起和推广。

三、现代企业文化的作用机制

现代企业管理的职能主要是通过计划、组织、领导和控制使一个企业的各项资源更好地实现企业目标。而现代企业文化在其中的作用机理,主要是协调和激励。

现代企业在组织中是按层级制度实行劳动分工和专门化,企业的构成与传统企业的构成相比发生了巨大的变化。企业的主导形态再也不是生产单一类型的产品、结构单一的小企业,而是由广泛分布的子公司组成的大企业。于是,如何使一个经营不同类型产品的大公司从总体上达成一致,就成为一个极困难的问题。因为现代企业不仅面临着生产、市场等经营问题,而且面临着不同国家、不同民族所产生的极复杂的文化问题。为了保证每个个人和群体根据要达到的目标配合工作,就需要协调。协调的必要性还因为参加组织的个人和群体的目标与利益各不相同,由于资源的有限性,不可避免地形成相互依赖的关系,这也需要协调。

传统的协调手段主要是通过组织中的规章制度、职权的授予来进行的,这些协调手段从本质上来说是组织结构中的一部分,因此可以称作"结构协调手段"。这些传统的协调手段试图把组织成员的决策和行动纳入预先计划好的轨道。但由于每个企业员工所追求的利益并不完全相同,引进结构协调机制的解释和执行就不能完全按照企业的总体利益来进行。美国企业在1970年代出现的竞争乏力现象就有这方面的问题。一些美国企业中,各部门根据对规章制度的不同理解来从事经营,结果往往使企业的总体利益受到损害。另一方面,在完全采用结构协调手段的企业里,由于企业成员一直依赖上级的协调,其独立创新地解决问题的能力也会萎缩。

现代企业文化则赋予人们以共同的价值观和思维、行为方式，因而它将促进企业形成凝聚力和一体感，消除内部的矛盾和冲突，由此形成软硬管理的统一，把企业的管理控制深入到职工的思想深处，与单纯的结构协调机制相比，它是一种柔性的潜移默化的协调。由于这种协调机制着眼于职工自身的主观能动性，其作用力较之结构协调手段来说要大得多。

从激励机制来看，现代企业文化为支持职工满足自我实现的愿望提供了手段。在企业文化系统中，由于企业经营哲学明确指出了企业在社会中的作用、社会责任、企业的目标等，使企业职工理解自身工作的意义，在总的目标一致的情况下，找到了满足自我实现愿望的途径，促进了人们的自觉行动。

第二节 现代企业文化的内容与功能

现代企业文化从实践到理论的发展，丰富了自身的内涵与外延。要进行企业文化建设，首先要对它有一个比较完整和系统的理解，也要对企业文化如何在企业中发挥作用的功能特征有所了解。

一、现代企业文化的定义和特征

现代企业文化实践始于日本，理论起源于美国，是由实践而引出理论探讨的。因而关于企业文化的系统定义，一直是众说纷纭，各执己见。的确，现代企业文化并不是由"现代企业"和"文化"两个时髦名词的机械组合而成。作为现代管理理论中的一个分支，现代企业文化有着独特的内涵与特征。中外学者对此作了种种精彩的论述。

《Z理论》的作者威廉·大内认为：一个公司的文化由其传统和风气所构成。这种公司文化包括一整套象征：仪式和神话。它们把公司价值观和信念传输给雇员们。这些仪式给那些原来就稀少而又抽象的概念添上血肉,赋予它们生命。

《公司文化》的作者迪尔和肯尼迪则指出:公司文化由价值观、神话、英雄和象征凝聚而成,这些价值观、神话、英雄和象征对公司的员工具有重大的意义。

《追求卓越》的作者托马斯·彼得斯和小罗伯特·沃特曼认为:成绩卓越的公司能够创造一种内容丰富、道德高尚、而且为大众接受的文化准则,一种紧密相连的环境结构,使职工们情绪饱满、互相适应和协调一致。……一个伟大的组织能够长久生存下来,最主要的条件并非结构形式或管理技能,而是我们称之为信念的那种精神力量,以及这种信念对于组织的全体成员所具有的感召力。所谓公司文化包含为数不多的几个基本原则,这些原则是算数的,必须严肃对待,它们代表了公司存在的意义。

霍曼斯则从组织文化的角度来阐述:组织文化是在工作群体中逐步形成的规范,例如在霍桑实验的继电器绕线机组观察室中形成的"干一天公活,创一天公平的工资"这种特殊标准。

我国国内自1980年代后期开始引进并研究有中国特色的现代企业文化理论以来,学者们提出了不少的对企业文化概念的理解。归结起来,有如下几种代表性观点:

"所谓企业文化,就是企业的经营理念、价值体系、历史传统和工作作风,表现为企业成员的整体精神、共同的价值标准、符合时代的道德规范和追求发展的文化素质。"

"作为一种文化现象,企业文化通常是指企业职工在经营实践过程中,创造的物质和精神财富的总和;而作为一种新管理理论,企业文化是企业内部物质、制度和精神各要素之间内在结构达到均衡的动态平衡,以及各要素之间取得最佳组合,并实现企业外部需要和内在需求协调的理性设想。"

"企业文化就是指企业内部将各种力量统一于共同方向上所形成的某种文化观念、历史传统、共同价值准则、道德规范和生活观念等,也就是增强企业职工的内聚力、向心力和持久力的意识形态总和。"

此外,还有一种"经营管理哲学"说,认为企业文化是企业经营管理的一种哲学,是一种管理的新思想、新观念。

以上中外学者与管理者对企业文化定义的界定和理解,尽管表面上似乎五花八门,但究其实质,其实不过是从不同的角度来进行论述,同时也反映了不同的阶段人们对于企业文化这一新生事物的理解层次的加深。可以说在对现代企业文化的概念理解上,绝大多数学者都认同这一点,即企业文化不仅包括企业中所存在的员工的意识形态总和,包括职工的思想、心理、精神、风貌等,还包括与员工意识形态相联系的文化活动,这些活动直接影响企业文化的形成与发展,因而构成企业文化的特质内容。因此现代企业文化是通过物质形态表现出来的员工精神形态。

这里的"文化",不是指知识修养,而是人们对知识的态度;不是利润,而是对利润的心理;不是人际关系,而是人际关系所体现的处世为人哲学;不是俱乐部,而是参加俱乐部的动机;不是社交活动,而是社交方式;不是运动会的奖牌,而是奖牌折射出来的荣誉观;不是新闻,而是对新闻的评论;不是舒适优美的工作环境,而是对工作环境的感情;不是企业管理活动,而是造成那种管理方式的原因……总之,企业文化是一种渗透在企业一切活动之中的东西,它是企业的灵魂所在。

综合以上观点,结合现代企业文化的实质,我们认为现代企业文化是现代企业在长期的经营实践中,主动或者被动、自觉或不自觉地形成的全体员工共同的精神观念、风格、心理、习惯等的总和,即企业员工所共同遵循的人生指导原则,以及在这些原则指引下的企业运作方式和员工群体生活观念,这些精神观念通过一定方式能影响企业在经营中的竞争地位和优势。形象地来说,企业文化是整体的企业人生,可以看作是一个"企业人"所具有的整体修养水平和处世行为特点。

企业文化作为企业的上层建筑,是企业经营管理的灵魂,是种无形的管理方式。它以观念的形式,以非计划、非理性的因素来调整企业成员的行为,使得企业成员能够以更有效的方式进行协调以实现企业的目标。

现代企业文化首先是一种特殊形态的文化,它必然有一切文化都具备的特征,如社会性、集合性、一致性等。这是企业文化作为一种文化区别于企业的其他现象或活动的特征。但要研究现代企业文化的特征,还必须揭示企业文化作为一种管理手段,作为一种独特的文化区别于其他文化和其他管理理论的根本特征。这些特征有:

1. 现代企业文化的亚文化特性。它是组织区别于其他组织的特征,是一个企业的"个性"。正如前面讲的,企业文化是企业的整体人生,不同的企业就像不同的人一样,具有不同的性格,从而代表了不同的企业文化。同样是国际性的著名跨国公司,不同企业文化背景的公司形成迥然不同的经营风格。IBM 追求"服务至上",3M 公司则以成千上万的新产品来赢得市场。同时,不同社会的不同宏观文化环境也会对作为亚文化层次的企业文化产生影响。西方社会传统的独立自主精神使得大多数西方企业在管理中强调个人决策的形式;而东方的文化传统也影响着日本的企业,使得他们采用集体决策、共同执行的管理方式。

2. 现代企业文化的长期存在性。正如一个人的个性那样,不论意识到与否,企业文化其实都客观存在着,并融合于企业的经营管理实践中。在 1960、1970 年代的美国企业中,其实也存在着相应的企业文化。一个企业就算没有明确的归纳出来的文化观念,这本身其实就是一种"文化"。成功的企业有优秀的文化,而失败的企业往往是由于不良的文化造成的。当企业文化观念在职工的心目中影响比较深刻,经过系统的建设,就称为强企业文化,反之为弱企业文化。强的现代企业文化需要经过长期的有意识地培养才能逐渐形成,但这并不意味着具有强文化的企业就能在竞争中取得优势,而只有在企业文化与外部环境和企业发展战略相吻合的情况下,才能对企业产生强有力的推动。

3. 现代企业文化具有系统性。作为一个系统,企业文化是由企业内互相联系、互相依赖、互相作用的不同层次和不同部分组成的有机整体。在企业文化系统中还存在着不同的"子系统",即存在着不同文化差别的员工群体。尽管在3M公司的企业文化中总的精神是创新——以新产品来满足顾客的追求,但在其不同的部门仍有不同的文化风格。市场部和R&D部门可能对主流文化的倾向更明显些,热衷于根据市场进行产品创新;但财务部门和生产部门则可能要保守得多,对产品的创新频闪保持着一定的谨慎态度。企业文化系统性导致的"子文化"现象,使得管理者在进行企业文化建设时要妥善处理好系统中不同子文化间的冲突和协调。保证整个企业文化运行朝着预定的目标发展。

4. 现代企业文化的可塑性。作为一种文化,企业文化的确具有一定的稳定性,相对来说不容易变动。但作为一种管理手段,它又是可塑的(否则就失去了作为管理活动研究的必要性)。企业文化形成不仅受传统和历史的影响,也要依靠人们的能动创造。后者比前者往往更显得重要,优秀的企业文化大都是人为地塑造出来的。国际经济的一体化倾向和人们交往的增多,使得这种可塑性越来越大。我们可以看到美国的麦当劳在世界各地的连锁分支机构都按照同一种经营模式来管理,并且能较好地生存下去,他们成功地塑造了独特的文化氛围。

二、现代企业文化的内涵和整体概念

现代企业文化从其本质上来说,是一个公司的整体人生,其构成是有层次的。从管理的角度看,一般认为企业文化由两部分构成:

(1) 企业文化的显性部分,即管理的对象、手段、结果等;

(2) 企业文化的隐性部分,即隐藏在管理手段背后的管理思想,包括企业哲学、价值观、道德规范等。

要完整地理解现代企业文化的概念,必须结合不同的层次进行分析。

(一) 企业文化的构成

现代企业文化的整体概念由三个层次构成,如图 13.1 所示,由深层、中介层、表层三个层次由里及表所构成。我们根据其具体内容,可以把它们分别称为精神层、制度层和物质层。

$$现代企业文化整体概念\begin{cases}物质层(表层)\\制度层(中介层)\\精神层(深层)\end{cases}$$

图 13.1

1. 物质层是企业中凝聚着本企业精神文化的生产经营过程和产品的总和,还包括实体性的文化设施,如带有本企业文化色彩的生产环境、图书馆、俱乐部、公园等。物质层是现代企业文化结构中最表层的部分,是人们可以直接感受到的,也是从直观上把握不同企业文化的依据。IBM 公司到处悬挂的"THINK"(思考)标语,可以看作是所有成员进行经营和生产活动的座右铭,因而构成 IBM 文化中能直观体会到的层次。除此之外,企业识别标志也属于现代企业文化的物质层部分。通过 CIS 的设计,现代企业能用标志性的外化形态,来表示本企业的文化特色,并且和其他企业明显区别开来。良好的 CIS 设计标志,往往都与企业文化的其他层次和谐地融合在一起。

2. 制度层是具有本企业文化特色的各种规章制度、道德规范和职工行为准则的总和,包括厂规、厂纪及生产经营过程中的交往方式、行为准则等。制度层是企业文化的第二层或称为中介层,它构成了各个企业在管理制度上的文化个性特征。但是,并非所有规章制度和经营管理行为都是企业文化的组成部分。只有那些企业哲学、价值观念、道德规范的具体体现才构成现代企业文化的制度层。现代企业文化总是在观念—实践—观念的过程中形成的，脱离了制度层的企业文化将是空中楼阁，失去了实际作用。日本松下公司要求职工每天上班前必须高呼松下精神，这是企业文化的制度层部分。

3. 精神层是企业文化构成要素的最深层次。它是企业职工共同的意识活动，包括：企业经营哲学、价值观念、美学意识、管理思维方式等。精神层是企业文化的源泉，构成了企业文化稳定的内核。日本四大电器公司之一的日立公司，将日立精神归结为"诚、和、开拓精神"，以此作为公司行动的指南，其实质就是日立文化的精神层内容。

（二）企业文化层次之间的关系

现代企业文化由物质层、制度层、精神层由外到内的分布构成，这种结构不是静止的，诸层次之间存在着相互联系和作用。

1. 精神层是企业文化的内核，因而决定了物质层和制度层。精神层是相对稳定的部分，一经形成，就处于较为稳定的状态。精神层的形成受到各种因素的影响，但主要靠公司管理者有意识地培育。而既定的精神层就会产生一定的物质层。美国 Exon 石油公司的价值观是：高度尊重个人的创造性，绝对相信个人的责任感，但同时默认在作出一项重要决定前要达成一致。这就使得在制度层方面表现为随便的衣着和沟通方式；没有等级标志；相互之间争论等。另一家欧洲的公司，则遵循另一种价值观：尊重资历、学识和经验，注重通过服务时间的长短、整体工作情况和个人的教育背景来评价职工，因此其制度层和物质层就表现为：追求规范化和正规，大楼中各办公室都有正式标志；静默的工作气氛；人们在大厅时的周全的礼节；专门的高级经理人员餐厅；文体中使用正式的学术术语，以及注意计划、程序和正式的会议文件等。这两家公司不同的精神层内容使得他们在物质层和制度层方面的表现也迥然不同,这也为现代企业文化的鉴别和诊断提供了依据,让人们根据显性的内容来推断其隐性的内涵。

2. 制度层构成精神层和物质层的中介。精神层直接影响制度层,并通过制度层影响物质层。现代企业文化的作用过程通常是这样的:企业员工所具有的企业精神、经营哲学、价值观念等精神层,使得他们制定并形成一系列的规章制度和行为准则来实现他们的目的,以反映他们所追求的精神层内容;为了推行和实施这些规章制度和行为准则,企业又必须创造出特定的工作环境、文化设施等,即构筑一定的物质层。这个过程表明了制度层的中介属性。

3. 物质层和制度层是精神层的体现。企业文化的精神层是隐藏在显性内容后面的,必须通过一定的形式来体现。物质层和制度层以其外在的形式体现了企业文化的水平、规模的特色,体现了企业特有的经营哲学、价值观念和道德规范等内容。但在现实的一些企业中,由于各种原因,往往使得这种关系变形,导致精神层内容成为纸上谈兵,而物质层和制度层不如说是体现了另一种精神内涵,这是现代企业文化建设的误区,良好的物质层和制度层应当很好地体现企业文化所要表达的精神内涵。所以,许多成功的企业都十分重视物质层和制度层的建设,明确企业的特征和标志,完善企业的制度和规范,以便更好地培育企业的文化内涵。

(三)企业文化学习、建设和变革特征

由外向内的学习过程。学习和了解一个组织的文化,应首先从文化的物质层面开始品味和体会;然后才能够深入到组织的制度层面,如薪酬制度,工作制度等,从具体制度的内容、建立与实施过程中更好地理解文化的本质和内涵;最后,才能真正体会归纳出组织的核心理念到底是什么。

由内向外的建设过程。三个层次文化的建设则与文化学习的顺序完全不同的。在文化建设过程中,三个层次的推进必须是先定核心精神再向外部层次推广的。建设文化应从核心理念的定位做起,首先根据组织外在环境和内在需求制定符合组织发展的核心文化,即文化的精神层的构思应首先形成;然后以核心精神文化为根据,制订和修改与之相吻合,相互促进的各项组织制度,以保证文化精神的落实;最后,通过调整组织环境的具体形式获得精神文化与制度文化的强调和延伸。建设文化必须首先明确文化的意念,并通过建设和改进符合文化理念的各项组织制度,辅以有利的物化的各种可能的文化环境,最终形成文化的体系。

由外向内的变革过程。在创新文化的变革过程中,由于存在原有文化的意识,新文化的精神理念很难直接取代原有的文化意识直接从核心文化层面进行变革,一般总是先从物质层面着手比较合适。在员工通过与日常活动规则和新文化环境的频繁接触取得适应与磨合之后,再通过制度层面政策、措施固化有利于新文化建设行为与准则,最后才可能经过较长时期的习惯保持、制度激励,逐渐使员工的理念有所转变。

三、现代企业文化的功能

企业文化可以使员工对公司政策或活动有认同感,并使其对特定的价值观及行事方式产生承诺感。企业文化有两个重要功能:

(1) 内部整合,即使员工结合在一起,并知道如何维系互相合作;

(2) 外部适应,即帮助公司适应外部不断变化和发展的环境。

1. 内部整合。组织文化可以帮助公司成员培养集体感,并知道如何有效合作。正是文化引导了人的日常工作关系,并决定人在公司内如何交流、什么行为是可接受或不可接受的、以及权力和地位如何分配。文化可使一系列非书面规则印在员工脑中,这些规则极有益于决定人的行为,因此它影响到公司员工形成正确价值观,影响到员工的认知,影响到员工的思维和活动,进而影响并决定活动的绩效。与一般公司相比,以创新为竞争力的组织中,创新文化的强弱决定着创新活动的开发和实践。强有力的创新文化是很重要的,因为它可使员工团结在一起,使公司成为一个以创新为核心的社会,而不是没有共同价值观及思考、行为方式的个人之集合。

2. 外部整合。对外部的适应是文化的第二个主要功能,决定公司如何达到目标及与外部因素打交道。正确的文化的价值观可帮助公司对客户需求或举动做出迅速反应。表13.1具体比较了两种不同的文化所代表的价值观和不同价值观所诱导的不同行为,表现了对环境的不同态度。具有适应性的企业文化可鼓励员工坚持公司的核心宗旨、具体目标及达到目标的基本手段。詹姆斯·科林斯和杰瑞·波拉斯研究了对公司长期成功或失败的历史,发现成功公司的决定因素之一是有强有力的企业文化,使员工"心中熟知"什么东西是对公司有利的。文化应含有公司在环境中达到成功所需的价值观及认识。例如,如果外部环境需要增加客户服务,文化即应鼓励提供良好服务。

表13.1 外部适应型文化与稳定性文化

	外部适应型文化	外部稳定性文化
有形的行为	管理人员密切注意环境的特别是消费者的变化,即使冒险也要推进变革为公司服务	管理人员行为内部化、政治化、官僚化,对外部环境变化反应迟钝
表达的价值观	管理人员关注消费者、股东和员工,重视那些能够给公司带来变革效应的人或者过程	管理人员只关心自己的工作小组和特定的产品、技术,重视日常的和没有风险的管理

麦当劳公司的创始人Ray Kroc曾说:我不知道在2000年的时候我们将提供哪些服务,但有一点是肯定的:我们将比其他任何

企业提供更多的服务。自1980年代建立以来,这家公司一直试图超越顾客期望,不断地根据美国人偏好的变化来更新产品。但时至今日,Kroc大胆的宣言似乎难以令人心悦诚服。虽然麦当劳在美国快餐市场上依然占有42%的市场份额,而且一直进行国际化扩张,但在认知和把握快餐变化趋势问题上,公司的能力却一直在下降。麦当劳最新推出的产品是15年前的麦香鸡,它的经营利润还不足以弥补通货膨胀带来的损失。

一些分析家和投资家认为,麦当劳公司在全球范围内所出现的经营困境源于公司狭隘和偏执的文化。大部分的高层管理人员早在尼克松时代就在公司任职,公司拒绝根据外部环境的变化,从外部引进人才来参与企业管理。董事会也是由具有盘根错节关系的内部人组成,他们没有变革的激情。一旦经营出现问题,他们所做的就是指责他人,如与其意见相左的特许经营商、新闻记者或者是华尔街的投资分析家。副总裁Brad A. Ball说:"该是改变过去所形成的错误观念和认识的时候了。"

令人欣慰的是,麦当劳已经开始变革。管理流程被重新整合,国内公司的新经理Jack M. Greenberg从汉堡王(Burger king)、BostonMarket和通用电气(General Electric)引进了一批管理人员,为公司注入了新的活力。同时,Greenberg还重新将目标按照区域加以划分,缩减企业规模,以重新焕发麦当劳所一贯倡导的创业精神。他说:"我们不怕做与以往不同的事。"管理者们开始意识到,即使麦当劳仍然是世界上最成功的餐饮公司,但它远没有达到它应该达到的成功,他们正努力将麦当劳转回早些年的健康适应的文化上来,那时公司总是与顾客的体验相联系。

第三节 现代企业文化的构筑与建设

现代企业文化的建设和管理是一项复杂的系统工程。由于人的心理因素的多变性和外部环境的动荡,价值观念的培养是一个微妙的具有柔性的心理过程,并没有统一的标准模式可以遵循。各国的企业文化建设的实践也证明了要采用因时因地而不同的办法来进行。但作为一项管理活动,现代企业文化建设还是可以归纳出一定的步骤和方法。这些步骤并非要求机械地套用,只是能使得企业文化的建设沿着更为有效的道路进行。

现代企业文化建设可以分为四大步骤。其具体构成如图13.2。

图 13.2

从这个框图中,可以看到建设企业文化的四个步骤:

1. 企业经营战略的制定。即规划企业未来一定时期内所要达到的目标以及为实现目标打算采取的基本策略,包括打算进入的业务领域和在竞争中与竞争对手的相对位置等。这是企业文化系统建设的前提和基础。

2. 制定企业文化系统的核心内容——企业价值观念和企业精神,为企业文化的建设设定基本框架和努力方向。

3. 进行企业文化表层的建设,主要指物质层和制度层的建设,从硬件设施和环境因素方面为精神层的建设作准备。

4. 向企业员工进行企业文化深层的价值观念的导入和渗透,这是整个建设中最为重要的部分。

一、现代企业战略与企业文化

(一)战略对文化的关系

在组织中,企业的文化核心——组织战略、宗旨、使命与价值观主导并决定制度层与物质层的文化形成。同时组织的战略、使命立足于组织服务的市场,亦即组织战略与组织使命是相辅相成并协调统一的。企业的创新精神与企业的实际活动目标必须保证统一,原因在于从组织行为方面来观察,这种统一是思想与行为的统一,这种统一深刻表明组织的决心,也能够说明组织的行动是符合外部环境的要求的事实。

战略和外部环境对公司文化有着重要影响。肯尼迪和迪尔在《公司文化》中指出:"一个强有力的价值系统最严厉的风险之一就是经济环境可能改变,而共享的价值观则继续以一种对组织已毫无帮助的方式在指导人们的行为。"由于这种风险的存在,公司文化应包含组织在其环境中有效率所必需的因素。例如:如果外部环境要求灵活性和反应能力,文化就应当鼓励适应性。文化价值观和信念、组织战略和商业环境之间的恰当关系会提高组织的绩效。美国电话电报公司过去的口号一直是"提供万能的服务"。这条由该公司前董事长首先提出来的口号,在很长时间内都是十分有效的。但死抱这一价值观念的 AT&T 在适应现在这个全新的、竞争的和放松了控制的环境时发生了极大的困难。MCI 和罗尔姆等竞争者已经采取高效率而非面面俱到的方法夺取了不少市场,AT&T 只有重新确定公司的竞争战略,并根据新战略调整其价值观念口号,才能发动有效的市场保卫战。

(二)文化与战略的匹配

对文化和有效性的研究认为战略、环境、文化间的适当配置与文化的四种类别相关联,如图所示这些类别基于两个因素:

(1)竞争性环境所需要的灵活性或稳定性程度;

(2)战略的重心和强度侧重于内部或是外部的程度。

存在着这些区别的文化的四种类别是适应性——企业家精神、使命型、小团体式和官僚制文化,见图 13.3。

1. 适应性/企业家精神文化。以实施灵活性和适应顾客需要的变化把战略重点集中于外部环境上为特点。这种文化鼓励那些支持组织去探寻、解释和把环境中信息转化成新的反应行为的能

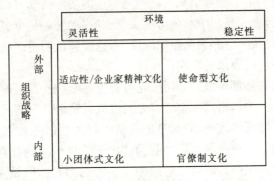

图 13.3 文化与战略的匹配

力的准则和信念。这种类型的公司并不只是快速地对环境变化作出反应,而是积极地创造变化。革新、创造性和风险行为被高度评价并得到奖励。

适应性/企业家精神文化的一个例子是 3M 公司,该公司的价值观重视个人的首创精神和企业家精神。所有的新雇员都要参加关于风险行为的课程,在课上他们被告知去追求实现自己的理念,即使这意味着冒犯自己的上司。市场营销、电子、化妆品公司也可以采用这种类型的文化,因为官们都必须迅速地行动以满足顾客的需要。

2. 使命型文化。对于那些关注服务于外部环境中的特定顾客,而不需迅速改变的组织适于采用使命型文化。使命型文化的特征是着重于对组织目标的一种清晰认知和目标组的完成,诸如销售额增长、利润率或市场份额提高,以帮助组织达至目标。个人雇员一般对特定水平的绩效负责,组织相应给予承诺及特定的回报。管理者通过建立愿景和传达一种组织的期望未来状态来塑造雇员行为。因为环境是稳定的,他们可以把愿景转换成为可度量的目标,并且评价雇员达到这些设定目标的业绩。在某些情况下,使命型文化反映了一种高水平的竞争力和一种利润导向的方针确定模式。

使命型文化的一个例子是 Pepsi Co 公司的前首席执行官——Wayre Calloway，他把自己的公司设定为力图成为世界上最优秀的消费品公司。能达到高绩效标准的管理者将得到慷慨的嘉奖——豪华的航空旅游、满载奖品的公司轿车、股票期权、奖金和快速的升迁。每年的绩效评审特别关注于是否达到绩效目标，例如销售额目标或市场份额目标。

3. 小团体式文化。主要强调组织成员的参与、共享和外部环境所传达的快速变化的期望。这种文化相比其他种类文化而言，更强调雇员需要以保证组织获得优异绩效。参与、共享会产生一种责任感和所有权，然后，对组织产生更强的认同。

Herb kelkher 是 Southwest Airlines 公司的总裁和首席执行官，他相信成就优秀事业的关键是去做你的顾客所需要的工作，并在工作中感觉快乐。这种经营哲学使 Southwest Airlines 成为行业中最优异的持续盈利的航空公司，并且为该公司从美国交通部赢得了一系列的褒奖。其他的航空公司可能会模仿 Southwest Airlines 公司低成本运作方式的一些具体做法，但实际上令 Southwest Airlines 公司成功的特质是无法复制的。这种特质，即众所周知的"西南精神"(Southwest Spirit)，是该公司独有的公司文化。每一个雇员都被看作是 Southwest Airlines 大家庭的重要一员。公司也相信一种轻松的气氛能营造一种强烈的集体感，从而抵消艰苦工作的压力，并且提高公司对顾客的服务水平，雇员被给予充分的灵活性，以在顾客服务中展示他们自己的人格魅力。例如，在最近的一次航班中，顾客发现一名扮作兔子的航空服务员"砰"地一声从头顶的箱子里蹦出来迎接他们。Southwest Airlines 公司有着使自己与众不同的清晰的价值观，创造出一种能使雇员身智交融的文化。由代表跨职能部门的雇员组成的公司文化委员会一年举行四次例会,以确保"西南精神"永葆青春。

小团体文化中最重要的价值观是关心员工。只有这样做组织才可以适应竞争和不断改变的市场。时装业和零售业的公司也可以运用这种文化类型,因为这种文化可以发挥雇员的创造力,以对迅速变化的市场作出反应。

4. 官僚制文化。官僚制文化有其内向式的关注中心和对稳定环境的一致性定位。这种组织有一种支持商业运作的程式化方法的文化。支持合作、传统和随之确立的政策的表征、英雄人物和仪式可作为成就目标的一种方式。在这种文化中,个人参与在某种程度上有所降低,但这被员工间高水平的一致性、简洁性、合作性所弥补。这种组织依赖高度整合性和高效率而获得成功。

官僚制文化的一个例子是 Safeco 保险公司,公司被许多人认为是刻板且纪律严格。员工只能在指定的时间内喝咖啡休息,公司服饰准则要求雇员必须穿着白衬衫和礼服,男雇员不许留胡须。然而,雇员们喜欢这种文化。这是因为信任在发挥作用,额外的工作并不需要。这种文化比较适合于保险公司,保险公司的成功是因为被人们信任能依协定规则实施保险政策。

二、现代企业价值观的制定

企业文化建设的第二个步骤是企业价值观念的提炼。合理和有效的文化内核一般不会自发地产生,必须进行审慎的抉择。这个过程中,必须注意以下基本原则:

1. 从实际出发的原则。现代企业形形色色,从地区性公司到跨国集团,从单一经营到跨行业的多角化经营,从单一文化背景的员工构成到分布于世界各地的员工都有可能。企业文化价值观体系要结合自身的性质、规模、技术特点、人员构成等因素,从企业实际出发来进行提炼。例如,企业目标和经营原则要符合企业的发展潜力和经营需要。对一家小型保险公司来说,提出像丘勃保险公司一样的价值观念,"保险业之佼佼者",显然是太遥远了一点。

如果不结合本企业的特点、千篇一律的企业价值观念和企业精神就没有生命力,失去了应有的价值和意义。

2. 一体化原则。企业价值观体系是为了提供一种对员工进行更好的协调和约束的软管理手段,因此良好的价值观必须从企业整体利益的角度来考虑问题,更好地融合全体员工的行为,而不是仅从个别部门的利益来考虑问题。企业文化的建设者可以展开全体员工的详细讨论,也可以成立中层管理人员协调小组来实现价值观的一体化。一种价值观越是从企业员工的整体心态出发来制定,在以后的实施和向员工的"推销"中就越容易和有效。

3. 激励原则。要实现企业文化的激励功能,价值观体系的设计就要符合激励原则。优秀的价值观凝聚着职工的理想和信念,体现着企业发展的方向和目标,是鼓励企业员工努力工作的精神力量。

4. 体现社会责任原则。现代企业作为国民经济的细胞,是社会的一个单元。现代企业已经逐步在摒弃传统的只追求利润最大化的目标,而将实现社会发展也作为自己的任务,这表现在不少企业已经从营销观念转变到社会营销观念。这要求企业价值观体系也能体现社会责任感。让我们看看一些世界大公司的价值观。杜邦公司:"通过化学为更美好的生活提供更美好的东西"。劳茨公司:"为人们创造最佳环境"——热切地关心发展健康而愉快的居民村,而不仅是建造居住单元。松下公司:"工业报国、光明正大、团结一致、奋斗向上、礼貌谦让、适应形势、感恩报德"。这些公司的价值观中都包含着强烈的社会责任感,它一方面能使社会公众对企业产生良好的印象,另一方面能更好地激励员工,因为这样一种社会责任感一旦被员工们接受,对员工的影响要比简单的物质利益刺激大得多。

三、现代企业表层文化建设

企业制度和企业物质生活环境构成了文化的外显层次,也是组织文化建设中比较容易做到且最具有可行性的首选手段。通过一定时期的视觉与行为的熏陶,使员工了解并适应新的工作与合作方式,通过员工逐渐转变的行为培育和深化组织新的文化理念,提高新的文化被接受的程度。企业制度与企业环境是创新文化的强化手段。

(一) 制度层

制度层(行为层)文化建设主要是指对企业组织和企业员工的行为的规范和约束性的指定。它集中体现了企业文化的物质层和精神层对员工和企业组织行为的要求。制度层规定了企业成员在共同的生产经营活动中应当遵守的行为准则,它的建设活动与内容主要包括以下三个方面。

1. 一般制度建设指企业中存在的一些具有普遍意义的工作制度和管理制度,以及各种责任制度。这些成文的制度与约定及不成文的企业规范和习惯,对企业员工的行为起着约束的作用,保证整个企业能够分工协作,井然有序、高效地运转。如,计划制度、劳资人事制度、生产管理制度、服务管理制度、技术工作及技术管理制度、设备管理制度、劳动管理制度、物资供应管理制度、产品销售管理制度、财务管理制度、生活福利工作管理制度、奖励惩罚制度、岗位责任制度等。

2. 特殊制度建设主要是指企业的非程序化制度,如员工评议干部制度、总结表彰会制度、干部员工平等对话制度、干部"五必访"制度(员工生日、结婚、生病、退休、死亡时,干部要访问员工家庭)、企业成立周年庆典制度等。与工作制度、管理制度及责任制度等一般制度相比,特殊制度更能够反映一个企业的管理特点和文化特色。众所周知:"日清日高"制度(OEC)、"三工并存"制度、"中层干部受控"制度等,均是海尔集团的特殊制度。有良好的文化的企业,必然有多种多样的有利于文化的特殊制度;文化贫乏的企业,则往往忽视特殊制度的建设。

3. 企业风俗建设。它是指企业长期相沿、约定俗成的典礼、仪式、行为习惯、节日、活动等,如歌咏比赛、体育比赛、集体婚礼等。企业风俗与一般制度、特殊制度不同,它不是表现为准确的文字条目形式,也不需要强制执行,完全依靠习惯、偏好的势力维持。企业风俗由精神层所主导,又反作用于精神层。企业风俗可以自然形成,又可以人为开发,一种活动、一种习惯,一旦被全体员工所共同接受并沿袭下来,就成为企业风俗的内容。创新文化的建立可以充分利用企业风俗,弘扬创新精神,传播新意识。

(二) 物质层

物质层是企业创造的物质文化,是形成企业文化精神层和制度层的条件。创新性物质层文化主要包括下述几个方面。

1. 视觉识别要素。指企业名称、标志、标准字、标准色等。它们是企业物质文化的最集中的外在体现。

2. 物质环境。指企业的自然环境、建筑风格、办公室和车间的设计和布置方式、绿化美化情况、污染的治理等,是人们对企业的第一印象,这些无一不是企业的文化反映。

3. 产品特色。包括产品的功能特点、式样、外观和包装等。产品的这些要素是企业文化的具体反映。

4. 技术工艺设备特性。产品的技术工艺要求不同,所使用的设备不同,也必然反映出文化的不同。

5. 厂徽、厂旗、厂歌、厂服、厂花。这些因素中包含了很强烈的企业物质文化内容,是企业文化的一个较为形象化的反映。

6. 企业的文化体育生活设施。这些用于企业文化建设活动的设施,带有很浓厚的企业文化色彩。

7. 企业造型和纪念性建筑。包括企业环境中的雕塑、纪念碑、纪念墙、英模塑像、纪念林等。

8. 企业纪念品和日常用品。企业定制的纪念品、礼品和日常办公用品等往往具有很强的个性特点,鲜明地反映了企业的文化品味。

9. 企业的文化传播网络。包括企业自办的报纸、刊物、有限广播、闭路电视、计算机网络、宣传栏(宣传册)、广告牌、招贴画等等,如联想集团的《超越》。

四、现代企业文化的导入与渗透

第四步也是最关键的步骤就是文化核心观念在全体员工中的培育。强企业文化的实质就是员工心中的强价值观念。由于人自身的复杂性,人们观念的转变通常要花费较长的时间。

(一)职工的甄选和在职教育

对员工的影响其实从招聘时就开始了。企业可以在选择员工的时候就以自身的价值观来衡量候选人,选择与之相符合的人能够使他们更好地融合到企业中来,为今后的价值观灌输提供方便。同样,个人在企业中的升迁途径也有助于价值观的确立,企业能通过升迁过程中的倾向性来暗示价值观念。如果公司的高层领导大都是从市场部升迁上来的(比如 P&G 公司),那么以市场为导向的观念就很容易得到强化和巩固,容易为职工所接受。

此外,对员工的宣传和教育也是建设企业文化的有效手段。上海宝钢集团的新员工都要集中起来,在宝钢学校里接受关于企业历史、目标等内容的教育,以便提高职工对宝钢集团价值观——"不负人民的重托"的认识。企业还通过《宝钢报》和宝钢电视台向员工进行宝钢精神的宣传。这些对激励宝钢职工努力工作,以企业的价值观念为行动出发点起到巨大的作用。

通过对员工招聘时的筛选和对在职员工进行培训和教育,能够从事前和事后两个方面来树立企业文化的价值观体系。但仅做到这一些还是不够的,由于企业生产经营的连续性问题使得员工不可能经常性地集中起来进行系统地学习和教育,所以还必须考虑其渗透于日常行为中的方法来强化职工的文化价值观。

(二) 英雄人物的作用

如果说价值观是企业文化的灵魂,那么英雄人物就是价值观的人格化并集中体现了组织的力量所在,他们是强文化中的中枢形象。企业可以通过树立英雄人物向员工们传达企业文化价值观念。英雄人物是振奋人心鼓舞士气的因素,他们的一言一行、一举一动都体现了企业的价值观念。他们也许不担任高级职位工作,但他们德高望重,倍受人们的尊敬。可以说,英雄人物是企业文化的象征者。

英雄人物能够通过自己的行为为企业员工提供样板,告诉大家成功是可望和可及的。美国3M公司有一位已经退休的副总裁,在他的经历中曾有一次被解雇,因为当时还是一个工人的他坚持研究一种新产品,而其上司完全不同意这项研究,由此他遭到了解雇。但他并不愿离开,而是在一间不用的旧办公室里继续为他的设想而工作,不过没有工资。一段时间后,他被重新雇佣并实现了他的设想。他最终凭借自己的设想为3M公司取得了巨大的成功。

3M公司员工所记得的是这位英雄人物在做正确的事方面的坚韧不拔——即不断研究新产品的精神。因此3M文化中的一项要素就是"干你所想干的事——并持之以恒"。这位英雄以自身活生生的事迹为3M公司的文化核心加了一层增亮剂。

另一方面,英雄人物在企业内的影响可能持续相当长的一段时间,因而对于长期的企业文化建设具有尤为重要的意义。比如,托马斯·沃森和威廉·库柏·普罗克特在IBM和P&G公司中的影响至今仍深深存在着,他们的价值观至今仍在为他们的企业提供着精神凝聚力,其影响可谓"跨世纪"的,具有很强的感染力。

其实,我们国家树立英雄人物的实践可谓历史悠久了。各式各样的劳模、先进工作者、标兵都可以称为英雄,他们在企业中也有一定程度的影响。在企业文化建设中,管理者应当将这些典型的树立与文化价值观念建设结合起来。通过树立那些体现着企业价值观念的典型,宣传他们的事迹,才能取得建设和强化企业文化的效果。

(三) 礼节和仪式的安排与设计

礼节和仪式是可以把企业生活中发生的一些事情戏剧化的活动,它有潜移默化地宣传企业价值观的作用。强文化为员工创造了工作的价值观,而抽象的价值观往往要通过礼节和仪式的体现变为有影响的、可见的、可遵循的东西。礼节和仪式能够使文化观念变得活泼可见、可以直接体会,加深员工对文化观念的理解。

仪式可以是由传统习惯发展而来,也有可能是起因于某个事件而逐渐形成的。但其都有较强的群众基础而被企业成员接受。比如,AT&T公司的奖励是一个金香蕉,这是因为有一次一位捧着新研制产品的工程师闯进总经理的办公室,总经理在兴奋之余却找不到合适的奖励物品,便将抽屉里的香蕉给了他。从此,金香蕉便成为该公司用来表彰做出突出贡献员工的奖品了。这种特殊的形式不仅仅意味着物质奖励,而且包含着鼓励技术开发的价值观念导向。IBM公司和松下公司则分别要求其属下员工每天唱自己的公司之歌或朗诵企业精神。这两家大的电器公司不约而同的做法也向我们显示了固定的公司仪式对于企业文化建设的重要意义。

礼节和仪式与制度层中的规章制度和行为规范有点类似,甚至在有些情况下它们是同一件事物。但礼节和仪式的范围显然要广泛得多,它包括工作仪式、管理仪式(包括各种企业会议)、庆典和奖励仪式、社会交往仪式,甚至各种聚会、聚餐、游玩和文娱活动也可以看作是特殊的礼节和仪式。这些特殊的仪式可以通过在正常工作以外的场合使员工获得沟通,实现更好的融合。

因此,要建立强企业文化,管理者就有必要对企业的各种仪式进行和谐的安排与设计——从招聘仪式,奖励和会议形式到书写格式,并赋予它们以文化价值观念,让职工在这些看似琐碎的事情和办事方式中得到对文化的更深层次的理解。

(四)沟通网络建设

当一个企业处于文化变革时,沟通是最重要的,新的文化内涵与形式必须通过沟通形成共识。惠普一位高级经理说:"我们真的不清楚创新过程到底是如何进行的,但有一点我们却非常清楚:员工之间有效的沟通是必要的。员工之间能够自由自在地交流应成为企业考虑的一个问题,不管我们在做什么,不管我们采用什么样的组织形式,尝试什么样的制度,这是企业生存和发展的基础。我们做什么事情都不能损坏这个基础。"

在实现变革的公司里,有利于实现全员参与,推动企业创新的员工之间的沟通方式有五个特征。

1. 沟通方式很随意。在3M公司,有大大小小开不完的会,但很少是事先安排的,多半是几个来自不同的部门的员工,凑到一块,商讨问题。公司的氛围如同校园,员工在一块讨论,气氛融洽平实但又不失学术气息,再加上公司结构的一些特点,使得员工在相处一段时间后能彼此熟悉,志同道合、趣味相投的人自然而然地经常聚在一起。

2. 沟通频繁且深入。花旗银行,是以"无障碍沟通"而闻名于同行业的公司。它的高级经理人员的沟通交流方式,与竞争对手的行为差别之大令人震惊。只要一进行提案的研讨,每个人讲话的声音都提高八度,接着声嘶力竭的叫喊争论开始了。员工自由地提出和讨论问题,气氛非常融洽轻松。只要有异议,任何人都可以随时打断董事长、总经理和会上任何人的发言。英特尔的经理们称这个过程为"同等地位的人的决策",这是一种公开的、面对面的管理方式,员工可以直接且直率地讨论问题,能这么做的一个主要原因是在这些企业里,这类会议自始至终一直在进行,开会不是一种正式、不多见的情况。

3. 黑板文化。IBM一位资深职员跳槽到另一家高科技公司,从事一项重要的研究计划。工作几星期后,他走进该公司一位主管的办公室,关上门说:"我遇到了麻烦。"那位主管顿时脸一阵白:这个家伙可是这个研究的关键人物。这位前IBM员工继续说:"有件事我实在搞不懂,为什么你们这里一块黑板都没有?没有黑板,你让大家如何相互交流沟通?"他的话是有来历的。当初托马斯·沃森上任时,就是站在黑板前,拿着黑板擦,与员工共同商讨企业遇到的问题,才把企业搞起来的。类似这样的工具,有助于非正式交流活动的深入进行。这种活动能刺激创新。

麻省理工学院教授托马斯·艾伦研究这问题好几年了。他的研究结果引人注目。如果人们之间的距离超过10米,则他们至少每周交流一次的概率只有8%或9%左右,如果相距只有5米,则有25%的可能性。

这些方法可以提高在建设组织核心文化的过程中员工的参与度和与热情,有利于领导者了解现有文化与变革文化之间的差距,了解员工对新文化的期望和认知程度,也是一种长期有效的推行和巩固文化的渠道。

五、现代企业文化建设的误区

现代企业文化建设的过程由图13.2所示的四个步骤组成。循着这个思路,企业文化建设就能有更显著的绩效。但与其他管理手段一样,企业文化的构筑与管理也不光是一门科学,更是一门艺术。在实际操作中,企业文化建设也存在着许多误区。有不少企业都自称建设了自己在文化系统,但有多少企业能像松下、IBM等著名公司一样发挥应有的作用呢?不少企业花费较大的人力、物力、财力,也有不少堂皇的规章制度、厂旗厂徽,但职工的凝聚力和积极性却没有更大的长进。究其原因,主要集中在以下几方面。

(一)企业文化建设的非系统性和盲目性

现代企业文化建设是一个系统工程,必须经过仔细的研究和论证。四个步骤中的第一步就是根据企业外部环境来制定经营战略。如果不从企业经营发展的角度来考虑导入适当的价值观体系,或者干脆由领导者心血来潮随口决定企业精神,那么这种所谓"企业文化",很难使员工产生多大共鸣,其凝聚和协调功能也无从谈起了。

据《新民晚报》刊载,上海某企业内的一个生产车间,原来是解放前的联义山庄所在地。经过论证,证明当地就是当时著名演员阮玲玉的墓地所在。于是该厂在厂内设立了一尊阮玲玉的塑像,并打算以阮玲玉的精神为核心建立自己的企业文化。报纸并没有对做出这一决策的前因后果做出具体的说明,也并没有后续的报道来反映该企业进行文化建设的具体情况。但如果仅以该报道记述的情形来看,这家企业的文化建设显然有一定的非系统性和盲目性问题。企业文化的建设和价值观的确立,其最终目的是为了增强凝聚力和激励作用,因此价值观体系得到全体员工的认同是极其重要的。以一个半世纪前的,并与本企业经营毫无关系的人物作为企业文化价值观的核心层,而不经过系统的文化分析和提炼,那么这尊阮玲玉塑像对该企业员工的凝聚力和激励作用有多大?恐怕不一定令人满意。

要克服这种盲目性,关键是要决策者将企业文化的构筑与建设当作一种与企业战略相一致的长期系统工程来对待,而决不能随心所欲地进行。

(二)企业文化价值观念体系的"高、大、空"

也许是受我国传统体制的影响,部分企业的文化价值观念口号总有一种"高、大、空"的倾向,似乎要"放之四海而皆准",各种类型的企业,有着极为相似的文化面孔。在一本介绍国内部分企业文化建设的集子中,有约 40％的企业精神或企业价值观念包含有"团结奋斗"、"争创一流"的字样,也有不少企业是"我为某某作贡献","厂兴我荣,厂衰我耻"之类。这些千篇一律的口号,企业员工可谓司空见惯,甚至有点熟视无睹,其激励功能如何能发挥应有的作用呢?

要克服口号的"高、大、空",企业应当着重文化建设的从实际出发原则和激励性原则,以企业的历史、现状和经营特色为基础,力求使职工感到自豪,乐意为了这个信念努力工作。

(三) 企业行为与公开宣扬的价值观念不一致

有些企业则会犯另一个错误:企业的实际行动往往会与书面制定和口头宣扬的价值观不一致。比如,有一家公司总经理常滔滔不绝地诉说要更好地为顾客服务的价值观。但当年关临近时,他却要求拔高财务成绩,而把顾客束之高阁。事实雄辩地证明了财务目标是头等重要的,因此这个组织中后来就很少听到为顾客服务之类的话了。这种行为的危害是十分明显的,它往往会直接危及公众对企业的信任感和员工对企业的忠诚,使得企业文化建设的作用适得其反。在这种氛围下,强企业文化就很难确立,企业朝三暮四的态度会令员工无所适从。

要解决这一问题,只有将企业自身行为纳入企业文化建设的框架之内。企业要么尊重企业文化价值观念来进行生产经营,要么对原有企业文化进行适当改变,采取文化重塑的策略。只有这样,才能使文化建设真正发挥应有的作用。

(四) "子文化"的处理

现代企业文化是个有机的系统,也是由若干个"子文化"构成。在具有强文化的企业中,尽管全体员工和各部门都以企业文化的核心观念作为行动的出发点,但由于人类行为的复杂性,使得整个企业文化系统中依然存在不同的"子文化"。对于子文化的处理,一些企业采用听之任之的态度,但常常导致危及整体企业文化的结果。

正确的做法应当是一种平衡策略。即一方面承认子文化存在的客观必然性,认识到子文化能够为企业带来一定有益的制约机制;另一方面则要对子文化进行适当控制和协调,不让子文化之间发生太剧烈的冲突以致影响企业文化整体的有效性,具体的方法有:加强不同文化群体间的交流与沟通,设置高层次的协调机构等。

第四节 现代企业文化的诊断与重塑

企业文化和企业文化管理是两个不同的概念。前者指企业文化本身,可能管理者并没有意识到这一现象的存在和有意识地利用它来帮助管理。后者指管理者有意识地对现有企业文化进行分析和控制,以最大限度地发挥其作用。现代企业文化诊断和重塑便是企业文化管理的重要内容。

一、现代企业文化诊断

现代企业文化诊断是企业诊断中的一种专题诊断。对企业自身既有的文化进行全面准确的诊断是建设优秀企业文化的前提。其原因是:

1. 现代企业文化具有独特性。各个企业具有不同的历史背景、发展状况、经营性质与特点、人员结构等,而企业员工也具有差异很大的自身行为观念和准则。如果不进行文化诊断以了解自身的特点,而泛泛地导入企业文化,效果是很难保证的。

2. 现代企业文化具有开放性。作为一个系统,企业文化不断与外界环境进行交流,不仅影响外界环境,而且会随外界因素的变动而变动。优秀的企业文化决不排斥先进管理思想和管理模式的影响,会随时代潮流而不断丰富与完善。企业文化诊断能使管理当局了解目前企业文化的现状与绩效的大小,为企业文化的管理提供参考。

进行现代企业文化诊断通常有两种途径:内部诊断和外部诊断。内部诊断是由企业内部成立的企业文化诊断小组进行诊断。其优点是对自身文化的感性认识和细节了解要相对深刻。管理力量雄厚的大型企业通常会采用这种方法。外部诊断则是由企业聘请专业咨询机构的咨询人员、管理研究部门或大学的专家教授深入企业进行企业文化诊断。其优点是这些专业人才相对企业内部人员来说具有更丰富的文化诊断经验,因而具有更准确的判断力,但深入程度显然与前者有一定差距。采取这种方法的企业大都是那些管理人才和技术人才相对比较缺乏的企业。

从企业文化诊断的方式上来说,一般有三种较为常用的方法:讨论法、观测法、调研法。

1. 讨论法主要是请企业领导和部分代表性人物一起,在诊断小组的组织和参与下,围绕着有关情况和企业所面临的问题进行讨论,从而得出企业文化诊断的具体结果和改进方案。

2. 观测法由诊断小组直接深入企业现场进行观测,了解第一手的材料。他们可以观察企业的硬件设施和环境,了解企业员工行为态度与方式(如怎样接待来访者,如何与上级进行沟通),必要时也可与员工直接进行接触,从交往中获取职工对企业文化价值观的态度和评价。观测法的优点主要是资料相对详尽和直接,但实施不太方便。

3. 调查法则要通过"企业文化调查表"或采用座谈会的形式,从员工对企业文化的认知和评价中得出其优劣性。然后根据调查结果推断目前企业文化的强弱和有效性,以便提出实施方案。采用调查法进行文化诊断相对来说较为准确,因为企业文化归根到底要对员工产生影响才能发挥作用,故企业职工对其优劣最有发言权。但这一方法也较为复杂,实施较麻烦。

企业文化并不都能发展为优秀文化。事实上,常常会出现许多不如人意的地方。这表现在:

(1) 文化的重点过于侧重内部,从而导致内部利益至上,或是过分强调内部预算、财务分析、销售定额等,而较少顾及顾客和竞争对手的动向等外部因素。这往往会导致企业的长期经营出现问题。

(2) 短期视野,导致企业行为的短期化,从而热衷于追逐眼前的短期利润,甚至不惜坑害顾客。

(3) 信息交流受阻,职工士气低落,或企业各部门不能相互体谅以至产生困惑和挫折感,甚至发生冲突,削弱了企业的凝聚力。观察这个问题的指标之一是人员流动率。人员流动率很高或趋于上升,那么企业文化的某部分可能出了一些问题。

(4) 高层领导者自身缺乏清楚明晰的价值观念和信念,因此企业文化系统的管理和运用也就无从谈起。

按照企业经营者所承担的风险和工作绩效的反馈速度,企业文化可分为四种:硬汉胆识型文化、努力工作尽情玩乐型文化、孤注一掷型文化、按部就班型文化。

(一) 硬汉胆识型文化

在这种企业文化里,充斥着个人主义。他们经常冒高度风险并对于行动的结果正确与否获得迅速反馈。因此它可以说是一种极富挑战性的文化。管理咨询、化妆品、广告、娱乐等行业通常属于这种文化类型。

硬汉胆识型文化的挑战性使得这种文化中的最佳生存者是那些善于搏击、不屈不挠的人。硬汉信仰最好、最佳的价值,喜欢压倒一切的胜利和毫不犹豫的作风。不循规蹈矩的英雄人物是这种文化的典范,他们的行为可能无法无天,但只要他们能使公司经营得出色,就依然能成为公司的英雄人物和价值观的体现者。

硬汉型文化往往在财务上的投资十分巨大,例如广告、电视宣传等。这些活动的反馈期十分短,一般在一年以内就可以知道投资是否产生效益。这特点使得它鼓励员工积极进取,进行竞争与冒险活动。

然而硬汉文化的长处也正是其短处所在。硬汉文化往往注重快速反馈的短期效应,而忽视长期投资和长期效应。另一方面,在硬汉文化中鼓动员工不断进取,使得成功的人物常常更替,而无法形成一种具有高度凝聚力的文化传统。

(二)努力工作/尽情玩乐型文化

这是一种低风险、快速反馈的文化。其基本价值观集中于顾客及其需要。努力工作型文化的英雄人物是凭大工作量而非冒险程度来获得荣誉的。那些友好、善于应酬、易于亲近工人的人往往是这类企业中最出色的人。

努力工作型文化的突出缺点是:数量将会取代质量的地位,同时缺乏敏锐的思考,往往使得他们容易被胜利冲昏头脑。一些高新技术公司,常常在一夜间由工业巨人变为落伍者。在出现问题时,这类文化也有短期性的倾向,试图寻找快速适用的方法。不动产公司、计算机公司、零售百货商店等企业往往具有努力工作/尽情玩乐型文化。

(三)孤注一掷型文化

这种文化的特征是风险大、反馈慢,典型特征是投资巨额资金于一个项目上,需要几年时间去研制和实验,才能得到反馈结果和判断其效益。这类文化的企业包括生产资料制造公司、采矿与冶炼企业、投资银行等。

孤注一掷型文化尤其注重决策的科学性,从而倾向于深思熟虑的决策。其价值在于未来和未来的投资效益。它敬重权威和技术才能,英雄人物一般是业绩突出、受过考验的人才。

孤注一掷型文化导致高质量的发明和重大科学突破。但它们不能在快速反馈的环境中迅速果断地运行,对于经济的短期波动也不能很快适应。

(四)按部就班型文化

这是一种低风险、慢反馈的文化,普遍存在于银行、保险公司、金融服务机构、公共事业以及有严格规定的工业(如医药制造公司)。这种文化的核心价值是完善的技术,即用科学的方法来解决所意识到的风险,保证过程和细节的正确。具有按部就班型文化的企业经常是官僚化的,等级森严,一切都是照章办事。其英雄人物与其说是一种人物,不如说是一种职能。可以说,岗位造就英雄。

按部就班文化与努力工作/尽情玩乐文化形成了鲜明的对照,它能使需要加以预测的工作井井有条。但有时候过程和细节的绝对准确似乎对企业的经营太过苛刻,其实际效益也很难确定。

在以上这四种文化中,现实中企业可能属于其中一种,也有可能是几种文化的混合状态。这些分类对于鉴别企业文化提供了特征上的帮助,使我们更容易识别各种文化。

二、现代企业文化的重塑

(一)重塑文化的阻力分析

有些人会比其他人更容易接受变革。但少有员工能接受一个将降低自身福利的提案,也不会因为一个提案能增加股东的价值,员工就会热情支持——这提案一定同时也要能增加员工的福利。例如,如果员工认为一个提案有提高裁员的可能性,他们就会反对变革。但他们不见得会站出来,表达他们对这个提案后果的关切。相反的,他们会质疑其后的分析,即使他们原先认为这个分析是正确的。或者,他们可能会浪费时间做一些假证据,以说服其他人这个提案是不可行的。他们也可能会在试办期时,不做好自己分内的事,以阻碍计划进行。如果公司里有大多数员工参与这类的行为,这项提案便算是完蛋了。

因此,要正确估量一群员工的个人喜好,是不太可能的。但管理高层可以分析变革将如何影响员工,先具体预测他们可能的反应。

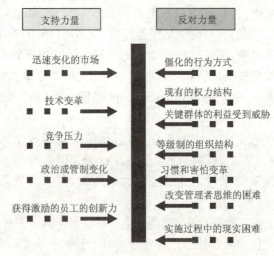

图 13.4　变革组织的过程中的阻力

1. 个人的情绪、政治和理性反应。当个体察觉到变革对他们的威胁时,他们为什么会得到这么充分的反向动力,很多种理论可以解释。有一个分析抵制变革不同原因的模型,根据人们对变革原因的理解程度以及在情绪和政治上参与变革的程度把人们划分出了不同的团体。

人们对变革的反应有3个层次:

(1) 情绪的:变革对我个人意味着什么? 我的生活会发生怎样的变化? 我的地位在他人眼中会不同吗? 我能够适应变革带来的角色改变吗? 等等。

(2) 政治的:我会失去对资源、员工或决策的控制吗?我仍然会成为一些关键群体的成员吗?我仍然能够对那些涉及我和我的领域的决策施加影响力吗?

(3) 理性的:这次变革对组织有利吗?

现实情况中,管理者们试图通过诉求于员工的逻辑来争取他们接受变革,然而,员工们却出于情绪和政治上的焦虑与担心,不断阻挠任何变革。丝毫不令人吃惊,在这些情境中,沟通的质量是极其糟糕的。随着变革方案的深入进行,双方都日益变得充满挫折感,相互怨恨。管理者们开始怀疑员工是故意不合作还是过于愚蠢以至认识不到变革的需要,此时员工们则因为管理层忽视了他们认为很重要的事情而怨声载道。

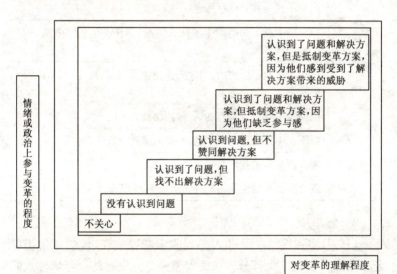

图 13.5　变革中的不同表现

表 13.2 列出了当管理者宣布变革计划时,沟通交流中出现的典型问题:

表 13.2 管理者宣布变革计划时沟通交流中的典型问题

管理层的目的	我们面对着一个巨大的挑战。我们要成为本行业中最大的 5 家企业之一
员工的想法	我们肯定要关闭我们这个分支机构
	如果管理层愿意听取意见的话,一切本来在数年前就可以得到解决
	他们肯定要重组我们的部门了
	他们一直在获取金钱,而现在他们还想要更多
	这正是他们在 Y 公司所说的话,而那一次,超过 2 000 人失去了他们的工作
	这只不过是新管理层想表现一下而已
	他们根本就不知道发生了什么情况,为什么他们不肯听听我们说些什么呢
	付出了这么多的努力,我才到达现在的职位,现在他们却要把他拿走
	他们每年都会说类似的话,而很快就会忘记
	我不得不迁至新的工作地,而我的家庭会有什么意见
	现在他们要把我们与×部门合并了
	我会失去我的工作吗?我无法承受,尤其是现在

2. 个人方面的阻力来源。

(1) 习惯和性格。除非人感到非常需要改变,他们通常仍以老方法应对刺激。大部分人认为习惯是令人安心的。习惯使人们得以应对复杂的世界。但是当面对改革时,人们依靠习惯的行为方式的倾向会成为阻力的一个来源。此外,有些人比其他人天然地更反对改革。有时,内心深处的性格特点可使人抵制改革。

(2) 对未知世界的担心。员工常不理解拟议的改革会对自己有何影响。这一不确定性或有关未来局势的完整信息的缺乏,会使他们抵制改革,尽管他们承认某种改变是必须的。此外,员工可能担心自己不能适应新的任务、程序或技术的需要。对个人损失的担心的员工一般会抵制他们认为会夺走有价值东西的改革。在工作设计、机构或技术上的改革,可能使员工担心失去权力、地位、工资、福利,甚至是工作。对个人损失的担心,可能是组织改革面临的最大障碍。任何改革都有正反两方面的结果。可能需要进行教育,以帮助经理及员工多了解改革的积极方面,少了解其消极的方面。

(3) 缺乏理解和信赖。员工常常不信赖改革的意图,或不理解其目的。如果过去的改革执行者与员工的工作关系并不好,员工就会抵制新的改革。有一个经理每年都会修改财务报告制度,然后就没兴趣了,改革就停了。这一现象第三次发生后,员工就不再支持改革了,因为他们不相信经理会为了大家的利益坚持将改革进行到底。

对变革的抵制很少是直接表现出来的。几乎不会有员工会公开地对管理层解释为什么他们反对某些方案,现实的情况有的时候类似于一场精心筹划的博弈,员工们把他们真实的反对立场隐藏在"乐意合作"的面具之下管理者应对的要诀是要避免被引入歧途,找到并解决员工们抵制变革的真实原因。

3. 组织方面的阻力来源。

(1) 改革焦点有限。经理有时会认识不到一个事实:在一个方面搞改革通常意味也需在其他方面同时搞改革。他们可能低估技术改革在个人及社会方面产生的后果,而这些后果可能导致员工的抵制。例如,如果经理改变了技术流程,但没有修改组织结构、工作设计和薪酬制度来加以配合,那么这一变革就可能遇到抵制。当管理层认为成本最重要,因此对与成本无关的改革不予欣赏时,另一个问题就会发生。这会导致某些经理无意中破坏改革,如旨在改进员工激励或增加员工满意度的改革。

(2) 缺乏协调及合作。由于在改革实施上缺乏协调,这常导致组织分裂和冲突。要记住组织的不同部分是互相依存的,一个部分的变化即会引起其他部分的变化。因此,不同单位或部门之间的协调与合作,对改革行动成功至关重要。

(3) 不同的评价和目标。员工抵制改革的另一原因是受改革影响的人对形势的评价并不同于经理(或其他的改革执行者)的评价。各部门的经理有不同的目标,而一项改革可能损害某些部门的绩效。例如,如果让销售部门拿到它想向客户推出的产品,则制造成本可能上升,这样制造部门主管就会抵制。

(4) 已有的权力关系。有些改革会威胁组织内长期存在的权力关系,因此会受到抵制。尤其是自我领导的工作团队、授权计划或参与性管理的引入,均可能被视为威胁了中下层经理的权力。因此,这些经理就会不赞同改革,也不会帮员工理解和支持改革。

变革影响分析表(表13.3)更好地说明了来源于组织方面的阻力,以及阻力的大小。

表13.3 变革影响分析表

可能的影响	变革阻力小	变革阻力大
各个员工现在拥有权力	小	大
提案对权力、收益的影响	小	大
原有绩效评估制度受到新提案的影响程度	小	大
原有奖酬的决定因素在新提案下是否会改变	不改变	改变

如果员工是根据个人业绩拿红利,若新提案有可能拉低业绩(也许是不再强调某一产品线),就可以合理推测这个提案将遭到反对。

(二) 克服变革阻力的战术

对变革实施过程进行管理的另一种方法是采用特定战术来克

服员工抵制。例如,克服对变革的抵制可以通过教育员工或者邀请他们参与到变革之中实现。研究人员已经研究过解决抵制变革的方法。在表中总结的这五项战术已经被证明是成功的。

1. 沟通和教育。当参与变革的相关人员缺乏变革详实的信息或者是预期有人将抵制变革时,就可以采用沟通与教育的方法来解决抵制问题。特别是当变革涉及到新技术知识或者是使用者不熟悉新想法时,教育显得尤为重要。加拿大国际航空公司(Canadian Airlines International)曾推出新的服务质量战略,在实施作为这项战略一部分的订票、机场、货运和财务系统全面改革之前,他们用了一年半的时间作准备,训练员工,强化培训和沟通,从而使得该战略得以顺畅地实施。这次实施变革涉及了全世界范围的5万件任务、12 000名员工,仅用于培训的教室就多达26间。

2. 参与。参与涉及到变革的当事人和潜在抵制者。这一战术耗时很多,但会从当事人的理解和主动参与变革中得到补偿。参与也有助于经理确定潜在问题和理解不同员工对变革的不同感觉。通用汽车试图在密歇根阿德里安的工厂实施一项新的管理者评估系统,起初由于缺乏合作而受到强力抵制。后来,高层经理放慢了实施该项变革的步伐,邀请工厂主管们参与新评估系统设计,通过参与系统设计,经理们理解了新系统的含义,减少了对变革的抵制。

表13.4 克服变革阻力的战术

战 术	应 用 时 机
沟通和教育	变革是技术性的 使用者需要准确的信息和分析来理解变革
参 与	使用者要主动参与 设计需要其他方面的信息 使用者要有抵制的权力

(续表)

战　术	应　用　时　机
谈　判	团队有实施的权力 团队可能在变革中受到损失
强　迫	存在危机 提出者确实具有权力 其他实施技术都失败了
高层经理支持	变革涉及到多个部门或者资源的再分配 使用者怀疑变革的合理性

3. 谈判。谈判是实现合作的更正式的战术。谈判通过签署正式协定来赢得对方对预期变革的接受。例如，如果市场部担心实施新的管理结构会削弱自己的权力，高层经理就可以和市场部通过谈判达成解决办法。有些公司工会势力很大，如通用汽车和通用电气公司，他们必须经常就变革问题同工会谈判。变革可能是反映双方协定的工会合同的一部分。

4. 强迫。强迫意味着经理运用正式权力迫使员工接受变革。抵制者被告知要么接受变革要么损失报酬甚至失去工作。大多数情况下不应该采用这一战术，因为员工会感觉自己成为受害者，从而迁怒于执行变革的经理们，甚至会蓄意破坏变革。但在需要快速反应的紧急关头，强迫可能是必要的。当克利夫兰的 TRW 有限责任公司阀门事业部的中层经理拒绝实行新的员工参与计划时，高层经理重新任命了几名一线主管和经理。新工作没有包含主管责任。公司还通告其他经理，未来报酬的增长依赖于他们对新流程的接纳程度。强迫是经理执行变革时所能用的最后一招。

5. 高层经理支持。高层经理的明确支持也有助于克服对变革的抵制。高层经理的支持会向所有员工表明，变革对公司来说是重要的。当变革涉及到多个部门或者需要将资源在部门间重新分配时,高层经理的支持显得尤为重要。没有高层经理的支持,这些变革就会由于部门间的矛盾而无法实施。高层经理如果没有明确支持一个项目,他们有可能不经意地发布一些与变革背道而驰的命令,从而使变革中途夭折。飞虎速递公司(Flying Tiger Lines)被联邦快递兼并之前就曾发生过类似事件。当时,航空货物托运部门提出了一项削减过多文书工作的计划,通过改革办公室布局,使得只要2个代理而不是4个就可以完成原先的工作。这项变革实施后不久,高层经理就提出了另外一个计划。因此,办公室布局又要改变一次。新的布局并不特别有效,但是它得到了高层经理支持。如果中层经理早点通知高层经理并得到他们的支持,那场变革就不会被新的计划所击败。

下面的案例说明了适当的实施技巧是如何使变革过程得以顺利进行的。

通用楼梯(General Stair)是一家生产预制楼梯和围栏的公司。它在90年代中期面临严峻的挑战:竞争加剧,利润和市场份额在下降,公司面临着持久的价格战。公司创始人瑟比·比哈(Saby Behar)希望找到一条弱化客户注意价格的方法。为使公司赢得这场价格竞争,比哈决定提供"运输迟延返还货款"保证。他知道客户们(他们同时开工三四十项建筑工程)会喜欢的。然而经理们和其他员工却被这项提议吓了一跳,员工们不相信他们能满足这种保证的要求,并相信这需要更多地加班。经理们则担心,为使一线代表与总部以及建筑商和合同者保持联系,需要花钱改进通信系统。变革的实施包括了如下几个步骤:为消除经理们的初始抵制,比哈召开了几个会议来解释进行这项变革的原因,并回答了经理的疑问;这使得人们真正开始讨论这项计划如何实施。接着,经理们召集余下的员工讨论提议的变革以及如何将其付诸实施。他们知道必须更新通信系统,但通过同员工的讨论使他们明白其他系统,如分销和赔偿等也需要做出相应的变革;此外,不仅是完全返还,集团最后决定交货迟延一天还要补赔50美元。虽然公司已经有很好的按时交货纪录,员工还是接受了旨在持续保持这一纪录的培训。由于高层经理在开始阶段就引入员工参与,变革进行得很顺利,劳动成本减少了30%,虽然说由于采用新的计件工资系统使员工收入上升了60%。生产率提高了300%。而且在第一年,公司仅支付了50美元的延期交货保证金。市场份额和利润均有起色。

(三)文化变革步骤

哈佛大学约翰·科特提出的计划变革模型它将解冻、变革及重新冻结三阶段扩展为八个有明确定义的步骤。尽管在现实中这八个步骤常有重叠,但这种细分可使经理注意成功实施重大改革所需的每一因素。

第1步:确立紧迫感。在进行创新文化变革之前,企业的高层负责人首先要确立一种紧迫感,即改革确实需要搞。在某些情况下,危机可使员工有一种明确的紧迫感。例如,经营饭店设备的MCF公司在其大客户复兴酒店集团被人收购后失去了80%的收入,因为收购者的业务包括室内设计及设备。员工可以很容易地意识到公司要变革才能生存下去。但在很多情况下,并没有近在眼前的危机,因此经理要设法使众人理解变革的需要。经理们要仔细观察内外部环境,注意竞争形势、市场状况、社会趋势、技术趋势、人口趋势、财务业绩、运营情况以及其他因素。在确定潜在危机或重大机会后,经理们要设法广泛突出地宣传该信息,以造成变革的紧迫感。

第2步:组织联盟。接下来,组织必须组织一个有足够力量的联盟,以引导变革过程,然后再建立一种内部的团队感。要使改革进程成功,就必须对改革需要及可能性有共同的承诺。高层经理是联盟的核心,但让下层经理参与进来也是极为必要的。可以采用相关机制(如到郊外休养地开会)将员工集中起来,并帮助他们共同评价问题及探讨解决的办法。在马特波蒂工业公司(Master-Brand Industries),变革就是从约75个核心经理参加的休假开始的。在这次休假中,参与者研究了变革的必要性,探讨了将公司变成一个以团队工作为基础的组织。

第3步:确定远景及战略。经理们在这一阶段制定一个有说服力的远景,由其引导变革努力,然后制定达到远景的战略。在惠尔普洗衣机公司,经理制定的远景是,将公司从传统的、营销技能有限的公司变成一个强有力的营销组织,同时拥有从属的制造及工程技术,从而在面对新竞争时力量更强大。

第4步:宣传远景形成后,经理要尽力广泛宣传远景即战略。在这一阶段,变革实施者的联盟应以身作则,展示员工所需的新行为。除非组织中大部分人愿意为组织尽力(并常常达到做出个人牺牲的地步),否则重大的变革是不可能的。大型国际组织——伦敦的吉百利史威士公司(Cadbury Schweppers),广泛传播愿景和战略可能更为困难,该公司的首席执行官约翰·森德兰需要亲自与2 000个高层经理会谈,向他们解释转变为以价值为基础的管理系统的愿景,并鼓励他们回去动员自己的追随者们。

第5步:授权员工采取行动。授权全体员工就远景采取行动,包括破除改革障碍,而这涉及修订影响或破坏改革的制度、结构或程序。例如,德尔福汽车系统公司废除了许多限制员工主动性的工作规则,重新设计了报酬系统,将股票期权等作为一种激励机制,鼓励员工积极地提出改革建议。公司规定,凡是提出了一项重大建议的员工可以参加公司组织的抽奖活动,奖品包括大屏幕电视、割草机、微波产品等。这一阶段,领导者也可以鼓励并奖励承担风险的行为以及非传统的想法和行为。

第6步:创造短期成果。为让员工看到自己努力的结果,并让改革努力不失去势头,很关键的是使他们体验到短期成果。改革实施者为可见的业绩改进列出计划,努力予以实现,并对参与改进的员工给予奖励。在一家美国制造业公司,经过起引导作用的联盟 20 个月的改革努力,推出了一种极成功的新产品。这一成功提高了变革进程的可信度,也使员工的承诺和热情再度激发。

第 7 步:巩固成就。这一步利用短期成果取得的可信度,对改进予以巩固,解决较大的问题并产生更大的变革。经理会修改不适应远景及尚未触动的制度、结构和政策。他们雇用、提升和培养能实施改革远景计划的员工。此外,经理在需要时用新的项目、主题或变革力量来重振整个流程。美国造币厂的菲利普·蒂尔要求他的高层领导者团队重新组织更好地符合新的愿景和战略的变革策动者。这个过程使造币厂决定将组织分为三个能够更好地满足不同类型的顾客需求的战略业务单元,一个负责流通性的硬币、一个负责收藏品、第三个提供保护服务。

第 8 步:使改革制度化。一旦改革已经实施,很重要的是使新做法在组织文化中制度化。正是这一后续的阶段才使改革得以扎根。经理会宣传新行为与组织成功之间的联系。新的价值观及信念会注入公司文化,使员工认为改革是公司运营方式的正式而不可分的一部分。此外,评价及奖励制度也得到修订,以支持和激励新的行为。

本章小结

中国有句古语:上下同欲者胜,风雨同舟者兴。在人本管理思潮逐渐为人们所接受的今天,现代企业文化也正发挥着越来越大的作用。强企业文化将会与资金和技术一样成为重要的生产要素。现代企业之间的竞争,也将不仅包括硬件水平的竞争,企业文化价值观对环境的适应性也会成为关键因素。

现代企业文化与其他管理活动一样,最终目的是要通过对职工的激励和提高职工间的凝聚力来增强企业运作效率。因此现代企业文化的建设要结合企业经营特点和职工文化背景来进行。在现代企业文化建设的四个步骤中,决定文化实质是第二步——企业价值观体系的树立。而对企业文化效益高低影响最大的则是这一观念体系在员工中的确立。

复习思考题

1. 与日、美两国相比,中国企业员工在思维习惯和行为方式上有哪些文化上的差异?
2. 公平与效率是现代企业管理中的两个似乎矛盾的因素,你认为企业文化对这两个因素的和谐和统一有无作用?
3. 有人认为,在目前中国不发达的经济水平下,企业员工的首要问题是提高收入,因此企业文化的作用可以忽略,你认为是这样吗?
4. 现代企业文化与传统的思想政治工作有何异同?如何来对待?
5. 举一些分别属于硬汉文化、努力工作文化、孤注一掷文化、按部就班文化的企业例子,对比其工作绩效。

图书在版编目(CIP)数据

现代企业管理/王方华主编. 周祖城副主编. —2版. —上海：
复旦大学出版社,2007.8（2020.1重印）
（大学管理类教材丛书）
ISBN 978-7-309-05697-6

Ⅰ. 现… Ⅱ. ①王…②周… Ⅲ. 企业管理-高等学校-教材 Ⅳ. F270

中国版本图书馆 CIP 数据核字(2007)第 122729 号

现代企业管理（第二版）
王方华　主编　周祖城　副主编
责任编辑/刘子馨

复旦大学出版社有限公司出版发行
上海市国权路 579 号　邮编：200433
网址：fupnet@fudanpress.com　http://www.fudanpress.com
门市零售：86-21-65642857　团体订购：86-21-65118853
外埠邮购：86-21-65109143
大丰市科星印刷有限责任公司

开本 850×1168　1/32　印张 19.375　字数 483 千
2020 年 1 月第 2 版第 8 次印刷
印数 32 501—33 510

ISBN 978-7-309-05697-6/F·1290
定价：32.00 元

如有印装质量问题，请向复旦大学出版社有限公司发行部调换。
版权所有　侵权必究